HEYNE BIOGRAPHIEN

Robert Lekachman

JOHN MAYNARD
KEYNES
REVOLUTIONÄR DES
KAPITALISMUS

Wilhelm Heyne Verlag
München

Titel der amerikanischen Originalausgabe:
THE AGE OF KEYNES
Deutsche Übersetzung von Norbert Wölfl und Volker Bradke

Genehmigte, ungekürzte und erweiterte Taschenbuchausgabe
Copyright © 1966 by Robert Lekachman
Copyright © der deutschsprachigen Ausgabe 1970 by
Edition Praeger, München
Die Zeittafel wurde erarbeitet von Dr. Joyce Schober
Umschlagfoto: Süddeutsches Bildarchiv
Umschlaggestaltung: Atelier Heinrichs, München
Gesamtherstellung: Ebner, Ulm

ISBN 3-453-55005-6

Für Jack Lekachman

Inhalt

Dank des Autors

Zu danken habe ich vor allem Mr. Melvin Lasky, dem Herausgeber des ›Encounter‹, der mich ermutigte, für die Sparte ›Men and Ideas‹ seiner vortrefflichen Zeitschrift einen langen Essay über Lord Keynes zu schreiben. Zutiefst verpflichtet bin ich darüber hinaus auch Mr. Walter Lippmann, dessen wohlwollende Beurteilung jenes Artikels mich auf den Gedanken brachte, daß ein Buch über Keynes nützlich sein könnte.

Mr. Theodore Caris vom College Department des Verlags Random House zeigte sich meinem Vorhaben gegenüber ungemein aufgeschlossen und versagte mir auch bei dessen Entwicklung zu einem für die breitere Öffentlichkeit bestimmten Buch nicht seine tatkräftige Unterstützung.

Das kritische Wohlwollen wie auch die scharfsinnige Intelligenz, mit denen Mr. James Silberman und Mrs. Miriam Klipper, beide ebenfalls vom Verlag Random House, mein Manuskript lasen, machten es mir leicht, ihre sachlichen Einwände und konstruktiven Vorschläge zu akzeptieren. Dennoch verbliebene Mängel sind keinem der Genannten zur Last zu legen. Ihnen allen gilt an dieser Stelle mein besonderer Dank.   R. L.

Einleitung

Seit mehr als einer Generation haben weder Großbritannien noch die Vereinigten Staaten die Massenarbeitslosigkeit, verwaisten Fabriken, Konkurse, Hypothekenentwertungen und die weitverbreitete, tiefe Hoffnungslosigkeit zu verzeichnen gehabt, die einst zu den üblichen Begleiterscheinungen der offenbar unvermeidlichen Zyklen wirtschaftlicher Depressionen zählten. Für die Mehrheit aller Amerikaner und Briten unter Vierzig ist die Große Depression von 1929 bis 1933 nicht so sehr eine schmerzliche persönliche Erfahrung oder gar ein Modell ähnlicher Ereignisse in der Zukunft als vielmehr ein abgeschlossenes Kapitel der Geschichte. Das Wort *Depression* selbst ist aus der Umgangssprache so gut wie verschwunden, und weitgehend auch schon aus dem Fachwörterbuch des Nationalökonomen. An seine Stelle ist der Begriff *Rezession* getreten, und die meisten Leute verlassen sich darauf, daß solche Rezessionen kurz, harmlos und selten sind.

Unsere Erwartungen pflegen sich auf unsere jüngsten Erfahrungen zu gründen. Die meisten von uns sind im Verlauf ihres Berufslebens in den Genuß ununterbrochener Beschäftigung, stetigen Aufstiegs, erfreulicher Einkommenssteigerungen, größerer Wohnungen und Autos, ausgedehnter Urlaubsreisen in ferne Länder und vielseitig gestalteter Freizeit gekommen. Die amerikanischen Geschäftsleute ihrerseits haben sich daran gewöhnt, davon auszugehen, daß jeder Jahresumsatz den des Vorjahres übertrifft und jede neue Bilanz ein noch erfreulicheres Bild von Dividenden und Gewinnen als die vorangegangene zeigt. Alljährlich werden alte Wirtschaftsrekorde überboten. Und im gleichen Maße, in dem die Bevölkerung zunimmt und ihr durchschnittlicher Lebensstandard steigt, steigern die Hersteller aller möglichen Waren vom Babyöl bis hin zu Särgen ihre Investitionen in neue Maschinen und neue Fabriken, in Forschung und Entwicklung, um Nachfrage und Produktion noch stärker anzuregen. Diese Spekulation auf künftige Märkte gibt an sich schon dem Wirtschaftswachstum mächtige Impulse, stellt sie doch eine wichtige Komponente der Gesamtnachfrage und ein wesentliches Element des wirtschaftlichen Wachstums dar, der heute von Staat, Wirtschaft und Bürgern schon fast als selbstverständlich erachtet wird.

Das freundliche Wirtschaftsklima der sechziger Jahre erlaubte es den US-Steuerbehörden, aus dem steigenden Bruttosozialprodukt, das 1970 zweifellos die 1-Billion-Grenze überschreiten wird, Jahr um Jahr zusätzlich etwa 7 Milliarden Dollar zu kassieren. Das hat die in jener Dekade amtierenden Präsidenten und Kongreßabgeordneten in die angenehme Lage versetzt, mit einem ganzen Katalog verschiedenartiger Steuerermäßigungen, Subventionen für Bundesstaaten und Städte und dem Ausbau der Sozialleistungen zu jonglieren. Natürlich konnte auch im wirtschaftlichen Bereich der Himmel auf Erden nicht verwirklicht werden. Die Liste noch immer bestehender nationaler Mißstände ist keineswegs auf Null zusammengeschrumpft. Selbst im wohlhabenden Amerika gibt es noch 40 Millionen Arme, und die Slums einiger amerikanischer Städte stehen denen von Kalkutta oder Caracas in nichts nach. Obgleich nur jeder zwanzigste oder gar fünfundzwanzigste Berufstätige von der Arbeitslosigkeit betroffen wird, nimmt sie in städtischen Negergettos und rückständigen ländlichen Gebieten noch immer erschreckende Formen an. Die bevorstehende und zum Teil bereits verwirklichte Automation zwingt uns dazu, unser Bildungssystem, unsere Arbeitslosenversorgung und den Begriff ›Arbeit‹ selbst neu zu überdenken. Verschmutzte Flüsse, riesige Autofriedhöfe und haushohe Reklametafeln an den Autostraßen stimmen, was ›America the Beautiful‹ und seine Wirklichkeit betrifft, doch sehr nachdenklich.

Diese Liste ließe sich mühelos verlängern, aber darum geht es nicht; entscheidend dürfte vielmehr sein, daß keines dieser Probleme neu ist. Das eigentlich Neue an unserer heutigen Auffassung von wirtschaftlicher Notwendigkeit, ihre Abkehr von der Vergangenheit, besteht darin, daß sie diese hartnäckigen Schandflecke auf dem Gesicht der Wohlstandsgesellschaft so deutlich sichtbar werden läßt. Jetzt, da der traurige Zyklus von Boom und Bust als gezähmt gelten darf und viele Amerikaner nicht nur die Mittel, sondern auch den Willen haben, alle Schichten der Gesellschaft an den Annehmlichkeiten des Wohlstandes teilhaben zu lassen, werden auch an die Sozialpolitik neue Anforderungen gestellt.

Ob die Amerikaner den Überfluß tatsächlich dazu verwenden werden, die Armut zu beseitigen und eine vielfach noch rüde und kraß materiell orientierte Zivilisation in echte Kultur zu verwandeln, wird sich möglicherweise als der Prüfstein unserer Generation erweisen. Daß diese Frage Vorrang genießt, hängt — das muß an dieser Stelle noch einmal betont werden — mit der Bändigung des einst so gnadenlosen Wirtschaftszyklus und der neuen Chance Amerikas zusammen, sich mit den Problemen seiner natürlichen wie auch seiner großstädtischen Umwelt auseinanderzusetzen.

Das stellt einen beträchtlichen Fortschritt dar, der seinerseits auf einer großen Leistung beruht. Was ist geschehen, um die Bürger hochentwickelter Länder vor der Arbeitslosigkeit und dem Elend der Depression zu bewahren? In der Politik, vor allen Dingen in der Haushaltspolitik, ist ein Wandel eingetreten. Der Unterschied zwischen der alten und der neuen Wirtschaftspolitik besteht darin, daß man den [amerikanischen, A. d. Ü.] Bundeshaushalt ehedem als ein heiliges Evangelium und als Selbstzweck betrachtete, während heute vermittels moderner Analysen Besteuerung und Staatsausgaben zu einem technischen Instrumentarium staatlicher Lenkung geworden sind. Vor noch nicht allzu langer Zeit pflegte sich ein amerikanischer Präsident, der seinem Kongreß einen offenkundig unausgeglichenen Haushalt vorlegte, heftiger Kritik von seiten konservativer Wirtschafts- und Finanzkreise auszusetzen. Damals gab es nur einige wenige unorthodoxe Wirtschaftswissenschaftler, schwarze Schafe ihres Berufsstandes, die eine Verhaltensweise befürworteten, welche in so skandalöser Weise gegen die geltende Finanzmoral verstieß. Legte ein Präsident dennoch einen defizitären Haushaltsentwurf vor, so versuchte er diese Sünde durch ein Bekenntnis zur Sparsamkeit der öffentlichen Hand, zum Streben nach einem Haushaltsausgleich sowie mit der Beteuerung zu rechtfertigen, daß die Bilanz des Staatshaushalts bald wieder ausgeglichen werden sollte.

Im Gegensatz dazu kann es sich heute ein Regierungschef selbst bei anhaltend günstiger Wirtschaftslage erlauben, seinen Wählern beträchtliche Steuersenkungen anzukündigen, die *bewußt* auf eine *Erhöhung* des bereits bestehenden Defizits abzielen. Darüber hinaus darf er hierbei der Zustimmung der Nationalökonomen, fortschrittlichen Politiker und aufgeschlossenen Geschäftsleute sicher sein. Obgleich es sich hier um eine verhältnismäßig neue Erscheinung handelt, hat sich die Wirksamkeit der instrumentellen Handhabung des Staatshaushalts in der bisher am längsten anhaltenden Wachstumsperiode der Wirtschaft, die in Friedenszeiten zu verzeichnen war, bereits bewährt.

Wie kann eine Nation, die es von jeher gewohnt war, das Finanzgebaren der öffentlichen Hand schlichtweg als Erweiterung ihres privaten Finanzgebarens zu betrachten, urplötzlich zu der Erkenntnis gelangen, daß zwar Sparsamkeit im persönlichen Bereich durchaus einer puritanischen Ethik entsprechen mag, Zurückhaltung oder Großzügigkeit der öffentlichen Hand jedoch keineswegs etwa Ausdruck nationaler Moral, sondern vernünftiger Versuche sind, den allgemeinen Wohlstand zu erhalten, zu steigern oder wiederherzustellen?

Besonders in einem nichtintellektuellen Volk kommt es nicht ohne weiteres zu solchen Meinungsumschwüngen. Ihre Voraussetzungen sind lehrreiche Erfahrungen und theoretische Formulierung. Im Laufe der letzten vier Jahrzehnte haben viele Amerikaner dreierlei Erfahrungen gemacht; sie erlebten den Schrecken der Großen Depression, die neue Hoffnung des New Deal und den verbreiteten Wohlstand, der sich im Gefolge der gewaltigen Rüstungsausgaben des Zweiten Weltkriegs einstellte. Dennoch ist die Erfahrung, und sei sie noch so augenfällig, ein schlechter Lehrer. Für sich allein kann sie bestenfalls Unzufriedenheit mit bestimmten Gegebenheiten und den gängigen Rechtfertigungen für deren Beibehaltung schaffen. Sich über das Elend der Depression und Herbert Hoovers unzulängliche Politik des Jahres 1931 zu erregen, genügte nicht; was nottat, war eine logische Begründung politischer Alternativen. Daß es in Wahrheit die Ideen sind, die über Gut oder Böse entscheiden, hatte für Keynes schon immer festgestanden.

Die neue Wirtschaftslehre der sechziger Jahre verkörpert den Triumph einer Idee. Und diese Idee selbst ist größtenteils dem schöpferischen Genius eines einzigen Mannes zu verdanken: John Maynard Keynes, wie er von Hause aus hieß — des späteren Lord Keynes, Baron of Tilton. Das vorliegende Buch will die Geschichte jenes Mannes erzählen, dessen Kopf die Idee entstammt. Es ist folglich ein Bericht über seine Ausbildung und seine Laufbahn, seine Lehrer, Freunde und Gefährten — über das Cambridge der G. E. Moore, E. M. Forster und Lytton Strachey; das Bloomsbury Virginia Woolfs, Clive Bells und Duncan Grants; die Wirtschaftswissenschaftliche Fakultät am King's College, die Alfred Marshall und A. C. Pigou prägten; die Welt der Kunst und der Literatur, die Kreise der Hochfinanz und der Regierung, in denen sich Keynes gleichermaßen selbstverständlich bewegte.

Dieses Buch ist darüber hinaus die Biographie seines Geistes, der Versuch, die Ereignisse und Einflüsse nachzuzeichnen, die den aufgeweckten Schüler einer konventionellen Volkswirtschaftslehre zum einflußreichsten Häretiker seines Zeitalters werden ließen. Bis zum Beginn der dreißiger Jahre lernte und lehrte Keynes in Cambridge die gleiche Nationalökonomie wie alle anderen, die in Cambridge Rang und Namen hatten. Diese Universität erfreute sich eines so großen Prestiges, daß kein Nationalökonom im englischsprachigen Raum dem, was die erlauchten Herren in Cambridge für gut und richtig hielten, zu widersprechen wagte. Wie unorthodox Keynes war, läßt sich daran ermessen, daß die in seinem 1936 erschienenen Meisterwerk *The General Theory of Employment, Interest and Money** vorgetragene Lehre die Cambridge-Schule spaltete, Kollegen und einstige Lehrer aufbrachte und unter den Wirtschaftswissenschaftlern einen ideologischen Meinungsstreit auslöste, der mindestens ein Jahrzehnt andauerte. Revolutionen in den Köpfen der Theoretiker sind kaum häufiger als Revolutionen in der öffentlichen Meinung. Die Faszination, die Keynes auf seine Zeitgenossen

---

* Dt.: *Allgemeine Theorie der Beschäftigung, des Zinses und des Geldes*, München u. Leipzig 1936

ausübte, war zum guten Teil auf seine Fähigkeit zurückzuführen, zu verschiedenen Zeiten seines Lebens für radikal gegensätzliche Auffassungen einzutreten. Die meisten Theoretiker schätzen sich schon glücklich, wenn es ihnen gelingt, im Laufe ihres Lebens eine einzige eigenständige Konzeption ihres Fachgebietes zu entwickeln und weiterzuvermitteln. Aber mit nur einer Idee gab sich Keynes nicht zufrieden. Kraft, Beweglichkeit und Erfindungsreichtum waren die — in dieser Kombination nur selten anzutreffenden — Eigenschaften, welche seinen Geist in höchstem Maße auszeichneten.

Anders als die meisten abstrakten Denker hat sich Keynes nie in einen Elfenbeinturm zurückgezogen. Wenn er als Wirtschaftswissenschaftler zur Feder griff, hoffte er zwar seine Kollegen zu bekehren, aber mehr noch war ihm daran gelegen, auf die öffentliche Meinung einzuwirken. Vor allem aber wollte er die Regierenden von einer irregeleiteten Politik weg- und zu einsichtigem Handeln hinführen. Die Halsstarrigkeit derjenigen, die über eine weniger rasche Auffassungsgabe verfügten, brachte ihn in Harnisch. Toren hatte er nie ertragen können, und er bedauerte den Zeitaufwand, den selbst noch die Bekehrung Ebenbürtiger erforderte. Dennoch war ihm, wenn es galt, Hörer und Leser seinem intellektuellen Willen zu unterwerfen, mehr Erfolg beschieden als den meisten anderen Menschen.

Ein Herzschlag — vermutlich eine mittelbare Folge der nervlichen Belastung, die mit seiner aufreibenden Arbeit für das britische Schatzamt während des Kriegs, wie auch den schwierigen Verhandlungen über eine große amerikanische Anleihe für Großbritannien, die er im Winter 1945/46 geführt hatte, verbunden war — setzte 1946 seinem Leben ein Ende. Fünfundzwanzig Jahre nach Keynes Abgang von der wirtschaftspolitischen Bühne stellt sich die Wirtschaftspolitik, welche die Vereinigten Staaten, Großbritannien und die anderen westlichen Staaten seither betrieben haben, als ein einziger langer Keynes'scher Epilog dar. Und auch dieser Epilog gehört recht eigentlich noch zur Lebensgeschichte dieses ungewöhnlichen Mannes.

Es ist behauptet worden, wir seien heutzutage allesamt ›Keynesianer‹. Diese Feststellung ist im Grunde gerechtfertigt, wenn auch leicht überspitzt. Endgültig durchgesetzt hat sich eine neue Idee, wenn sie zum Allgemeingut von Gelehrten wie Laien, zum geistigen Rüstzeug von Kaufleuten, Politikern und Professoren geworden ist: Und genau das trifft auf die Keynes'sche Lehre zu.

Darin liegt eine gewisse Ironie. Keynes selbst gehörte zu jenen rastlosen, aufgeschlossenen Intellektuellen, die ihre Theorien ständig der sich wandelnden Umwelt anpassen. Er war kein Philosoph im stillen Kämmerlein. Wenn Keynes noch lebte, wäre er sicherlich längst mit der Formulierung einer neuen und besseren nach-keynesianischen Lehre befaßt, die vor allem auf eine Beseitigung der Armut und der augenfälligen Ungerechtigkeit in der Vermögensverteilung sowie auf eine allgemeine Anhebung des Lebensstandards abzielen würde.

Die *Allgemeine Theorie* wäre gewiß nicht sein letztes Wort geblieben. Aber man muß dankbar sein für das, was Keynes zeit seines Lebens seinen Landsleuten und der ganzen Welt zu geben vermochte. Die folgenden Kapitel berichten nun vom Leben und vom Zeitalter, von den wissenschaftlichen Theorien und vom Triumph des größten Nationalökonomen seiner Epoche.

Keynes und die Keynes'sche Wirtschaftslehre

KAPITEL 1

Ausbildung und Beginn
der beruflichen Laufbahn

Die achtziger Jahre des vorigen Jahrhunderts brachten einen Wendepunkt in der Geschichte der britischen Volkswirtschaft. Bis zu jenem Jahrzehnt hatten die Briten ihre wirtschaftliche Vorherrschaft unter den Handelsnationen der Welt, aus der sich so manche Vorteile ergaben, als selbstverständlich erachtet. Aufgrund seines seit langem bestehenden Vorsprungs in der Massenproduktion billiger Textilien und Metallwaren war England gewohnt, hohe Exportüberschüsse zu erzielen. Die damit verbundene positive Zahlungsbilanz versetzte das Land nicht nur in die Lage, einen Großteil jener Nahrungsmittel und Rohmaterialien, die zur Ernährung seiner Arbeiter und Versorgung seiner Fabriken notwendig waren, im Ausland einzukaufen: aus ihr flossen auch ständig Gewinne und Dividenden, die kluge Engländer im In- und Ausland anlegten. Durch die Abschaffung der Getreidegesetze im Jahre 1846 war die Frage Freihandel oder Protektionismus für England endgültig entschieden worden. Von da an kaufte Großbritannien seine Nahrungsmittel stets auf dem Weltmarkt. Mochten auch die eigenen Bauern murren, es half ihnen nichts; der Freihandel stützte sich auf eine absolut logische Wirtschaftstheorie und darüber hinaus auf den unübersehbaren kommerziellen Vorteil, der sich für das Vereinigte Königreich aus dem unbehinderten Handel über die Grenzen hinweg ergab. Der Protektionismus hatte in einem Volk von Exporteuren und Importeuren kaum eine Chance. Im dritten Viertel des neunzehnten Jahrhunderts wirkte das britische Beispiel eine Zeitlang so ansteckend, daß auch andere europäische Nationen von der Freihandelsdoktrin beeinflußt wurden.

Mochte auch die übrige Welt Großbritannien um seinen Wohlstand beneiden, so war es doch ein außerordentlich ungleich verteilter Wohlstand. Der Reichtum konzentrierte sich auf einen kleinen Kreis, die Sparguthaben waren beträchtlich, die Löhne niedrig. Die Verhältnisse in Großbritannien begünstigten die Ansammlung ansehnlicher Vermögen, doch der Lebensstandard der Arbeiterklasse wurde davon kaum berührt. Keynes beurteilte später die Zeit von 1870 bis 1914 folgendermaßen:

Während die täglichen Lebensbedingungen der Volksmassen sich beständig etwas besserten, war die Gesellschaft so gestaltet, daß sie einen großen Teil des Einkommenszuwachses der Klasse zur Verfügung stellte, bei der man am wenigsten erwartete, daß sie ihn verzehren würde ... So war das Wachstum dieses merkwürdigen Systems von einem doppelten Bluff, einer doppelten Täuschung abhängig. Einerseits begnügten sich die arbeitenden Klassen aus Unwissenheit oder Machtlosigkeit mit einer Lage, in der sie nur ein ganz kleines Stück des Kuchens ihr eigen nennen konnten, den sie, die Natur und die Kapitalisten, zusammen herstellten. Oder sie ließen sich durch Gewohnheit, Übereinkunft, Autorität und die überlieferte Gesellschaftsordnung dazu bestimmen, überreden oder verlocken, sich damit zu begnügen. Auf der anderen Seite durfte die Kapitalistenklasse den besten Teil des Kuchens ihr eigen nennen. Sie hatte theoretisch die Freiheit, ihn zu verzehren, unter der stillschweigenden Bedingung, daß sie in Wirklichkeit sehr wenig davon aufaß[1].

Mit anderen Worten: Das soziale Gleichgewicht ergab sich aus dem Zusammenwirken von verhältnismäßig schwachen Gewerkschaften, einem mehr oder weniger chronischen Arbeitskräfteüberschuß und einer aggressiven, selbstbewußten Arbeitgeberschaft. Wie nicht anders zu erwarten, waren die Löhne niedrig und die Gewinne hoch. Es lag an der Eigenart der kapitalistischen Klasse, daß diese Situation selbst für den einfachen Arbeiter erträglich wurde. Die britischen Kapitalisten waren genügsam, sparsam und fleißig. Ihre Spargewohnheiten setzten große Summen Geldes für weitere Investitionen frei, erhöhten die Produktivität und vermehrten auf lange Sicht zumindest den Strom von Konsumgütern. Daß es auf der sozialen Bühne ruhig blieb, lag nach Keynes' Meinung daran, daß man die Situation allgemein als Bestandteil der natürlichen Ordnung akzeptierte.

Zweifellos gab es genügend Sozialreformer und immer neue Hoffnung, daß sich mit der Zeit das Los der Armen aufgrund neuer Er-

kenntnisse bessern werde. Doch die Erkenntnis der Verbesserungs-
möglichkeiten rührte nicht an das Vertrauen in jene Institutionen,
die bislang den viktorianischen Wohlstand garantiert hatten: Freihandel, internationaler Goldstandard und *Laissez-faire* in der Innenpolitik. Viele hatten davon profitiert, und weit mehr noch
würden davon profitieren. Diese Einstellung war nicht unrealisti-
scher als der ihr vergleichbare amerikanische Hochmut im zwanzigsten Jahrhundert.

Dennoch waren 1883, in John Maynard Keynes' Geburtsjahr, bereits neue Mitbewerber um die bisher unangefochtene wirtschaftliche Vorherrschaft aufgetaucht: Deutschland und die Vereinigten
Staaten konkurrierten mit dem Vereinigten Königreich in Lateinamerika, Asien, Südafrika und Australien mit Textil- und Metall-
erzeugnissen, aber auch einem ganzen Sortiment von Neuheiten wie
Schreibmaschinen, Dosenfleisch, Werkzeugen, Nähmaschinen und
Äpfeln in Kisten. Ein Historiker der damaligen Zeit hat es so ausgedrückt: ›In den neunziger Jahren waren das Markenzeichen
,Made in Germany' und das Foto des amerikanischen Millionärs
die beliebtesten Zielscheiben englischer Ressentiments geworden.[2]‹
Die deutschen und amerikanischen Kaufleute waren weit davon
entfernt, der britischen Führungsrolle die gebührende Achtung zu
zollen — sie erwiesen sich vielmehr als aggressive Konkurrenten und
verstanden es, geschickter und hemmungsloser für ihre Waren zu
werben als ihre selbstzufriedenen englischen Rivalen. Der englische
Nationalökonom H. S. Foxwell ›erinnerte sich voll Stolz daran,
daß ihm schon als Kind beigebracht worden war, niemals eine Ware
zu kaufen, für die Reklame gemacht wurde[3]‹. Derselbe Foxwell bemerkte 1917: ›Die meisten unserer Besten inserieren nie oder nur
sehr selten.[4]‹ Dieses ›sehr selten‹ war vermutlich ein Zugeständnis
des strengen Moralisten an den Zeitgeist.

Die Attacke gegen die britische Führungsrolle war erfolgreich.
1914 hatten die Vereinigten Staaten mit deutlichem und Deutschland mit geringerem Abstand die Briten in der Produktion von
Kohle, Eisen und Stahl überrundet; sie drängten energisch mit
einem breiten Sortiment von Industrieerzeugnissen auf den Markt.
Die Deutschen hatten eine überlegene Führung in optischen Instrumenten, Pharmazeutika und Chemikalien. Die Amerikaner erlang-

ten eine ebenso deutliche Überlegenheit in Automobilen und elektrischen Geräten. Besonders beunruhigend war das Unvermögen Großbritanniens, mit den neueren technischen Entwicklungen Schritt zu halten.

Rückblickend leuchtet das alles ein, und selbst damals waren die Alarmzeichen zahlreich und unüberhörbar. Dennoch dauerte für den britischen Mittelstand im großen und ganzen der Wohlstand bis zum Vorabend des Ersten Weltkrieges. Der britische Anteil an den Weltmärkten mochte zwar zurückgehen, aber absolut gesehen stiegen die Exporte weiter an. Darüber hinaus erfreute sich so manche viktorianische Familie eines Einkommens aus Dividenden und Zinsen aus früheren Investitionen. Das Privateinkommen, die Aufwendungen für ein begabtes oder künstlerisch veranlagtes Kind, die in viktorianischen Memoiren beschriebenen bescheidenen Erbschaften — das alles zeugt von einer finanziellen Unabhängigkeit, die dem Kaufmannsgeist der Vergangenheit zu verdanken war. Dafür ein berühmtes Beispiel. E. M. Forster erzählt in seiner liebenswerten Biographie von seiner Großtante Marianne Thornton, daß sie ihm bei ihrem Tod im Jahre 1887 die Summe von 8000 Pfund Sterling hinterließ. Die Zinsen sollten zur Ausbildung des Erben aufgewandt werden, das Kapital sollte ihm an seinem fünfundzwanzigsten Geburtstag gehören. Wie Forster dankbar vermerkt, bestimmte dieses viktorianische Erbe sein ganzes ferneres Leben:

Dank dieser Erbschaft konnte ich in Cambridge studieren — was mir sonst unmöglich gewesen wäre, da ich kein Stipendium bekam. Nach dem Studium in Cambridge war ich in der Lage, ein paar Jahre lang zu reisen, und die Reisen weckten meine Neigung zum Schreiben. Nach meinem ersten Aufenthalt in Indien und nach dem Ersten Weltkrieg begann sich der Wert dieser 8000 Pfund zu verringern, und schließlich war er praktisch gleich null. Aber inzwischen hatten meine schriftstellerischen Arbeiten Absatz gefunden, und ich konnte nun von ihnen leben. Ob dieser Verlauf der Ereignisse in einer so stürmischen Zeit wie der unseren rühmlich war, weiß ich nicht. Bisher bin ich jedenfalls zufrieden und Marianne Thornton sehr dankbar; sie allein ermöglichte mir eine Karriere als Schriftsteller, und ihre Liebe begleitete mich in recht handfester Form bis über das Grab hinaus[5].

Marianne Thorntons Vermögen stammte von ihrem Vater Henry Thornton, dem im Jahre 1815 verstorbenen Parlamentarier, Bankier und Verfasser der bemerkenswerten Abhandlung *The Paper Credit of Great Britain.* Es ist keineswegs abwegig, seiner Abschlußbilanz das Entstehen zweier bedeutsamer Bücher gutzuschreiben: *Howards End** und *A Passage to India.***

John Maynard Keynes wurde in die viktorianische Welt des Wohlstands hineingeboren. Sein Elternhaus in Cambridge, 6 Harvey Road, wurde beschrieben als ein ›hohes, viktorianisch-gotisches Haus, in dem sich zahlreiche Einflüsse William Morris' aus der Zeit der Heirat seiner Eltern erhalten haben‹⁶. Alle drei Kinder aus dieser Ehe wurden berühmt — Geoffrey als Arzt und William-Blake-Kenner, und Margaret als Vorkämpferin der Sozialfürsorge, insbesondere für die Betagten. Die Eltern waren nicht weniger bemerkenswerte Menschen als ihre Kinder. John Neville Keynes erbte ein bescheidenes Vermögen von seinem Vater John Keynes und ging als Gewinner eines Mathematik-Stipendiums nach Cambridge. Er war dort ebenso glücklich wie erfolgreich, zunächst als Gelehrter und Erzieher, später als Administrator. Mehr als einer Generation galt sein Buch *Scope and Method of Political Economy* als Standardwerk auf dem Gebiet der wirtschaftswissenschaftlichen Methodik. Als Registrary war er von 1910 bis 1925 höchster Verwaltungsbeamter der Universität Cambridge. Über die administrativen Fähigkeiten des Vaters schrieb sein berühmter Sohn später:

Dreiunddreißig Jahre lang war er einer der besten Administratoren, die es je gegeben hat. Nach meiner Überzeugung war die Universität in diesen Jahren besser geleitet als jemals zuvor oder danach. Er war für Ordnung und Genauigkeit ohne eine Spur von Pedanterie oder Bürokratie. Der Verwaltungsapparat war für die Universität da und nicht umgekehrt, wie es jetzt zuweilen den Anschein hat. Er trug wirklich zur Schaffung eines Rahmens bei, in dem Lehre, Forschung und Erziehung blühen und gedeihen konnten, ohne jemals eine zügelnde Hand zu spüren, und er verband all das mit einem Höchstmaß an eigenem Wissen und Können — was heutzutage anscheinend niemand mehr fertigbringt⁷.

Die Briefe, die Vater und Sohn wechselten, zeugen von einem herzlichen Verhältnis, das zeitlebens anhielt und sich in regelmäßigen Lesungen im Familienkreis, gemeinsam verbrachten Ferien und kluger elterlicher Anteilnahme ausdrückte.

---

* Dt.: *Howards End,* Hbg./Baden-Baden 1948.
** Dt.: *Auf der Suche nach Indien,* Ffm/Hbg. 1960.

Cambridge spielte eine ebenso wichtige Rolle im Leben und in den Neigungen von Florence Brown, die John Neville Keynes 1882 heiratete. Ihr Vater, Reverend John Brown, war ein Mann von fortschrittlicher Denkart. Er schickte seine Tochter aufs Newham College und ermöglichte es ihr, eine der ersten weiblichen Absolventen von Cambridge zu werden. In den letzten Jahren des neunzehnten Jahrhunderts leistete Mrs. Keynes, die viele Jahre später Bürgermeisterin von Cambridge werden sollte, Pionierarbeit in der Sozialfürsorge. Dazu gehörten ein Austauschprogramm für Jungarbeiter, ein Pensionsplan für die Alten der Gemeinde, die regelmäßige Unterstützung im Armenhaus befindlicher Familien und die Verbesserung der Versorgung von Tuberkulosekranken. Die geizige Haltung der Öffentlichkeit gegenüber den zahlreichen Opfern der viktorianischen Ära erschwerte ihr diese Arbeit und machte sie zugleich um so dringlicher. Was die für eine Industriegesellschaft unerläßlichen Sozialeinrichtungen betraf, so war das Deutschland Bismarcks dem viktorianischen England weit voraus.

Die Familie in dem Haus Nr. 6 Harvey Road lebte in ›bescheidenen, aber gesicherten Verhältnissen und unterhielt eine ansehnliche Schar Bediensteter[8]‹. Für eine viktorianische Akademikerfamilie bedeuteten ›gesicherte Verhältnisse‹ jedoch weitaus mehr als nur eine ausreichende Anzahl von Dienstboten. Reisen in Europa gehörten ebenso dazu wie Theater- und Konzertbesuche, Bücher und Zeitschriften in reichlicher Anzahl und natürlich die allerbesten Schulen und Universitäten für die Kinder. In gewisser Weise war das ein Lebensstil, wie ihn sich heute nur die wirklich Wohlhabenden leisten können.

Für den jungen Maynard war es deshalb selbstverständlich, daß er Eton besuchte, bevor er sich in Cambridge immatrikulierte. Nun könnte man eine lange Liste berühmter Engländer aufstellen, die sehr unter der Schule litten. George Orwells bittere Klagen über seine Zeit in Eton sind bekannt; die Leiden der Schulzeit stellen in englischen Memoiren und Romanen ein ständig wiederkehrendes Thema dar, zu dem Keynes jedoch keinerlei Beitrag leistete. Er war in Eton glücklich und erfolgreich und blieb seiner Schule für immer verbunden. Keynes frühe Erfolge weisen bereits auf seine Leistungen in späteren Jahren hin.

Im exklusiven, ein wenig snobistischen Bereich der englischen Public School ist der bei seinen Kameraden beliebteste Schüler zumeist ein guter Sportler, viel seltener ein begabter Schüler, gelegentlich auch ein angehender Politiker, aber immer ein Junge, der sich im Umgangston und Temperament ganz in die rauhe Jungengemeinschaft einfügt. Als Sportler trat Keynes nicht sonderlich hervor, auch wenn er an den organisierten Rüpeleien teilnahm, die unter der Bezeichnung *Eton Wall Games** bekannt sind, und außerdem begeistert auf der Themse ruderte. Über seine Fähigkeiten als Cricketspieler urteilte er selbst: ›Wenn es bei den Wettkämpfen um die Theorie und die Geschichte des Cricketspiels (und *nicht* die Praxis) ginge, würde ich dabei wohl ganz gut abschneiden.[9]‹

Was Keynes in Eton zu Ansehen verhalf, das waren seine intellektuellen Fähigkeiten, sein persönlicher Charme und sein Organisationstalent — nicht aber trainierte Muskeln und sportliche Leistungen.

Das Lernen fiel ihm leicht. Sein Tutor beurteilte Keynes als einen jungen Mann ›mit der Fähigkeit, sich für alles zu interessieren ... gleichzeitig scheint es ihm unmöglich zu sein, etwas in dilettantischer Weise zu tun.[10]‹ Das ist ein sehr zurückhaltendes Urteil über einen Fünfzehn- oder Sechzehnjährigen, der es immerhin fertigbrachte, in ein und derselben Schule Preise in Mathematik, Anerkennungen in den klassischen Lehrfächern und ein Lob für verschiedene Abhandlungen und Aufsätze zu gewinnen, die er der Literarischen Gesellschaft von Eton vorlegte. Der junge Virtuose wurde anscheinend jedem Thema gerecht, ob es sich nun — um nur drei Beispiele zu nennen — auf Bernard von Cluny, ein Charakterbild der Stuarts oder die Unterschiede zwischen Ost und West bezog. Die Lehrer in den klassischen Fächern sagten ihm eine große Karriere auf ihrem Gebiet voraus. Genauso fest überzeugt waren seine Mathematiklehrer von seiner Zukunft als Mathematiker. Er selbst schien sich für alles gleich stark zu interessieren und begann schon während der Schulzeit in Eton, sich eine bemerkenswerte und vielseitige Büchersammlung anzulegen.

---

* Das *Eton Wall Game* bestand darin, daß zwei gegnerische Parteien versuchen mußten, einen schweren, durchnäßten Lederball auf einer schlammigen Wiese bis zu einem bestimmten Punkt zu stoßen.

Obgleich Eton den geistigen Qualitäten wohlwollender gegenüberstand als viele andere Public Schools, hätte sich Keynes die Achtung seiner Schulkameraden kaum ausschließlich durch intellektuelle Überlegenheit sichern können. Er besaß darüber hinaus noch ungewöhnliche Führungsqualitäten. Es schien ganz selbstverständlich zu sein, daß er die Leitung schulischer Klubs übernahm. Sein persönlicher Charme und seine Rednergabe sicherten ihm nicht nur Beliebtheit, sondern auch Erfolg. So errang er mit Leichtigkeit die höchste Ehre, die Eton-Schüler an ihresgleichen zu vergeben haben: die Wahl in den Gesellschafts- und Debattierklub *Pop*, der an der Schulverwaltung beteiligt ist. Daraus ist zu schließen, daß jene ungewöhnliche Mischung von originellem Denken und Tatkraft, die Keynes später auszeichnete, sich schon in seiner Jugend bemerkbar machte.

Gegen Ende seiner Schulzeit in Eton schwankte Keynes zwischen zwei der größten und berühmtesten Colleges von Cambridge: King's und Trinity. Er entschied sich schließlich für das King's College und nahm dort 1902 sein Studium mit Mathematik als Hauptfach auf. Doch auch seine anderen Interessen waren noch sehr lebendig. Zwischen Eton und dem King's College bestehen historische Beziehungen. Keynes Ruhm in Eton eilte ihm auf die Universität voraus. Einer seiner Biographen bemerkt: ›Er sicherte sich im King's College rasch dieselbe Vorrangstellung, die er unter seinen Mitschülern in Eton erlangt hatte‹[11]. In der *Union Society* der Universität, einem Debattierklub, dem so mancher politische Führer Englands seine ersten Lektionen zu verdanken hat, tat sich Keynes als Diskussionsredner hervor. Später wurde er Präsident des Klubs. Als Erwachsener blieb Keynes immer politisch ungebunden, weil ihm weder die Liberalen noch die Labour Party seiner ständigen Unterstützung wert erschienen. Als Student in Cambridge sprach er sich in einer Debatte entschieden gegen von einer einzigen Partei gebildete Regierungen aus, weil sie seiner Ansicht nach dem Primat von Vernunft und Intelligenz abträglich seien — ein Vorgriff auf das, was noch kommen sollte.

Die Interessen sowohl des Redners als auch des Gelehrten Keynes wurden nun zunehmend politisch, die Mathematik trat mehr und mehr in den Hintergrund. Einer seiner späteren Kollegen und Bewunderer bezeichnet diese Wandlung als vorteilhaft, denn ›nach den in Cambridge geltenden strengen Maßstäben gehörte er nicht zu jener kleinen Gruppe Hochbegabter, die allein hoffen darf, sich auf dem Gebiet der reinen Mathematik Ruhm zu erwerben‹[12]. Damals stellte Cambridge kaum geringere Ansprüche als das Nobelpreiskomitee. Aber Keynes schuf sich einen Ausgleich. 1904 gewann er einen Preis mit einem Aufsatz über ›Die politischen Lehren Edmund Burkes‹. Seine beruflichen Absichten richteten sich mehr und mehr auf den Staatsdienst, der seit der viktorianischen Reform des Prüfungssystems den begabtesten Absolventen englischer Universitäten eine vielversprechende Laufbahn bot. Anders als im amerikanischen Staatsdienst haben in Whitehall akademische Grade noch immer einflußreiche Positionen im öffentlichen Leben mit entsprechender finanzieller Vergütung inne. So lag es für einen Mann von Keynes Begabung nahe, in der Beamtenlaufbahn eine echte Alternative zum akademischen Lehrberuf zu sehen.

Für Keynes war die Laufbahn als Verwaltungsbeamter besonders verlockend, weil er sich zum Zeitpunkt seines Abschlußexamens noch nicht endgültig für die Wirtschaftswissenschaften entschieden hatte. In Cambridge befaßte er sich erst verhältnismäßig spät mit Nationalökonomie. Aber seine beiden bedeutendsten Lehrer, die Professoren Alfred Marshall und A. C. Pigou, erkannten sehr schnell seine ungewöhnliche Begabung auf diesem Gebiet. Marshall bestätigte es in einem Brief an Keynes senior: ›Ihr Sohn leistet in den Wirtschaftswissenschaften hervorragende Arbeit. Ich habe ihm mitgeteilt, daß es mich sehr freuen würde, wenn er sich für den Beruf des Nationalökonomen entschiede. Aber ich werde ihn natürlich nicht dazu drängen‹[13]. Trotz Marshalls Lob — oder vielleicht gerade deswegen — hatte Vater Keynes seine Zweifel: ›Ich fürchte, daß ihn Marshall zu überreden sucht, für die Nationalökonomie alles andere aufzugeben[14].‹

Doch das stand kaum zu befürchten. Cambridge hatte ein sehr vielseitiges und abwechslungsreiches Programm zu bieten. Keynes selbst und auch seine engsten Freunde verfolgten Interessen, die über die schlichte Nationalökonomie weit hinausgingen. Ein Studienkollege, der im gleichen Hause wie Keynes wohnte, sagt von ihm:

Er war aufgeschlossen und aufnahmebereit, geistreich und witzig. So kam er mit seiner neuesten bei David getätigten Erwerbung die Treppe heraufgeeilt, sauste um fünf Uhr zu McTaggarts Philosophievorlesung ins Trinity College, war fast so erwachsen wie Gaselee, ein nahezu ebenso guter Bridgespieler wie Spens, in Rabelais'schem Witz zugegebenermaßen Furness nicht gewachsen, insgesamt jedoch allen überlegen, da es so gut wie nichts gab, was er nicht konnte (oder worüber er nicht etwas zu sagen wußte). Was ihm im King's College nicht geboten wurde, fand er im Trinity bei Lytton Strachey. War es dort nicht zu bekommen, gab es immer noch die große weite Welt draußen[15].

Der Name Lytton Strachey ist der Schlüssel zu einem bedeutsamen Abschnitt in Keynes' Leben. Die Bloomsbury-Gruppe sammelte sich vor dem Ersten Weltkrieg um Vanessa und Virginia Stephen, die Töchter des viktorianischen Gelehrten Leslie Stephen, zu Keynes' Zeit aber auch um Lytton Strachey und seinen Kreis in Cambridge. Die Gruppe, deren Mittelpunkt Strachey zunächst allein, später gemeinsam mit Keynes bildete, bestand aus den Mitgliedern eines exklusiven Kreises, der sich schlicht ›the Society‹ nannte. Harrod datiert die Anfänge des Bloomsbury-Kreises als selbständige Londoner Gruppe in das Jahr 1908. Nach dem Tode ihres Vaters gründeten Vanessa (die spätere Vanessa Bell) und Virginia (die spätere Virginia Woolf) einen selbständigen Haushalt. Keynes gehörte praktisch schon mit zur Vorgeschichte der Londoner Bloomsbury-Gruppe, da er Leonard Woolf, Lytton Strachey und Clive Bell, drei der aktivsten Mitglieder der Gruppe*, wie auch E. M. Forster — einen sympathischen, aber schwer durchschaubaren Mann — nach seinen eigenen Angaben bereits in Cambridge kennenlernte.

In dieser Gruppe waren die unterschiedlichsten Interessen und Begabungen vertreten. Was sie verband, waren bestimmte gemeinsame Eigenschaften, wie zum Beispiel ungewöhnliche Klugheit, eine ausgeprägte eigene Meinung, eine starke persönliche Zuneigung und eine gemeinsame Doktrin. Diese Doktrin wurde 1902, gegen Ende des ersten Jahres, das Keynes in Cambridge verbrachte, in gedruckter Form offiziell proklamiert, nämlich in dem Buch *Principa Ethica* des Philosophen G. E. Moore. Wie Keynes angibt, wies Moore jeglichen fremden Einfluß zurück, auch den von McTaggart,

---

* Bell bestreitet Keynes Darstellung ihrer Begegnung in Cambridge. Vgl. sein Buch *Old Friends*, London 1956, S. 42.

Dickinson und Bertrand Russell[16]. Moores Lehren müssen dem geistvollen jungen Keynes außerordentlich gelegen haben. Er faßt sie so zusammen:

Wichtig war nur die Geisteshaltung, unsere eigene und natürlich auch die anderer, aber hauptsächlich unsere eigene. Diese Geisteshaltung hatte nichts mit Taten, Leistungen und Konsequenzen zu tun. Sie bestand in zeitloser, leidenschaftlicher Kontemplation und Kommunion, größtenteils ohne Verbindung zum ›Vorher‹ und ›Danach‹. Ihr Wert lag gemäß dem Prinzip der organischen Einheit in einem als Ganzheit gesehenen Zustand, der sich analytisch nicht sinnvoll aufteilen ließ. So hing beispielsweise der Wert des Verliebtseins als Geisteshaltung nicht nur von den eigenen Gefühlen ab, sondern auch vom Wert seines Objekts und davon, ob und in welcher Form dieses Objekt die betreffenden Gefühle erwiderte, nicht jedoch, wenn ich mich recht erinnere, von dem, was ein Jahr später geschah oder was man dann empfand. Ich selbst vertrat allerdings immer das Prinzip einer zeitunabhängigen organischen Einheit, das mir auch heute noch logisch erscheint. Gegenstand leidenschaftlicher Kontemplation und Kommunikation waren ein geliebter Mensch, Schönheit und Wahrheit. Oberster Lebenszweck waren Liebe, das Hervorbringen und Genießen ästhetischen Erlebens und das Streben nach Wissen. Die Liebe nahm mit großem Abstand den ersten Platz ein[17].

Diese Grundsätze waren ebenso aristokratisch wie persönlichkeitsbezogen. Sie setzten eine Gesellschaft voraus, deren soziale, finanzielle und politische Verhältnisse so stabil und zufriedenstellend waren, daß die Anhänger von Moores Ethik all ihre Zeit auf die Erlangung einer wünschenswerten Geisteshaltung verwenden konnten. Da profane Betätigungen jedweder Art ganz offenkundig die Aussichten auf die Erlangung einer derartigen Geisteshaltung minderten, waren Moores Jünger wohl auf nicht unerhebliche Privateinkommen — mit anderen Worten: auf das Wohlwollen einer ganzen Reihe von Marianne Thorntons angewiesen.

Wie Keynes 1938 in seinen Erinnerungen selbst eingesteht, war das für einen ständig mit Politik, den Problemen seines College und den eigenen finanziellen Spekulationen beschäftigten Volkswirtschaftler eine recht ausgefallene Glaubenslehre. Finanzspekulationen rechnete Moore wohl kaum zu den der erstrebenswerten Geisteshaltung förderlichen Tätigkeiten. Doch er war während seiner ganzen Laufbahn stets ebensosehr ein Mann der Tat wie ein Denker. In reiferen Jahren mußte Keynes erkennen: ›Es gibt jenseits der uns bekannten Dinge so manches, was der Kontemplation und Kommunikation wert ist — die Ordnungsprinzipien des Lebens in Gemeinschaften und die daraus entspringenden Emotionen‹[18]. Aber noch als Mann in den Fünfzigern urteilte Keynes: ›Unsere damalige Religion war für uns Heranwachsende sehr bekömmlich und der Wahrheit immer noch näher als jede andere, die ich kennengelernt habe ... Die Lehre Moores ließ uns eine bei weitem reinere und bessere Luft atmen als die von Freud oder Marx. Insgeheim hänge ich immer noch dieser Religion an‹[19]. Für den gereiften Keynes war Moores Lehre jedoch eine utopische Religion, die für diese profane Welt keine Verhaltensregeln zu bieten hatte. Keynes versagte es sich nicht, hinzuzufügen: ›Es ist erstaunlich, wie vollkommen fremd ihm alles war, was mit einem Leben der Tat zusammenhing, wie fremd er der Lebensordnung insgesamt gegenüberstand. Sein Dasein war eine zeitlose Ekstase‹[20].

Unter solchen Freunden und mit solchen Ideen lebte Keynes in Cambridge. Sie allein weisen schon auf das hin, was ihn von einem üblichen Fachwissenschaftler unterschied. Da er jedoch über kein Privatvermögen verfügte und von Natur aus ein aktiver Mensch war, sah er sich nach einem finanziell einträglichen Beruf um. In Cambridge hatte er bei den Abschlußprüfungen in Mathematik zwar recht gut, aber nicht hervorragend abgeschnitten, und sein Interesse galt ohnehin weniger der reinen mathematischen Theorie als vielmehr den Anwendungsmöglichkeiten der Mathematik auf die Wahrscheinlichkeitsrechnung. Er beschloß daher, die Dissertation, welche damals die Vorbedingung der Wahl zum lebenslangen Fellow of King's College darstellte, auf später zu verschieben und sich statt dessen den Aufnahmeprüfungen für den Staatsdienst zu unterziehen. Dabei wurde er Zweitbester.

Der Erstplazierte wählte das attraktivste Angebot — einen Posten im britischen Schatzamt. Dieses einflußreichste und interessanteste aller englischen Ministerien entschied schon damals über die Besetzung von Posten in untergeordneten Ministerien und war zudem für Steuerzahlungen und Ausgabenkontrolle zuständig. Keynes nahm das einzige andere Angebot an, das ihm zusagte, nämlich einen Posten im India Office. Wie es bei Prüfungen nun einmal so geht: Ausgerechnet bei derjenigen, die über Keynes' unmittelbare

Zukunft entschied, erhielt er die schlechtesten Zensuren auf dem wirtschaftswissenschaftlichen Gebiet. Er bemerkte dazu: ›Vermutlich wußten die Prüfer weniger als ich‹[21]. Die Arbeit im Indienamt war zwar sicher nicht sonderlich anstrengend, aber Keynes dürfte doch leicht übertrieben haben, wenn er behauptete, seine Zeit damit totgeschlagen zu haben, daß er am Vormittag die *Times* las und am Nachmittag seine Privatkorrespondenz erledigte. Keynes betrachtete das India Office niemals als Lebensstellung. Noch während er dem Staat diente, arbeitete er an seiner Dissertation über die Wahrscheinlichkeit, die er dem King's College vorlegen wollte. Er hoffte, damit eine Fellowship zu gewinnen und in die akademische Laufbahn überwechseln zu können.

Keynes, dem es an Selbstbewußtsein nie gemangelt hatte (Bell bezeichnete ihn sogar als ›eingebildet‹), war ziemlich verärgert, als er nicht zum Fellow gewählt wurde. Aber dann ging sein Wunsch doch noch in Erfüllung. Alfred Marshall, der den vielversprechenden jungen Mann immer noch für sich gewinnen wollte, bot ihm für hundert Pfund pro Jahr eine Dozentenstelle an, die er aus eigener Tasche finanzierte. Später bezahlte sein Nachfolger A. C. Pigou die hundert Pfund. Selbst unter Berücksichtigung der niedrigeren Lebenshaltungskosten zu Beginn des zwanzigsten Jahrhunderts war das kein ausreichendes Einkommen, und Keynes konnte auch nicht damit rechnen, mit einer revidierten Fassung seiner Dissertation sein Ziel doch noch zu erreichen. Dennoch gab er seinen Posten im India Office auf und kehrte nach Cambridge zurück. Er hatte Glück. 1909 wurde er vom King's College zum Fellow gewählt und besaß damit auf akademischem Gebiet für den Rest seines Lebens eine gesicherte Grundlage. Von 1909 bis zu seinem 1915 erfolgten Eintritt ins Schatzamt arbeitete Keynes in Cambridge, aber er verbrachte, insbesondere während der reichlich bemessenen Semesterferien, immer noch viel Zeit in der Gesellschaft von Duncan Grant und Lytton Strachey und unternahm, wie es für einen Mann seines Standes damals üblich war, ausgedehnte Reisen nach Schottland, auf die Orkney-Inseln, nach Italien, Spanien, Griechenland, Ägypten und die Türkei.

Auch nach seinem Weggang von London hielt Keynes die Verbindung zu seinen Freunden von der Bloomsbury-Gruppe aufrecht.

Eine Episode aus etwas späterer Zeit ist bezeichnend für das, was Keynes und seine Freunde unter Freundschaft verstanden. Sie ereignete sich zum Beginn des Ersten Weltkriegs und soll hier mit den Worten eines Angehörigen der ursprünglichen Bloomsbury-Gruppe erzählt werden:

Maynard erzählte mir, er habe genügend Geld zusammenbekommen, damit Ferenc Berkassy am Abend zuvor England verlassen konnte. Aufgrund eines Moratoriums hatten alle Banken ihre Schalter geschlossen, und Berkassy wollte unbedingt nach Ungarn zurückkehren, um gegen Rußland zu kämpfen. Erst am Morgen nach Berkassys Abreise wurde offiziell der Krieg zwischen Großbritannien und Österreich-Ungarn erklärt.

Ich hielt Maynard vor, er hätte das Geld nicht beschaffen dürfen, und zwar aus zwei Gründen: Erstens schicke er damit einen Freund in den Tod, und zweitens stärke er damit den Feind.

Maynard widersprach mir heftig. Er habe all seine Überredungskunst aufgewandt, um Berkassy von der Reise abzuraten — aber nachdem das nicht gelungen sei, stehe es ihm nicht an, einem Freund seine Ansichten aufzuzwingen oder ihm seine Hilfe vorzuenthalten. Er achte Berkassys freie Entscheidung, auch wenn er sie bedaure. Mein zweiter Einwand sei lächerlich: Wieviel zähle schon ein einzelner unter vielen Millionen? Ich pflichtete ihm darin bei, daß Freundschaft höher stehe als Patriotismus, fragte ihn jedoch, ob er einen Freund, der sich zum Selbstmord entschlossen hat, davon abhalten oder ihm auch noch das Geld für das Gift geben würde? Maynard erwiderte, unter gewissen Umständen würde er ihm das Geld geben — falls es sich um eine freie Entscheidung handle, die ein geistig gesunder Mensch nach reiflicher Überlegung aus zwingenden Gründen getroffen habe[22]*.

Keynes verfügte über genügend geistige Energien, um sich der Bloomsbury-Gruppe und der Volkswirtschaft gleichzeitig zu widmen. In den Jahren vor dem Ersten Weltkrieg erwarb er sich einen Ruf, der weit über Cambridge hinausreichte. Es mag schon stimmen, was er später selbst behauptete: daß er über die Hälfte aller Studenten der Nationalökonomie an der Universität unterrichtete.

---

* E. M. Forster hat diese Einstellung besonders kraß formuliert: ›Ich hasse das Gerede um eine große Sache. Wenn ich vor die Wahl gestellt würde, entweder meinen Freund oder mein Vaterland zu verraten, so werde ich hoffentlich den Mut aufbringen, mein Vaterland zu verraten... Die Liebe und Treue zu einem einzelnen Menschen kann den Forderungen des Staates zuwiderlaufen. In diesem Falle sage ich, nieder mit dem Staat, wobei ich weiß, daß der Staat mich erledigen würde.‹ (›What I believe‹, *Two Cheers for Democracy*, New York 1951, S. 68 f.)

Diese Behauptung klingt weniger eindrucksvoll, wenn man berücksichtigt, daß sich beispielsweise im Jahre 1910 nur neun männliche und drei weibliche Studenten auf dieses Fach spezialisiert hatten. Eindrucksvoller wird diese Tatsache jedoch dann, wenn wir daran denken, daß zwischen 1907 und 1914 aus Cambridge so prominente Nationalökonomen hervorgingen wie Walter Layton, Hugh Dalton, Hubert Henderson, Gerald Shove, Claud Guillebaud und Dennis Robertson. Keynes hielt Vorlesungen und fungierte auch als Repetitor. Seine Vorlesungen behandelten Themen, für die er bereits ein beträchtliches Fachwissen mitbrachte: Geld, Kredit und Preise. Das barbarische Schlagwort ›Publiziere oder krepiere‹ hatte damals noch nicht die Atmosphäre auf der Universität verseucht. Dennoch errang Keynes 1909 mit seinem Aufsatz ›Die Methode der Indexziffern‹ den Adam-Smith-Preis, und im ›Economic Journal‹, der bedeutendsten Fachzeitschrift, publizierte er einen umfangreichen Artikel über ›Die neuesten wirtschaftlichen Entwicklungen in Indien‹, eines der Ergebnisse seiner zweijährigen Beamtentätigkeit. Ungeachtet dieser Arbeiten war sein Ruf außerhalb von Cambridge noch so wenig gefestigt, daß seine Ernennung zum Redakteur des ›Economic Journal‹ im jugendlichen Alter von achtundzwanzig Jahren einiges Aufsehen erregte. Vielleicht war das auch der Grund dafür, daß ein Redaktionsbeirat würdiger Männer gegründet wurde, der dem Grünschnabel zur Seite stehen sollte. Keynes kümmerte sich wenig um den Beirat und traf seine eigenen redaktionellen Entscheidungen. Er scheute sich auch nicht, Beiträge prominenter Zeitgenossen zurückzuweisen, wenn sie ihm als unzulänglich erschienen.

Sein Ruf festigte sich bald. 1913 wurde Keynes in die Königliche Kommission für das indische Währungs- und Finanzwesen berufen. Etwa um dieselbe Zeit erschien sein erstes bedeutendes Buch mit dem Titel *Indian Currency and Finance**. Seine Tätigkeit in der Kommission — er war erst Dreißig, als er sie antrat — war in dreifacher Hinsicht von Vorteil: Erstens setzte er viele seiner Vorstellungen durch, insbesondere seine Präferenz einer Goldersatzwäh-

---

* Dieses noch immer als Standardwerk geltende Buch wies bereits auf zwei Lieblingsrollen Keynes hin: die des Währungsreformers und des Erfinders neuartiger Techniken der Wirtschaftsführung.

rung gegenüber der Hartgoldwährung. Zweitens fand Keynes Gelegenheit, sein ungewöhnliches Talent, ökonomische Theorien auf praktische Probleme anzuwenden, unter Beweis zu stellen. Und schließlich traf Keynes hier zum erstenmal mit einigen hervorragenden Persönlichkeiten zusammen, die in seiner späteren Laufbahn noch eine große Rolle spielen sollten — darunter auch Austen Chamberlain und Basil Blackett aus dem Schatzamt[23].

So kam es, daß Keynes, der bei Kriegsausbruch ein junger Mann von einunddreißig Jahren war — und das in einem Land, in dem das Alter verehrt wurde —, aufgrund seines Rufes und seines strategisch günstigen Postens bereits mit einer halbwegs bedeutenden Verwendung im öffentlichen Dienst rechnen durfte. Aber die Mühlen der Bürokratie mahlen langsam, und er wurde nicht sogleich in den Staatsdienst berufen. Keynes' erster Beitrag für sein Land war daher analytischer Art und wurde privat geleistet. Seine ersten Kommentare zum Problem der Kriegsfinanzen erschienen unter dem Titel ›War and Financial System, August 1914‹ in der Septemberausgabe des *Economic Journal*. Der Artikel muß unmittelbar nach Großbritanniens Eintritt in den Krieg entstanden sein. Zusammen mit der im November veröffentlichten Fortsetzung bewies dieser Beitrag, wie klar Keynes die entscheidenden Probleme erkannt hatte, vor allem die Notwendigkeit einer internationalen Regelung des Goldtransfers. Keynes' fachliches Urteilsvermögen war vermutlich besser als sein privates. Einer seiner Freunde erinnert sich einer bemerkenswert optimistischen Prognose hinsichtlich der Dauer des Krieges:

›Maynard redete dann über den Krieg. Zu meiner Überraschung mußte ich feststellen, daß er dieses Problem höchst optimistisch beurteilte. Er äußerte seine Überzeugung, daß der Krieg nicht länger als ein Jahr dauern könne und daß er die kriegführenden Nationen nicht ruinieren werde. Die Welt sei immens reich, erklärte er, aber dieser Reichtum sei glücklicherweise von einer Art, die sich nicht so rasch für Kriegszwecke nutzbar machen ließe: Das Kapital stecke in Einrichtungen, welche der Produktion von Waren dienten, die man im Krieg nicht brauchen könne. Sobald die greifbaren Reserven erschöpft seien — was nach seiner Schätzung etwa ein Jahr dauern könne —, würden die Staaten Frieden schließen müssen. Wir seien nicht in der Lage, unsere Baumwollfabriken in Lancashire für unsere Marine einzusetzen, um sie bei der Blockade gegen Deutschland zu unterstützen, und Deutschland könne in seinen Spielzeugfabriken keine Waffen produzieren‹[24].

Anfang 1915 wurde Keynes ins Schatzamt berufen und Sir George Paish beigeordnet, der offiziell als Berater des Schatzkanzlers und des Schatzamtes für Fragen der Finanzen und der Wirtschaft fungierte. Ein Großteil der die wirtschaftspolitischen Aspekte der Kriegführung betreffenden Entscheidungen wurden im Schatzamt vorbereitet, aber Keynes' eigentlicher Aufgabenbereich lag auf einem externen Sektor. Großbritannien war von seiner früher geübten Praxis, kontinentale Verbündete in einem europäischen Konflikt mit verlorenen Subventionen zu unterstützen, abgekommen und gewährte Frankreich und Italien Kredite, lange bevor die Regierung der Vereinigten Statten ihrerseits die ersten Kredite für Großbritannien bewilligte. Die Bedingungen, unter denen diese Kredite gewährt wurden, der Auszahlungsmodus und die Aufteilung verknappter Rohstoffe zwischen Großbritannien und den Alliierten — alles das gehörte zu Keynes' Aufgabenbereich. Nach dem Kriegseintritt der USA übernahmen die Amerikaner für ihre finanziellen Transaktionen mit Großbritannien das von Keynes entwickelte Kontrollsystem.

Keynes hatte weiterhin die Aufgabe, knappe Devisen zu beschaffen. Auf diesem Gebiet wurden seine Kühnheit und Geschicklichkeit geradezu legendär. Einmal war es ihm besipielsweise mit viel Scharfsinn geglückt, einen kleinen Betrag spanischer Peseten zusammenzukratzen. Als man ihn zu dem gelungenen Coup beglückwünschte, entgegnete er ungerührt, er habe den gesamten Pesetenvorrat bereits verkauft, um damit den Markt zu unterlaufen. Das Hazardspiel glückte. Spanische Devisen wurden daraufhin erheblich billiger, und die Verknappung hörte auf.

In Keynes verband sich der Wagemut eines Einbrechers mit dem Verstand eines erstklassigen Nationalökonomen; diese vermutlich einmalige Doppelbegabung wurde auch offiziell gewürdigt. Im letzten Kriegsjahr bekleidete er einen Rang, der dem eines Unterstaatssekretärs entsprach. In der Hierarchie des Schatzamtes waren ihm nur noch die beiden Ständigen Staatssekretäre übergeordnet. 1917 wurde er zum C. B. [Companion of the Bath — Ritter des Bath-Ordens, A. d. Ü.] ernannt. Das war ein recht hübsches, wenn auch in Keynes' Augen reichlich verspätetes Zeichen öffentlicher Anerkennung seiner Verdienste.

Obgleich Keynes im Jahre 1919 immer noch ein junger Mann war, erachtete es das Schatzamt als ganz selbstverständlich, ihn als Beauftragten für Finanzfragen zur Pariser Friedenskonferenz zu entsenden. Diese Ernennung sollte von entscheidender Bedeutung für Keynes' Ruf und seine weitere Laufbahn sein.

KAPITEL 2

Versailles und die Jahre danach

Auf alle jene, die sich von der Pariser Friedenskonferenz einen Vertrag erhofft hatten, der nicht vom Rachedurst, sondern vom Geist der Versöhnung diktiert war, mußte das Ergebnis der langwierigen Verhandlungen niederschmetternd wirken. Keynes gelangte schon frühzeitig zu dieser Auffassung und äußerte sie, wie bei ihm nicht anders zu erwarten, auch in aller Öffentlichkeit. Seine Entsendung zur Konferenz und die sich daraus ergebenden Folgen veränderten seine Situation grundlegend. Bis zur Konferenz erachteten ihn gute Menschenkenner als einen der fähigsten, wenn nicht gar den fähigsten Schüler Marshalls und Pigous und als vielversprechenden jungen Beamten des Schatzamtes, der es in der Verwaltung bis zu den Spitzenpositionen bringen konnte. 1919 war Keynes noch nicht wegen seiner ketzerischen Abweichungen von den Theorien seiner Lehrer und seiner nonkonformistischen politischen Forderungen berühmt — oder auch berüchtigt. Mit der Friedenskonferenz begann für ihn ein Leben voller Kontroversen, die ihn bis zu seinem Tode begleiteten. Diese Kontroversen bezogen sich auf die Wirtschaftstheorie, die Wirtschaftspolitik und die allgemeine Politik Englands wie auch anderer Staaten.

Alles entwickelte sich zwangsläufig. Während seiner Tätigkeit in Paris gelangte Keynes schon frühzeitig zu einer deprimierenden Einschätzung der Aussichten. Er war überzeugt, daß die Verhandlungsführer Lloyd George, Woodrow Wilson und Georges Clemenceau auf dem besten Wege seien, einen ungerechten und undurchführbaren Vertrag abzuschließen. Es war ein Unterfangen, an dem er nicht länger beteiligt sein wollte. Hinzu kam noch, daß die Anstrengungen der sich hinschleppenden Verhandlungen und das Schwinden jeglicher Hoffnung auf eine vernünftige Regelung sich nachteilig auf seine Gesundheit auswirkten. Er konnte von Kindheit an schwere Belastungen nur schlecht ertragen. So scheint er schon ziemlich früh mit dem Gedanken an einen Rücktritt von seinem Posten gespielt zu haben. Diesen Gefühlen gab er am 1. Juni 1919 in einem Brief an seine Eltern offen Ausdruck:

Teils aus Enttäuschung über all das, was geschehen ist, teils wegen fortgesetzter Überarbeitung, mußte ich am letzten Freitag nervlich völlig erschöpft das Bett hüten ... Mein erster Gedanke war, sofort nach England zurückzukehren, aber General Smuts, mit dem zusammen ich mich um Änderungen in ihrem verdammten Vertrag bemüht habe, erklärte mir, es sei meine Pflicht zu bleiben und bei den wichtigen Debatten dieser Tage zur Verfügung zu stehen. Ein Schlachtfeld dürfe man nur tot verlassen ... Heute habe ich mich aufgerafft und vor der Reparationskommission ein letztes Mal gegen den Mord an Wien protestiert. Es gelang mir tatsächlich, einige Verbesserungen zu erreichen[1].

General Smuts konnte Keynes' Abreise nur kurze Zeit hinauszögern. Am 5. Juni informierte Keynes den damaligen Premierminister Lloyd George über seine Absichten:

Ich möchte Sie davon in Kenntnis setzen, daß ich mich am Samstag diesem Alptraum hier entziehen werde. Hier kann ich nichts mehr nützen. Selbst in diesen letzten gräßlichen Wochen habe ich noch gehofft, daß Sie eine Möglichkeit finden würden, einen gerechten und brauchbaren Vertrag zustande zu bringen. Doch dafür ist es jetzt offensichtlich zu spät. Die Schlacht ist verloren. Ich überlasse es den Zwillingen*, sich an der Verwüstung Europas zu weiden und zu veranschlagen, was für den britischen Steuerzahler übrigbleibt[2].

Der Verzicht auf den Staatsposten bedeutete für Keynes die Freiheit, seine Meinung sagen zu dürfen. Im Sommer 1919 verfaßte er innerhalb von zwei Monaten eine Verurteilung des Versailler Abkommens in seinem Buch *The Economic Consequences of the Peace***, das noch im gleichen Jahr zu Weihnachten erschien. Es trug ihm

---

* Die ›Zwillinge‹ oder auch ›himmlischen Zwillinge‹, wie sie Keynes zuweilen nannte, waren die Lords Cunliffe und Sumner. Diese beiden britischen Vertreter in der Reparationskommission traten dafür ein, Deutschland immense Reparationsverpflichtungen aufzuerlegen.
** Dt.: *Die wirtschaftlichen Folgen des Friedensvertrages*, München und Leipzig.

den Vorwurf ein, mit den Deutschen zu sympathisieren. Er selbst sah den Zweck seines Buches anders: ›Mich beschäftigen im folgenden vornehmlich nicht die Gerechtigkeit des Friedensvertrages . . . sondern seine Klugheit und seine Folgen.³‹ Keynes' flammender Zorn über die Dummheit seiner Vorgesetzten entwickelte sich zu einer der großen polemischen Auseinandersetzungen dieses Jahrhunderts.

Das Buch besteht aus drei Hauptabschnitten, von denen der nebensächlichste das größte Aufsehen erregte: Keynes' bissige Charakteristik der wichtigsten Beteiligten. Die Bemerkungen über Woodrow Wilson sind kennzeichnend für diese Porträts:

Der erste Eindruck, den Mr. Wilson aus der Nähe machte, mußte nicht notwendig alle diese Illusionen zerstören. Sein Kopf und seine Züge waren feingeschnitten, ganz wie auf seinen Photographien, und die Linien seines Halses und die Art, wie er seinen Kopf trug, waren vornehm. Aber der Präsident sah wie Odysseus weiser aus, wenn er saß, und seinen Händen, die zwar geschickt und ziemlich stark waren, fehlte es doch an Empfindlichkeit und Feinheit. Der erste Blick auf den Präsidenten besagte, daß er, was er auch sonst sein mochte, dem Temperament nach nicht in erster Reihe Forscher oder Gelehrter war, aber daß er auch wenig von der weltmännischen Bildung besaß, die M. Clemenceau und Mr. Balfour als auserlesen gebildete Herren ihrer Klasse und ihres Zeitalters auszeichnete. Aber was ernsthafter war als dies, er war nicht allein im äußeren Sinne gegen seine Umgebung unempfindlich; er besaß überhaupt keinen Sinn für die Atmosphäre um ihn. Was für Aussichten konnte ein solcher Mann gegen Mr. Lloyd Georges unfehlbare, fast mediumartige Empfindlichkeit für jedermann in seiner unmittelbaren Umgebung haben? Man brauchte den britischen Premierminister nur zu sehen, wie er mit sechs oder sieben Sinnen, die der gewöhnliche Mensch nicht besitzt, die Gesellschaft beobachtete, Charaktere, Beweggründe und unterbewußte Antriebe beurteilte, merkte, was ein jeder dachte, und sogar, was ein jeder gerade sagen wollte, wie er mit telepathischem Instinkt das Argument und denjenigen Ton fand, die zu der Eitelkeit, der Schwäche oder der Selbstsucht seines unmittelbaren Hörers am besten paßten, um zu wissen, daß der arme Präsident in dieser Gesellschaft nur Blindekuh spielen konnte. Niemals betrat ein Mensch ein Zimmer, der in höherem Grade zum vollkommenen Opfer der vollendeten Künste des Ministerpräsidenten vorausbestimmt war. Zwar war die alte Welt ohnehin in ihrer Schlechtigkeit verhärtet, und ihr steinernes Herz hätte die schärfste Klinge des tapfersten fahrenden Ritters stumpf machen müssen, aber dieser blinde und taube Don Quichotte trat in eine Höhle, wo die schöne blitzende Klinge in der Hand seines Gegners war⁴.

Damit endete die Charakteristik nicht. Keynes sah in Wilson nicht nur einen ›blinden und tauben Don Quichotte‹; in seinen Augen war er gleichzeitig ›wie ein Geistlicher einer Dissidentenkirche‹, vielleicht ein Presbyterianer. Sein Denken und Temperament waren wesentlich theologisch, nicht intellektuell, mit aller Stärke und Schwäche, in dieser Art zu denken, zu empfinden und sich auszudrücken[5]‹. Keynes kürzte seine Darstellung um einige der bissigsten Bemerkungen über Lloyd George, nur um sie, wie sich später herausstellte, dann in anderer Form zu veröffentlichen.

Diesen Aspekt des Buches attackierte die gravitätische Londoner ›Times‹ mit bitterernsten Worten:

›Wie konnte es überhaupt dazu kommen, daß ein Mann, der in dem Kapitel über ›Die Konferenz‹ Seite um Seite mit bissigen Porträts, um nicht zu sagen Karikaturen, füllt, den Posten eines technischen Beraters im technischsten aller Ministerien erhielt? Wie anders als aufgrund einer Einstellung, die derjenigen eines Kriegsdienstverweigerers entspricht, kann er im Hinblick auf den Krieg die Alliierten dauernd auf dieselbe moralische Stufe mit den Deutschen stellen? ... Eines der hervorstechendsten Merkmale von Keynes' Buch ist die politische Unerfahrenheit, um nicht zu sagen Naivität, die darin zum Ausdruck kommt. Und dennoch maßt er sich als Richter ein strenges Urteil über die Regierungschefs Frankreichs, Englands und der Vereinigten Staaten an — als Staatsmänner und als Menschen. Er zeichnet von ihnen Porträts, in denen nur jene das Wahre vom Falschen unterscheiden können, die seine Modelle näher kennen ... Keynes mag ein kluger Wirtschaftswissenschaftler sein. Er mag auch ein nützlicher Mitarbeiter des Schatzamtes gewesen sein. Aber mit diesem Buch hat er den Alliierten einen Bärendienst erwiesen, für den ihre Feinde zweifellos dankbar sein werden.[6]‹

Der Hinweis auf den Kriegsdienstverweigerer war eine kaum verhohlene Kritik an Keynes Ablehnung der Wehrpflicht aus Gewissensgründen und der Unterstützung, die er Freunden, welche ihre Verweigerung des Kriegsdienstes vor besonderen Tribunalen rechtfertigen mußten, zuteil werden ließ.

Trotz dieser Stellungnahme der Times, die durchaus ihrer Tradition entsprach, fand das Buch allgemein mehr Zustimmung als Ablehnung. Schumpeter schrieb in seiner Keynes-Skizze, das Buch und nicht zuletzt auch die Charakterskizzen ›fanden so viel Zustimmung, daß das Wort Erfolg abgegriffen und abgeschmackt klingt... Das Buch ist ein Meisterwerk — voller Lebensklugheit, der es nie an Tiefgang mangelt; gnadenlos logisch, doch niemals kalt; echt menschlich, doch an keiner Stelle sentimental; es behandelt alle Fakten ohne müßiges Klagen, aber auch ohne Hoffnungslosigkeit; es ist eine gute Analyse, verbunden mit gutem Rat[7]‹.

Wenn zu erwarten war, daß die scharfgezeichneten Prominentenporträts in der Öffentlichkeit die meiste Beachtung finden würden, so mußte man wohl auch damit rechnen, daß ein zweiter Aspekt dieses Buches weitgehend unbeachtet bleiben würde. Zu einem Zeitpunkt, da andere sich in Siegesfeiern ergingen, wies Keynes ganz nüchtern darauf hin, wie gefährdet das Gleichgewicht der wirtschaftlichen und politischen Kräfte schon im Vorkriegseuropa gewesen war. Nach seiner Meinung waren zwischen dem Deutsch-Französischen Krieg von 1870/71 und 1914 die wesentlichen wirtschaftlichen, gesellschaftlichen und politischen Grundlagen Europas überaus brüchig geworden, so unter anderen die scheinbar stabile Sozialstruktur, die internationale Arbeitsteilung, der Arbeitsfriede, die scheinbar automatisch funktionierende Goldwährung und der Glaube an einen automatischen wirtschaftlichen Fortschritt. Das waren die Fundamente der Vorkriegsgesellschaft und damit auch des Hauses Nr. 6 Harvey Road gewesen. Der Krieg hatte sie erschüttert. Auch die denkbar weiseste Friedensregelung konnte den alten Zustand nicht wieder herbeiführen, und offenkundig stellte der Vertrag von Versailles nicht die weiseste Regelung dar. Daher waren die Aussichten für die Nachkriegszeit ziemlich düster. Diese Diagnose sollte Keynes ständig wiederholen. Sie enthielt bereits den Keim der Lehre von der hundertjährigen Stagnation, die in den dreißiger Jahren in den Vereinigten Staaten populär wurde.

Im Grunde ging es Keynes jedoch um den ökonomischen Beweis, daß die Reparationsforderungen des Vertrags völlig unrealistisch seien. Dabei spielten weder Gefühle der Rache noch des Mitleids gegenüber den Deutschen eine Rolle. Keynes überzeugende Argumentation beeinflußte die künftigen Ereignisse und machte den Autor berühmt. Nach Keynes' Analyse stützte sich Deutschlands Wohlstand vor dem Kriege auf drei Säulen: auf einen beträchtlichen Überseehandel, bei dem die deutsche Handelsmarine, Auslandsinvestitionen, die Ausfuhr von Fertigwaren und die überseeischen Verbindungen deutscher Kaufleute eine Rolle spielten; auf die Ausbeutung der Kohlen- und Erzvorkommen sowie die industrielle Weiterverarbeitung dieser Rohstoffe; und auf ein Transport- und Zollsystem, das den Aufgaben von Industrie und Export entgegenkam. Keynes wies darauf hin, daß der Versailler Vertrag dem Zweck diente, diese drei Säulen zu stürzen und gleichzeitig dem hart angeschlagenen Land und seiner geschwächten Wirtschaft gewaltige Reparationsverpflichtungen aufzuerlegen.

Wie schädigte Versailles den deutschen Überseehandel? Auf verschiedene Weise. Deutschland wurde gezwungen, den größten Teil seiner Handelsmarine den siegreichen Alliierten auszuliefern. Es wurde gezwungen, nicht nur den politischen Anspruch auf seine Kolonien in Übersee aufzugeben, sondern, was noch einschneidender war, auch die privaten Investitionen deutscher Bürger in diesen Gebieten. Aber für die Schulden seiner früheren Besitzungen sollte Deutschland auch weiterhin geradestehen. Das deutsche Privateigentum in Elsaß-Lothringen sollte nach Gutdünken der Sieger liquidiert werden. Schließlich war die Reparationskommission ermächtigt, bis zum 1. Mai 1921 völlig unabhängig von der eigentlichen Reparationsregelung Zahlungen in einer Höhe bis zu 5 Milliarden Dollar ›in Gold, Waren, Schiffen, Sicherheiten oder anderen Werten‹ zu verlangen.

Gegen Eisen und Kohle, den zweiten Eckpfeiler der deutschen Wirtschaftskraft, richtete der Friedensvertrag womöglich noch härtere Schläge. Zwei territoriale Regelungen verringerten die deutschen Kohlereserven. Das Saargebiet wurde vorbehaltlich einer späteren Volksabstimmung Frankreich zugesprochen. Oberschlesien, das 23 Prozent der deutschen Steinkohle produzierte, fiel an Polen. Aus der fühlbar beschnittenen Restkapazität sollte Deutschland auch noch die durch Kriegseinwirkungen entstandenen Verluste der Gruben in Nordfrankreich wiedergutmachen und zusätzlich zehn Jahre lang jährlich 7 Millionen Tonnen Kohle an Frankreich, 8 Millionen Tonnen an Belgien, 4,5 Millionen Tonnen an Italien und an Luxemburg die Kohlenmenge liefern, die vor dem Krieg im Großherzogtum jährlich verbraucht worden war. Insgesamt forderten die Alliierten jährliche Kohlenlieferungen von rund 25 Millionen Tonnen. Wenn Deutschland diesen Forderungen nachkam, verblieben für den eigenen Bedarf noch rund 78 Millionen Tonnen. Aber der durchschnittliche jährliche Kohleverbrauch Deutschlands lag vor dem Krieg bei rund 139 Millionen Tonnen. Eine getreuliche Erfüllung der vertraglichen Lieferverpflichtungen wäre somit einer Lahmlegung der Industrie in der Weimarer Republik gleichgekommen, um so mehr, als Frankreich auch noch Lothringen zurückerhielt, das vor dem Kriege 74 Prozent des deutschen Eisenerzes lieferte. Nach Abschluß des Versailler Vertrages mußte Deutschland dieses Erz mit französischen Francs oder Gold von Frankreich kaufen — keine leichte Aufgabe für eine bankrotte Nation.

Schließlich betrafen einige Bestimmungen das Transportwesen und die Zölle. Keynes betrachtete sie zwar als verhältnismäßig geringfügige Nadelstiche, aber sie enthielten immerhin Sonderzölle für Polen, Luxemburg, Elsaß-Lothringen und Einschränkungen für die eigenständige Zollpolitik Deutschlands. Der deutschen Regierung wurde damit die Möglichkeit genommen, die Einfuhr von Luxusgütern in ein Land zu kontrollieren, das sich solche Dinge einfach nicht leisten konnte.

Nach Keynes Meinung waren diese Maßnahmen schon schlimm genug, aber sie stellten doch kaum mehr als ein Vorspiel zu massiven Reparationsforderungen dar. Was die Reparationen betraf, gingen öffentliche Meinung und politische Diskussion von vornherein von unrealistischen Vorstellungen aus. Viele Zeitungen und manche Politiker verlangten von den Deutschen nicht nur die Wiedergutmachung des in den besetzten Gebieten Frankreichs und Belgiens angerichteten Schadens, sondern vollen Ersatz für alle im Land-, See- und Luftkrieg entstandenen Schäden. Dieses Geschrei lief auf die Forderung hinaus, die Deutschen müßten die gesamten Kriegskosten der Sieger übernehmen.

Keynes erklärte wiederholt, daß Deutschland, wie immer man über die Frage der Gerechtigkeit und der Kriegsschuld denken möge, nicht in der Lage sei, auch nur annähernd Zahlungen dieser Größenordnung zu leisten, schon gar nicht nach seinen Einbußen an Territorium und Rohstoffquellen. Nach Keynes' Ansicht war es sowohl gerecht als auch realistisch, von den Deutschen eine Kompensation für die unmittelbaren Schäden zu verlangen, die ihr Heer und ihre Marine angerichtet hatten. Die Summe, um die es dabei ging, wirkte im Vergleich zu den utopischen Zahlen anderer geradezu bescheiden. Nach Keynes' Schätzung, die möglicherweise etwas zu niedrig ausgefallen war, standen Belgien 750 Millionen Dollar zu, Frankreich etwa 4 Milliarden, Großbritannien 2,85 Millionen (größtenteils für durch U-Boote versenkte Tonnage) und den übrigen Alliierten rund 1,25 Milliarden. Diese insgesamt 8,85 Milliarden Dollar waren weniger als ein Viertel der Summe, die Deutschland von den Gestaltern des Versailler Vertrags aufgebürdet wurde.

Aber wieviel konnte Deutschland tatsächlich zahlen? Das hinge, so argumentierte Keynes, von einer Analyse der Frage ab, auf welche Weise ein Land seinen Verpflichtungen gegenüber einem anderen Land nachkommen könne. Ein Schuldnerland konnte in Gold und Silber bezahlen. Es konnte Schiffe oder in seinem Besitz befindliche ausländische Effekten übereignen. Im Falle Deutschlands ließe sich vielleicht der Wert des Auslandsvermögens realisieren. Schließlich konnte eine Schuldnernation auf den Handelswert jener Waren und Dienstleistungen zurückgreifen, die ihre Kaufleute und Exporteure britischen, französischen und amerikanischen Importeuren gegen Gold und Devisen verkauften.

Doch solche Werte und Möglichkeiten waren im Deutschland der Jahre 1919 und 1920 außerordentlich knapp. Die gesamte Goldreserve betrug nur 300 Millionen Dollar und lag noch unter der Mindestreserve, die zur Abdeckung des im Umlauf befindlichen Papiergeldes nötig war. Der in deutschen Händen verbliebene Rest der Handelsmarine mochte einen Verkehrswert von weiteren 600 Millionen Dollar gehabt haben. Ausländische Effekten wurden auf einen Gesamtwert zwischen 500 Millionen und 1,25 Milliarden Dollar geschätzt. Möglicherweise hätte sich für Reparationszahlungen deutsches Privatvermögen in Lateinamerika und an anderen Stellen im Wert von rund einer halben Milliarde Dollar heranziehen lassen.

Die Liquidation all dieser Werte hätte die deutsche Produktionskapazität weiter geschwächt und nur einen Bruchteil der erforderlichen Summe ergeben. Es war also klar, daß Deutschland seinen

Verpflichtungen nur nachkommen konnte, indem es eine außerordentlich günstige Zahlungsbilanz erzielte und der übrigen Welt erheblich mehr Waren verkaufte, als es von dort bezog. Aber auch in dieser Hinsicht waren die Aussichten mehr als trübe. Im letzten Vorkriegsjahr 1913 war die Außenhandelsbilanz hinsichtlich reiner Warenlieferungen negativ gewesen. Wie jede hochentwickelte Industrienation hatte auch Deutschland seine Einnahmen aus Warenlieferungen durch Zinsen und Dividenden aus Investitionen sowie Einkünften aus Finanzierungsgeschäften und merkantilen Dienstleistungen ergänzt. Es kam noch erschwerend hinzu, daß einige der wichtigsten deutschen Exportgüter mit solchen britischer Produzenten hart konkurrierten; diese wollten verständlicherweise ihre Kunden nicht so bereitwillig dem geschlagenen Feind überlassen. Die beiden Nationen konkurrierten in der Kohle-, Eisen- und Maschinenproduktion sowie in der Herstellung von Fertigwaren aus Wolle oder Baumwolle. Eine gewisse Bewegungsfreiheit gab es für Deutschland noch. Es konnte, wie es dem Verlierer zustand, die Importe und den Verbrauch im eigenen Land drosseln. Aber ins Gewicht fallende Einsparungen ließen sich nur durch eine Beschneidung der Importe an Nahrungsmitteln und Rohmaterial erzielen. Eine strenge Lebensmittelrationierung würde jedoch die Leistungsfähigkeit der Arbeiterschaft verringern und die Produktionskosten steigern. Schränkte man die Einfuhr von Rohmaterial ein, so würden die deutschen Fabriken logischerweise weniger Fertigwaren liefern.

Unter Berücksichtigung all dieser Faktoren schätzte Keynes, daß Deutschland höchstens rund eine halbe Milliarde Dollar jährlich zahlen konnte — bei einem Satz von 5 Prozent gerade die Zinsen für 10 Milliarden Dollar. Das entsprach zufälligerweise ziemlich genau seiner Schätzung des von den deutschen Streitkräften verursachten Schadens. Wegen dieser Folgerung kam es 1920 zu endlosen Auseinandersetzungen, aber die Ereignisse der zwanziger Jahre bewiesen doch eindeutig, wie recht Keynes mit seiner Feststellung hatte, daß die Forderungen an Deutschland übertrieben hoch waren. Die Deutschen zahlten nämlich nicht. Vermutlich konnten sie nicht zahlen. Im Dezember 1922 und im Januar 1923 wurden die Deutschen in Verzug gesetzt. Noch vor dem Ende des Monats Januar begannen französische und belgische Truppen mit der Besetzung des Ruhrgebiets. Bis zum September war die Mark aufgrund des passiven Widerstands der Deutschen praktisch wertlos geworden. Für einen Waschkorb voll Geld konnte eine Hausfrau gerade noch einen Laib Brot kaufen.

An diesem Punkt schalteten sich die Vereinigten Staaten ein. Am 15. Dezember 1923 beauftragte Präsident Coolidge die Dawes-Kommission mit der Ausarbeitung eines durchführbaren Zahlungsplans für die Reparationen. Am 9. April 1924 kam der Dawes-Plan zustande. Er sah eine Reorganisation der Reichsbank unter alliierter Überwachung vor. Dadurch sollte die deutsche Währung stabilisiert werden. Wichtiger war jedoch die drastische Kürzung der jährlichen Reparationszahlungen. Das ganze Paket wurde den Deutschen dadurch versüßt, daß es eine Auslandsanleihe anbot, von der über die Hälfte aus Amerika kommen sollte.

Aber damit waren die Revisionen noch nicht abgeschlossen. Die Unzufriedenheit der Deutschen selbst mit diesen überschaubaren Verpflichtungen führte zu einer neuen Serie von Verhandlungen, die im Young-Plan von 1929 mündeten. Dieser Plan reduzierte die deutsche Schuld auf 8 Milliarden Dollar, zahlbar im Laufe von achtundfünfzigeinhalb Jahren mit 5,5 Prozent Zinsen. Ein Witz der Weltgeschichte muß hier noch angeführt werden. Während der zwanziger Jahre beharrten führende Amerikaner auf dem Standpunkt, daß die deutschen Reparationsverpflichtungen gegenüber den europäischen Alliierten absolut getrennte finanzielle Probleme seien. Die amerikanische Einstellung war eindeutig, wenn auch abwegig: Franzosen, Italiener und Engländer hatten auch dann pünktlich ihre Zahlungen an die amerikanischen Gläubiger einzuhalten, wenn die Deutschen mit ihren Zahlungen in Verzug gerieten. Diese Haltung drückt ein klassisches Wort von Präsident Coolidge deutlich aus: ›Sie haben sich das Geld doch geliehen — oder etwa nicht?‹

Was sich in Wirklichkeit abspielte, war ein Hohn auf juristische Spitzfindigkeiten. Da sich weder Großbritannien noch die Vereinigten Staaten geneigt zeigten, den Absatz deutscher Exportwaren innerhalb ihrer Grenzen zu erleichtern, und da die europäischen

Alliierten ständig auf Erfüllung der deutschen Reparationsverpflichtungen drängten, während die Amerikaner auf der Rückzahlung der Kriegsanleihen durch ihre Verbündeten bestanden, ließ sich dieser Konflikt zumindest vorübergehend nur durch weitere Anleihen lösen. Damit wurde die finanzielle Farce vollkommen: Die Amerikaner gaben den Deutschen Geld, diese bezahlten damit ihre Reparationen an die europäischen Alliierten, und diese wiederum überwiesen das, was sie von den Deutschen erhalten hatten, zur Erfüllung ihrer Verpflichtungen aus den Kriegsanleihen nach Amerika. So konnte sich das schwankende Gebäude aus interalliierten Kriegsschulden und deutschen Reparationen halten, solange die Vereinigten Staaten bereit waren, Deutschland Darlehen in Gold zu gewähren. Es mußte zusammenbrechen, sobald die Amerikaner dieses kostspieligen Sports überdrüssig wurden. Als die amerikanischen Darlehen während der großen Depression zu versiegen begannen, wurde Deutschland 1931 prompt zahlungsunfähig. Herbert Hoover sah sich im Juni 1931 gezwungen, ein zwölfmonatiges Moratorium für alle Regierungsschulden und Reparationszahlungen auszusprechen. Im Juni 1933 zahlte nur noch Finnland in voller Höhe die Zinsen für seine Schulden bei den Vereinigten Staaten.

*

Das Rad der Geschichte läßt sich nicht zurückdrehen. Daher ist auch die Frage müßig, ob es Hitler vielleicht niemals gelungen wäre, den Haß der Deutschen zu mobilisieren und an die Macht zu gelangen, wenn der Versailler Vertrag entsprechend Keynes' Forderungen von vornherein großzügig — oder aber so streng abgefaßt worden wäre, wie es Clemenceau im Namen Frankreichs forderte. Eines jedoch ist ziemlich sicher: Durch den Vertrag zogen sich die Alliierten so viel an Feindschaft zu, wie man es von einer derart rücksichtslosen Regelung erwarten durfte, aber die späteren Revisionen hielt man ihnen nicht zugute. Deutschland wurde weder durch Strenge hinreichend geschwächt noch durch Großzügigkeit so weit versöhnt, daß es zu einem friedlichen Mitglied der europäischen Völkerfamilie geworden wäre.

Die Schuld an der Schwäche der Alliierten gegenüber der starren deutschen Haltung in den zwanziger und dreißiger Jahren wie auch dafür, daß die Vereinigten Staaten es unterließen, dem Völkerbund beizutreten, um zusammen mit ihren früheren Verbündeten Deutschland zu überwachen, wurde vielfach — insbesondere von Etienne Mantoux[8] — Keynes zugeschrieben. Mantoux' Kritik ist zum Teil gerechtfertigt. Zweifellos machten sich die Revisionisten im ersten Nachkriegsjahrzehnt Keynes' Argumente weitgehend zu eigen. Es ist gut möglich, daß Keynes zur Bildung des auf Versailles zurückgehenden Schuldkomplexes beitrug, der die zögernde Haltung der Briten gegenüber dem Hitlerregime mitbestimmte. Was die Frage der amerikanischen Mitgliedschaft im Völkerbund angeht, dürfte Mantoux übertrieben haben. Die grundsätzlichen Bedenken Henry Cabot Lodges und der Mehrheit des Senatsausschusses für auswärtige Beziehungen stützten sich auf Überlegungen, die bereits im Juli 1919 angestellt worden waren. Sie wurden dem Senat im September und November vorgetragen, als Keynes' Buch noch gar nicht erschienen war. Auch Wilsons erfolgloser Vorstoß zugunsten des Völkerbundes fiel noch in die Zeit vor der Veröffentlichung[9].

Keynes war nun Privatmann. Die Veröffentlichung seiner Schrift *The Economic Consequences of the Peace* hatte die Gemüter so erregt, daß Keynes für längere Zeit nicht mehr mit einem Regierungsposten rechnen durfte. Es bleibt eine merkwürdige Tatsache, daß man Keynes zwar während des Zweiten Weltkriegs auf der Bretton-Woods-Konferenz von 1944 und nach dem Krieg bei den Verhandlungen über das amerikanische 3,75-Milliarden-Dollar-Darlehen an Großbritannien eminent wichtige Aufgaben übertrug, daß er aber nie wieder einen so verantwortungsvollen Verwaltungsposten bekleidete, wie ihn das britische Schatzamt dem jungen Keynes anvertraut hatte.

Natürlich wartete auf ihn die Fellowship beim King's College. Darauf griff er nun zurück. Aber das Dasein eines Nur-Akademikers konnte dem Temperament, dem Lebensstil und den finanziellen Ansprüchen eines Mannes wie Keynes nicht genügen. Normalerweise verbrachte er die halbe Woche in Cambridge. Er hielt eine Reihe von Vorlesungen, aber nie mehr als acht im Jahr; er überwachte die wöchentlichen Aufsätze der besten jungen Wirtschaftswissenschaftler, die das King's College aufzuweisen hatte, und er kümmerte sich um die Leitung seines Wirtschaftspolitischen Clubs. Diese einigermaßen beunruhigende Institution sollte eine wichtige Rolle bei der Begründung der Keynes'schen Schule und der Ausbildung der jungen Keynesianer spielen. Über die Tätigkeit dieses Clubs schrieb E. A. G. Robinson, ein Mitglied, das später ein Kollege von Keynes wurde:

Es war im wesentlichen ein Club für Studenten. Es kamen auch Universitätslehrer aus der Volkswirtschaft und aus anderen Fakultäten, die sich für diese Probleme interessierten. Wenn Keynes Besuch hatte, insbesondere aus dem Ausland, brachte er ihn häufig mit. Aber die Referate wurden in neun von zehn Fällen von Studenten oder jungen Forschern gehalten... Für einen Studenten der frühen zwanziger Jahre war Keynes' Club, wie ich aus eigener Erfahrung feststellen kann, faszinierend, aber auch beunruhigend. Faszinierend deshalb, weil man hier Keynes, einen Großteil der Fakultät und die besten seiner Rivalen realistisch und detailliert über die vordringlichsten Weltprobleme diskutieren hörte. Beunruhigend deshalb, weil man es nach der Verlesung einer Arbeit manchmal erleben mußte (ich spreche hier aus schmerzlicher Erfahrung), wie die eigenen akademischen Bemühungen von Mr. Hawtrey zerpflückt und von der Wucht der dialektischen Analyse eines Frank Ramsey zermalmt wurden*. Hatte man sich dann nach besten Kräften etwa drei Stunden lang behauptet, stand Keynes auf und brachte eine freundliche, aber vernichtende Zusammenfassung. Hier wuchs in mir eine gewisse Sympathie für Todeskandidaten, die auf den Scharfrichter warten. Beunruhigend auch deshalb, weil man dann, wenn man selbst nicht als Referent an der Reihe war, aus der Hand des Sekretärs eine Nummer ziehen und über ein Thema diskutieren mußte, das ein anderer vorgetragen hatte; in Gegenwart der klügsten Köpfe Europas wurde einem dann oft die eigene Unwissenheit auf diesem Gebiet peinlich bewußt. Es war jedoch eine großartige Übung, denn in Keynes Gegenwart verzapfte man eine gewisse Art von Unsinn nur einmal und kam dann sein Leben lang nicht mehr auf die Idee, es noch einmal zu versuchen[10].

Da das King's das College mit der weitaus renommiertesten volkswirtschaftlichen Fakultät war und Keynes dort lehrte, bedeutete schon die Existenz des Clubs in Verbindung mit Keynes' wenn auch nur teilzeitlichen Anwesenheit am Ort seines Wirkens, daß er

---

* R. G. Hawtreys Ruf als Kenner des Finanzwesens war in den dreißiger Jahren unbestritten. Ramseys mathematisches und philosophisches Wissen wurden in Cambridge Legende. Strengere Richter konnte man nicht finden.

die prominenten Wirtschaftswissenschaftler der dreißiger und vierziger Jahre nachhaltiger als jeder andere Lehrer seiner Generation in Cambridge zu beeinflußen vermochte. Keynes fand in einer Gruppe, deren Ansichten auf ökonomischem Gebiet schon sehr bald als maßgeblich gelten sollten, selbst für die ausgefallensten neuen Ideen stets aufgeschlossene Zuhörer.

Aus Robinsons Erinnerungen geht hervor, daß Keynes' Einfluß auf die Jugend keineswegs nur auf seine liebenswürdige Art zurückzuführen war. Alle Aussagen stimmen darin überein, daß er seine Freunde über alles schätzte. Viele wissen zu berichten, daß er keine Mühen scheute, um ihnen bei ihren persönlichen, juristischen und finanziellen Schwierigkeiten zu helfen. Niemand bestreitet, daß er ein außerordentlich charmanter Unterhalter sein konnte. Nicht nur Clive Bell betrachtete ihn als den klügsten Mann, der ihm jemals begegnet war. Aber wie alle Aristokraten, insbesondere die der Bloomsbury-Gruppe, zog er einen scharfen Trennungsstrich zwischen seinen Freunden — zu denen er auch seine Schüler zählte — einerseits und der übrigen Menschheit andererseits. Anmaßung und Aufgeblasenheit verabscheute er. Er konnte sich ›gegenüber ehrlicher Dummheit überraschend tolerant[11]‹ zeigen, aber wer solche Dummheit zum Besten gab, mußte bescheiden und nach Möglichkeit jung sein. Einer seiner früheren Studenten aus den zwanziger Jahren unterscheidet zwischen dem Keynes, ›der der Öffentlichkeit hauptsächlich als gnadenloser Kritiker der nur allzu häufigen Fehler und Dummheiten der führenden Finanzfachleute und Politiker seiner Zeit‹, und dem anderen Keynes, der seinen Schülern mit ›freundlicher Zurückhaltung‹ gegenübertrat, ›die in deutlichem Gegensatz zu den Gepflogenheiten anderer Universitätslehrer, aber auch zu dem ätzenden Spott stand, mit dem er ähnliche Fehler maßgebender Figuren des öffentlichen Lebens zu kommentieren pflegte[12]‹.

Während der zwanziger Jahre teilte Keynes seine Zeit zwischen London und der Universität Cambridge. In London gelangen ihm einige geschickte Spekulationen, die ihn finanziell unabhängig machten. Er nahm immer mehr Vorstandsposten and und lernte die Praktiken der City so gut kennen wie kaum ein anderer Wirtschaftstheoretiker. Er traf sich auch weiterhin mit seinen Bloomsbury-Freunden, aber nicht mehr so häufig wie in früheren Jahren. Im Bloomsbury-Kreis war man besorgt, Maynard könnte den Versuchungen der Geschäftswelt erlegen sein und sich nicht mehr ausschließlich für die menschlichen Beziehungen interessieren.

Eine neue menschliche Beziehung von großer Bedeutung brachte allerdings eine Wende in Keynes' Leben. 1921 eröffnete Diaghilew eine neue Ballettsaison in London. Das Londoner Premierenpublikum, zu dem auch Keynes zählte, strömte zu den Vorstellungen, die besonderen Glanz durch Lydia Lopokowas Rückkehr zur Truppe erhielten. Keynes war von dem Ballett begeistert, mehr noch aber von der berühmten Ballerina. Es war keine Kleinigkeit, der Künstlerin zuzumuten, eine triumphale Karriere aufzugeben, um eine englische Hausfrau zu werden, zumals sie damals noch verheiratet war, wenngleich sie von ihrem Mann getrennt lebte. Von solchen Hindernissen ließ sich Keynes nicht abschrecken. Er machte seiner Lydia den Hof, führte sie bei seinen Freunden in Cambridge ein, zerstreute deren Bedenken wegen der Heirat mit einer ›Ballettratte‹, half seiner künftigen Braut, die Scheidung zu erhalten, und heiratete sie am 4. August 1925 vor dem Standesamt Saint Pancras. Keine Geringere als Mrs. Marshall, die Witwe des großen Wirtschaftswissenschaftlers, nannte diese Eheschließung später ›das Beste, was Maynard in seinem Leben getan hat‹[13].

Keynes' erfülltes Leben hatte noch eine weitere Seite. Zu seinem unmittelbaren Einfluß als Wirtschaftswissenschaftler und Lehrer kam noch eine ungewöhnliche journalistische Begabung. Er schrieb viel für die den Liberalen nahestehende englische Zeitschrift *Nation and the Athenaeum*. Als sie 1931 mit dem ähnlich orientierten *New Statesman* zusammengelegt wurde, kam Keynes in die gemeinsame Schriftleitung von *The New Statesman and Nation*. Er hatte Zugang zur *Times*, zum *Guardian* und zu anderen Blättern, die von den einflußreichsten Leuten gelesen wurden.

Welche Ansichten Keynes vertrat, kann man bequemerweise an einer Stelle nachlesen. Sein 1931 erschienenes Buch *Essays in Persuasion* besteht fast ausschließlich aus Artikeln und Aufsätzen, die Keynes zwischen 1919 und 1931 für ein breiteres Publikum verfaßte. Die fünf Abschnitte des Buches spiegeln ziemlich getreu Keynes' Interessensphären als Wirtschaftskommentator wider.

Die ersten fünf Aufsätze wiederholen noch einmal Keynes' Analyse der Reparationsregelung. Der umfassenden Argumentation aus *The Economic Consequences of the Peace* wird zwar nicht viel Neues hinzugefügt, doch hatten diese Aufsätze einen gewissen Einfluß auf die wiederholten Revisionen der Wirtschaftsklauseln des Vertrags.

Mehr wäre über die Behandlung von Inflation und Deflation zu sagen, das Hauptthema der zweiten Gruppe von Aufsätzen. Zunächst dies: entgegen seiner späten Reputation befürwortete Keynes keineswegs die Inflation. Ein Verfechter der Inflation hätte wohl kaum wie Keynes gesagt: ›Lenin war gewiß im Recht. Es gibt kein feineres und kein sichereres Mittel, die bestehenden Grundlagen der Gesellschaft umzustürzen, als die Vernichtung der Währung. Dieser Vorgang stellt alle geheimen Kräfte der Wirtschaftsgesetze in den Dienst der Zerstörung, und zwar in einer Weise, die nicht einer unter Millionen richtig zu erkennen imstande ist‹[14].

Keynes erkannte zwar die Gefahren einer Inflation, aber er trat dennoch für eine expansive Wirtschaft ein. In diesem Teil der Sammlung ist weiterhin der Wahlaufruf von Interesse, den Keynes im Mai 1929 für seinen alten liberalen Freund Lloyd George verfaßte. Lloyd Georges wichtigster wirtschaftspolitischer Vorschlag bestand in einem Arbeitsbeschaffungsprogramm, das jährlich 100 Millionen Pfund kosten und 500 000 Beschäftigten Arbeit und Brot geben sollte. Wenn man Keynes' wohlbegründete theoretische Ausführungen kennt, die sieben Jahre später erschienen, ist diese frühere Argumentation eine interessante Lektüre. Im wesentlichen handelte es sich um einen Angriff auf die Einstellung des Schatzamtes, daß ›unabhängig von politischen und sozialen Vorteilen in der Regel nur wenige zusätzliche Arbeitsplätze durch Geldaufnahmen und Ausgaben des Staates geschaffen werden können[15]‹. Man stellt erstaunt fest, daß diese eigentümliche Doktrin, die auf einer Art von fixem Ausgangsfond beruht, der wohl unterschiedlich verteilt, nie aber vermehrt werden konnte, die Politik konservativer Schatzkanzler wie Winston Churchill ebenso kennzeichnete wie die ihrer liberalen Kollegen, etwa Philip Snowden. Dieser brachte es sogar fertig zu fordern, in Zeiten ›ernster industrieller Depression‹ müsse man die Ausgaben beschneiden und nicht vermehren. Seine Auffassung entsprach dem banalsten Gemeinplatz der Konservativen: Nur durch eine strikte Wirtschaftspolitik läßt sich der finanzielle Zusammenbruch verhindern. Das war auch Herbert Hoovers Ansicht; es war die Überzeugung, die 1932 Franklin Delano Roosevelt vertrat, als er Hoovers unbeabsichtigte Haushaltsdefizite heuchlerisch attackierte und ausrief: ›Wir müssen den Mut haben mit den Anleihen zur Deckung ständiger Defizite aufzuhören! Schluß mit den Defiziten![16]‹

1929 war Keynes noch nicht so weit, auf breiter Front eine theoretische Attacke gegen solche Dummheit vorzutragen, aber er setzte Analogie und gesunden Menschenverstand sehr wirksam ein. Wenn die Analyse des britischen Schatzamtes korrekt war, so argumentierte er, dann ›muß sie ebenso auf ein neueröffnetes Werk von Morris oder Courtaulds anwendbar sein, auf jedes neue Geschäft, das mit finanziellen Aufwendungen verbunden ist[17]‹. Doch diese Meinung vertrat niemand, weil niemand in einem zusätzlichen Aufwand an *Privat*kapital schlichtweg eine Alternative zu anderen Verwendungszwecken sah und keine Steigerung von Produktion und Beschäftigung. Keynes drückte es so aus: ›Wenn bekanntgegeben würde, daß einige unserer führenden Industriekapitäne in einem kühnen Investitionsprogramm zusammen etwa 100 Millionen Pfund für neue Industrieanlagen aufzuwenden gedächten, so würden wir uns daraus eine beträchtliche Verbesserung der Arbeitslage erwarten. Natürlich hätten wir damit auch recht.[18]‹ Also mußte irgend jemand mit seiner Beweisführung auf dem Holzweg sein. Zweigten nicht die Kapitalisten ebenso Mittel von anderen produktiven Unternehmungen ab, wie das bei einem Expansionsprogramm der Regierung der Fall wäre? Die Einstellung des Schatzamtes stand im Widerspruch zu Vernunft und allgemeiner Erfahrung.

Selbst auf dem eigenen Gebiet wies eine solche Einstellung logisch Fehler auf. Zunächst übersah das Schatzamt bei seinen Berechnungen Geldquellen, die leicht für eine Expansion der Gesamtproduktion und des Arbeitsmarktes mobilisiert werden konnten. Die Ersparnisse, die jetzt den Arbeitslosen zugeteilt wurden, um sie in ihrem unglücklichen Zustand der Untätigkeit zu unterhalten, konnten ebensogut zur ›Ausrüstung des Landes‹ benutzt werden. Dadurch wiederum ließen sich die effektiven Auslandsanleihen verringern und die so freiwerdenden Mittel im Inland investieren. Das alles lief, wie Keynes behauptete, auf einen ›ebenso umfassenden wie einfachen und sicherlich unangreifbaren Plan hinaus. Welche Schwierigkeiten bei der Eingliederung unserer Arbeitslosen in einen produktiven Arbeitsprozeß auch bestehen mögen, die unumgängliche Abzweigung von Mitteln von anderen Anwendungsgebieten gehört jedenfalls nicht dazu‹[19].

Zur selben Zeit wurde Keynes eine ungewöhnliche Gelegenheit geboten, sein Arbeitsbeschaffungsprogramm in offizieller Eigenschaft vorzutragen. 1929 wurde er Mitglied des Macmillan-Ausschusses für Finanzen und Industrie. Dieser exklusive Ausschuß* erhielt den Auftrag, ›Das Bank-, Finanz- und Kreditwesen im Hinblick auf interne wie auch internationale Faktoren zu untersuchen, die für ihre Arbeitsweise bestimmend sind, sowie Vorschläge auszuarbeiten, die geeignet sind, diese Institutionen in die Lage zu versetzen, die Entwicklung von Handel und Wirtschaft sowie die Zahl der Arbeitsplätze zu fördern‹[20]. Bei den Hearings, die sich bis 1931 hinzogen, gelang es Keynes, Montagu Norman, dem mächtigen Gouverneur der Bank von England, das widerwillige Eingeständnis zu entlocken, daß die Arbeitslosigkeit wahrscheinlich eine Folge der von der Bank von England für richtig erachteten Diskontpolitik sei. Hier der entscheidende Wortwechsel:

Keynes: Daraus geht also hervor, daß die Diskontrate einen bedeutsamen Einfluß ausübt; daß sie, wenn sie angehoben wird, eine Zunahme der Arbeitslosigkeit bewirkt. Das ist es, was Sie wollen. Habe ich damit recht?

Norman: Ja, ich denke schon . . .[21]

Keynes' eigene Aussage vor dem Ausschuß wurde allgemein als Glanzleistung gewertet. Er konzentrierte sich ganz auf die Beseitigung der Arbeitslosigkeit. In den Mittelpunkt seiner Maßnahmen stellte er das sogenannte ›pump-priming‹**, die Vorstellung, daß eine Spritze aus Regierungsmitteln Privatinvestitionen soweit anre-

---

* Dazu gehörten Gewerkschaftsführer wie Ernest Bevin, Bankiers wie R. H. Brand, Politiker wie Reginald McKenna, Beamte wie Gordon Ismay und Professoren wie T. E. Gregory.
** Eine Pumpe anwerfen, Wasser in eine Pumpe gießen, damit sie wieder funktioniert. (A. d. Ü.)

gen würde, daß die Regierung hernach ihre konjunkturfördernden Ausgaben einstellen kann. In dieser Hinsicht zeigte sich Keynes damals noch optimistischer als in späteren Jahren:

Staatsausgaben werden den Circulus vitiosus durchbrechen. Wenn Sie das zwei Jahre lang durchhalten können, werden sich, sofern meine Diagnose stimmt, die Gewinne wieder annähernd normalisieren, und das private Unternehmertum wird eine Wiederbelebung erfahren. Ich glaube, Sie müssen sich in erster Linie um die Wiederherstellung der Gewinne kümmern, dann können Sie sich darauf verlassen, daß die Privatunternehmen die Sache von sich aus weiterführen[22].

Es gelang Keynes nicht, seine Kollegen zu derart ketzerischen Auffassungen zu bekehren. So fiel der Macmillan-Bericht vorsichtig und konventionell, aber in gewissen Grenzen recht vernünftig aus. Auch Keynes setzte seinen Namen unter den Bericht und fügte einen Zusatz bei, den immerhin fünf seiner Kollegen, darunter auch Ernest Bevin, mit ihm unterzeichneten. Dieses höchst unkonventionelle Postskriptum lehnte Lohnkürzungen als Mittel gegen die Arbeitslosigkeit ab und empfahl statt dessen Zollerhöhungen und vermehrte Staatsausgaben. Klugerweise kaschierten die Häretiker ihre neuartigen Ansichten mit wohlgesetzten Worten:

45. Aus diesen Gründen und auch aufgrund der zu erwartenden Erleichterungen für Haushalt und Handelsbilanz dürften sich Einfuhrbeschränkungen und Exportförderungen vorteilhaft an die Seite der anderen Art von Abhilfe stellen lassen, die wir nunmehr behandeln wollen, nämlich Pläne für die Kapitalbildung. Es liegt auf der Hand, daß sämtliche zur inländischen Kapitalbildung erforderlichen Mittel notwendigerweise im Lande selbst aufgebracht werden müssen, aus eigenen Opfern und Anstrengungen, es sei denn, als Resultat würde unser Außenhandelsüberschuß gemindert werden...[23]

Der dritte Teil der *Essays in Persuasion* befaßte sich mit der 1925 unter dem damaligen konservativen Schatzkanzler Winston Churchill vollzogenen Rückkehr Großbritanniens zum Goldstandard. ›Die wirtschaftlichen Folgen Mr. Churchills‹, ein brillantes Stück Polemik, erbrachte zumindest nach Meinung des Verfassers den Beweis, daß die Regierung einen ernsten Fehler begangen hatte, indem sie bei dem Dollarkurs für das Pfund zur Goldwährung zurückgekehrt war, der die britischen Kosten und Preise so hochschraubte, daß britische Waren auf dem Weltmarkt nicht mehr wettbewerbsfähig waren. Den schlimmsten Irrtum sah Keynes in den verheerenden Folgen der von Anfang an falschen Entscheidung. Die Regierung versuchte, durch eine Kürzung von Löhnen und Preisen die Exportindustrien auf dem internationalen Markt wieder konkurrenzfähig zu machen. Der Generalstreik von 1926, der nachfolgende Rückgang im britischen Außenhandel und die verbreitete Arbeitslosigkeit, welche die übrigen Jahre des Jahrzehnts kennzeichneten, beweisen, wie zutreffend Keynes' Analyse war.

Bei seinem Urteil über Churchill befaßte sich Keynes wie üblich ebenso mit der Persönlichkeit wie mit der Politik:

Er (Churchill) machte sich daran, gewaltsam alle Löhne und den Wert des Geldes zu senken, ohne eine Ahnung davon zu haben, wie man so etwas macht. Warum tat er etwas so Törichtes?
Vielleicht lag es zum Teil daran, daß ihm ein instinktives Urteilsvermögen fehlte, das ihn vor solchen Fehlern bewahrt hätte; zum Teil auch daran, daß er sich wegen des Fehlens eines solchen Instinkts vom Geschrei der konservativen Finanziers beeinflussen ließ; am schlimmsten war jedoch, daß er sich von seinen Fachleuten in bedenklicher Weise irreführen ließ[24].

Womit zum Ausdruck gebracht werden sollte, daß Churchill naiv und ungebildet sei, seine Berater sich jedoch als gutunterrichtet und dumm zugleich erwiesen hätten.

Der vierte Teil des Buches bestand aus drei bemerkenswerten Aufsätzen, die Keynes als politischen Beobachter vorstellten. Sein ›A Short View of Russia‹, ein 1925 nach seiner Hochzeitsreise in dieses Land verfaßter Artikel, irrte sich zweifellos hinsichtlich der Überlebenschancen des kommunistischen Regimes, aber er machte unmißverständlich klar, warum Keynes die marxistische Lehre und ihre Auswirkungen in Rußland verabscheute:

Wie soll ich eine Lehre akzeptieren, die ein veraltetes ökonomisches Lehrbuch zu ihrer Bibel erhebt, ein Buch, von dem ich weiß, daß es nicht nur wissenschaftliche Irrtümer enthält, sondern daß es auf die moderne Welt überhaupt nicht anwendbar ist? Wie kann ich ein Glaubensbekenntnis übernehmen, das unlogischerweise das Bauernproletariat über Bürgertum und Intelligenz erhebt, die doch bei all ihren Fehlern und Schwächen Träger der Kultur sind und den Keim allen Fortschritts der Menschheit fortpflanzen? Selbst wenn wir eine neue Religion brauchen — wie sollen wir sie im Gerümpel der roten Bücherläden finden? Für einen gebildeten, anständigen, intelligenten Sohn Westeuropas ist es schwer, hier seine Ideale zu finden, es sei denn, er hätte zuvor einen seltsamen und grausigen Umwandlungsprozeß durchgemacht, der all seine Werte verändert hat[25].

Der Wirtschaftler Keynes hatte noch keinesfalls den Keynes aus dem Bloomsbury-Kreis verdrängt.

Mindestens ebenso berühmt wurde seine 1926 entstandene Schrift ›The End of Laissez-faire‹*. Hier bezog Keynes einen bezeichnenden Standpunkt. Er erklärte, er fühle sich nicht doktrinär ans *Laissez-faire* gebunden, doch die persönliche Freiheit bedeute ihm sehr viel. Daher tadle er:

... den doktrinären Staatssozialismus nicht deshalb, weil er die altruistischen Triebe des Menschen in den Dienst der Gesellschaft stellen will, oder weil er sich von dem *Laissez-faire* abwenden will, oder weil er dem Menschen die Freiheit nimmt, Millionen zu verdienen, oder weil er den Mut zu kühnen Experimenten aufbringt. All diese Dinge kann ich nur gutheißen. Ich tadle ihn, weil er die Bedeutung der aktuellen Ereignisse verkennt; weil er in Wirklichkeit nicht viel mehr ist als das verstaubte Überbleibsel eines Plans, der auf die Lösung der Probleme von vor fünfzig Jahren zugeschnitten war und sich auf ein Mißverständnis dessen aufbaut, was jemand vor hundert Jahren gesagt hatte[26]**.

Die richtige Methode für einen Indeterministen und Kämpfer für humanitäre Ideen bestand darin, einfallsreiche Lösungen für ökonomische Probleme im Rahmen der Freiheit und der Institutionen einer kapitalistischen Marktordnung zu finden. Die Schlußfolgerung war typisch für Keynes: ›Der nächste Schritt nach vorwärts wird nicht aus politischer Agitation oder unreifen Experimenten heraus erfolgen, sondern aus Überlegung . . .[27]‹

Keynes dachte dabei teils an eine neue Organisation, teils an eine neue Politik. Hinsichtlich der Organisationsform war er davon überzeugt, daß ›der Fortschritt in der Richtung der Entwicklung und Anerkennung halbautonomer Körperschaften im Rahmen des Staates liegt — Körperschaften, die in ihrem Wirkungskreis nur nach dem Kriterium des Gemeinwohls handeln[28]‹.

Es mag überraschen, daß Keynes als Träger des Fortschritts insbesondere die Aktiengesellschaften sah, die, ›wenn sie ein gewisses

---

*   Dt.: *Das Ende des Laissez-faire,* München und Leipzig 1926.
** Keynes dachte dabei an den Plan, die Grundindustrien zu verstaatlichen; die mißverstandene Person war, chronologisch nicht ganz korrekt, Karl Marx.

Alter und eine gewisse Größe erreicht haben ... sich mehr dem Status einer öffentlichen Körperschaft annähern, als dem eines individuellen Privatunternehmens‹[29].

Keynes sagte sehr richtig die zunehmende Trennung von Management und Eigentum in den Großunternehmen voraus und vertrat die Ansicht, die Manager würden ›die allgemeine Stabilität und das Ansehen der Institution‹ höher einschätzen als die ›höchstmöglichen Gewinne für die Aktionäre‹[30].

Für staatliche Experimente eröffneten sich nach Keynes' Auffassung drei vielversprechende Gebiete: Arbeitslosigkeit, Ersparnisse und Investitionen sowie Bevölkerungspolitik. 1926 war Keynes zu einer ›wohlüberlegten Kontrolle der Währungs- und Kreditfragen durch eine zentrale Einrichtung ..., die zum Teil in der Sammlung und weitesten Bekanntmachung geschäftlicher Statistiken liegt, einschließlich der vollen Publizität aller wissenswerten geschäftlichen Tatsachen‹ bereit. Etwas vage empfahl er zur Beseitigung des Mißverhältnisses zwischen Kapitalanlagen und Ersparnissen ›eine gemeinsame vernünftige Entscheidung‹[31]. In einem Punkt war er seiner Sache sicher: ›Private Entscheidung und private Gewinne in der gegenwärtigen Form‹ konnten den Erfordernissen der Gemeinschaft nicht gerecht werden[32]. In der Bevölkerungspolitik war Keynes nicht bereit, über die Erklärung hinauszugehen, daß die Zeit schon gekommen sei, wo jedes Land ›nationale Überlegungen darüber anstellen muß, ob seine Bevölkerungszahl kleiner oder größer werden oder stationär bleiben soll‹. Auf lange Sicht könnten eugenische Erwägungen wichtig werden: ›Später kommt vielleicht eine Zeit, in der die Gemeinschaft in ihrer Gesamtheit der angeborenen Qualität ihrer künftigen Mitglieder die gleiche Aufmerksamkeit zuwenden wird wie heute ihrer Zahl‹[33].

In seiner politischen Anschauung blieb Keynes weiterhin ein Rebell. Den unter dem Titel ›Am I a Liberal?‹ 1925 veröffentlichten Text einer vor der Liberal Summer School in Cambridge gehaltenen Ansprache leitete er mit der Frage ein, wie er denn überhaupt ein Konservativer sein könne. Konservative seien langweilig, sie verfolgten ›kein Ideal‹ und strebten keinen ›intellektuellen Standard‹ an. Und die Labour Party? Keynes gestand dieser Partei eine oberflächliche Anziehungskraft zu. Aber eine Mitgliedschaft käme schließlich für Leute wie Keynes nicht in Frage, denn die Labour Party sei ›eine Klassenpartei, und ihre Klasse ist nicht die meine‹. Als Realist fuhr Keynes fort: ›Wenn ich schon Teilinteressen vertreten soll, dann doch meine eigenen. Wenn es zu einem Klassenkampf kommt, dann gehört mein persönlicher und mein Lokalpatriotismus wie bei jedem Menschen — abgesehen von einigen unerfreulichen Eiferern — meiner unmittelbaren Umgebung. Ich lasse mich durch Dinge beeinflussen, die mir gerecht und vernünftig erscheinen; aber ein *Klassen*kampf wird mich auf der Seite des gebildeten *Bürgertums* finden.[34]‹ Da kaum Aussicht bestand, daß sich in der Labour Party jemals die intelligenten Elemente durchsetzen würden, könne Keynes sich ihr nicht anschließen.

Mehr durch die Eliminierung als aufgrund einer positiven Entscheidung war Keynes somit bereit, sich als Liberaler zu bezeichnen, aber nur, wenn man die Liberale Partei in eine ›Partei verwandeln kann, die keine Klassenunterschiede kennt und die eine Zukunft aufbaut, die frei ist von den Einflüssen der Erzkonservativen und der Schwarzseher an denen der Aufbau jeder anderen [Partei, A. d. Ü.] scheitern wird‹[35]. Keynes' ideale Partei mußte sich vom *Laissez-faire* und vom altmodischen Individualismus lösen. Sie mußte pazifistisch sein, Interventionen im geschäftlichen Bereich befürworten und eine aufgeklärte Haltung gegenüber Geburtenkontrolle, Ehe und Scheidung einnehmen. Keynes' relative Ahnungslosigkeit auf dem Gebiet der praktischen Politik in einer demokratischen Gemeinschaft entfesselte seine schöpferische Phantasie, selbst wenn kaum eine Aussicht auf konkrete Ergebnisse bestand.

Der letzte Abschnitt der *Essays in Persuasion,* ›Die Zukunft‹, enthielt einen interessanten Aufsatz aus dem Jahre 1930 mit einem Ausblick auf die wirtschaftliche Lage der übernächsten Generation. Keynes sah die Zukunft rosig und ließ sich von den Schwierigkeiten der Gegenwart nicht beirren. ›Überschätzen wir nicht die Bedeutung des ökonomischen Problems und opfern wir nicht seinen vermeintlichen Erfordernissen andere Dinge von größerer, von bleibender Wichtigkeit. Die Wirtschaft sollte eine Angelegenheit der Spezialisten sein — wie die Zahnheilkunde.‹ Keynes schloß, indem er sich gleichzeitig bei beiden Berufen unbeliebt machte: ›Es wäre herrlich, wenn sich die Wirtschaftswissenschaftler als bescheidene,

tüchtige Leute sehen würden, auf einer Stufe mit Zahnärzten.[36]‹
Das also war der Keynes der zwanziger Jahre: dem Charakter
nach ein wenig anarchistisch, aristokratisch in seinem Geschmack,
rational in seinen Ansichten, einfallsreich, was die Lösungsvor-
schläge für Probleme betraf, ein Feind des Konventionellen und der
menschlichen Dummheit in jeglicher Erscheinungsform.

*

Keynes' letzte fünfzehn Lebensjahre waren sowohl mit einem großen intellektuellen als auch mit einem großen politischen Ereignis
verknüpft. Das intellektuelle Ereignis war das Buch *The General
Theory of Employment, Interest and Money,* das politische der
Ausbruch des Zweiten Weltkriegs mit seinen unmittelbaren Folgen.
Berühmt wurde Keynes in England und in den Vereinigten Staaten
als Figur der Weltpolitik aus den Jahren 1936 bis 1946. Auf der
Schwelle seines Ruhms als Prophet unseres Zeitalters sollten wir in-
nehalten und uns die Frage stellen, wie dieser Mensch beschaffen
war, der sich nach seinem bis dahin in maßvoll-unkonventioneller
Weise verbrachten Leben eines finanziell unabhängigen Engländers
und nach ungewöhnlichen intellektuellen Leistungen zu Beginn der
dreißiger Jahre anschickte, die Bühne der Weltpolitik zu betreten.
Betrachten wir zunächst seine Person. Von der Kindheit an bis ins
reife Mannesalter wird Keynes auf allen Bildern als häßlich darge-
stellt. Aber wer ihn kannte, beschwor, daß die Fotos trügen. Sein
Mienenspiel war so lebhaft, sein Lächeln so gewinnend, seine
Augen waren so durchdringend, seine Stimme hatte eine so hypno-
tische Kraft, daß niemand in Keynes' Umgebung ihn als häßlichen
Menschen empfand. Für sein schlichtes Äußeres hatte ihn die Natur
auf andere Weise entschädigt. Keynes war nicht nur mit intellektuellen Gaben mehr als reichlich ausgestattet. Als Freund war er
selbstlos und absolut zuverlässig; bei allen die ihn näher kannten,
rief er dieselben Gefühle hervor. Seine Loyalität gegenüber einzelnen läßt sich zweifellos intellektuell aus den Lehren G. E. Moores
und der Einstellung der Bloomsbury-Gruppe erklären. Die Art von
Freundschaft, wie sie in Keynes' Kreis gepflegt wurde, stellt die
Meinung und die Zustimmung eines Freundes weit über den Beifall
der öffentlichen Meinung.

Einer seiner Freunde erinnert sich, daß Keynes einmal zwei wichtige Mitarbeiter aus der Regierung zum Dinner eingeladen hatte und zu spät feststellen mußte, daß seine Bloomsbury-Freunde den für diesen Anlaß bereitgestellten Champagner ausgetrunken hatten. Dazu bemerkte der Freund: ›Er nahm es gelassen hin. Seine Wertbegriffe waren intakt geblieben.[37]‹ Clive Bell war es auch, der sich beifällig daran erinnert, wie Maynard und seine Frau kurz nach seiner Erhebung in den Adelsstand die Bells besuchten: ›Er war ausgesprochen verlegen. ‚Man wird uns noch auslachen‘, sagte er.[38]‹ Das waren die engsten Freunde, die er weitaus mehr schätzte als den kläglichen Rest der Menschheit. Doch Keynes' Sinn für die Gemeinschaft der Begabten, ob lebend oder tot, war fast ebenso stark entwickelt. Darum ging es in seinem Aufsatz ›Die großen Villiers*‹. Keynes bemerkte: ›Aus dieser Familie gingen all die ehrgeizigen und faszinierenden Persönlichkeiten hervor, Menschen voller Charme in ihrem Äußeren und ihrer Stimme und mit einem kleinen harten Kern in ihrer Seele; sie waren die Favoriten und Mätressen unserer Könige im siebzehnten Jahrhundert und sind seitdem die Favoriten der parlamentarischen Demokratie geblieben.‹ Der Aufsatz beginnt mit der Besprechung eines Buches über Vererbung und fährt dann mit einer liebevollen und ausführlichen Darlegung der ›Verwandtschaft Drydens, Swifts und Horace Walpoles‹ fort, die ihrerseits einen gemeinsamen Vorfahren in John Dryden aufzuweisen haben. Es ist die Rede von den Familien Verney, Macaulay, Huxley und Churchill. ›Das ist das wahre königliche Blut Englands‹, erklärte Keynes[39]. Das ist zweifellos Snobismus, aber ein Snobismus von der noch am wenigsten anstößigen Sorte, die Leistung über Reichtum und gesellschaftliche Position stellt. Schumpeter sagte, Keynes selbst sei aufgrund seiner ›geistigen Verwandtschaft in die Linie Locke-Mill einzureihen[40]‹.

Keynes' Patriotismus, der mit Freundschaft begann und sich auf Leute seines Schlages aus allen Epochen erstreckte, galt in weiterem Sinne England und den Engländern. Schumpeter bemerkte sehr richtig: ›Keynes' Ratschläge waren, selbst wenn er sie anderen

---

* George Villiers, Erster Duke of Buckingham, 1592—1628, engl. Staatsmann und Admiral. Sein Sohn (1628—1687) war ein bekannter englischer Höfling und Dramatiker. (A. d. Ü.)

Nationen erteilte, in erster Linie immer englische Ratschläge, erwachsen aus englischen Problemen‹[41]. So war Keynes im Macmillan-Bericht und an anderer Stelle ohne weiteres bereit, aus nüchterner Abwägung der britischen Interessen seine Meinung zu ändern. Nicht ganz folgerichtig zog er diese Interessen einer Freihandelsdoktrin vor, die ihm wiederum aus intellektuellen Gründen viel bedeutete.

Im März 1933 schrieb Keynes vier Artikel für die Londoner *Times*. Mit dieser Artikelserie verfolgte Keynes ein Ziel: Ein Programm, das geeignet war, der Welt den Weg aus der Depression zu weisen. Aber er ging von der Lage in Großbritannien aus und entwickelte aus einer Analyse dessen, was Großbritannien zur wirtschaftlichen Erholung brauchte, seine politische Therapie für die übrige Welt. Er war in seinen Ansichten großzügig; die von ihm empfohlenen wirtschaftspolitischen Maßnahmen hätten den Ländern, die vernünftig genug gewesen wären, sie anzuwenden, zweifellos genützt. Dennoch begann und endete er stets bei der britischen Situation und den britischen Bedürfnissen.

Aber auch eine weniger erfreuliche Begleiterscheinung des Patriotismus ließ sich bei Keynes feststellen, eine Art Provinzialismus oder, wie Schumpeter es nannte, ›Insularismus‹. Diese Eigenart ist beim Nationalökonomen Keynes besonders ausgeprägt. Er betrachtete die Wirtschaftswissenschaft als ein englisches — wenn nicht gar Cambridger — Monopol. Diese Einstellung beschränkte sich nicht auf die Ökonomie. Nach Clive Bells strengen Maßstäben war Keynes Geschmack in Dingen der Malerei und Literatur unsicher, ja schlecht. Mit Entsetzen erinnert sich Bell, daß Keynes einmal die Karikaturen David Lowes mit denen des großen französischen Zeichners Daumier verglichen hatte. Selbst als wohlhabender Bibliophile beschränkte sich Keynes auf englische Ausgaben. Er fühlte sich offenbar nur in seiner Muttersprache wohl.

Keynes' Loyalität erstreckte sich sowohl auf Institutionen als auch Einzelpersonen. Aus allen Berichten geht hervor, daß ihm kaum eine andere Ehrung so viel bedeutete wie die Wahl ins Direktorium seiner alten Schule Eton. Nach dem Ersten Weltkrieg verwaltete er die Finanzen des King's College und vollbrachte in seiner selbstlosen Zuneigung zu diesem College wahre Wunder. 1926 wurde er Erster

Schatzmeister und verfolgte eine so einfallsreiche und geschickte Investitionspolitik, daß sich die frei verfügbaren Mittel der Schule von 30 000 Pfund bei seiner Amtsübernahme auf etwa 380 000 Pfund zum Zeitpunkt seines Todes erhöht hatten[42]. Als Schatzmeister der Camargo-Ballett-Society gelang Keynes 1932, als die wirtschaftliche Lage nicht gerade rosig war, eine Fusion mit dem Vic-Wells-Ballett und dem Rambert-Ballett. Über seine Tätigkeit schrieb der Kritiker Arnold Haskell: ›Ich will nicht behaupten, Mr. J. M. Keynes sei ein neuer Diaghilew; er mag manche andere Aufgaben irrtümlicherweise als wichtiger betrachten. Aber es ist ihm mit viel Takt und Energie gelungen, die verfügbaren Talente zusammenzufassen — eine wahre Herkulesarbeit; insofern verdanken wir diese Ballettsaison weitgehend ihm.[43]‹ Auch die Gründung des Arts Theatre mit dem hübschen Restaurant, das ihm heute noch angeschlossen ist, erfolgte auf Keynes' Initiative.

Der Glanz der Erfolge Keynes' als Organisator kultureller und erzieherischer Institutionen überstrahlt die Tatsache, daß Keynes schon in den zwanziger Jahren wichtige Posten in Unternehmen innehatte, die einem prominenten Nationalökonomen mehr liegen mußten. 1921 wurde er Aufsichtsratsvorsitzender der National Mutual Insurance Company. Eine Zeitlang gehörte er dem Vorstand der Independent Investment Company und später der Provincial Insurance Company an. Er hatte eine glückliche Hand. Robinson erklärte dazu: ›An seinem Gespür für richtige Anlagen kann kein Zweifel bestehen. Dafür legt das Gedeihen der National Mutual, seines College, der Royal Economic Society und seiner privaten Finanzen ein beredtes Zeugnis ab.[44]‹

Vermutlich war Keynes seit den Tagen Sir William Pettys, dieses Universalgenies aus dem siebzehnten Jahrhundert, der vielseitigste Nationalökonom, den England hervorbrachte*. Die Mannigfaltigkeit seiner Interessen war, wie bei Petty, zum Teil beruflich bedingt. In seinen mehr als sechzig Lebensjahren war Keynes nicht nur College-Professor und Wirtschaftswissenschaftler, sondern auch

---

* Petty war unter anderem Erfinder, Sprachforscher, Freund und Schüler von Thomas Hobbes, Seemann, Musikprofessor, stellvertretender Prinzipal des Brasenose College in Oxford, Militärarzt, Schiffsbauer, Irlandexperte, Schriftsteller und Wirtschaftspolitiker.

Beamter, Regierungsberater, Diplomat, Journalist, Büchersammler, Farmer, Redakteur und Promoter. Wie schon als Junge, war er auf keinem dieser Gebiete Dilettant. Er verwaltete seine Farm in Tilton ebenso fachmännisch wie die Finanzen des King's College. Er ging beim Erwerb wertvoller Erstausgaben mit der gleichen Umsicht vor wie bei gewinnbringenden Devisenspekulationen.

Die Vielseitigkeit war für Keynes auch ein Prinzip, eine Weltanschauung. Seine vielfältigen Beschäftigungen waren das äußere Zeichen seiner unerschütterlichen Überzeugung, daß der menschliche Verstand die Lage der Menschheit verbessern könne. Ein um seine wirtschaftliche Existenz ringendes Ballett erforderte ebenso wie eine Nation im Existenzkampf die volle Aufmerksamkeit eines universalen, nicht dem Spezialistentum verhafteten Intellekts. Im Krisenjahr 1933 bekannte sich Keynes zu diesem leidenschaftlichen Glauben an die Vernunft:

Wenn unsere Armut auf eine Hungersnot, ein Erdbeben oder einen Krieg zurückzuführen wäre, wenn es uns an materiellen Gütern und an den Mitteln zu ihrer Produktion fehlte, dann könnten wir den Weg zum Wohlstand nur durch harte Arbeit, Entbehrungen und Erfindergeist finden. Aber unsere Notlage ist von ganz anderer Art. Sie entspringt einem Versagen der immateriellen geistigen Voraussetzungen, der Motivation, die zu den für die Aktivierung der bereits vorhandenen materiellen Reserven und technischen Mittel erforderlichen Entscheidungen und Willensakten führen müßte. Nichts anderes ist nötig, und nichts anderes wird uns etwas nützen als ein wenig — ein ganz klein wenig — logisches Denken[45].

Mit anderen Worten: gegen irrationales Verhalten hilft nur rationales Denken. Es ist vielleicht gar nicht so erstaunlich, daß sich Keynes, wie schon Mill, Jevons und sein eigener Vater, zu den Problemen der Logik und Wahrscheinlichkeit hingezogen fühlte. Jedenfalls erbrachte Keynes mit seinem *Treatise on Probability* einen weiteren Beweis der großen Vorliebe englischer Nationalökonomen für diese Methode der Forschung.

Was bisher über Keynes' Eigenschaften gesagt wurde, scheint sich mehr auf den Intellektuellen als auf den Wirtschaftswissenschaftler Keynes zu beziehen. Gewiß teilte er den für alle Intellektuellen charakteristischen Glauben an die Bedeutung von Ideen. Der letzte Satz seiner *General Theory of Employment Interest and Money* ist zu Recht berühmt geworden: ›Aber früher oder später sind es Ideen und nicht erworbene Rechte, von denen die Gefahr kommt, sei es zum Guten oder zum Bösen.[46]‹ Aber auch das intellektuelle Vergnügen an reiner Wortkunst war ihm vertraut. Das zeigte sich nicht nur im feinfühligen literarischen Stil von *The Economic Consequences of the Peace*, der *Essays in Biography* und vieler seiner journalistischen Arbeiten, sondern auch in der Freude, die er an Unterhaltungen über nahezu jegliches Thema hatte, gleichgültig, ob er über die Vorzüge des entgegengesetzten Standpunktes ausreichend informiert war oder nicht. Selbstverständlich fühlten sich kritische Gesprächspartner durch seine so bereitwillig gegebenen Kommentare mitunter irritiert, zumal er nicht selten anderntags die besseren Argumente seines Diskussionsgegners als seine eigenen ausgab. War es ihm zunächst nur darum zu tun, im Disput Sieger zu bleiben, so ging es ihm am Ende doch um die Wahrheit.

Man kann ein Intellektueller sein, ohne etwas von Nationalökonomie zu verstehen, und ebensogut ist es möglich, Wirtschaftswissenschaftler zu sein, ohne Intellektueller zu sein. In den nachfolgenden Kapiteln werden Keynes' Vorzüge als Wirtschaftler gewürdigt. Hier soll nur festgehalten werden, daß ihn die Qualitäten, die ihn als Intellektuellen auszeichneten, auch nicht verließen, wenn er über sein Fachgebiet schrieb. Sie verbanden sich im Gegenteil mit einer Reihe spezifischer Gaben, von denen eine die überlegene Beherrschung einiger Spezialgebiete der Wirtschaftstheorie, insbesondere der gesamten Lehre vom Geld und der Prinzipien des internationalen Handels war. Eine weitere Gabe war seine ungewöhnliche Beherrschung aller Fakten des Geldmarktes. Die dritte war sein überlegenes Geschick beim Vortrag.

Die vierte Begabung war vielleicht die wichtigste von allen: sein Einfallsreichtum in der Formulierung praktikabler Pläne und aufsehenerregender Maßnahmen. Eines seiner Hauptinteressengebiete blieb stets die Währungsreform. Angefangen von seiner Pionierarbeit über die indische Goldwährung kurz vor dem Ersten Weltkrieg und seine Empfehlungen aus den zwanziger Jahren in *A Tract on Monetary Reform** und andernorts, die Goldwährung flexibler zu handhaben, über seine internationalen Währungspläne der dreißi-

---

* Dt.: *Ein Traktat über Währungsreform*, München und Leipzig 1924.

ger Jahre in *The Means to Prosperity*, bis hin zu seinen 1944 auf der Bretton-Woods-Konferenz vorgetragenen Plänen für einen internationalen Währungsfond setzte sich Keynes für die Schaffung eines internationalen Währungssystems ein, das die zivilisierte Welt vor einer Inflation bewahren sollte, ohne daß sie dafür den Preis wirtschaftlicher Stagnation oder hoher Arbeitslosigkeit zu zahlen haben würde. Wenn Keynes sich zuweilen gegen die Goldwährung aussprach und sich bei anderen Gelegenheiten wieder für ihre Beibehaltung einsetzte, so lag dieser scheinbare Widerspruch nicht in Keynes' Absichten. Er war bereit, für ein bestimmtes Ziel immer das brauchbarste Mittel einzusetzen. Da man Keynes oft innere Widersprüche vorgeworfen hat, soll Robinsons Meinung dazu vermerkt werden:

Es fällt schwer, von der Folgerichtigkeit seiner strategischen Hauptziele nicht beeindruckt zu sein: dem vollen Einsatz aller verfügbaren Mittel; der Erlangung eines Zahlungsausgleichs für alle Länder durch Methoden, die nicht mit der Vollbeschäftigung kollidieren; dem internationalen Währungssystem, das die kurzfristigen Vorzüge fester, verläßlicher Kurse mit den langfristigen Vorteilen der Flexibilität verband; und schließlich von den niedrigen Zinssätzen als Voraussetzung der Vollbeschäftigung ... Wer Keynes sorgfältig studiert, wird sicher erkennen, wie bemerkenswert konsequent er seine strategischen Ziele verfolgte, obgleich er hinsichtlich der taktischen Vorschläge zur Erlangung dieser Ziele außerordentlich erfindungsreich war[47].

Er besaß im besten Sinne des Wortes das Selbstvertrauen eines Intellektuellen in seine Fähigkeit, Alternativen zu finden. Dieses Selbstvertrauen spricht auch aus der Reihe von Plänen, die Keynes in den zwanziger und dreißiger Jahren vorlegte. Keynes fand Lösungen für die Arbeitslosigkeit in seinem Heimatland, für Reparationen, Gold, das Finanzsystem, die Relation der Wechselkurse und die Höhe der Zolltarife. Es fiel ihm ebenso leicht, einen komplizierten technischen Plan zur Verringerung der Goldausfuhren zu entwickeln, wie Möglichkeiten zur Finanzierung der Kosten des Zweiten Weltkriegs aufzuzeigen.

Selbst sein intellektuelles Hauptproblem entsprang noch einer Tugend: seinem übertriebenen Vertrauen in die Macht der Vernunft, seinem allzu großen Glauben an die Bereitschaft und die Fähigkeit des Menschen, sich der Logik zu beugen. Keynes fiel es immer sehr schwer, die Macht von Vorurteilen, Emotionen, Böswilligkeit und geistiger Trägheit richtig einzuschätzen. Ein solcher Mann mußte über die Fähigkeit seiner Mitmenschen erstaunt sein, das zu erzeugen, was er am meisten haßte — chaotisches Durcheinander. Selbst in einer Atempause ließ ein solcher Mann nicht in seinem Bemühen nach, schöne Klarheit an die Stelle häßlicher Verwirrung zu setzen.

KAPITEL 3

Der Weg zur »General Theory«

Freunde und Gegner der Keynes'schen Volkswirtschaftslehre stimmen darin überein, daß die *General Theory of Employment, Interest and Money* zu den ganz wenigen wirklich folgenreichen Büchern des zwanzigsten Jahrhunderts gehört. Was macht ein Buch bedeutsam? Als wirtschaftswissenschaftlich bedeutsam wird man ein Buch wohl dann bezeichnen können, wenn nach seinem Erscheinen Nationalökonomen umzudenken beginnen, Studenten neue Lehrbücher vorgelegt, Politiker neue Argumente zu hören bekommen und — was vielleicht das Allerwichtigste ist — die breite Öffentlichkeit eine generelle Neuorientierung des wirtschaftspolitischen Regierungsprogramms und eine gewandelte Einstellung gegenüber den dringlichsten Belangen der wirtschaftlichen Existenz des einzelnen — Beschäftigung, Sozialversicherung, Erziehung und Gesundheitsfürsorge — erwartet. Von den meisten Büchern, die Wirtschaftswissenschaftler schrieben, kann behauptet werden, daß die Welt nicht anders aussähe, wenn es sich die Autoren versagt hätten, mit einem Erzeugnis aus eigener Feder zum weiteren Anschwellen der Bücherflut beizutragen. Das Buch, das konkrete Veränderungen bewirkt, ist in der Tat ein seltenes Phänomen.

Sigmund Freuds *Traumdeutung* hat unser Selbstverständnis nachhaltig verändert, Gunnar Myrdals Buch *An American Dilemma* die Geschichte des Rassenkonflikts in den Vereinigten Staaten beeinflußt.

Die These, *The General Theory* gehöre in diese Kategorie, kann sich auf die Tatsache stützen, daß Keynes die Nationalökonomie umschrieb und ihr Vokabular verwandelte. Der Einfluß seines Werkes auf die wirtschaftspolitischen Zielsetzungen von Parteien und Regierungen läßt sich nicht hoch genug einschätzen. Keynes machte der Welt klar, daß Fatalismus angesichts wirtschaftlicher Depressionen, Massenarbeitslosigkeit und stillgelegter Fabriken unangebracht ist. Er zeigte, daß sinnvolle Maßnahmen in Verbindung mit der unkonventionellen Anwendung erprobter analytischer Methoden durchaus geeignet und in der Lage sind, die Bedürfnisse der Menschen wieder mit ihren Möglichkeiten in Einklang zu bringen. Und er tat noch ein Übriges: Er formulierte eine Theorie, die seine Empfehlungen rechtfertigte.

Nachdem sich Keynes zu Wort gemeldet hatte, konnte der zynische Besitzbürger von prominenten Wirtschaftswissenschaftlern keine Analysen mehr erwarten, die auf die akuten Erfordernissen so wenig eingingen wie die zur Zeit der tiefsten Depression vor dem Macmillan-Ausschuß abgegebenen Erklärungen A. C. Pigous. Befragt, warum die Arbeitslosenziffern so hoch seien, wußte der berühmte Cambridge-Professor der politischen Ökonomie seinen Mitbürgern keine nützlichere Hilfe anzubieten als die Diagnose: ›Der relative Arbeitskräftebedarf in den verschiedenen Berufssparten hat sich verändert, aber eine diesen Veränderungen entsprechende Umschichtung von Arbeitskräften fand nicht statt.‹ Hinweise auf neuartige Lösungen enthielten Pigous Bemerkungen so gut wie gar nicht. Wenn Arbeitslosigkeit auftrat, so waren es die Arbeitnehmer und ihre Gewerkschaften, die über wirksame Gegenmittel verfügten. Die Arbeitnehmer brauchten lediglich Arbeitsplatz und Beruf zu wechseln und sich notfalls auch mit niedrigeren Löhnen abzufinden, und schon würde die Arbeitslosigkeit überwunden sein. In dem folgenden Dialog kommt das noch deutlicher zum Ausdruck:

Vorsitzender: Würde man durch Herabsetzung der Löhne mit Sicherheit neue Arbeitsplätze schaffen?

Pigou: Bis zu einem gewissen Grad schon, denke ich.

Vorsitzender: Glauben Sie, daß durch eine Lohnsenkung ein erhöhter Arbeitskräftebedarf entstehen würde?

Pigou: Ja, ich glaube, dann würde ein erhöhter Arbeitskräftebedarf entstehen[1].

Das war nicht etwa die Meinung eines Reaktionärs. Tatsächlich könnte man Pigous Ansichten eher noch egalitär als elitär nennen. Dennoch ließen ihn seine wirtschaftstheoretischen Auffassungen zu der Überzeugung gelangen, daß selbst in Zeiten einer tiefen Depression die eine oder andere Branche *mehr* Arbeitskräfte, *keine* Branche jedoch *weniger* Arbeitskräfte beschäftigen würde, wenn man nur die Löhne senkte. So lautete die Theorie. Den Arbeitswilligen selbst freilich, die nur allzu bereit waren, jede beliebige Stellung anzunehmen, auch wenn sie nur miserabel verdienen konnten, war damit wenig gedient.

Pigou vertrat die herrschende ökonomische Auffassung. Selbst D. H. Robertson, von dessen tiefem Einblick in den Mechanismus von Rücklagen und Investitionen noch die Rede sein wird, verbündete sich schließlich mit seinem Freund und älteren Kollegen. Er sagte vor demselben Ausschuß aus:

Vorsitzender: Wenn ich Sie recht verstehe, dann übersteigen in unserem Lande derzeit die Löhne den wirtschaftlichen Wert der Arbeit?

Robertson: Jedenfalls den wirtschaftlichen Wert, den die Arbeit im Falle der Vollbeschäftigung haben würde[2].

Damit bekannte sich ein weiterer führender Vertreter seines Berufsstandes zu der Überzeugung, daß 1930 der Weg zur Vollbeschäftigung über eine Reihe von Lohnsenkungen führen müsse, deren Endziel ein niedrigeres allgemeines Lohnniveau war.

Was die ›Praktiker‹ betraf, so müssen wir uns nur die Ansichten ihres Wortführers Sir Montagu Norman, des Gouverneurs der Bank von England, in Erinnerung rufen, jenes Mannes also, der hauptsächlich für die Zinsmanipulationen verantwortlich war. Er brachte es 1930 — wie schon oft zuvor — fertig zu behaupten, eine Erhöhung des Diskontsatzes sei gut für die Nation, ›weil ich glaube, daß die Nachteile für die interne Lage im Vergleich zu den vorteilhaften Auswirkungen nach außen relativ gering sind‹. Als Sir Montagu die vernünftige Frage gestellt wurde, inwiefern die einheimische Industrie und der einfache Arbeiter von diesen ›vorteilhaften Auswirkungen nach außen‹ profitieren sollte, lautete seine zwar unbestreitbar von patriotischer Gesinnung zeugende, jedoch kaum einleuchtend zu nennende Antwort: ›Das ist eine sehr technische Frage, die sich nicht leicht beantworten läßt. Aber die internationale Gesamtlage hat unserem Lande die ererbte großartige Position erhalten; man glaubte sie zeitweilig vielleicht gefährdet, inzwischen jedoch ist sie größtenteils, wenn auch noch nicht in vollem Umfang, wiederhergestellt.[3]‹

Kein Wunder, daß Ernest Bevin — kein Nationalökonom, sondern ein mit den Sorgen und Nöten seiner Mitglieder vertrauter Gewerkschaftsführer — sich zu der Frage an Sir Montagu veranlaßt sah, ob nicht vielleicht doch die Finanzpolitik der Bank von England etwas mit der Arbeitslosigkeit zu tun haben könne. Aber er vermochte dem ungerührten Bankier so gut wie kein Zugeständnis abzuringen. Angesichts der Wirtschaftslage Englands hätte man zu Recht mit Bevin fragen können, was denn eigentlich ›wiederhergestellt‹ worden sei.

Keynes fiel es als Mitglied dieses Ausschusses nicht leicht, Norman zu dem Eingeständnis zu bewegen, daß der Diskontsatz beträchtliche Auswirkungen auf den einheimischen Arbeitsmarkt zeitige. Und einen weiteren Repräsentanten konventioneller Weisheit der damaligen Zeit vermochte er ebensowenig zu erschüttern: Sir Richard Hopkins, ein Beamter des Schatzamtes, beharrte angesichts der sich türmenden ungenutzten Mittel immer noch auf der festen Überzeugung, staatlich unterstützte Pläne zur Kapitalbildung müßten ›ein Loch in die Kapitaldecke reißen, die den Gemeinschaftsaufgaben dient[4]‹.

So sah im unglücklichen dritten Jahrzehnt unseres Jahrhunderts die ›praktische‹ Weisheit der Gelehrten und Mächtigen aus. Eine vorgefaßte Meinung, wie immer sie auch lautet, läßt sich ebenso schwer ändern, wie man Privilegierte von der Wahrnehmung ihrer Vorrechte abbringen kann. In diesem Kapitel soll erläutert werden, wie Keynes wirtschaftliche Ereignisse und deren Analyse zu einer neuen Lehre verschmolz, der es letztlich doch gelang, die Privilegierten wenigstens partiell und die Fachwelt nahezu gänzlich zu überzeugen.

*

Für die Engländer war der Erste Weltkrieg eine schreckliche Erfahrung, nicht nur wegen der extrem hohen Verluste (mit denen verglichen der Zweite Weltkrieg geradezu ein ›gemütlicher‹ Krieg war), und auch nicht so sehr deswegen, weil England der Sieg die wirtschaftliche Vormachtstellung in der Welt kostete. Viel schlimmer noch war, daß der Krieg die gesicherten Grundlagen der Vorkriegszeit in Frage stellte. Friede, Fortschritt, eine stabile Gesellschaftsordnung — diese Werte konnten nie wieder so selbstverständlich erscheinen wie in den Wohlstandsjahren 1870 bis 1914. Die Gefahren dieser neuen, fragwürdig gewordenen Welt waren es, auf die Keynes mit den einleitenden Passagen seines Buches *The Economic Consequences of the Peace* hinwies. Aber er ging einen Schritt weiter: Er behauptete, diese scheinbar so stabile Vorkriegswelt sei nur eine labile Verbindung glücklicher Umstände, vernünftiger Übereinkunft und unfreiwilliger Selbsttäuschung gewesen. Der Wohlstand im Vorkriegseuropa sei nur darauf zurückzuführen, daß eine ungemeine komplexe Arbeitsteilung und der empfindliche Mechanismus des internationalen Goldstandards in einer friedlichen Umwelt gerade ausreichten, eine bescheidene Zunahme des Wohlstands zu gewährleisten. Dennoch sei das Verhältnis zwischen den einzelnen Klassen gespannt und labil gewesen. Keynes schrieb über das Vorkriegseuropa:

Die ›neuen Reichen‹ des 19. Jahrhunderts waren nicht zu großen Ausgaben erzogen und hatten die Macht, die ihnen die Kapitalsanlage gab, lieber als die Freuden des unmittelbaren Verbrauchs. In der Tat ermöglichte gerade die Ungleichheit in der Verteilung des Reichtums jene ungeheuren Anhäufungen festen Vermögens und kapitalistischer Anlagen, die jenes Zeitalter von allen anderen unterschieden. Hierin lag in der Tat die hauptsächliche Rechtfertigung des kapitalistischen Systems. Hätten die Reichen ihren neuen Reichtum für ihre eigenen Vergnügungen ausgegeben, so hätte die Welt schon lange eine solche Wirtschaft unerträglich gefunden, aber sie sparten und sammelten wie die Bienen — darum nicht weniger zum Vorteil der ganzen Gemeinschaft, weil sie selbst niedrigere Ziele im Auge hatten[5].

So stand der Kapitalismus auch vor 1914 schon auf schwankendem Boden, da die soziale Harmonie ein Einverständnis zwischen Einkommensklassen erforderte, deren Interessen in Wirklichkeit konträr waren. Eine erhöhte Kampfbereitschaft oder ein geringes Mehr an Kenntnissen auf seiten der Gewerkschaften und ihrer Führung oder eine minimale Lockerung der puritanischen Einstellung bei den Kapitalisten, und das ganze Arrangement wäre hinfällig gewesen. Selbst wenn es nicht zum Kriege gekommen wäre, hätte die Welt der Jahre 1870 bis 1914 nicht unverändert weiterbestehen können.

Aber wenn die europäische Wirtschaftsstruktur selbst vor 1914 schon so anfällig war, wie sollte es dann erst nach vier Jahren sinnloser Vergeudung von Menschenleben und Material um sie bestellt sein? Der Versailler Vertrag störte durch Grenzverschiebungen und die Ausplünderung der zentraleuropäischen Verlierer auf bedenkliche Weise die Arbeitsteilung, die vor dem Kriege zwischen den wichtigsten Handelsnationen geherrscht hatte. Das verwickelte Geflecht alliierter Kriegsschulden und deutscher Reparationen setzte den internationalen Goldstandard unerträglichen Belastungen aus. Die in einigen Ländern drohende und in anderen tatsächlich bereits vorhandene Inflation erschütterte die Grundlagen des Sparens und verstieß gegen die stillschweigende Übereinkunft zwischen Arbeitnehmern und Kapitalisten. Spätestens in den zwanziger Jahren erkannte Keynes, daß der ungezügelte, durch keinerlei kluge staatliche Lenkung unterstützte Kapitalismus zum Untergang verurteilt war.

Diese Überlegungen blieben nicht ohne Einfluß auf Keynes' späteres Denken. Interpretiert man die *General Theory* als Blankovollmacht für eine kluge staatliche Lenkung, so läßt sich der Ausgangspunkt dieser Einstellung bereits in den zwanziger Jahren, in seinen polemischen Angriffen auf die Dummheit der Politiker und die Bösartigkeit des Friedensvertrags, erkennen. Es bedurfte keiner weltweiten Depression, um Keynes davon zu überzeugen, daß der Kapitalismus eine ausgeprägte Tendenz zur Instabilität in sich barg.

In seinem nächsten Buch erläuterte Keynes seine Empfehlungen für eine verbesserte Finanzpolitik noch eingehender. Er widmete sein 1923 erschienenes Werk *A Tract on Monetary Reform* * ›bescheiden und ohne Erlaubnis den Leitern und dem Beirat der Bank von England, denen jetzt und in Zukunft eine sehr viel schwerere und kritischere Aufgabe anvertraut ist als in früheren Zeiten‹[6]; darin kam deutlich Keynes' Wille zur Neuerung zum Ausdruck, seine

---

* Dt.: *Ein Traktat über Währungsreform*, München und Leipzig 1924.

Bereitschaft, überholte Arrangements und politische Grundsätze neu zu überdenken. Sein *Tract* war als Fachbuch hauptsächlich an die Adresse der anderen Nationalökonomen gerichtet. Keynes bekundete einleitend seine Bereitschaft, das ›Sparen dem Privatanleger‹ und das ›Produzieren dem Geschäftsmann‹ zu überlassen. Die Schwierigkeit bestände darin, daß keiner von beiden zufriedenstellend arbeiten könne, ›wenn das Geld, das sie als stabilen Maßstab voraussetzen, unzuverlässig ist‹. Keynes fährt dann fort: ›Arbeitslosigkeit, die unsichere Existenz des Schaffenden, enttäuschte Erwartungen, der plötzliche Verlust von Ersparnissen, die unmäßigen Konjunkturgewinne einzelner — des Spekulanten und des ›Raffkes‹ — sie alle gehen in erheblichem Maß auf die mangelnde Stabilität des Wertstandards zurück.[7]‹

Falls der Vorwurf, Keynes sei ein eingefleischter Inflationist, jemals zutreffend war, dann bestimmt nicht auf den Autor des *Tract*. Von seiner Darstellung einer drohenden Inflation leitet Keynes eine Moral ab: Das Festhalten an den wirtschaftlichen Wertmaßstäben des neunzehnten Jahrhunderts ist ganz und gar nicht mit einer unbekümmerten Fiskalpolitik zu vereinbaren:

Welche Lehre sollten wir für unsere gegenwärtigen Aufgaben daraus ziehen? Hauptsächlich die, daß es nicht unvorsichtig und unfair ist, die während des 19. Jahrhunderts entwickelte und noch heute beibehaltene soziale Organisation mit einer Laisser-faire-Politik gegenüber dem Geldwert zu vereinen. Es ist nicht wahr, daß unsere früheren Anstalten sich bewährt haben. Wenn wir fortfahren wollen, die freiwilligen Ersparnisse der Allgemeinheit in ›Renten‹ zu lenken, so müssen wir es als eine Hauptaufgabe überlegter Staatskunst ansehen, daß die Wertbasis, in deren Maß sie ausgedrückt sind, stabil erhalten wird und müssen mit anderen Methoden die Neuverteilung des Nationalvermögens regeln, wenn im Laufe der Zeit die Erbschaftsgesetze und Akkumulationsrate einen zu hohen Bruchteil vom Einkommen der erwerbstätigen Klassen der Verfügung konsumierender Müßiggänger überantworten[8].

Aber selbst in diesem Zusammenhang weist Keynes auf Übel hin, die schlimmer sind als eine mangelnde Stabilität der Währung, so unerwünscht diese auch sein mag. Mag ›Inflation ungerecht und Deflation hemmend sein, so ist dennoch von beiden die Deflation die schlimmere, wenn wir übertriebene Inflationen wie die in Deutschland dabei aus dem Spiele lassen, denn es ist in einer verarmten Welt schlimmer, Arbeitslosigkeit hervorzurufen, als den Rentner zu enttäuschen[9]‹.

Im Gegensatz zu *The Economic Consequences of the Peace* ist der *Tract* in einem ruhigen, unpolemischen Ton gehalten. Dennoch greift Keynes auf den letzten fünfundzwanzig Seiten den geheiligten Goldstandard selbst heftig an. Diese Attacke war um so kühner, als England sich gerade anschickte, zur Goldwährung zurückzukehren. Unter anderem wehrte sich Keynes gegen die bequeme Auffassung mancher Nationalökonomen, entsprechende Korrekturen könnten mit der Zeit noch vorgenommen werden, wenn das Gold erst einmal seine frühere beherrschende Stellung wiedererlangt hätte. Sein Einwand lautete: ›*Auf lange Sicht* sind wir alle tot. Die Volkswirtschaft macht es sich zu leicht und macht ihre Aufgabe wertlos, wenn sie in stürmischen Zeiten uns nur sagen kann, daß der Ozean wieder ruhig sein wird, nachdem der Sturm lange vorüber ist.[10]‹ Der erste Satz ist als stehender Ausdruck für eine bestimmte Einstellung zur Wirtschaftspolitik in die englische Umgangssprache eingegangen.

Keynes Argumentation gegen den Goldstandard stützt sich logisch auf die Unterschiede zwischen dem neunzehnten und dem zwanzigsten Jahrhundert. Heute könne man von der Goldwährung nicht mehr erwarten, daß sie gleichzeitig ein stabiles Verhältnis zwischen dem Pfund Sterling und dem Gold *und* ein gleichbleibendes Preisniveau im Inland schaffe. Der größte Faktor in der ökonomischen Gesinnung sei die nach dem Ersten Weltkrieg aufgetretene Tendenz der USA, Gold an sich zu ziehen. Die praktische Folge sei ein von der Federal Reserve Bank manipulierter Dollarstandard. Keynes drückt es so aus:

Demzufolge steht das Gold heute auf einem ›künstlichen‹ Wert, dessen weitere Gestaltung fast völlig von der Politik des Federal Reserve Board der Vereinigten Staaten abhängt. Der Wert des Goldes ist nicht mehr das Ergebnis von den Zufallsgaben der Natur und dem Urteilsvermögen zahlreicher unabhängig agierender Behörden und Privatleute. Selbst wenn andere Länder nach und nach zu einer Goldbasis zurückkehren, wird die Lage sich nicht wesentlich verändern. Der wirkliche Wert des Goldes wird daher von der Politik der drei oder vier mächtigsten Zentralbanken abhängen, mögen diese nun unabhängig voneinander oder nach gemeinsamer Vereinbarung verfahren[11].

Unter den gegebenen Umständen sollte eine realistische englische Politik ›das Gold nur als konstitutionellen Monarchen wieder zulassen, dem seine alten despotischen Machtbefugnisse genommen sind und der gezwungen ist, sich die Betrachtung durch ein Parlament von Banken gefallen zu lassen¹²‹. Nach Keynes' Meinung wäre die Fortsetzung eines offen manipulierten Währungssystems am besten gewesen. Falls das aber aus politischen Gründen unmöglich war, mußte man einem weitgehend modifizierten Goldstandard den Vorzug gegenüber der alten Tyrannei des Edelmetalls aus der Vorkriegszeit geben.

Keynes' Rat ging wie immer von seiner Sorge um die englischen Interessen und seiner Überzeugung aus, daß man diesen Interessen durch eine kluge staatliche Kontrolle besser diene als durch ein doktrinäres Festhalten am blinden Kräftespiel des Marktes. Da er vor der unausweichlichen Alternative stand, entweder das Pfund Sterling international zu festigen oder das Niveau der Inlandspreise zu halten, entschied er sich ohne Zögern für die zweite Möglichkeit. Keynes war etwas klargeworden, was die englische Regierung noch nicht erkannt hatte: Die schmerzlichen Folgen einer Deflation, unter denen ganz besonders die arbeitenden Mitglieder der Gemeinschaft zu leiden haben würden, ließen gar keine andere Entscheidung zu. Keynes' detaillierte Empfehlungen für die Zähmung des Goldstandards sind heute nur noch von historischem Interesse. Auffallend war wieder einmal Keynes' kühle Entschlossenheit, als Bilderstürmer aufzutreten. Harrod bemerkte dazu: ›Die Leute waren zutiefst schockiert von dem Gedanken, den festen Anker der Stabilität aufzugeben, den der Goldstandard darstellte.¹³‹

Wieder einmal hatte Keynes eine unpopuläre Ansicht verfochten. Eine Einschränkung muß man hier allerdings machen. Obgleich Keynes in politischen Fragen wie denen der Reparationen, des europäischen Wiederaufbaus oder der Währung von der Generallinie abweichende Meinungen vertrat, zeigte er sich noch wenig geneigt, seinen Neuerungsdrang auch auf die Wirtschaftstheorie auszudehnen, wie er sie in Cambridge gelernt hatte und nun neue Generationen von Cambridge-Studenten lehrte. Unter den Nationalökonomen genoß der *Tract* gerade wegen der subtilen Darlegung der Cambridger Währungslehre besonderes Ansehen. Einer von Keynes' prominentesten Studenten aus der Mitte der zwanziger Jahre, Professor E. A. G. Robinson, bemerkte einmal: ›Wenn Maynard Keynes 1925 gestorben wäre, hätten es jene, welche die Kraft und Originalität seines Geistes genau kannten, schwer gehabt, jemanden von Keynes' Fähigkeiten zu überzeugen, der ihm nie begegnet war.[14] Seine Studenten glaubten einfach, daß ihr allseits bewunderter Lehrer lediglich die Wirtschaftslehre Alfred Marshalls mit ungewöhnlicher Überzeugungskraft auf die Tagesprobleme anwandte. Offenbar glaubte Keynes selbst das auch, denn 1922 bemerkte er in der Einleitung zur Reihe der Cambridge Economic Handbooks über die Situation der Wirtschaftstheorie:

Vor Adam Smith existierte dieser gedankliche Apparat kaum. Seitdem wurde er bedeutend erweitert und verbessert. Es gibt auch keinen anderen Wissenszweig, an dem Engländer einen maßgeblicheren Anteil gehabt hätten. Er ist noch nicht vollkommen, aber wesentliche, elementare Verbesserungen werden immer seltener. Die berufliche Hauptaufgabe des Wirtschaftswissenschaftlers besteht heute darin, entweder ein umfassendes Wissen an *relevanten* Fakten zu sammeln und die ökonomischen Prinzipien geschickt auf sie anzuwenden, oder die Elemente dieser Methode klar, genau und einleuchtend dazulegen, damit durch seine Anleitung die Zahl jener zunimmt, die selbständig zu denken vermögen[15].

In den Wirtschaftswissenschaften sind solch düstere Prognosen bedenklich. 1848 erklärte J. S. Mill die Werttheorie für abgeschlossen. Eine Generation später war die Theorie, an die er dabei dachte, restlos durch eine neue ersetzt.

Als Keynes diese für ihn ungewöhnlich konservative Meinung ausdrückte, stand sogar schon eine neue Erkenntnis unmittelbar bevor. In Cambridge war Keynes' geschätzter Freund und Kollege D. H. Robertson dabei, einen Gedankengang fortzuführen und abzuklären, der sich für Keynes als äußerst wichtig erweisen sollte. Keynes und Robertson hatten beide bei Marshall und Pigou studiert und beeinflußten sich gegenseitig auf eine Weise, die beiden nützlich war. Robertsons Buch mit dem streng-sachlichen Titel *Banking Policy and the Price Level* (Bankpolitik und Preisniveau), sein wesentlichster Beitrag zur Wirtschaftsanalyse, beleuchtete eine Beziehung zwischen Ersparnissen und Investitionen, die er mit Keynes ausführlich besprochen hatte. Das geht aus Robertsons eigenen Dankesworten hervor.

Ich habe die in den Kapiteln V und VI behandelten Dinge mehrfach mit Mr. J. M. Keynes durchgesprochen und aufgrund seiner Vorschläge die beiden Kapitel so gründlich umgeschrieben, daß vermutlich keiner von uns beiden mehr mit Gewißheit sagen kann, welche der darin enthaltenen Ideen seine und welche meine sind. Mir fehlen die geeigneten Worte, um auszudrücken, wie tief ich in seiner Schuld stehe, wobei ich nicht den Eindruck erwecken möchte, daß ich ihn auf Meinungen festlegen möchte, die er nicht teilt[16].

Mitte der zwanziger Jahre stimmten Keynes und Robertson offenbar in einem wichtigen Punkt überein, der sich aus Robertsons Interesse an den Fluktuationen von Produktionsleistung und Preisen ergeben hatte. Robertson, ein bekannter Konjunkturtheoretiker, ging den monetären Mechanismen nach, die das Auf und Ab in der Wirtschaft hervorriefen. Er erkannte immer klarer ihre Verankerung im Zusammenspiel von Ersparnissen und Investitionen. Robertsons Terminologie war schwierig, seine Beweisführung ebenso komplex wie knapp gefaßt. Dennoch war es nicht schwer, seinem Gedankengang zu folgen. Er bewies, daß die freiwilligen Ersparnisse der Allgemeinheit nicht unbedingt von Mitgliedern dieser Gemeinschaft zu neuen Investitionen herangezogen werden müssen, und daß überschüssige Ersparnisse nicht notgedrungen zu einer Steigerung des privaten Konsums führen. Diese Aussagen mögen zwar alltäglich klingen, sie standen jedoch in einer direkten Beziehung zu der großen Offenbarung der Keynes'schen Wirtschaftslehre, die von der Möglichkeit oder gar Wahrscheinlichkeit ausging, daß automatische Mechanismen nicht zur Vollbeschäftigung führen und daß daher eine gezielte staatliche Intervention nötig sei.

Robertson war von der verallgemeinernden Behauptung des Sayschen Gesetzes* aus dem neunzehnten Jahrhundert abgerückt, nach der eine Steigerung der Produktion (oder des Angebots) automatisch eine entsprechende Steigerung der Nachfrage nach sich ziehe. Das Schlagwort ›Angebot schafft seine eigene Nachfrage‹ hat eine lange Geschichte. In seinen neueren Formulierungen aus dem zwanzigsten Jahrhundert legt das Saysche Gesetz großes Gewicht auf die Veränderung der Zinssätze als Mittel zur Schaffung eines Gleichgewichts. Immer wenn von seiten der Anleger eine starke

* So benannt nach dem französischen Nationalökonomen und Publizisten Jean-Baptiste Say, der Adam Smith populär machte.

Nachfrage nach freien Geldmitteln herrschte, stiegen die Zinssätze, die Investitionen nähmen zu, und der private Konsum ginge zurück. In Zeiten einer flauen Nachfrage fehle den Sparern die hohe Zinsrate als Anreiz zum Sparen; daher steige der Konsum, und die Investitionen gingen zurück. Daraus ließ sich ableiten, daß Aufwärts- oder Abwärtsbewegungen der Zinssätze ganz einfach eine Verschiebung des Gesamtprodukts zur Investition oder zum Konsum hin bewirken. Auf die eine oder andere Weise würden alle erwirtschafteten Mittel ausgegeben, sämtliche Reserven genutzt. Herrsche in einer Volkswirtschaft keine Vollbeschäftigung, so läge das am Zufall, an monopolistischen Eingriffen von seiten der Unternehmer oder der Gewerkschaften, an der Unbeweglichkeit von Arbeitskraft oder Kapital oder an einer falschen Politik der Regierung.

Robertsons umständliche Definitionen von Ersparnissen und Investitionen entsprangen dem analytischen Versuch, eine Unterscheidung zwischen den Situationen zu treffen, in denen neue Ersparnisse tatsächlich den neuen Investitionen entsprachen, und anderen Situationen, in denen neue Ersparnisse zu niedrigeren oder gar keinen Investitionen führten. In Robertsons Mechanismus ließ sich schon eine Gefahr erkennen, auf die Keynes später mit großem Nachdruck hinwies: daß übermäßige Spartätigkeit der Vollbeschäftigung schade.

Kam es tatsächlich einmal zu einer übermäßigen Spartätigkeit, waren Staatsaufträge ein Ausweg. Robertson selbst blieb Marshall-Anhänger. Zwar hatte er Aufträge der öffentlichen Hand mindestens zu einem ebenso frühen Zeitpunkt befürwortet wie Keynes, aber er beharrte auf Marshalls Grundsatz, daß unabhängige Preise und der zentrale Zusammenhang zwischen Lohnniveau und Beschäftigungsstand eine ausschlaggebende Rolle spielten. Leider entzweiten sich Robertson und Keynes später persönlich wie auch beruflich über der Frage, wie ihre gemeinsame Erkenntnis am richtigsten anzuwenden sei.

Aufträge der öffentlichen Hand waren kein neuartiger Vorschlag. Lloyd George war schon 1925 für die Vergabe von Staatsaufträgen als Abhilfe gegen die Arbeitslosigkeit eingetreten, aber damit allenthalben auf taube Ohren gestoßen. Wichtig an Robertsons Analyse war der große Schritt in Richtung auf den später in der *General Theory* geführten Beweis dafür, daß eine richtig verstandene Wirtschaftsanalyse den gesunden Menschenverstand vernünftiger Politiker darin bestärkt, von der Gemeinschaft zu fordern, daß sie überall dort erhebliche private Investitionen tätigen müsse, wo Privatanleger diese Aufgabe offensichtlich nicht erfüllten. Daß Politiker die Wahrheit schon ahnten, bevor die Wirtschaftswissenschaftler sie bewiesen hatten, war in der Geschichte der politischen Ökonomie wahrlich kein Einzelfall. Robertson und Keynes brachten es gemeinsam fertig, volkswirtschaftlichen Erkenntnissen in der Sphäre des politischen Instinkts Geltung zu verschaffen.

Aber es sollte noch ein Jahrzehnt dauern, bis diese Aufgabe vollendet war. Den Weg des Theoretikers Keynes kennzeichnen zwei weitere Meilensteine: sein *Treatise on Money** und seine Schrift *The Means to Prosperity*. *A Treatise on Money* erschien in zwei umfangreichen Bänden im Jahre 1930. Dieses erste große theoretische Werk Keynes' seit ungefähr fünf Jahren war gekennzeichnet durch die Bindung seines Verfassers an die Politik und das Programm der Liberalen Partei und seine unablässige Beobachtung der immer noch andauernden Schwierigkeiten Englands mit der Goldwährung, verbreiteter Arbeitslosigkeit und Aufträgen der öffentlichen Hand als Abhilfe. Mit diesem bahnbrechenden Werk sicherte sich Keynes einen Platz unter den führenden Wirtschaftstheoretikern seiner Zeit. Wie schon der Titel erkennen läßt, greift das zweibändige Werk viele Themen auf: Bankwesen, Währung, Indexziffern, den internationalen Währungsmechanismus und das Wirken der Bank von England. In faszinierenden historischen Exkursen untersucht und vergleicht er monetäre Störungen unterschiedlicher Art. Als neuer, provozierender Gedanke wird die Gewinnausweitung als Erklärung für viele Wirtschaftsbooms in der Geschichte angeboten. In diesem Zusammenhang werden auch die Auswirkungen des spanischen Reichsschatzes und der Verlauf des amerikanischen Booms der zwanziger Jahre analysiert.

Vieles in diesen Bänden ist von bleibendem Interesse, und ein noch größerer Teil bedeutungsvoll für die Entwicklung von Keynes' Gedanken. Aber von besonderer Relevanz für die Lehren der *General*

---

*   Dt.: *Vom Gelde*, München und Leipzig 1932.

Theory sind Keynes' Ausführungen über Rücklagen und Investitionen sowie die Folgen von Diskrepanzen zwischen beiden Faktoren. Er begann mit einem angemessenen Dank an D. H. Robertson: ›Was mich jedoch angeht — und das gleiche gilt, wie ich vermute, für die meisten Nationalökonomen des englischen Sprachbereiches — so verdanke ich die wegweisenden Anregungen hauptsächlich D. H. Robertsons Werk *Banking Policy and the Price Level,* das 1926 erschien.[17]‹ Es stimmt, daß sich ein guter Teil von Keynes' Darlegungen Robertsons Terminologie bedient und daß Abweichungen von dieser Terminologie sorgfältig begründet werden. Die Begriffe ›Fehlersparnisse‹ und ›Fehlinvestitionen‹ wurden direkt übernommen.

Beide Autoren gingen von demselben zentralen Punkt aus: von der festen Überzeugung, daß Ersparnisse und Investitionen nicht gleich hoch zu sein brauchen. Keynes drückte es so aus: ›Man könnte vermuten — und das ist häufig geschehen —, daß die Höhe der Investitionen notwendigerweise gleich der Höhe der Ersparnisse ist. Aber wir werden sehen, daß dies nicht der Fall ist, wenn wir wie es aus bereits angegebenen Gründen geschehen muß, aus dem Einkommen und aus den Ersparnissen die Zufallsgewinne und Zufallsverluste der Unternehmen ausscheiden.[18]‹ Wenn die Investitionen tatsächlich *nicht* in dem gleichem Maße zunehmen wie die Ersparnisse, dann ›ist somit, in Robertsons Ausdrucksweise, das Sparen ‚mißlungen' (abortive). Der zusätzlichen Ersparnis entspricht kein Anwachsen des Vermögens in irgendeiner Form[19].‹

Das Wesentliche konnte kaum einfacher ausgedrückt werden, und seine Bedeutung für eine künftige lebensfähige Wirtschaftspolitik ist schwerlich zu überschätzen: Ersparnisse werden von einer Personengruppe angehäuft, während Investitionen ausschließlich von einer anderen Gruppe getätigt werden. Es gibt keinerlei Automatik, die zwangsläufig bewirkt, daß die Ersparnisse der einen Gruppe den unfreiwillig vorgenommenen Investitionen der anderen Gruppe entsprechen. Übersteigen während einer Depression die Ersparnisse die Investitionen, dann stellen die Ersparnisse eine potentielle Produktion dar, die nicht materialisiert wird, Güter, die weder als Verbrauch noch als Investition zu Buch schlagen. Obgleich Keynes erst in der *General Theory* plausibel erklären konnte, wohin diese ungenutzten Ersparnisse ›gingen‹, genügten seine Darstellungen in

A Treatise on Money doch schon, um die traditionelle Überzeugung der Nationalökonomen, der Mechanismus der Zinssätze reiche aus, um Ersparnisse in Investitionen zu verwandeln oder sie wieder dem Verbrauch zuzuführen, in Frage zu stellen. Eine unerfreuliche dritte Möglichkeit bestand nämlich darin, daß Ersparnisse auch einfach vergeudet werden konnten.

Aus dieser Möglichkeit ergab sich eine ungeheuerliche Konsequenz. Wenn Ersparnisse auch vergeudet werden konnten, verlor die traditionelle Tugend der Sparsamkeit viel von ihrem Reiz. Wenn es unter gewissen Umständen zu übermäßigen Ersparnissen kam, war Sparsamkeit logischerweise eine soziale Sünde. Keynes gelangte in seinem Buch zu folgendem Schluß: ›Wenn Vollbeschäftigung herrscht und alle Mittel voll eingesetzt sind, insbesondere aber bei einer drohenden Inflation, ist Sparsamkeit tatsächlich eine Tugend. Aber bei schlechter Wirtschaftslage vermehrt weiteres Sparen nur die Schwierigkeiten. Eine erfolgversprechende Besserung der Wirtschaftslage ist dann nur entweder durch erhöhte Investitionen oder vermindertes Sparen möglich.‹

Dieser Schluß deutet zwar bereits auf die *General Theory* hin, aber Keynes konnte damit seine Kollegen nicht völlig überzeugen. Zum Teil liegt das an seiner nicht ganz konsequenten Sprache. Er schien in einen alten Irrtum zurückzufallen, wenn er erklärte: ›Ein Sparakt seitens einer Privatperson kann entweder auf erhöhte Investitionen oder auf erhöhten Verbrauch seitens der anderen Mitglieder des Gemeinwesens hinauslaufen.[20]‹ Keynes wollte in diesem Zusammenhang zwar nur nochmals seiner Überzeugung Ausdruck geben, daß vermehrtes Sparen keine Garantie für erhöhte Investitionen sei, aber er verschleierte durch die Wahl seiner Worte die wichtigere Folgerung, daß Sparen nämlich zu einer echten Verminderung des Gesamtprodukts und nicht lediglich zu einer Umschichtung zwischen Konsum und Investition führen kann.

Abgesehen von solchen Lapsi lehrte Keynes im *Treatise* einen weiteren wichtigen Grundsatz: Investieren ist wichtiger als Sparen, und übermäßiges Sparen kann sich sogar hinderlich auf weitere Investitionen auswirken, indem es die Absatzchancen der Waren mindert, die aus der neuen Investition hervorgehen. Der folgende Abschnitt klärt die Frage der Prioritäten. Es kommt darin zum Ausdruck, daß Keynes die Aktivität des Unternehmers höher bewertet als die Passivität des Rentners.

Man denkt gewöhnlich, daß das angesammelte Vermögen der Welt mühsam durch freiwilligen Verzicht der einzelnen auf unmittelbaren Genuß, also durch das, was wir sparen nennen, aufgebaut worden ist. Man sollte sich jedoch darüber klar sein, daß der bloße Konsumverzicht als solcher nicht genügt, um Städte zu bauen und Sümpfe auszutrocknen. Der Konsumverzicht einzelner braucht nicht das angesammelte Vermögen zu erhöhen; er kann statt dessen zur Erhöhung des laufenden Verbrauchs anderer Personen dienen. Somit kann das Sparen eines Menschen entweder zu einer Erhöhung des Kapitalvermögens oder zu einer Besserstellung der Konsumenten führen, die für ihr Geld mehr eintauschen können. Was tatsächlich geschieht, kann nicht eher ausgesagt werden, bis wir einen anderen Wirtschaftsfaktor untersucht haben. Wir meinen damit die Unternehmungstätigkeit. Sie ist es, die das Besitztum der Welt aufbaut und verbessert. Ebenso nun, wie die Früchte des Sparens entweder in Kapitalakkumulation oder in einer Wertsteigerung des Nominaleinkommens der Konsumenten bestehen können, können die Aufwendungen für die Unternehmungstätigkeit entweder aus Ersparnissen oder auf Kosten des Verbrauchs des durchschnittlichen Konsumenten gedeckt werden. Schlimmer noch: Es kann nicht nur ein Sparen ohne Investieren geben, sondern es gilt der Satz, daß, sobald die Spartätigkeit die Unternehmungstätigkeit übersteigt, sie die Erhöhung der Unternehmungstätigkeit hemmt und durch ihren ungünstigen Einfluß auf die Gewinne einen Circulus vitiosus entstehen läßt. Wenn die Unternehmungstätigkeit rege ist, wird Vermögen angesammelt, wie immer die Spartätigkeit beschaffen sein mag; wenn die Unternehmungstätigkeit träge ist, verfällt das Vermögen, wie immer sich die Spartätigkeit verhalten mag[21].

Das ist noch immer nicht der Keynes der *General Theory*.

Dieser künftige Keynes ging von der Prämisse ungenutzten Potentials und unbeschäftigter Menschen aus, richtete den Blick nur auf Einkommen und Beschäftigung, ignorierte praktisch Preisniveaus, konzentrierte sich nur auf die Deflation und setzte uneingeschränkt voraus, daß vermehrte Investitionen höhere Einkommen schaffen, aus denen entsprechende Ersparnisse fließen werden.

Nur ein kurzer Weg war noch zurückzulegen. In den sechs Jahren zwischen *A Treatise on Money* und der *General Theory* tauchte ein weiterer wichtiger Helfer auf: R. F. Kahn, einer der gescheiten jungen Männer aus Keynes' engerem Kreis am King's College. 1931 veröffentlichte Kahn in *The Economic Journal,* der führenden Fachzeitschrift, einen Artikel, der berühmt werden sollte[22]. In dieser brillanten Abhandlung definierte Kahn den Begriff des Multiplikators — die Beziehung zwischen einer Veränderung in den Investitionen und der daraus resultierenden Veränderung des Sozialprodukts. Dieser Begriff erhielt in der *General Theory* einen Ehrenplatz. Aber auch vor 1936 gab Kahns Multiplikator Keynes das analytische Werkzeug in die Hand, das er zur Untermauerung seiner Vorstellungen von der defizitären Finanzpolitik Englands brauchte. Keynes hatte diese Forderung zwar schon oft genug in seinen journalistischen Arbeiten* und in seinem Anhang zum Macmillan-Bericht vorgetragen, aber es fehlte immer noch ein überzeugender Beweis von höchstem analytischem Rang.

Keynes publizierte Kahns Multiplikator erstmals 1933 in *The Means to Property*, einer Serie von vier Artikeln, die im März in der Londoner *Times* erschienen. Was bedeutet dieser Multiplikator? fragte Keynes seine Leser. Man stelle sich einmal vor, die Regierung gebe zusätzlich 500 Pfund aus, und diese Summe reiche aus, einen Mann ein Jahr lang bei einem staatlichen Projekt zu beschäftigen. Beschränkt sich nun hierauf die positive Auswirkung der zusätzlichen Staatsausgabe? Keineswegs. Keynes beschreibt mit folgenden Worten, wieviel an zusätzlicher Beschäftigung man sich über den primären Effekt hinaus versprechen dürfe: ›Wenn die Staatsausgabe wirklich zusätzlich erfolgt und nicht lediglich an die Stelle anderer Ausgaben tritt, endet damit noch nicht die fördernde Wirkung auf die Beschäftigung. Zusätzliche Löhne und andere Zahlungen führen zu zusätzlichen Käufen, die wiederum neue Arbeit schaffen . . .[23] Aber man darf noch mehr erwarten: ›Die neuen Arbeitnehmer, die den an dem staatlichen Projekt Beschäftigten die zusätzlich gekauften Waren liefern, geben ihrerseits auch wieder mehr aus und schaffen dadurch für weitere Menschen Arbeit — und so weiter.[24] Lief Keynes damit nicht Gefahr zu übertreiben, zu behaupten, jemand brauche nur für ein öffentliches Projekt ein Pfund mehr auszugeben, und schon würde dieses Pfund wieder und wieder ausgegeben und so zu einer endlosen Steigerung der Beschäftigung und

---

* Siehe insbesondere *Can Lloyd George Do It?* von Keynes und Henderson, nachgedruckt in *Essays in Persuasion*. Die Antwort lautete ja, aber die Wähler ließen sich nicht dazu überreden, ihren einstigen Favoriten für eine weitere Legislaturperiode in seinem Amt zu bestätigen.

des Einkommens führen? Auch auf diesen Einwand hatten Kahn und Keynes eine Antwort bereit: den Begriff des ›Schwundes‹.

Auf jeder Stufe muß mit einem gewissen Schwund gerechnet werden. In jedem Stadium wird ein bestimmter Prozentsatz des Mehreinkommens nicht in Form von Mehreinkommen weitergegeben. Ein Teil wird von den Empfängern gespart; ein Teil treibt die Preise hoch und verringert den Verbrauch an anderer Stelle insoweit, als die Hersteller nicht ihre Mehrgewinne ausgeben; ein Teil wird für Importe ausgegeben; ein Teil ist lediglich ein Ersatz für vorherige Ausgaben staatlicher oder privater Fürsorge oder aus Ersparnissen; ein Teil mag der Staatskasse zufließen, ohne den Steuerzahlern entsprechende Erleichterungen zu bringen. Wenn man also das Ausmaß einer Reihe von Rückwirkungen auf die Allgemeinbeschäftigung ermitteln will, muß man den auf jeder Stufe verlorengehenden Anteil mit einsetzen[25].

Obgleich man sich bei der Ausarbeitung des Mechanismus auf Schätzungen angewiesen sah, war der Endeffekt einleuchtend: Ausgaben der öffentlichen Hand für staatliche Bauvorhaben, durch Anleihen finanziert, würden höchstwahrscheinlich Beschäftigung und Einkommen um ein Mehrfaches des ausgegebenen Betrags steigern. Was durfte man sich vernünftigerweise von diesem Multiplikator erhoffen? Darauf antwortete Keynes, das hinge von der Höhe des ›Grenzwertes nichteingesetzer Mittel‹ ab. War dieser Grenzwert gering, konnte die Auswirkung hauptsächlich in einer Preiserhöhung oder Importsteigerung bestehen. Aber angesichts der 1933 in England herrschenden Situation hielt Keynes einen Ansatz des Multiplikators mit 2 für sehr vorsichtig geschätzt. Er fügte jedoch hinzu: ›Da mir viel daran liegt, das Ergebnis nicht zu überschätzen, das ohnehin augenfällig genug sein wird, wollen wir lieber 1,5 annehmen...[26]‹ Für je zwei Personen, die durch die zusätzliche Regierungsausgabe direkt beschäftigt würden, fände demnach ein Dritter zusätzlich durch die Auswirkung des Multiplikators wieder Arbeit.

Staatliche Aufträge versprachen auf humanitärem Gebiet Erleichterung für die Arbeitslosen und ihre Familien, auf finanziellem Gebiet darüber hinaus eine erhebliche Entlastung des Staatshaushalts. Keynes' Schätzung sah folgendermaßen aus: Wenn für jeden Arbeitslosen durchschnittlich 50 Pfund pro Jahr an Unterstützung aufgewandt werden mußten, würde ein öffentliches Arbeitsbeschaffungsprogramm in Höhe von 3 Millionen Pfund, das 20 000 Menschen Arbeit gab, etwa eine Million an Arbeitslosenunterstützungen einsparen — ungefähr ein Drittel der gesamten Kosten des Projekts. Aber damit waren die etatmäßigen Vorteile nicht erschöpft. Da die zusätzlichen Aufwendungen weder die Investitionen noch den Konsum minderten, erhöhten sie das Volkseinkommen um einen Betrag, der höher lag als die Aufwendungen. Zog man denselben Multiplikator von 1,5 heran, mußte das Volkseinkommen um 4,5 Millionen Pfund steigen. Nach Keynes' Schätzung vertretbarer Steuersätze würden rund 20 Prozent dieses Betrags der Staatskasse in Form von Steuergeldern zufließen. Selbst unter Berücksichtigung zeitlicher Verschiebungen bei der Steuereinziehung und der Annahme, daß innerhalb des betreffenden Zeitraums nur 10 Prozent eingezogen würden, kam immer noch ein Plus von 450 000 Pfund heraus. Danach würde sich das zusätzliche Steueraufkommen auf 1,45 Millionen belaufen — rund die Hälfte der ursprünglichen Aufwendungen für öffentliche Arbeiten.

Keynes argumentierte, daß hier ganz offensichtlich eine Möglichkeit läge, nicht nur die Not der Arbeitslosen zu lindern, sondern auch stilliegende Reserven sozial nutzbar zu machen. Der Wohnungsbau war ein gutes Beispiel dafür. Aufwendungen in Höhe von 100 Millionen für die Sanierung von Slums würden nicht nur die Lebensbedingungen der armen Bevölkerungsschichten verbessern, sondern der Staatskasse auch noch Einnahmen von rund 50 Millionen einbringen — errechnet nach dem eben beschriebenen Modus. Eine wahrhaft preiswerte Methode, politisch mehrere Fliegen mit einer Klappe zu schlagen!

Keynes schloß dieses Rezept für die interne Wirtschaftsausweitung mit einem warnenden Wort. Die günstigen Auswirkungen öffentlicher Arbeiten würden dann wieder zunichtegemacht, wenn man die staatlichen Projekte durch Kürzungen bei anderen Staatsausgaben finanzierte; die Gehälter von Lehrern und Beamten waren damals die beliebtesten Zielscheiben der hohen Sparkommissare. Eine gute Wirkung war nur zu erwarten von *zusätzlichen* Aufwendungen, finanziert nicht durch Kürzungen an anderer Stelle, sondern durch Ersparnisse oder Anleihen privater oder staatlicher Stellen, sei es nun zur Kapitalbildung oder zu Konsumzwecken. Solche Mittel lassen sich entweder durch Steuererleichterungen oder auf andere Weise bereitstellen[27]. Keynes befürwortete uneingeschränkt eine defizitäre Haushaltspolitik und gab seiner Überzeugung Ausdruck, daß ›die umgekehrte Politik des Bemühens um einen Ausgleich des Haushalts durch Auflagen, Beschränkungen und Vorsichtsmaßnahmen zweifellos scheitern wird, da sie die Kaufkraft des Volkes beschneidet und damit das Volkseinkommen drückt[28]‹.

Um 1933 hatte sich Keynes bereits weit von jener Wirtschaftslehre entfernt, die er einst von Marshall und Pigou übernommen und seinerseits an eine spätere Studentengeneration weitergegeben hatte. Seine Lehrer waren sich kaum darüber im Zweifel gewesen, welche Form der Wirtschaftspolitik für die Gesundung ihres Landes die richtige sei. Es kam nur darauf an, hinsichtlich der Währung dem Goldstandard treu zu bleiben, in den internationalen Beziehungen den freien Handel zu vertreten und in der Konjunkturpolitik Löhne und Preise flexibel zu gestalten. Aber gerade diese geheiligten Rezepte waren es, die Keynes über ein Jahrzehnt lang in seinen Büchern, Artikeln und Referaten vor königlichen Kommissionen immer wieder angriff. Der Fortschritt war deutlich: Hatte er einst aus schlichten Vernunftgründen Lloyd Georges Vorschlag für ein staatliches Arbeitsbeschaffungsprogramm unterstützt, so legte er nun eine spezifische Analyse der Kosten, etatmäßigen Auswirkungen und Folgen für die Beschäftigungslage vor. In *The Means to Prosperity* erläuterte er die Wirkungsweise des Multiplikators; das bedeutete die Untermauerung seiner Analyse und die Erhebung seiner Vorschläge aus dem Bereich des Empirischen auf die bei Wirtschaftswissenschaftlern so beliebte theoretische Ebene.

Vieles blieb noch zu tun. Vor allen Dingen richteten sich Keynes unorthodoxe Empfehlungen immer noch auf eine Vielzahl verschiedener Bereiche. In *The Means to Prosperity* und deutlicher noch im *A Treatise* lenkte Keynes die Aufmerksamkeit seiner Leser sowohl auf die Weltmarktpreise als auf die im eigenen Land herrschende Arbeitslosigkeit, auf den Zahlungsausgleich wie auf brachliegendes inländisches Potential, auf die Inflation wie auch die Deflation. Er machte der konventionellen Wirtschaftswissenschaft immer noch mehr Zugeständnisse, als es für einen ehrgeizigen Bilderstürmer angebracht erschien. Bedeutsamer war noch, daß nicht einmal die Analyse des Multiplikators einen Generalangriff auf das theoretische Gebäude bedeutete, von dem die wirtschaftspolitischen Empfehlungen seiner Kollegen ausgingen. Sicherlich, ein kluger Beobachter, der Keynes' Werk aufmerksam verfolgte, hätte zweifellos schon die Häresie gewittert. Schließlich war Keynes ganz offen von der Überzeugung abgerückt, daß Ersparnisse zwangsläufig in Investitionen fließen müßten. Wenn er in diesem Punkt von der bewährten Lehre abwich, wie konnte er dann noch irgendeine Version des Sayschen Gesetzes verfechten oder an die machtvolle ausgleichende Wirkung variabler Zinssätze glauben? Wenn er dann noch die Auffassung vertrat — Gipfelpunkt aller Häresien! —, daß die Vollbeschäftigung *nicht* der Endpunkt sei, auf den sich das kapitalistische System in jedem Falle zubewege (nur dann natürlich nicht, wenn bereits Vollbeschäftigung herrschte), öffnete er Theorie und Praxis Tür und Tor für allerlei interessante Möglichkeiten. Wenn auch nur eine entfernte Möglichkeit bestand, daß die freie Marktwirtschaft Arbeitslose und verwaiste Fabriken zur Folge haben könnte — sprach dann nicht vieles für die Verstaatlichung, für eine milde oder auch durchgreifende Form des Sozialismus? War dann nicht der Staat zumindest berechtigt, zur Wiederherstellung einer wünschenswerten wirtschaftlichen Aktivität einzugreifen?

Rückblickend läßt sich unschwer erkennen, wieviel von alldem bereits in Keynes' Veröffentlichungen vor der *General Theory* enthalten war — angedeutet oder auch offen ausgesprochen. Dennoch wurde unter Fachleuten und damit auch in der Öffentlichkeit die Meinung vertreten, Keynes sei zwar ein mutiger Mann und ein Dorn im Fleisch seiner Kollegen, aber zu einer wahrhaft neuen volkswirtschaftlichen Offenbarung habe es eben noch nicht gereicht. Mit anderen Worten: Auf intellektuellem Gebiet muß Neues als echte Neuheit erkennbar sein, sonst verfehlt es seine Wirkung.

KAPITEL 4

Die »General Theory«

Als ich 1939 als junger Student zuerst mit der Volkswirtschaftslehre in Berührung kam, benutzten wir als Lehrbuch die 1937 erschienene revidierte Ausgabe von Garver und Hansen, *Principles of Economics*. Alvin H. Hansen, heute emeritierter Professor der Wirtschaftswissenschaften an der Harvard-Universität, sollte schon bald ein prominenter amerikanischer Schüler Keynes' werden. Er entwickelte unabhängig von ihm die Lehre von der säkularen Stagnation, nach der die Wirtschaftskrise der dreißiger Jahre als Dauerzustand erklärt wurde. In den Fachkreisen galt er als Spezialist für die Analyse der wirtschaftlichen Zyklen. Sein Lehrbuch wurde auf vielen angesehenen Colleges und Universitäten benutzt, noch 1947 kam eine dritte Auflage des Buches heraus.

Obgleich 1939 bereits ein halbes Dutzend Jahre des New Deal vergangen war, lag die Arbeitslosenquote noch immer sehr hoch. Welchen Aufschluß vermittelte nun diese Einführung in die Wirtschaftskunde, die zu den besten Lehrbüchern der damaligen Zeit zählte, den jungen Studenten über die Ursachen und mehr noch die Beseitigung der Arbeitslosigkeit? Betrüblicherweise nicht sehr viel. Auf Seite 488 zeigte eine Grafik mit der Überschrift ›Arbeitslosigkeit in amerikanischen Städten‹ den Verlauf der Ereignisse zwischen 1896 und 1936. Der aufmerksame Leser konnte dieser Grafik entnehmen, daß die Arbeitslosigkeit 1921 bis auf rund 22 Prozent aller Beschäftigten emporgeschnellt, dann im Laufe der zwanziger Jahre bis auf rund 9 Prozent zurückgegangen war, um zwischen 1929 und 1933 wieder auf knapp 25 Prozent anzusteigen. Was waren die Ursachen dieser Arbeitslosigkeit? Hier hatten die Verfasser wenig Tröstliches zu bieten. Als Ursachen betrachtete man offenbar ›Verlagerungen in der Nachfrage und in der Produktionstechnik[1]‹. Und sie fuhren fort: ›Solange wir es mit einer dynamischen Gesellschaft mit ständigem Wandel und Fortschritt zu tun haben, wird notwendigerweise immer ein beträchtliches Maß an Arbeitslosigkeit vorherrschen.[2]‹

Doch Garver und Hansen waren in ihren Ansichten keineswegs unmenschlich. Sie hatten ein Heilmittel anzubieten: ›Eine echte Sicherung gegen Arbeitslosigkeit macht irgendeine Form der Arbeitslosenversicherung erforderlich.[3]‹ Entsprechend wurde auf zwei vollen Seiten die Arbeitslosenvorsorge des Social Security Act von 1935 dargelegt; das Gesetz war gerade noch rechtzeitig für die Drucklegung des Buches verabschiedet worden. Das ist alles. Nach einer sehr großzügigen Schätzung widmeten diese führenden Lehrbuchautoren ihrer Zeit in einem recht umfangreichen Werk insgesamt kaum zehn Seiten der Analyse, Beschreibung und Behandlung des vorherrschenden wirtschaftlichen Problems der dreißiger Jahre. Der weitaus überwiegende Teil ihres Buches brachte die damals übliche Kost: Individuelle Marktpreise, Geld- und Bankwesen, Gewerkschaften, internationaler Handel, Besteuerung und die Wirtschaftslehre des Sozialismus. Eifrige junge Leute, die im Verständnis wirtschaftlicher Prinzipien die Hoffnung auf soziale Besserung suchten, hatten es sehr schwer.

Ein paar Jahre später stand ich selbst als Lehrer vor meinen Studenten. Ich richtete mich größtenteils nach Paul A. Samuelsons *Economics,* einem außerordentlich beliebten Lehrbuch, das bereits seine sechste Auflage erreicht hat. Welche Veränderungen waren nun innerhalb einer Generation eingetreten? Beginnen wir mit einem ganz mechanischen Vergleich. Der Index des Buches von Garver und Hansen enthält tatsächlich das Stichwort ›Arbeitslosigkeit‹ mit einem Hinweis auf insgesamt acht Seiten. Anfang 1937 lag die Arbeitslosenquote über 10 Prozent. Samuelsons sechste Auflage erschien im Frühjahr 1964, zu einem Zeitpunkt, als die Arbeitslosenquote zwischen 5 und 6 Prozent schwankte. Der Index verweist die Studierenden jedoch auf insgesamt 43 Seiten. Das Problem Arbeitslosigkeit wird mit anderen Erscheinungen wie Technologie, Steuerlasten, Deflation, Schutzzöllen, Institutionen der Wirtschaft und Überbewertung der Währung in Verbindung gebracht.

Ebenso augenfällig sind andere Vergleiche. Garver und Hansen nahmen das Problem des Wirtschaftswachstums nicht zur Kenntnis, vielleicht deshalb, weil das 1937 ein zu trauriges Kapitel war. Samuelson dagegen widmet den verschiedenen Aspekten des Wirtschaftswachstums im Index eine halbe Spalte und verweist darin auf nicht weniger als achtzig Seiten oder 10 Prozent des Gesamtwerkes. Das Problem wird mit Dingen wie Tarifen, Voraussetzungen, unterentwickelten Wirtschaftssystemen, Preisstabilität und den verschiedensten quantitativen und analytischen Methoden in Verbindung gebracht.

Wissen wird nicht allein durch Indizes ausgedrückt. Wenn man die beiden Inhaltsverzeichnisse betrachtet, wird der Kontrast noch auffälliger. Zum zweiten Teil von Samuelsons Werk gibt es bei Garver und Hansen überhaupt kein vergleichbares Gegenstück. Unter dem Obertitel ›Bestimmung des Volkseinkommens und seiner Fluktuationen‹ bringt Samuelson in diesem Abschnitt Kapitel über ›Sparen, verbrauchen und investieren‹ und — noch bedeutsamer — ›Die Theorie der Einnahmenbestimmung‹. Der Student hat heute natürlich genügend Material zur Verfügung, wenn er sich mit aktuellen Problemen wie Arbeitslosigkeit, Wachstum sowie geeigneten staatlichen Gegenmaßnahmen beschäftigen will. Die Wirtschaftskunde der sechziger Jahre befaßt sich intensiv mit der Erfassung des Volkseinkommens, der Bestimmung aller auf seinen Umfang einwirkenden Kräfte, der Beziehung zwischen Beschäftigungslage und Gesamtnachfrage nach Waren und Dienstleistungen sowie der Formulierung monetärer und fiskalischer Maßnahmen, die eine wendige Regierung anwenden kann.

Mit einem letzten Vergleich wollen wir es gut sein lassen. Die Verfasser von Lehrbüchern fühlen sich üblicherweise bemüßigt, ihre Arbeit in den Augen zynischer oder skeptischer Studenten zu rechtfertigen. Sie tun das zumeist, indem sie ihr Thema erläutern und seine Bedeutung hervorheben.

Wer 1937 Garver und Hansen zu Füßen saß, bekam folgendes zu hören: ›Die Wirtschaftswissenschaften befassen sich mit dem Studium der preislichen und wertmäßigen Aspekte menschlicher Betätigungen und Institutionen. Diese sehr allgemeine Definition ist breit genug gehalten, um jede Phase des Wirtschaftslebens einzuschließen, und sie ist auf die wirtschaftliche Betätigung sowohl in einem System privaten Eigentums als auch des Staatssozialismus oder Kommunismus anwendbar.[4]‹

1964 beschreibt Samuelson die Fragen, mit denen er sich befassen will, folgendermaßen: ›Welche Berufsmöglichkeiten gibt es? Was verdient man dabei? Was kann man sich heute für einen Dollar seines Einkommens kaufen, was in Zeiten galoppierender Inflation? Welche Aussichten bestehen, daß eine Zeit anbricht, in der ein Mann außerstande ist, Arbeit zu finden?[5]‹ Darin erschöpften sich jedoch noch nicht die legitimen Interessen des Nationalökonomen, denn:

Darüber hinaus und jenseits dieser unser privates wie auch familiäres Wohl betreffenden Dinge beschäftigt sich die Volkswirtschaftslehre mit politischen Entscheidungen, über die sich jeder Staatsbürger ebenfalls sein Urteil bilden muß. Hier ein Dutzend wichtiger Beispiele:
Wird die Regierung meine Steuern erhöhen, um einigen auf der Straße liegenden Bergarbeitern zu helfen, oder was kann sie sonst tun, die Arbeitslosigkeit zu mildern? Soll ich jetzt für den Bau einer neuen Schule und Straße stimmen oder dafür, daß dieses Vorhaben zurückgestellt wird, bis die Konjunktur schlechter wird, die Zementpreise fallen und Arbeitsplätze benötigt werden? Sollten wir dafür eintreten, daß Ehefrauen der Weg in den Staatsdienst verschlossen bleibt, um den Männern zusätzliche Beschäftigungschancen zu sichern? Was ist von der Wettbewerbsschutzgesetzgebung zu halten, die vorgibt, gegen monopolistische Preisfestsetzungen anzukämpfen[6]?

Die Wirtschaftswissenschaftler haben innerhalb einer Generation gelernt, sich auf andere Probleme zu konzentrieren, die Reichweite ihrer Prinzipien neu zu definieren, eine neue Einstellung zur Politik zu finden und die Nomenklatur zu reformieren. Dazu waren Depression, Arbeitslosigkeit, Krieg und das Bemühen vieler Nationalökonomen nötig. Einen beträchtlichen Anteil daran hatte Keynes mit seinem 1936 erschienen Werk *The General Theory of Employment, Interest and Money.*

*

Der erste Entwurf der *General Theory* wurde 1934 fertiggestellt. Er war in enger Zusammenarbeit mit einer Gruppe brillanter junger Wirtschaftskundler aus Cambridge entstanden, darunter R. F. Kahn, Joan Robinson und J. E. Mead. Die Korrekturabzüge gingen zuerst an D. H. Robertson, dann an den berühmten alten Nationalökonomen R. G. Hawtrey und schließlich an R. F. Harrod, Keynes' treuen Freund und späteren Biographen aus Oxford. Zu Keynes' Kummer sprach sich sein alter Freund und Kollege Robertson sowohl über die Anlage wie auch die Terminologie der *General Theory* abfällig aus. Er war nicht bereit, von den Theorien Marshalls und Pigous so weit abzuweichen wie der ungeduldige Keynes. Selbst Harrod versuchte nach seinen eigenen Worten, Keynes von einem Generalangriff auf die ›klassische‹ Wirtschaftslehre abzubringen. Aber Keynes ließ sich nicht beirren. Als die *General Theory* dann offiziell erschien, war ihr Inhalt zumindest für den engeren Cambridge-Kreis, der am Zustandekommen mitgewirkt hatte, und für die Studenten, die 1934 und 1935 Keynes' Vorlesungen gehört hatten, keine Überraschung mehr*.

Auch dreieinhalb Jahrzehnte nach ihrem Erscheinen ist die *General Theory* immer noch selbst für Fachleute ein sehr schwieriges technisches Werk. Seine Exposition steckt voller Feinheiten, von denen einige notwendig, andere die Folge obskurer Gedankengänge, wieder andere offenbar nur dazu eingefügt sind, um die Kollegen zu ärgern. Dennoch verkündet das Buch eine wichtige Botschaft. Sie richtete sich in erster Linie gegen die Annahme, in der kapitalistischen Gesellschaftsordnung gäbe es Mechanismen automatischer Adjustierung, die von selbst zur Vollbeschäftigung von Menschen und Material führten. Zweifellos hat Keynes übertrieben, wenn er diese Meinung ausnahmslos allen Wirtschaftswissenschaftlern zuschreibt. Aber er hatte im großen und ganzen dennoch recht, wenn er behauptete, trotz der großen Depression glaubten die meisten — wenn nicht gar alle — Wirtschaftswissenschaftler immer noch unerschütterlich an die Fähigkeit der dem Wettbewerb unterliegenden Märkte, Beschäftigung und Produktion auszuweiten, wenn sich die Arbeiter nur mit niedrigeren Löhnen und die Kaufleute mit niedri-

---

* Keynes hatte die Angewohnheit, seine Entwürfe auf Korrekturfahnen absetzen zu lassen. Seine Vorlesungen hielt er unmittelbar aus diesen Fahnen. Einer der Studenten erinnert sich noch, daß dem Professor die langen Korrekturfahnen einmal vom Katheder fielen; Keynes hob sie wieder auf, aber sie lagen nicht mehr in der richtigen Reihenfolge. Getreu der guten alten Vorlesungstradition las Keynes weiter, ohne sich durch die Unterbrechung im logischen Gedankengang stören zu lassen.

geren Preisen zufriedengäben. Flexible Preise und flexible Löhne waren immer noch der Weisheit letzter Schluß; jedenfalls hatte die konventionelle Wirtschaftslehre der Allgemeinheit nichts Besseres zu bieten.

Die Wirtschaftsanalyse ist darauf ausgerichtet, vielfältige Vorgänge anhand weniger abstrakter Prinzipien zu erklären. Wenn Prinzipien und Ereignisse nicht übereinstimmen, wenn sich die vorherrschenden Theorien vom Gleichgewicht des Marktes schlecht mit der auch weiterhin bestehenden Arbeitslosigkeit und düsterer Aussichten bezüglich ihrer Linderung übereinbringen lassen, dann werden natürlich die Wirtschaftskundler genauso unzufrieden wie die Gewerkschaftsführer. Aber sie klammern sich an die bestehenden Prinzipien, bis bessere entwickelt sind, da man in der Nationalökonomie eine schlechte Theorie immer noch dem völligen Mangel an jeglicher Theorie vorzieht. Wirtschaftslehrer wie Pigou und Robertson waren keineswegs glücklich mit Lehren, die ein Gleichgewicht beim Stand der Vollbeschäftigung versprachen. Aber da sie keine besseren Theorien zur Verfügung hatten, flickten sie an den bestehenden herum. Keynes hatte daher eine doppelte Aufgabe zu erfüllen: Er mußte die schlechten alten Lehrsätze beseitigen und bessere neue schaffen.

Die von Keynes angegriffene ältere Lehre stützte sich auf eine altehrwürdige Verallgemeinerung, nämlich das Marktgesetz des französischen Nationalökonomen Jean-Baptiste Say aus dem neunzehnten Jahrhundert. Das Saysche Gesetz, oft in dem bereits zitierten Schlagwort ›Angebot erzeugt seine eigene Nachfrage‹ zusammengefaßt, behauptet, daß eine allgemeine Überproduktion oder, wie er es nannte, eine ›Überschwemmung‹ unmöglich ist. Ebenso unmöglich war daher auch eine allgemeine Arbeitslosigkeit. Says Beweisführung war fast ebenso schlicht und einfach wie seine Schlußfolgerung. Ist es nicht einleuchtend, daß jemand nur Waren produziert, um in den Genuß anderer Waren zu gelangen? Kapitalisten investieren, um ihre Profite in Form von Lebensgenuß konsumieren zu können. Die Arbeiter arbeiten, um ihre Löhne in Form des Lebensunterhalts für sich und ihre Familien konsumieren zu können. Je mehr die Unternehmer für die Einstellung von Arbeitskräften und den Ankauf von Rohmaterial ausgeben, um so größer sind die daraus entstehenden Einkommen und die Kaufkraft ihrer Empfänger. Jede Produktionssteigerung findet alsbald ihre Rechtfertigung in einem Ansteigen der Nachfrage. Verdoppelt man die Produktion, wird sich unweigerlich auch die Nachfrage verdoppeln. Dem ist nur eine einzige Grenze gesetzt: die Menge der Produktionsmittel sowie die Anzahl verfügbarer Arbeitskräfte. In John Stuart Mills *Principles of Political Economy* aus dem Jahre 1848 finden wir die von Keynes herangezogene Version des Sayschen Gesetzes:

Die Zahlungsmittel für Güter sind einfach wieder Güter. Die Mittel eines jeden Menschen zur Bezahlung der Erzeugnisse der anderen bestehen in denen, die er selbst besitzt. Alle Verkäufer sind unvermeidlich und im Sinne des Wortes Käufer. Wenn wir die Erzeugungskräfte eines Landes plötzlich verdoppeln könnten, würden wir das Angebot der Güter in jedem Markt verdoppeln; gleichzeitig würden wir aber auch die Kaufkraft verdoppeln. Jedermann würde gleichzeitig eine verdoppelte Nachfrage wie ein verdoppeltes Angebot hervorbringen; jedermann könnte doppelt so viel kaufen; denn jedermann hätte doppelt soviel zum Tauschen anzubieten[7].

Widersprach dieses schöne Märchen nicht dem gesunden Menschenverstand des Durchschnittsbürgers, der doch aus Beobachtung und aufgrund seines eigenen Verhaltens sehr wohl wußte, daß niemand *gezwungen* war, sein gesamtes Einkommen auszugeben und daß Sparen offensichtlich die Nachfrage nach Waren und Dienstleistungen minderte? Auch darauf wußten die Nationalökonomen eine Antwort. Keynes zitiert hier die Version seines alten Lehrers Alfred Marshall:

Das gesamte Einkommen eines Menschen wird für den Kauf von Dienstleistungen und Gütern ausgegeben. Man sagt zwar gemeinhin, daß ein Mensch einen Teil seines Einkommens verbraucht und einen erspart, aber es ist ein bekannter wirtschaftlicher Satz, daß ein Mensch mit dem Teil seines Einkommens, den er erspart, gerade soviel Dienstleistungen oder Güter kauft, wie mit dem, den er verbraucht. Man sagt, daß er verbraucht, wenn er zeitlich Befriedigung von den Dienstleistungen und Gütern zu erhalten sucht, die er kauft. Man sagt, daß er spart, wenn er veranlaßt, daß die Arbeit und die Güter, die er kauft, der Erzeugung von Vermögen gewidmet wird, von dem er erwartet, daß es ihm in der Zukunft Genuß verschaffen werde[8].

Marshall meinte damit folgendes: Der Lohnempfänger oder Kaufmann, der sparsam einen Teil seines Einkommens beiseite legt, schafft sich damit entweder die Mittel zur Reinvestition in sein Unternehmen, oder er leiht diese Mittel, wenn er eine Bank zwischenschaltet, jemandem, der sie investieren möchte. In beiden Fällen kaufen seine Ersparnisse bestimmte Waren, als hätte er das Geld für Nahrungsmittel, Kleidung, Wohnung und Vergnügungen ausgegeben. So tauchen die Einkünfte von Arbeitern, Grundbesitzern, Anlegern und Kreditoren unvermindert wieder in Form von Nachfrage nach genau den Waren und Dienstleistungen auf, die Arbeitende und Besitzende gemeinsam geschaffen haben.

Keynes gab zu, daß nur wenige seiner Zeitgenossen diese Lehre so klar ausgedrückt hatten wie Mill und Marshall, aber er erklärte: ›Das zeitgenössische Denken ist noch stark von der Vorstellung durchtränkt, daß, wenn die Menschen ihr Geld nicht in einer Weise ausgeben, sie es in einer anderen Weise ausgeben.[9]‹ Es stimmte zwar, daß die Wirtschaftswissenschaftler nach dem Ersten Weltkrieg solche Ansichten angesichts der ›Erfahrungstatsachen‹ nicht mehr ›konsequent‹ vertreten könnten, doch dieselben Fachleute versagten kläglich, weil sie ihre Theorien nicht revidierten und ihre Heilmittel nicht den Gegebenheiten anpaßten.

Auf diesem Urteil beruhte zunächst Keynes' Strategie. Es ging ihm darum, ›die Postulate der klassischen Wirtschaftslehre‹ zu zerschlagen. Nach Keynes' Meinung lief die Schlußfolgerung aus dem Sayschen Gesetz unweigerlich auf die Vorstellung hinaus, es existiere ein bestimmtes Lohnniveau, auf dem die Vollbeschäftigung unter allen Umständen erreichbar sei. Die ›Postulate‹, die diese Schlußfolgerung stützten, wurden nun von Keynes nacheinander durchleuchtet und entweder als harmlos charakterisiert oder als falsch widerlegt. Folgen wir einmal seiner Beweisführung.

Das erste der klassischen Postulate liest sich in Keynes' Fassung so: ›Der Lohn ist gleich dem Grenzerzeugnis der Arbeit.[10]‹ Einfacher ausgedrückt, wird damit behauptet, der Lohn tendiere dazu, dem vom einzelnen Arbeiter geschaffenen Produktionswert nach Abzug der anderen Kosten zu entsprechen.

Das zweite Postulat klingt etwas komplizierter: ›Der Nutzen des Lohnes ist, wenn eine gegebene Arbeitsmenge beschäftigt wird, gleich dem Grenznachteil dieser Beschäftigungsmenge.[11]‹ Dieser Satz drückt mehrere entscheidende Prämissen aus, von denen einige tief im historischen Wirtschaftsdenken verwurzelt sind. Zumindest fünf dieser Ideen sind wichtig:

1. Arbeit ist mühsam und wird niemals um ihrer selbst willen geleistet.
2. Zusätzliche Arbeit wird von Stunde zu Stunde mühseliger.
3. Löhne sind etwas Angenehmes, weil die Empfänger sich damit angenehme Dinge und Leistungen erkaufen können.
4. Dennoch bereiten zusätzliche Löhne mit jedem Dollar weniger Befriedigung, da sie Bedürfnisse von immer geringerer Dringlichkeit befriedigen; mit dem ursprünglich verdienten Geld erkauft sich der einzelne ein größeres Maß an Freude.
5. Daher verkauft jeder Arbeiter seine Dienste an seinen Arbeitgeber nur in der Erwartung, daß die Befriedigung, die er sich mit dem Lohn für seine Mühe kaufen kann, größer ist als die Mühsal der zusätzlich geleisteten Arbeit. Auf einem auf Wettbewerb beruhenden Arbeitsmarkt hören die Arbeitnehmer daher kurz vor Erreichung jenes Punktes zu arbeiten auf, an dem die zusätzliche Befriedigung genau den zusätzlichen Mühen entspricht.

Damit schreibt die orthodoxe Wirtschaftstheorie den Arbeitern jene auf höchsten Nutzen ausgerichteten, rationalen, berechnenden Tendenzen zu, die von der Wirtschaftstheorie für gewöhnlich als Ausgangsbasis für ihre Erklärung menschlicher Verhaltensweisen bemüht wurden.

Aus dem Lehrsatz ergab sich eine wichtige Ableitung: daß es in der Macht des einzelnen Arbeiters stehe, selbst eine Beschäftigung zu finden oder zu erweitern. Er brauchte dazu lediglich seine seelische Einstellung zu Vergnügen und Mühsal so abzuändern, daß er zu den bestehenden Tarifen mehr Stunden arbeitete, oder dieselbe Anzahl von Stunden für geringeren Lohn, oder daß er — falls er arbeitslos war — eine Stelle für einen Lohn annahm, der ihm bisher unannehmbar erschienen war. Hieraus ergab sich für den einzelnen Arbeiter und die Gewerkschaftsführer eine zwingende Moral: Wer teilweise oder ganz arbeitslos war, konnte dem jederzeit abhelfen. Er brauchte sich nur mit einem niedrigeren Lohn zufriedenzugeben. Aus dieser Ableitung ergab sich eine weitere Folgerung. Arbeitslosigkeit konnte immer nur vorübergehend oder freiwillig sein. Handelte es sich um eine vorübergehende Arbeitslosigkeit, eine saisonbedingte Pause oder eine Übergangssituation zwischen zwei Arbeitsverhältnissen, dann konnte der Betroffene zuversichtlich mit seiner Wiedereinstellung rechnen, sobald die Saison wieder anlief oder neue Arbeitsplätze zur Verfügung standen. Für alle anderen Arbeitslosen gab es nur die eine Erklärung, daß sie diesen Zustand freiwillig gewählt hatten. Aus menschlicher oder historischer Sicht konnte ein Nationalökonom wohl einsehen, daß sich ein Arbeiter nicht mit einem niedrigeren Lebensstandard abfinden wollte, aber eine volkswirtschaftliche Rechtfertigung konnte er ihm nicht zubilligen.

Die Ansicht war tief verankert, daß längerfristige Arbeitslosigkeit nie unfreiwillig sein konnte. Premierminister Harold Wilson erinnert sich, daß nicht einmal der verstorbene Lord Beveridge, ein Vorkämpfer der Sozialreform, begreifen wollte, daß Arbeitslosigkeit tatsächlich außerhalb des Einflußbereichs des Betroffenen liegen könnte. Wilson erzählt: ›Ich erinnere mich noch an sein höchst erstauntes Gesicht am Tage nach der Besichtigung eines Arbeitslosenlagers. Er sagte, er könne es nicht verstehen, daß anständige, arbeitsfähige Männer, wie wir sie gesehen hatten, überhaupt ohne Arbeit sein konnten. In seinen Augen war Arbeitslosigkeit eine vorübergehende Erscheinung.[12]‹

Und doch blieb die unerfreuliche Tatsache bestehen, daß es wirklich unfreiwillige Arbeitslosigkeit gab. Wer als Beobachter die soziale Wirklichkeit der dreißiger Jahre im Auge behielt, wußte, daß Löhne und Arbeitsplätze oft gleichzeitig geringer geworden waren. So suchte Keynes als Theoretiker dringend nach einer geeigneten Definition für die unfreiwillige Arbeitslosigkeit, die ihr Vorhandensein legitimierte. Keynes' sprachlich sehr komplizierte Definition lautet folgendermaßen: ›Arbeiter sind unfreiwilligerweise arbeitslos, wenn im Falle einer geringen Preissteigerung von Lohngütern im Verhältnis zum Geldlohn sowohl das gesamte Angebot von Arbeit, die bereit wäre, zum laufenden Geldlohn zu arbeiten, als auch die gesamte Nachfrage nach Beschäftigung zu diesem Lohn größer wäre als die bestehende Beschäftigungsmenge.[13]‹

Diese Definition war die Zusammenfassung eines Denkexperiments. Angenommen, die Lebenshaltungskosten stiegen, ohne daß sich die den Arbeitern ausbezahlten Löhne veränderten. Dann mußte der *Reallohn* des Arbeiters — die Waren, die er sich für seinen Lohn tatsächlich kaufen konnte — sinken. Entsprechend der für die klassische Theorie charakteristischen Logik müßten die Arbeiter auf ein Absinken ihres Reallohns mit der Entziehung eines Teils ihrer Arbeitskraft reagieren. Aber konnte man vernünftigerweise annehmen, daß es auch im wirklichen Leben zu dieser theoretischen Reaktion kam? Verlassen tatsächlich die Arbeiter regelmäßig dann ihre Arbeitsplätze, wenn die Preise für Nahrung und Kleidung steigen, oder leisten sie weniger Arbeitsstunden? Natürlich nicht.

In Wirklichkeit geschieht dann etwas ganz anderes. Höhere Preise für ›Lohn-Waren‹ (Konsumgüter) bedeuten höhere Gewinne und bessere Absatzchancen für die Verteiler der Standardwaren, die im Arbeiterbudget eine Rolle spielen. Die günstigere Geschäftslage veranlaßt diese Verteiler zur Einstellung zusätzlicher Arbeitskräfte. Und — darauf lief Keynes' Analyse hinaus — die Arbeiter sind durchaus bereit, neue Arbeit selbst dann anzunehmen, wenn ihr *Reallohn* niedriger liegt, als er vor dem Ansteigen der Lebenshaltungskosten gewesen wäre. Unter diesen Umständen ist kaum daran zu zweifeln, daß der einfache Arbeiter — wenn er schon bereit ist, sich mit *niedrigeren* als den vorher gültigen Löhnen abzufinden — auch zu den höheren Reallöhnen der Vergangenheit bereit gewesen wäre zu arbeiten. Seine Arbeitslosigkeit muß also unfreiwillig gewesen sein. Wenn die Arbeitgeber sich nur die Mühe gemacht hätten, zusätzliche Beschäftigung zu niedrigeren Effektiv- und Reallöhnen anzubieten, hätten sie willige Mitarbeiter gefunden. Die Nationalökonomen, die auf dem Standpunkt beharrten, das Ausmaß der Beschäftigung werde zwischen den einzelnen Arbeitgebern und Arbeitnehmern ausgehandelt, befanden sich also vollkommen im Irrtum. Oft genug kann ein Arbeitsloser absolut nichts unternehmen, um seine Aussichten auf einen Arbeitsplatz auch nur im geringsten zu beeinflussen.

Dieser Beweis diente Keynes nur als Ausgangspunkt. Nachdem erst einmal feststand, daß unfreiwillige Arbeitslosigkeit existierte und theoretisch möglich war, blieben noch härtere Nüsse zu knacken. Welche Erklärung gab es für das Ausmaß unfreiwilliger Arbeitslosigkeit? Wodurch wurden Fluktuationen in der Arbeitslosenziffer hervorgerufen? Genau an diesem Punkt, so argumentierte Keynes, fehle in der orthodoxen Wirtschaftslehre etwas ganz Entscheidendes — nämlich eine Theorie der Gesamtnachfrage. Das größte Verdienst der *General Theory* war nicht die Erläuterung der unfreiwilligen Arbeitslosigkeit, sondern die Konstruktion dieses fehlenden Rädchens im Getriebe der Nationalökonomie.

Wenn die Theorie erst einmal formuliert ist, wird der Irrtum der konventionellen Wirtschaftspolitik sofort erkennbar. Es wird deutlich, daß Lohn- und Preiskürzungen, die vor Keynes als gezielte Maßnahmen anerkannt waren, unkontrolliert aus dem spezifischen Bereich auf die Ebene des Allgemeinen übersprangen. Jedem Geschäftsmann ist einleuchtend, daß eine Reduzierung seiner Kosten bei gleichbleibenden übrigen Bedingungen seinen Gewinn erhöht und einen Anreiz zur Steigerung seiner Produktion darstellt. Der springende Punkt ist nur, daß die übrigen Bedingungen nicht unverändert bleiben, wenn *alle* Unternehmer Löhne und Kosten kürzen. Wenn die Löhne ganz allgemein sinken, dann sinkt unweigerlich in gleichem Maße auch die Nachfrage nach allen Arten von Konsumgütern und Dienstleistungen. Die Nachfrage nach Waren muß dann günstigstenfalls prozentual im gleichen Verhältnis abnehmen wie die Löhne. Insgesamt ist die Nachfrage abhängig vom Gesamteinkommen der potentiellen Käufer. Ein einzelner Arbeitgeber kann von einer Lohnkürzung profitieren. *Alle* Arbeitgeber können jedoch von einer allgemeinen Lohnkürzung nicht profitieren. Wer etwas anderes annimmt, fällt einem logischen Trugschluß zum Opfer.

Die neue Keynes'sche Theorie wirtschaftlicher Betätigung erläuterte so einerseits, wie die Entscheidungen vieler einzelner Geschäftsleute zum Gesamt*angebot* an Waren und Dienstleistungen führte, und andererseits, wie sich die Gesamt*nachfrage* nach Waren und Dienstleistungen aus den Kauf- oder Sparentscheidungen von Millionen einzelner Verbraucher zusammensetzte. Nach Keynes beginnt alles mit der Tätigkeit der Unternehmer. Er ging davon aus, daß es der einzelne Unternehmer ist, der Arbeitsplätze anbietet und die verschiedenen Arten von Einkommen zahlt — Löhne an die Arbeiter, Gehälter an die Angestellten, Zinsen an die Bankiers, Mieten an die Grundbesitzer. Ein Unternehmer rechnet damit, die aus der Zusammenfassung der Produktionsmittel entspringenden Waren zu Preisen absetzen zu können, die mindestens der Summe aller Produktionskosten — einschließlich einem üblichen Gewinn — entsprechen. Daraus ergibt sich, daß bei stabiler Wirtschaftslage (d. h., wenn insgesamt ein Gleichgewicht erreicht ist) die *Gesamt*summe der von *allen* Unternehmern insgesamt angebotenen Einkünfte und Arbeitsplätze genau dem Umsatz entspricht, den sie sich erhoffen*.

Wann entsteht nun bei den Unternehmern der Wunsch, ihr Angebot an Arbeitsplätzen, an Entgelten und ihre Produktion zu erweitern? Die Antwort auf diese Frage setzte Keynes in Beziehung zum Funktionsbegriff einer *Gesamt*nachfrage, die das Bild erst vervollständigt. Angenommen, die Unternehmer böten ein bestimmtes Volumen an Beschäftigung und produzierten eine bestimmte Menge an Waren, und die *tatsächliche Nachfrage* nach den von ihnen feilgebotenen Waren überstiege *wirklich* ihre Erwartungen. Die meisten Kaufleute entdecken in einem solchen Fall, daß ihr Warenlager knapp wird. Handelt es sich um Groß- oder Einzelhändler, werden sie zu diesem Zeitpunkt beim Hersteller höhere Bestellungen aufgeben; handelt es sich um den Hersteller, wird er die Produktion steigern. Die Funktion der Gesamtnachfrage mißt das Umsatzvolumen, das jedem denkbaren Niveau von Einkommen und Produktionsausstoß entspricht.

Das tatsächliche Maß der Beschäftigung ist daher ›gegeben durch den Schnittpunkt der beiden Funktionen aus Gesamtnachfrage und Gesamtangebot; denn an diesem Punkt sind für die Unternehmer maximale Gewinnerwartungen gegeben[14]‹. Damit war ein völliger Kontrast zum Sayschen Gesetz hergestellt. Says Gesetz ging arglos davon aus, daß immer dann, wenn die Kaufleute das Angebot erhöhten, die Nachfrage einfach nachzöge. Dieser erfreuliche Vorgang käme erst dann zum Stehen, wenn die Vollbeschäftigung von Menschen und Material der Expansion Einhalt geböte. Keynes' Al-

---

* Keynes definiert den ›gesamten Angebotspreis der Produktion einer gegebenen Beschäftigungsmenge‹ als ›die Erwartung des Erlöses, welche die Unternehmen gerade noch veranlaßt, diese Beschäftigung zu geben‹. (*Allgemeine Theorie der Beschäftigung, des Zinses und des Geldes*, München und Leipzig 1936, S. 20.)

ternative verkündete eine ganz andere Moral. Nach Keynes war das Gleichgewicht auf *jeder* Ebene von Beschäftigung und Einkommen zwischen Null und der hundertprozentigen Vollbeschäftigung erzielbar. Darüber hinaus gab es keinerlei theoretischen Grund zu der Annahme, daß ein bestimmter Beschäftigungsstand wahrscheinlicher sei als irgendein anderer. Auf der denkbaren Wertskala war die Vollbeschäftigung einfach eine unter vielen Möglichkeiten. Daraus folgte, daß die unfreiwillige Arbeitslosigkeit auf ausnahmslos jeder Ebene der Beschäftigung nicht nur möglich, sondern sogar unvermeidlich war. Die Höhe der Beschäftigtenquote wurde *nicht* durch den zwischen Arbeitnehmern und Arbeitgebern ausgehandelten Lohn bestimmt. Auch bei bescheidensten Ansprüchen waren die Arbeitnehmer nicht in der Lage, ihre Beschäftigungsmöglichkeiten zu erweitern. Diese wurden durch einen ganz anderen Faktor bestimmt: dem Umfang der Gesamtnachfrage nach Waren und Dienstleistungen in der gesamten Wirtschaft.

Aus welchen Elementen setzt sich nun diese Gesamtnachfrage zusammen? Wodurch wird ihr Umfang und damit der Umfang von Beschäftigung und Einkommen bestimmt? Keynes ging von der schlichten Annahme aus, daß der Staat gegenüber der Wirtschaft neutral sei. Das heißt, er setzte zunächst voraus, daß der Staat der Wirtschaft so viel Nationaleinkommen in Gestalt von Steuern entzog, wie er in Form eigener Ausgaben für Material und Arbeitsleistung wieder hineinfließen ließ. Wenn der Nettoeffekt staatlichen Wirkens gleich Null war, blieben nur noch zwei Ursprünge für die Gesamtnachfrage nach Waren und Dienstleistungen: Verbraucher und Investoren.

Welche Faktoren beeinflussen deren Entscheidungen? Beginnen wir mit Keynes bei den Verbrauchern. Was veranlaßt den einzelnen, mehr oder weniger auszugeben? Aus welchen Gründen erhöht oder verringert die Gesamtheit der Konsumenten ihre Ausgaben? Keynes faßt die Einflüsse auf die Ausgabenfreudigkeit der Verbraucher unter drei Kategorien zusammen: 1. die Höhe des für eigene Ausgabenentscheidungen verfügbaren Einkommens, 2. objektive Faktoren und 3. subjektive Faktoren.

Zu den wichtigsten objektiven Faktoren zählten nach Keynes' Erkenntnissen Veränderungen der Lebenshaltungskosten, unverhoffte

Kapitalgewinne oder -verluste, Veränderungen des Zinssatzes, Verschiebungen in der staatlichen Steuerpolitik und eine andere Beurteilung des Verhältnisses zwischen dem gegenwärtigen und zukünftigen Stand des Einkommens. Keynes hielt nur den ersten Faktor dieser Liste für quantitativ ausschlaggebend; die übrigen Punkte konnten in ihrer Auswirkung entweder vernachlässigt werden oder sie hoben sich gegenseitig auf.

Insgesamt waren auch die subjektiven Einflüsse auf die Verbrauchergewohnheiten quantitativ gering. Hier trügt der Schein. Es stimmt schon, daß der einzelne bei seiner Entscheidung über Ausgeben oder Sparen von vielerlei unterschiedlichen Motiven bestimmt wird. Vielleicht will er sich eine ›Rücklage gegen unvorhergesehene Auslagen aufbauen‹. Kluge Vorsorge mag ihn dazu veranlassen, für die Universitätsausbildung eines Kindes oder für seinen eigenen Lebensabend etwas zu sparen. Er kann die Absicht verfolgen, jetzt zu sparen, um Zinsen und Wertzuwachs zu genießen, d. h. weil ein größerer Realverbrauch zu einem späteren Zeitpunkt einem sofortigen kleineren vorgezogen wird, oder um seinen Lebensstandard allmählich anzuheben. Sparen erhöht auch ›das Gefühl der Unabhängigkeit, der Möglichkeit, etwas zu unternehmen‹. Spekulanten bekommen durch ihre Ersparnisse die Möglichkeit, ihrer Leidenschaft zu frönen. Sparer mit einem stark ausgeprägten Familiensinn wollen ihren Erben ein Vermögen hinterlassen. Dann gibt es immer ein paar Geizkrägen, denen das Sparen als solches Vergnügen bereitet. Diese acht Gründe, Geld zu sparen, anstatt es auszugeben, nannte Keynes ›Vorsicht, Vorsorge, Berechnung, Verbesserung der Lebenshaltung, Unabhängigkeit, Unternehmungsgeist, Stolz und Geiz[15]*‹. Es ging nicht darum, daß diese Motive einzeln oder insgesamt bedeutungslos sind. Keynes wollte etwas anderes sagen: Kurzfristig gesehen, blieben alle diese Motive stabil. Infolgedessen konnte Keynes — da sich Veränderungen in der Psychologie der Masse nur langsam vollziehen und die *General Theory* sich auf kurzfristige Vorgänge konzentrierte — die subjektiven Elemente der Verbraucherpsychologie ruhig ignorieren.

---

* Der Vollständigkeit halber fügte Keynes eine ›entsprechende Liste von Beweggründen für den Verbrauch‹ hinzu, beispielsweise ›Genuß, Kurzsichtigkeit, Freigebigkeit, Fehlrechnung, Prahlerei und Verschwendung‹ (ebenda, S. 93).

Was blieb übrig? Wenn weder objektive noch subjektive Faktoren entscheidend auf den kurzfristigen Konsum einwirkten, blieb als einzige bestimmende Kraft nur das Einkommen. Keynes war überzeugt, hier eine neue Wahrheit entdeckt zu haben. Aus dieser Überzeugung heraus formulierte er ein neues ›Gesetz‹:

Das grundlegende technische Gesetz, auf das wir uns von vornherein sowohl auf Grund unserer Kenntnis der menschlichen Natur, als auch der einzelnen Erfahrungstatsachen mit großer Zuversicht stützen dürfen, ist, daß die Menschen in der Regel und im Durchschnitt geneigt sind, ihren Verbrauch mit der Zunahme in ihrem Einkommen zu vermehren, aber nicht im vollen Maße dieser Zunahme[16].

Keynes standen damals wenige oder gar keine statistischen Unterlagen zur Begründung dieses ›Gesetzes‹ zur Verfügung. Er vertraute ganz wie seine illustren Vorgänger und Kollegen aus der englischen Nationalökonomie auf seine Selbsterkenntnis und das Wissen um die Welt, in der er lebte. Die Statistiken kamen erst später — als eine der vielen Konsequenzen der *General Theory*. Ein beliebter Sport bei Wirtschaftskundlern und Statistikern war die Konstruktion von ›Konsumfunktionen‹ — eine statistische Verallgemeinerung der tatsächlichen Beziehungen zwischen Einkommen und Verbrauch. Obgleich spätere Ereignisse und auch diese Forschungen zeigten, daß die Einflüsse auf den Verbrauch weitaus zahlreicher und komplexer sind, als Keynes annahm, haben doch gerade diese Untersuchungen im großen und ganzen auch die Zuverlässigkeit von Keynes' ›Gesetz‹ bewiesen. Die Verbraucher neigen tatsächlich dazu, den größten Teil, aber nicht hundert Prozent ihres Mehreinkommens auszugeben. In den Vereinigten Staaten schätzen die Statistiker, daß die Verbraucher zwischen 92 und 94 Prozent vom Mehrwert ihres verfügbaren Einkommens ausgeben*.
Als theoretischer Beitrag war Keynes' Definition der Gesamtkonsum-Funktion bedeutsam und aufschlußreich. Alvin Hansen war nicht der einzige Wirtschaftswissenschaftler, der darin eine von Keynes' Hauptentdeckungen sah. Doch abgesehen von allen anderen Vorzügen, konnte die Verbrauchsfunktion nicht den *Umfang* von Volkseinkommen und Beschäftigung erklären. Natürlich war

---

* Mit ›verfügbarem Einkommen‹ ist die Summe gemeint, die dem Verbraucher nach Abzug der Einkommen- und Lohnsteuer verbleibt.

der Verbrauch vom Volkseinkommen abhängig. Was als Erklärung des Volkseinkommens übrigblieb, war zwangsläufig die andere Komponente der Gesamtnachfrage: die Investitionen. Hier endlich war die entscheidende Variable in Keynes' System gefunden. Veränderungen der Investitionen riefen Veränderungen der anderen Größen in der Wirtschaft hervor. Steigerungen oder Verringerungen der Investitionen wirken sich vervielfacht auf Volkseinkommen und Beschäftigung aus. Veränderungen im Volkseinkommen erzeugen ihrerseits Änderungen im Volumen der Konsumaufwendungen.

Dieser Punkt muß daher sehr klar gesehen werden. Was ist Investition? Wie erklärt sich ihr Umfang? Keynes folgt in seiner *General Theory* der allgemeinen nationalökonomischen Praxis und definiert Investition als ein ›reales‹ und nicht ein finanzielles Phänomen. Aktien und Wertpapiere stellen *keine* Investitionen dar. Echte Investitionen sind neue Fabriken, neue Werkzeuge und Maschinen sowie Erweiterungen des Geschäftsinventars. Daher machen nicht materielle Eigenschaften, sondern die Art der Anwendung den Unterschied zwischen Investition und Konsum aus. Das Automobil eines Vertreters ist eine Investition und wird sowohl von seinem Arbeitgeber als auch von dessen Buchhaltung als solche betrachtet. Das Automobil eines Verbrauchers wird von seinem Besitzer völlig zu Recht als Bestandteil des Konsums betrachtet. Entsprechend ist ein Kasten Bier im Keller eines Lebensmittelhändlers Bestandteil seines Inventars und somit eine Investition. Wird derselbe Kasten Bier in die Wohnung des Verbrauchers geliefert, verwandelt er sich in eine Konsumware. *Alle* Investitionsgüter sind Mittel zum Zweck: Sie ermöglichen die Produktion von Endprodukten, die Konsumgüter sind. Daher werden *alle* Konsumgüter, die ja nur der Befriedigung individueller Bedürfnisse dienen, erst dann ihrem endgültigen Zweck zugeführt, wenn sie in die Hände des Endverbrauchers gelangen. In diesem Sinne besteht der endgültige Zweck einer Maschine in den Verbrauchsgütern, die mit ihrer Hilfe produziert werden.

Eine derartige Definition stellt drei weitere Eigenschaften einer Investition heraus. Zunächst werden Investitionen von Kaufleuten und nicht von Verbrauchern getätigt, und zwar zu dem ganz allgemeinen Zweck gewinnbringender Produktion und rentablen Verkaufs. Zweitens sind alle Investitionen mit einem Risiko verbunden. Der Unternehmer, der mit eigenem oder geliehenem Geld eine Maschine ersteht, setzt auf die Hoffnung, die mittels dieser Maschine produzierten Waren innerhalb ihrer Lebensdauer — also in zwei, fünf, zehn oder mehr Jahren — gewinnbringend verkaufen zu können. Ein solcher Einsatz stützt sich auf das Vertrauen, daß die Verbrauchsgewohnheiten entweder stabil bleiben oder vorhersehbar sind, und daß die Konkurrenz den Markt nicht durch die Einführung überlegener Produkte oder leistungsfähigerer Techniken unterbieten wird. Aus der Haltbarkeit der Maschinen und dem mit ihrer Anschaffung verbundenen Risiko ergibt sich eine dritte Eigenschaft des Investitionsvorgangs: die Aufschiebbarkeit der Investition[*]. Im allgemeinen werden Unternehmer nicht zu Erweiterungen gezwungen, jedenfalls nicht unmittelbar. Für gewöhnlich kann ein Unternehmer sogar die Ersetzung altmodischer Geräte durch verbesserte Modelle hinausschieben. In ähnlicher Weise kann ein Verbraucher auch einen alten Wagen noch ein Jahr länger fahren. Aber das Essen kann man kaum aufschieben, ebensowenig die Ausgaben für Kleidung, ärztliche und zahnärztliche Versorgung, Miete und Haushalt — nicht einmal für eine relativ kurze Zeit.

Trotz dieser Unsicherheiten kommt es dennoch zu Investitionen. Selbst während Depressionen sind Anleger bereit, auf die Zukunft zu setzen. Was bestimmt ihre Entscheidungen? Keynes' Antwort konzentriert sich auf einen Vergleich zwischen den *Gewinnen,* die ein Anleger in spe sich für die Lebensdauer der Maschine[**] erhofft, und den Zinslasten, die ihn treffen, wenn er die Maschine mit geliehenem Geld kauft[***].

---

[*]   Bei den konservativen britischen Geschäftsleuten, so sagt man, sei das Klima für Investitionen ungünstig; denn bei schlechtem Geschäftsgang ist das Geld zu knapp, um Investitionen zuzulassen, und bei guten Geschäften brauche man nicht zu investieren.

[**]   Keynes nannte diese erhofften Gewinne die ›Grenzleistungsfähigkeit‹ bzw. den ›Grenznutzen des Kapitals‹. Er definierte diesen Begriff als ›jenem *Diskontsatz* gleich, der den gegenwärtigen Wert der Reihe von Jahresrenten, die aus dem Kapitalwert während seines Bestandes erwartet werden, genau gleich seinem Angebotspreis machen würde‹. (a. a. O., S. 114.) Ein einfaches Rechenexempel mag dies verdeutlichen:

In einer Welt der Ungewißheit heißt das Schlüsselwort in dieser Analyse *Erwartung*. Erwartung ist der strategische Faktor bei der Investitionsentscheidung. Die in der vorangegangenen Fußnote angeführten Zahlen beziehen sich auf die *erwarteten* Gewinne aus dem Einsatz einer Maschine. Da es sich bei solchen und allen anderen Erwartungen um kaum greifbare Werte handelt, muß auch der Grenznutzen des Kapitals raschen und drastischen Veränderungen unterworfen sein. Schwankt aber der Grenznutzen des Kapitals, dann schwankt auch die Höhe der Investition. Eine überzeugende Investitionstheorie muß daher jene Kräfte durchleuchten, die bei den langfristigen Erwartungen prospektiver Investoren eine Rolle spielen und ganz allgemein ›den Zustand des Vertrauens‹ erklären, ›dem Geschäftsleute immer die tiefste und sorgfältigste Beachtung schenken[17]‹.

Angenommen, eine Maschine habe eine Lebensdauer von nur zwei Jahren, und der Investor erwarte von ihrem Einsatz im ersten Jahr einen Gewinn von 1100 Dollar und im zweiten und letzten Jahr einen Gewinn von 2420 Dollar. Nehmen wir weiter an, der Anschaffungspreis der Maschine betrüge 3000 Dollar. Dann ist der Grenznutzen des Kapitals jener Diskontsatz, bei dem sich aus den im ersten Jahr erzielten 1100 Dollar und den im zweiten Jahr erzielten 2420 Dollar genau 3000 Dollar ergeben. Das kann man wie folgt errechnen:

$$\$\,3000 = \frac{\$\,1100}{(1+r)} + \frac{\$\,2420}{(1+r)^2}$$

$$= \frac{\$\,1100}{(1,10)} + \frac{\$\,2420}{(1,21)}$$

$$= 1100 + \$\,2000$$

Im Nenner dieser Brüche steht r jeweils für den geschätzten Grenznutzen einer bestimmten Investition. 1 plus 0,10 ergibt somit 1,10. Die Quadrierung von 1,10 (= 1,21) drückt lediglich die Tatsache aus, daß länger aufgeschobene Gewinne (zwei Jahre statt einem) gegenüber dem Tageswert stärker reduziert werden müssen.

*** Wenn der Anleger dazu nicht geliehenes, sondern eigenes Geld benutzt, so verzichtet er auf die Gelegenheit, Erlöse aus einer andersartigen Verwendung dieses Geldes zu erzielen, beispielsweise festverzinsliche Papiere damit zu kaufen. Analytisch läuft beides daher auf dasselbe hinaus.

Es ist nicht einfach, das zu begreifen. Wenn wir uns selbst gegenüber ehrlich sind, sagt Keynes, müssen wir zugeben, wie wenig wir über die Gewinnaussichten einer bestimmten Investition wissen. ›Wenn wir ehrlich sein wollen, müssen wir zugeben, daß unsere Grundlage der Kenntnis für die Schätzung der Erträge nach zehn oder sogar fünf Jahren einer Eisenbahn, eines Kupferbergwerks, einer Weberei, des Markenwertes einer Patentmedizin, eines atlantischen Dampfers, eines Gebäudes in der City von London sehr gering und manchmal null ist.[18]‹ Keynes gibt zwar zu, daß dieser Zustand manchmal dadurch etwas entschärft wird, daß langfristige Anleger ihr Risiko verringern können — wie es der Bauherr durch den Verkauf von Hypotheken an die Bewohner und der öffentliche Versorgungsbetrieb aufgrund seiner Monopolstellung tun —, doch das Gros aller Investitionen ist immer noch mit einem erheblichen Risiko belastet, um so mehr, als auch Börsenspekulationen die psychologischen Unsicherheitsfaktoren echter Investitionen noch vergrößern.

Nach Keynes' Auffassung bleibt auch ›ohne die Unbeständigkeit als Folge der Spekulation ... noch die Unbeständigkeit aus der Eigenheit der menschlichen Natur, die bewirkt, daß ein großer Teil unserer positiven Tätigkeit mehr von spontanem Optimismus als von einer mathematischen Erwartung, sei sie moralisch, hedonistisch oder ökonomisch, abhängt. Wahrscheinlich können die meisten unserer Entschlüsse, etwas Positives zu tun, dessen volle Wirkungen sich über viele künftige Tage ausdehnen werden, nur auf Lebensgeister zurückgeführt werden — auf einen plötzlichen Anstoß zur Tätigkeit, statt zur Untätigkeit, und nicht auf den gewogenen Durchschnitt quantitativer Vorteile, multipliziert mit quantitativen Wahrscheinlichkeiten.[19]‹ Aufgrund seiner großen praktischen Erfahrung mit Finanzmärkten wußte der Spekulant und Journalist Keynes, welch großen Einfluß der Wechsel von irrationalem Optimismus und Pessimismus auf die Entscheidungen der Kaufleute darüber hatte, ob sie investieren oder lieber bessere Zeiten abwarten sollten. Keynes wußte unter anderem ganz genau, daß reformfreudige Regierungen üblicherweise die Instinkte der Finanzwelt verwirrten. Er bemerkte dazu: ›Wenn die Angst vor einer Arbeiterregierung oder einem ‚New Deal' die Unternehmungslust bedrückt, braucht dies weder auf eine vernunftgemäße Berechnung noch auf eine Verschwörung in politischer Absicht zurückzuführen zu sein — es ist lediglich die Folge einer Störung der empfindlichen Gleichgewichtslage des spontanen Optimismus.[20]‹

Die Analyse der Motivation des Investment brachte Keynes auf eine weitere Einkreisung des Problems. Da Meinungsumschwünge so häufig und so heftig erfolgten, stellte Keynes die Wirksamkeit der Zinspolitik in Frage. Wenn nämlich die Anleger zwischen einem Pessimismus, der nirgendwo Gewinne erkennen ließ, und einer wahren Euphorie, die hinter jeder Geldanlage Reichtümer sah, hin und her schwankten, war es unwahrscheinlich, daß kleine Veränderungen des Zinssatzes in der Größenordnung von 1 oder 2 Prozent sich fühlbar auf das Investitionsvolumen auswirken würden. Was blieb noch, wenn man die Stümperei mit den Zinssätzen ähnlich skeptisch betrachtete wie Keynes? Dann mußte man dem Staat offenbar ›eine immer wachsende Verantwortung für die unmittelbare Organisation der Investition‹ zugestehen. Im Gegensatz zum Privatunternehmer ist der Staat nämlich imstande, ›die Grenzleistungsfähigkeit der Kapitalgüter auf lange Sicht und auf der Grundlage des allgemeinen sozialen Wohls zu berechnen.[21]‹

Nahm man diesen Standpunkt wörtlich, war eine wesentliche Ausweitung staatlicher Betätigung unausweichlich. Doch das Gegenstück zu Keynes' Investment-Theorie, nämlich seine Zinstheorie, ließ hier ein Hintertürchen offen, indem sie in bezug auf Zinssätze und Grenznutzen des Kapitals etwas andere Prämissen aufstellte. Diese Zinstheorie wurde rasch zu einem der umstrittensten Abschnitte der *General Theory* und blieb es bis heute.

*

Um das Neue an Keynes' Standpunkt zu verdeutlichen, muß man sich die klassische Lehre von den Zinssätzen vor Augen halten. In einfachster Fassung besagte diese Theorie folgendes: Das Angebot an Ersparnissen wird bestimmt durch die Zeitwahl jener, die Einkünfte beziehen und Sparen in Betracht ziehen. Unter der Voraussetzung, daß die meisten Menschen die unmittelbare Befriedigung ihrer Bedürfnisse jetzt einer Aufwendung für künftige Befriedigung vorziehen, bewirkt der Zinssatz das Sparen bei solchen Leuten, die diesen Satz als ausreichende Entschädigung für das Aufschieben unmittelbarer Genüsse auf später betrachten. Wenn ein Mann die Ausgabe von 1000 Dollar aus seinem Einkommen um ein volles Jahr aufschiebt, um dafür 42.50 Dollar an Zinsen zu kassieren, entscheidet er damit praktisch, daß ihm 1042.50 Dollar in einem Jahr mehr wert sind als 1000 Dollar heute. Mit diesem Sparbetrag reagiert er auf einen Zinssatz von $4^1/_4$ Prozent. Sagt man, er oder ein anderer werde sparsamer, so meint man damit, daß er zum selben Zinssatz mehr als 1000 Dollar spart oder dieselben 1000 Dollar zu einem niedrigeren Zinssatz als $4^1/_4$ Prozent. Daraus läßt sich ableiten, daß eine sparsamere Gemeinschaft dadurch charakterisiert wird, daß ihre Gesamtersparnisse trotz gleichbleibenden Zinssatzes zunehmen oder trotz sinkender Zinssätze gleich bleiben.

Die klassische Theorie erklärt die Nachfrage nach Ersparnissen mit dem Hinweis auf einen entsprechenden Grenzwert, nämlich die Grenzproduktivität des Kapitals. Warum sollte ein Geschäftsmann freiwillig 5 oder mehr Prozent als Preis für geliehenes Geld bezahlen? Das würde sich dann lohnen, wenn er davon überzeugt wäre, daß die Gewinne aus den mit diesem Darlehen angeschafften Maschinen 5 Prozent überstiegen. Die Grenzproduktivität, um die es hier geht, ist die Leistung der neuen Geräte. Zur Erzielung eines Gleichgewichts pendelt sich der Zinssatz auf jenen Punkt ein, an dem die freiwillig gesparten Beträge den bereitwillig geliehenen Beträgen entsprechen. In der Praxis steigen oder sinken die Zinssätze entsprechend der Zu- oder Abnahme der Sparsamkeit und der Produktivität des Kapitals. Der Zinssatz erfüllt insofern eine unverzichtbare Aufgabe, als er die Aufteilung der Mittel der Gemeinschaft zwischen individuellem Konsum und geschäftlicher Investition bewirkt.

Im Vergleich zu dieser hübschen Theorie mußten Keynes' Erläuterungen zur Bestimmung der Zinssätze ausgesprochen unorthodox klingen. Er behauptete, der Zinssatz sei weder von der Zeitwahl der Sparer noch von der Grenzproduktivität des Kapitals abhängig, die sich die Anleger erwarten. Keynes sah im Zinssatz ein rein monetäres Phänomen, das eng mit der Entscheidung der Kapitaleigner über mehr oder minder flüssige Anlagen und *nicht* mit einer Entscheidung über unmittelbaren oder aufgeschobenen Genuß zusammenhing. Keynes sah die Sache so, daß manche Leute ihr Geld aus Gründen festhielten, die mehr mit der Höhe ihres Einkommens als mit irgendwelcher Terminwahl zu tun hatten. Geschäftsleute unterhalten Girokonten für ihre laufenden Zahlungen an Arbeitnehmer und Lieferanten. Privatleute tragen Kleingeld bei sich, um sich ihr Essen, eine Zeitung oder eine Fahrkarte zum Arbeitsplatz und zurück nach Hause zu kaufen. In solchen Fällen hat nicht verbrauchtes Einkommen nichts mit Zinssätzen zu tun. In unmittelbarem Zusammenhang mit den Zinssätzen steht jedoch eine dritte Form der Betätigung.

Hierunter fällt alles, was spekulative Beweggründe für das Festhalten im Gegensatz zum Ausgeben umfaßt. Was für ein Mensch ist ein Spekulant? Er befaßt sich mit dem Kauf und Verkauf von Papieren entsprechend seiner Einschätzung der bevorstehenden Kursbewegung. Glaubt ein Spekulant, daß die Börsenkurse in naher Zukunft anziehen werden, sieht er sich gezwungen, mehr Aktien zu kaufen und infolgedessen weniger Bargeld zu besitzen. Höchstwahrscheinlich wird er sich noch Geld dazuleihen, um von seinem Urteil noch entsprechend mehr zu profitieren. Nun — so erklärt Keynes — bedeutet eine Voraussage der Börsenkurse unweigerlich eine Voraussage der Zinssätze, da der Ertrag der Aktien — das Verhältnis zwischen Börsenkursen und ausgeschütteten Dividenden — ein Zinssatz *ist*. Daraus ergibt sich, daß die Zinssätze bei steigenden Börsenkursen *sinken müssen*, da ein Dollar Dividende bei einem teureren Papier einen geringeren prozentualen Ertrag darstellt.

Aber das ist noch keineswegs alles. Wenn die meisten Spekulanten zu der Überzeugung gelangen, daß die Börsenkurse anziehen und die Zinssätze fallen werden, suchen sie aktiv jene Aktien anzukaufen, die sich im Besitz der Minderheit von Pessimisten befinden. Doch allein schon die Bemühungen der größeren Spekulanten erzielen genau das Ergebnis, das zu der Aktion geführt hat. Bis zu einem gewissen Grad handelt es sich hier um eine ›sich selbst erfüllende Voraussage‹. Die Börsenkurse ziehen tatsächlich an, und die Erträge sinken entsprechend. Kurzum, die Zinssätze verändern sich, weil die Spekulanten erwarten, daß sie sich ändern und so handeln, daß sich dadurch ihre eigenen Voraussagen bewahrheiten.

Das gilt auch umgekehrt. Wenn die Spekulanten eine Schwächung der Kurse und steigende Erträge voraussehen, veranlaßt sie der gesunde Menschenverstand, ihre Papiere abzustoßen und die Gewinne mitzunehmen. Sie bemühen sich, ihren Barbestand zu erhöhen, um zu einem späteren Zeitpunkt zu niedrigeren Kursen Aktien erwerben zu können. Doch ihre Bestrebung, Aktien abzustoßen, *bevor* sie im Wert sinken, wirkt sich unmittelbar drückend auf die Börse aus. Die Durchschnittswerte sinken, die Durchschnittserträge steigen. Auch hier ist der Zinssatz von heute das Ergebnis der Spekulantenhoffnungen hinsichtlich des Zinssatzes von morgen. Kurz gesagt: Der Zinssatz stellt wohl eine Prämie dar, jedoch eine Prämie, die für die Hingabe von Bargeld, des absolut flüssigen Besitzes, im Tausch gegen Aktien, den bedingt flüssigen Besitz, gezahlt wird.

Von dieser Vorstellung aus konstruierte Keynes einige wesentliche Schlußfolgerungen, deren provozierendste sich auf die Regierungspolitik bezog. Wenn sich die Spekulanten tatsächlich so verhielten, wie Keynes das behauptete, dann hatten die für das Geld verantwortlichen Behörden, in den USA das Board of Governors des Federal Reserve System und in England die Direktoren des Court of the Bank of England, dagegen wirksame Gegenmittel in der Hand. Wenn die Behörden es nämlich nicht für ratsam hielten, die Zinssätze steigen zu lassen, obgleich die Spekulanten in Erwartung sinkender Aktienkurse und steigender Erträge die Börse unter Verkaufsdruck setzten, brauchten sie nur einfach für die Zentralbank die von den Spekulanten auf den Markt geworfenen Aktien aufzukaufen, und zwar zu unveränderten Kursen und Erträgen. Die Offenmarktpolitik ist eine der schlagkräftigsten monetären Waffen.

Freimarktkäufe sind durchaus imstande, tatsächlich die Zinssätze zu senken. Wenn das Open Market Committee des Federal Reserve System mit Aktienkäufen beginnt, steigen dadurch die Börsenkurse, und die Erträge sinken. Normalerweise handeln die Zentralbanken nur mit Staatsanleihen, doch das Geschehen auf diesem Börsensektor wirkt sich rasch auch auf Firmenaktien, Bankdarlehen und Hypothekenzinsen aus. Auf diese Weise kann eine politische Kontrolle über die Zinssätze ausgeübt werden. Wenn schon nicht gesetzlich, so können doch die Finanzbehörden eines jeden Landes die Spekulanten mit jeder gewünschten Menge Geldes oder Aktien versorgen. Schließlich ist es ja die Regierung, die sowohl das Geld als auch die Staatsanleihen druckt.

Mit dieser Zinstheorie schließt Keynes seine Darstellung des Investitionsvorgangs ab. Der Keynes'sche Anleger vergleicht den Grenznutzen des Kapitals mit den Zinssätzen. Ein Spekulant, der einen bestimmten Kauf ins Auge gefaßt hat, wird sich fragen, ob der erwartete Gewinn (der Grenznutzen des Kapitals) die Kosten des Geldes übersteigt, das er zum Ankauf einer Maschine braucht (den Zinssatz). Liegt der Grenznutzen des Kapitals höher als der Zinssatz, dann legt sich der Investor fest. Liegt der Zinssatz höher als der Grenznutzen des Kapitals, wird er davon absehen. Bei gleichbleibenden übrigen Elementen nimmt die Investitionstätigkeit zu, wenn entweder die Zinssätze sinken oder die zu erwartenden Gewinne steigen; von diesen beiden Faktoren liegen die Zinssätze sicher in der Hand staatlicher Stellen.

Was geschieht nun, wenn eine günstige Konstellation von Grenznutzen und Zinssätzen die Anleger zu verstärkter Tätigkeit veranlaßt? Die Keynes'sche Theorie erkennt hier einen Vervielfältigungsprozeß. Die primäre Auswirkung auf das Volkseinkommen entspricht dem Umfang der Neuinvestition. Neue Geldanlagen verwandeln sich für Maschinenbauer und ihre Mitarbeiter in Einkommen. Dies ist der erste Schritt im Rahmen einer Serie. Kahns Multiplikator mißt die Gesamtveränderung des Volkseinkommens, indem er sich auf den Grenzwert der Konsumbereitschaft konzentriert — jenen Anteil des *zusätzlichen* Einkommens, der vom einzelnen ausgegeben wird. Beträgt dieser Grenzwert der Konsumbereitschaft 1/2, ist der Multiplikator gleich 2. Demnach steigert eine zusätzliche Investition in Höhe von einer Million Dollar das Volkseinkommen *zunächst* um eine volle Million, *danach* um die halbe Million, die die Verbraucher vom Mehreinkommen ausgeben, *danach* um jene Viertelmillion, die von der nächsten Gruppe von Einkommensempfängern für Konsumzwecke ausgegeben wird, und so weiter. Die Steigerung des Volkseinkommens beträgt insgesamt zwei Millionen Dollar. Genau entsprechend muß jede Verringerung der Investitionen das Volkseinkommen und die Beschäftigung um einen größeren Betrag verringern, als der primäre Investitionsrückgang ausmacht.

*

Nun ist klar, wie weitgehend die Keynes'sche Theorie der Einkommensbestimmung vom Verhalten der Anleger und vom Investitionsvolumen abhängig ist. Das Gerippe dieser Theorie ist ganz einfach. Die Investitionen werden vom Grenznutzen des Kapitals und dem Zinssatz bestimmt. Der Grenznutzen des Kapitals wiederum wird gemeinsam von der Gewinnerwartung der Anleger und den Preisen jener Maschinen beeinflußt, deren Kauf sie in Erwägung ziehen. Die Zinsrate ergibt sich teils aus den Liquiditätspräferenzen der Spekulanten, teils aus der Offenmarktpolitik der Geldinstitute. Diese Behörden haben es in der Hand, die Zinssätze zu senken. Spricht die Gesamtheit der Anleger darauf an, dann stimulieren niedrigere Zinssätze die Investitionsfreudigkeit. Bei einem hohen Grenzwert der Konsumneigung wird auch der Investitions-Multiplikator einen hohen Wert erreichen. Ein sehr großer Multiplikator bedeutet eine erhebliche Veränderung des Volkseinkommens als Reaktion auf eine relativ kleine Veränderung auf der Investitionsseite. Unter Idealbedingungen kann die Zins- (oder Geld-)politik von einer unerwünschten Gleichgewichtsebene mit hoher Arbeitslosigkeit zu einem Gleichgewicht bei Vollbeschäftigung führen.

*

Seit dem Erscheinen der *General Theory* zeigen konservative Keynes-Anhänger eine starke Neigung, sich sehr auf die Wirksamkeit der Geldpolitik zu verlassen. Die Geldpolitik weist beträchtliche Vorzüge auf. Von allen wirtschaftspolitischen Instrumenten erfordert die Manipulation der Zinssätze den geringsten bürokratischen Aufwand, ein Minimum an politischer Intervention und die größte Sachkenntnis. Ein Montagu Norman konnte über eine Generation lang die Weichen der Bank von England stellen, was zum Teil auf die eifersüchtig gehütete Unabhängigkeit der von ihm kontrollierten Institution zurückzuführen ist, zum Teil aber auch auf einen Umstand, den ihm auch die Kritiker seiner Politik aus der Labour Party zugestehen mußten: nur ein Zentralbankfachmann begreift wirklich die tieferen Geheimnisse der Zinssätze. Die Geldpolitik hat noch weitere Vorzüge. Sie ist rasch anwendbar und wieder leicht rückgängig zu machen, wenn sich die Bedingungen ändern. Doch vor allen Dingen ist das eine sehr dezente Methode. Die Manipulation der Zinssätze ist eine stille, diskrete Angelegenheit, die auch von jenen kaum gespürt wird, die unter dem Einfluß der Zinssätze stehen.

Aus solchen und ähnlichen Gründen erfreut sich die Geldpolitik unter Nationalökonomen und Staatsdienern einer neuerwachten Beliebtheit. Obgleich im Keynes'schen System nichts den Vorzügen der Geldpolitik widerspricht, hat Keynes selbst doch oft bezweifelt, ob sie zur Wiederbelebung einer in die Depression geratenen Wirtschaft wirklich ausreicht, insbesondere dann, wenn das Vertrauen der Geschäftswelt wirklich geschwunden ist.

Man brauchte sich aber nicht darauf zu verlassen, daß die Geldpolitik allein die wirtschaftliche Rettung bringen mußte. Keynes' theoretische Konstruktion bot nun endlich eine überzeugende Rechtfertigung für seine alte Lieblingswaffe gegen Depressionen: öffentliche Arbeiten, durch etatmäßige Defizite finanziert. Geht man von Keynes' Voraussetzungen aus, ist die Angelegenheit ganz klar. Arbeitslosigkeit und Depression sind die Folgen einer mangelnden Gesamtnachfrage nach Waren und Dienstleistungen. Flauen die Investitionen ab, kann man natürlich durch eine Veränderung der Zinssätze belebend auf sie einwirken. Aber der sicherere und raschere Weg führt über zusätzliche Staatsausgaben. Mit gleichem Recht kann man sich auch von einer Erhöhung des Haushaltsdefizits all die günstigen Vervielfältigungseffekte erwarten, die von vermehrten Privatinvestitionen ausgehen. Vom analytischen Standpunkt aus ist eine Erhöhung der Staatsausgaben ohne gleichzeitige Steuererhöhung tatsächlich gleichbedeutend mit einer unabhängigen Ausweitung der Privatinvestitionen.

Natürlich bevorzugte Keynes jene Formen öffentlicher Ausgaben, mit denen soziale Projekte gefördert wurden — Wohnungen, Schulen, Krankenhäuser, Parks und dergleichen. Aber schlimmstenfalls ›dienen auch der Bau von Pyramiden, Erdbeben, oder sogar Kriege zur Steigerung des Wohlstandes, falls die Erziehung unserer Staatsmänner nach den Grundsätzen der klassischen Wirtschaftslehre etwas Besseres nicht zuläßt‹. In dem folgenden, recht kühnen Absatz legte Keynes sein Hauptargument, daß es in erster Linie auf zusätzliche Ausgaben unabhängig von ihrer Form ankäme, noch deutlicher dar:

Wenn das Schatzamt alte Flaschen mit Banknoten füllen und sie in geeignete Tiefen in verlassenen Kohlenbergwerken vergraben würde, diese dann bis zur Oberfläche mit städtischem Kehricht füllen würde und es dem privaten Unternehmungsgeist nach erprobten Grundsätzen des Laissez-faire überlassen würde, die Noten wieder auszugraben (wobei das Recht, also zu tun, natürlich durch Offerten für die Pacht des Grundstücks, in dem die Noten liegen, zu erwerben wäre), brauchte es keine Arbeitslosigkeit mehr zu geben, und mit Hilfe der Rückwirkungen würde das Realeinkommen des Gemeinwesens wie auch sein Kapitalreichtum wahrscheinlich viel größer als jetzt werden. Es wäre zwar vernünftiger, Häuser und dergleichen zu bauen, aber wenn dem politische und praktische Schwierigkeiten im Wege stehen, wäre das obige besser als gar nichts[22].

Das Grenzprodukt von Arbeitslosen ist schließlich gleich Null. Wenn die Allgemeinheit die Arbeitslosen für nutzlose Tätigkeiten wie Laubrechen und Gräbenausheben einsetzt — das geschah im Rahmen des New Deal in den USA —, ist ihr Grenzprodukt immer noch gleich Null, aber die Einkünfte aus dieser nutzlosen Arbeit werden für Nahrung, Kleidung, Unterkunft, Gesundheit und Erholung ausgegeben. Damit steigen die Einkommen der Hersteller solcher Waren und Dienstleistungen und deren Ausgaben. Insofern bewirkt sogar völlig *nutzlose* Beschäftigung die Steigerung *nützlicher* Produktion und *nützlicher* Beschäftigung.

Keynes entdeckte in seiner nicht ganz erschöpfenden Geschichtslektüre auf seiten der führenden Politiker eine Neigung, bei öffentlichen Arbeiten das Sinnlose dem Sinnvollen vorzuziehen. Über manche dieser hirnverbrannten Projekte machte er sich lustig:

Das alte Ägypten war doppelt glücklich und verdankte seinen sagenhaften Reichtum zweifellos dem Umstand, daß es *zwei* Tätigkeiten besaß, nämlich sowohl das Bauen von Pyramiden als auch das Suchen nach kostbaren Metallen, deren Früchte, da sie den Bedürfnissen der Menschheit durch Verbrauch nicht dienen konnten, mit dem Überfluß nicht schal wurden. Das Mittelalter baute Kathedralen und sang Totenklagen. Zwei Pyramiden, zwei Steinhaufen für die Toten, sind doppelt so gut wie einer, aber nicht so zwei Eisenbahnen von London nach York. Wir sind somit so gescheit, haben uns so sehr den Anschein vorsichtiger Geldleute angeschult, indem wir sorgfältig erwägen, bevor wir die „finanziellen" Bürden der Nachwelt durch das Bauen von Wohnhäusern vermehren, daß wir keinen so leichten Ausweg aus dem Elend der Arbeitslosigkeit haben.

Wir müssen sie als unvermeidliches Ergebnis dessen hinnehmen, daß wir die Staatsführung den Grundsätzen unterwerfen, die am besten geeignet sind, den Einzelnen zu ‚bereichern‘ durch die Möglichkeit, Ansprüche auf Genuß anzukaufen, die er nicht zu irgendeiner bestimmten Zeit geltend zu machen gedenkt[23].

Sagt einem nicht schon der gesunde Menschenverstand, daß man beim Vorhandensein williger, unbeschäftigter Arbeitskräfte sowie zahlreicher ungelöster sozialer Aufgaben die ersten zur Erledigung der zweiten einsetzen sollte? Müssen die Folgen dann nicht vorteilhaft für alle sein?

In seiner Besprechung der Fiskalpolitik legte Keynes besonderen Nachdruck auf die Wirtschaftsexpansion durch die öffentliche Hand. Aber dieselbe oder doch im wesentlichen gleiche Wirkung auf das Volkseinkommen läßt sich auch durch eine andere Technik des Fiskus erzielen: durch Steuersenkungen bei gleichbleibenden öffentlichen Ausgaben. Die Steuersenkungsmaßnahme des Jahres 1964 in den USA — sie wird im elften Kapitel ausführlicher besprochen — war ein Experiment mit diesem fiskalischen Instrument.

Doch obgleich eine Steuersenkung um 14 Milliarden Dollar auf das Volkseinkommen ungefähr dieselbe Auswirkung haben dürfte wie eine Ausweitung staatlicher Projekte um 14 Milliarden Dollar, haben diese beiden Methoden in einem sehr wichtigen Punkt unterschiedliche soziale Bedeutungen. Eine Steuersenkung erweitert den Bereich privater Ausgabenkontrolle, während die Erhöhung öffentlicher Aufwendungen den Bereich der sozial gezielten Nutzbarmachung von Gemeinschaftsreserven erweitert. Diese beiden Wege zum Wohlstand setzen unterschiedliche Akzente: der eine auf die Privatwirtschaft, der andere auf den öffentlichen Bereich. Entscheidungen zugunsten der einen oder anderen Methode dürften kaum von einem Vergleich der Auswirkungen auf das Volkseinkommen ausgehen, sondern mehr von der persönlichen Einschätzung der Bedeutung vordringlicher sozialer Aufgaben gegenüber der Freiheit des Verbrauchers, über einen möglichst großen Teil seines Einkommens verfügen zu können.

Wie nicht anders zu erwarten, untertrieb Keynes die Schwierigkeiten, die sich öffentlichen Arbeiten als einem maßgebenden administrativen Instrument in den Weg stellen. Wie die Erfahrung einer

Generation zeigt, sind diese Schwierigkeiten weder eingebildet noch theoretisch. Sie liegen auf administrativem, technischem und politischem Gebiet. Besonders in den Vereinigten Staaten ist es schwer, demokratische Gesetzgebungsgremien zu raschem und richtigem Handeln zu veranlassen. Es ist nicht leicht, die den wirtschaftlichen Erfordernissen entsprechenden öffentlichen Arbeiten zu bestimmen, und ist der Strom an Zuwendungen erst einmal angelaufen, läßt er sich nur schwer wieder abdrehen, wenn man ihn nicht mehr braucht. Je größer der Umfang der staatlichen Projekte ist, um so mehr zeigt sich in ihnen die peinliche Tendenz, daß sie sich erst dann in vollem Umfang auf das Volkseinkommen auswirken, wenn die Depression bereits vorüber ist und eine gut beratene Administration ihre Ausgaben lieber kürzen anstatt erweitern möchte.

Keynes selbst sah noch drei weitere Komplikationen voraus. Wenn die Finanzierung der öffentlichen Aufträge nicht sorgfältig gesteuert wird, kann der zusätzliche staatliche Geldbedarf die umgekehrte Wirkung erzielen und die Zinssätze erhöhen sowie die private Investitionsbereitschaft dämpfen. Um so nötiger ist es daher, Geld- und Finanzpolitik aufeinander abzustimmen. Zweitens können öffentliche Arbeiten wegen der ›oft vorherrschenden verworrenen Psychologie‹ der Anleger[24] eine nachteilige Wirkung auf ihr Vertrauen, auf den Grenznutzen des Kapitals und die private Investitionstätigkeit ausüben. Schließlich fließt in einer Situation, in der der Außenhandel für die Wirtschaft eine bedeutende Rolle spielt — in England ein Dauerzustand —, ein Teil der zusätzlichen Löhne aus öffentlichen Arbeiten nach anderen Ländern ab, die dann die Gelegenheit zur Steigerung ihrer Exporte haben. Als eventuellen vierten Punkt deutet Keynes noch die Gefahr an, daß mit steigendem Masseneinkommen der Grenzwert der Konsumneigung absinken könnte. Es muß betont werden, daß die theoretische Befürwortung öffentlicher Arbeiten weder durch Keynes' Bedenken noch die Erfahrungen mit amerikanischen und englischen Experimenten mit solchen Projekten entkräftet wird. Sie haben lediglich gezeigt, daß die Durchführung einer solchen Politik doch mit größeren Schwierigkeiten verbunden ist, als Keynes' lässige Bemerkungen über vergrabene Flaschen, ägyptische Pyramiden und mittelalterliche Totenmessen den Außenstehenden ahnen lassen. Freiwillig würde keine moderne Regierung ihr Instrumentarium gegen die Depression auf die Geldpolitik beschränken. Alle erfahrenen Verwaltungsfachleute bemühen sich um die richtige, wirksame Mischung aus monetären und fiskalischen Maßnahmen. Der letzte amerikanische Präsidentschaftskandidat, der eine gegenteilige Meinung vertrat, landete 1964 ziemlich kläglich abgeschlagen auf dem zweiten Platz*.

*

Aber was wird in dieser veränderten Keynes'schen Sphäre aus dem klassischen Mittel gegen wirtschaftliche Depressionen — einer allgemeinen Lohnkürzung? Hier stoßen wir auf ein paradoxes Ergebnis. Keynes stritt letztlich nicht ab, daß eine ›Kürzung der Geldlöhne unter gewissen Umständen sehr wohl, wie die klassische Theorie annimmt, einen gewissen Anreiz auf die Produktion ausüben kann[25]‹. Aber Keynes zeigte sofort, daß dieser Anreiz im Keynes'schen und im klassischen System vollkommen unterschiedlich wirken würde. Keynes blieb bei der Behauptung, daß selbst in den Fällen, wo man sich von einer Reduzierung der Entgelte mit einiger Sicherheit eine Steigerung der Beschäftigung erwarten darf, derselbe Zweck weitaus glimpflicher dadurch erreichen läßt, daß man die Zinssätze und nicht die Löhne manipuliert.

Folgen wir wieder Keynes' Gedankengang. Zunächst sind allgemeine Lohnkürzungen schon deshalb ungeeignet zur Schaffung neuer Arbeitsplätze, weil dadurch die Produktionskosten gesenkt werden. Wenn durch Lohnkürzungen die Einkommen geringer werden, geht unweigerlich auch die Nachfrage zurück. Im günstigsten Fall heben sich die beiden Bewegungen gegenseitig auf, und Reallöhne wie auch das Realprodukt bleiben unberührt. Doch das war nur die Einleitung zu Keynes' eigentlicher Argumentation. Die Auswirkung von Lohnkürzungen ermittelt man dadurch, daß man ihren Einfluß auf die entscheidenden Variablen im Keynes'schen System untersucht: den Grenznutzen des Kapitals, den Zinsfuß und die Konsumneigung.

---

* Barry Goldwater

Keynes beginnt mit dem letzten dieser drei Punkte. Wenn die Löhne sinken, dann folgen ihnen die Preise. Es kommt außerdem zu einer gewissen Verlagerung des Realeinkommens, die sich im wesentlichen auf Kosten der Lohnempfänger mit flexiblem Entgelt und zugunsten der Darlehensgeber und Grundbesitzer mit einem über längere Zeiträume hinweg vertraglich festgelegten Entgelt vollzieht. Insgesamt wirkt sich diese Umverteilung ungünstig auf Konsum und Beschäftigung aus, da sie den Armen mit einem hohen Grenzwert der Konsumbereitschaft Geld wegnimmt und es den Wohlhabenden gibt, deren äußerste Konsumneigung man niedriger einschätzt. Unter diesen Umständen wird wahrscheinlich der Gesamtkonsum zurückgehen.

Was wird aus den Investitionen? Wenn die Effektivlöhne zu Hause sinken und im Ausland gleichbleiben, müßten die Exporte in dem Land mit reduzierten Löhnen zunehmen und die Importe abnehmen. Daraus sollte sich eine günstige Zahlungsbilanz ergeben. Da man dies als Bestandteil der Gesamtinvestition betrachtet, wird diese Gesamtinvestition scheinbar angeregt. Es gibt noch eine zweite günstige Möglichkeit. Die Geschäftswelt kann die Lohnkürzungen als vorübergehende Maßnahme betrachten. Herrscht die Überzeugung, daß sich die Löhne bald wieder erholen werden, werden es die Anleger als günstig betrachten, jetzt zu investieren und der Konkurrenz einen Schritt voraus zu sein, da diese später für Anlagegüter, die von höher bezahlten Arbeitern produziert werden, höhere Preise bezahlen müssen. Die dritte günstige Auswirkung von Lohnkürzungen ist psychologischer Natur. Es könnte ganz einfach sein, daß die Unternehmer über jedes Absinken der Löhne froh sind. Als Ergebnis regen sich ihre Instinkte, der Grenznutzen des Kapitals nimmt zu, die Investitionstätigkeit wird belebt.

Damit wurde das Problem von seiner besten Seite betrachtet. Es ist mindestens ebenso wahrscheinlich, daß sich eine Lohnkürzung ungünstig auf die Investitionen auswirkt. Erstens werden Schulden für den Unternehmer bei nachgebenden Preisen drückender. Zweitens ist es durchaus denkbar, daß die Unternehmer in einer allgemeinen Lohnkürzung ein Anzeichen dafür sehen, daß die Löhne auch weiterhin nachgeben werden. Eine solche Aussicht ist für weitere Investitionen ebenso schädlich wie ihr Gegenteil günstig ist.

Niemand kann von vornherein sagen, wie sich diese Möglichkeiten psychologisch und wirtschaftlich insgesamt auswirken werden.

Es gibt tatsächlich nur eine Variable, die durch eine Lohnkürzung in jedem Fall in der gewünschten Richtung bewegt wird: den Zinssatz. Die Gründe dafür sind folgende: Wenn Löhne und Preise sinken, nimmt auch der Geldbedarf von Unternehmern und Verbrauchern zur Finanzierung ihrer laufenden Geschäfte ab. Aus den Geldbörsen der Verbraucher und von den Girokonten der Geschäftsleute werden Summen als spekulative Überschüsse freigesetzt. Diese größere Bewegungsfreiheit erlaubt es den Spekulanten, intensiver auf dem Aktienmarkt einzusteigen. Als Folge steigen die Kurse von Aktien und Anleihen, ihre Erträge sinken, und andere Zinssätze folgen dieser Abwärtsbewegung. Wenn also der Einfluß einer Lohnkürzung auf den Grenznutzen des Kapitals und die Konsumneigung schlimmstenfalls neutral ist, *dann* kann man damit rechnen, daß das Absinken der Zinssätze zu Investitionen anregt, den Multiplikator in Gang setzt und sowohl Einkommen als auch Beschäftigung vermehrt.

Insofern stimmte Keynes scheinbar mit seinen Widersachern überein. Doch diese kleine Konzession machte er sofort wieder rückgängig. Wenn man durch eine Lohnkürzung auf so umständlichem Wege nichts weiter erzielte als einen niedrigeren Zinssatz, konnte man dann nicht genau denselben Effekt viel einfacher, rascher und eleganter erreichen? Natürlich war das möglich. Die staatlichen Geldinstitute brauchten lediglich auf dem Offenmarkt Aktien aufzukaufen, den Geldumlauf zu erhöhen, die Aktienkurse hochzutreiben und auf diese Weise eine entsprechende Senkung der Zinssätze zu bewirken.

Für die Gewerkschaften waren Lohnkürzungen der breite, gepflasterte Weg in die Hölle. Die Auswirkungen waren ungerecht. Untätige Geldgeber und Grundbesitzer profitierten, während die aktiven Geschäftsleute und Arbeiter zu leiden hatten. Lohnkürzungen riefen allgemeine Unsicherheit und eine gedrückte Stimmung hervor. Eine schlichte Erhöhung des Geldangebotes durch die Zentralbank brachte keine ähnlichen Nachteile mit sich. Ihre Auswirkungen waren beruhigend und ermutigend, besonders für alle aktiven Kräfte. Die Investitionstätigkeit wurde angeregt. Die Schuldenlast war leichter zu tragen. Alle sozialen Klassen wurden gerechter behandelt. Mit all diesen Argumenten stellte Keynes die Politik der Lohnkürzungen als einen untauglichen und ungerechten Ersatz für die Geldpolitik hin. Er gab den Gewerkschaftsführern recht, wenn sie sich seit jeher nicht für die Argumente zugunsten einer Kürzung der Effektivlöhne erwärmen konnten. Unrecht hatten die bisher überlegenen Wirtschaftler und Finanzexperten.

*

Das also ist die Geschichte von den Triumphen der *General Theory*. Keynes hatte damit gleichzeitig alles Orthodoxe angegriffen, an seine Stelle eine verwirrend neue Theorie der Beschäftigung und des Einkommens gesetzt und diese Lehre gleichzeitig durch eine ganze Reihe politischer Empfehlungen unterbaut. Dabei ging er gegen viele der heiligen Kühe vor, die von Nationalökonomen ebenso verehrt wurden wie vom einfachen Bürger. Adam Smith hatte schon vor langer Zeit die Frage aufgeworfen, ob die Zurückhaltung eines vorsichtigen Familienvaters tatsächlich ein geeignetes oder auch nur annehmbares Vorbild für die Verhaltensweise einer großen Nation sein könne. Keineswegs, lautete die Antwort. Zu Zeiten der Depression macht eine Regierung, die Steuern erhöht oder öffentliche Ausgaben streicht, schlicht und einfach ihre Bürger arbeitslos, ohne damit auch nur den Etat ausgleichen zu können. Das verminderte Einkommen der einfachen Bürger führt unweigerlich auch zu geringeren Steuereinnahmen der Regierung, die den Fehler beging, diesen falschen Kurs einzuschlagen.

Ist der Zinssatz tatsächlich der Lohn der Sparsamkeit und das Maß der unternehmerischen Leistung? Auch nicht. Der Zins ist im Grunde genommen der Preis, den man an die Spekulanten dafür zahlt, daß sie ihr Verfügungsrecht über Bargeld, das flüssigste aller Zahlungsmittel, aufgeben. Die Zinssätze schwanken je nachdem, welche Liquiditätsform diese moralisch neutrale Gruppe bevorzugt. Sparsamkeit und Unternehmungsgeist haben mit dieser Angelegenheit wenig zu tun.

Bleibt aber wenigstens die private Sparsamkeit eine Tugend? Zumindest nicht in wirtschaftlich schlechten Zeiten. In solchen Zeiten hilft der Bürger, der sein Einkommen ausgibt, auch den anderen Mitgliedern der Gesellschaft, indem er die Gesamtnachfrage und die Beschäftigung fördert. Gesegnet seien die Verschwender, denn ihrer wird die Vollbeschäftigung sein. Sparsamkeit ist nur in der Hochkonjunktur eine Tugend.

Bedeuten die Schuldenlasten, die zur Finanzierung öffentlicher Arbeiten aufgenommen werden, eine ›Belastung‹ für künftige Generationen, wie Präsident Eisenhower immer glaubte? Wie können Wohnungen, Schulen und Straßen eine Belastung für die Menschen sein, die davon profitieren? Und selbst bei leichtfertigem Umgang mit öffentlichen Mitteln sind Schulden des Staates ebensosehr ein Aktivposten für jene, die sie als Belastung der Steuerzahler ansehen, die ja für die Zinsen mit aufkommen müssen.

Der Drache, den zu töten Keynes auszog, war die mächtige puritanische Ethik, die von jeher das Geldausgeben verdammt, das Sparen verherrlicht und die Ansammlung von Reichtümern als treuhänderischen Auftrag und nicht als Anlaß zu luxuriöser Verschwendung betrachtet hatte. Eine solche Ethik war zweifellos nützlich, als Vollbeschäftigung herrschte, das Kapital knapp und Sparen lebenswichtig für die wirtschaftliche Expansion war. An anderer Stelle* hatte Keynes selber die Vorteile intensiven Sparens in einer Zeit wie beispielsweise der Epoche von 1870 bis 1914 beredt gepriesen. In Kriegszeiten wird Sparen tatsächlich zu einer Tugend. Aber in einer hochentwickelten Volkswirtschaft, die ständig von der Gefahr wirtschaftlicher Flauten und verbreiteter hoher Arbeitslosigkeit bedroht ist, behindert Sparsamkeit das Wirtschaftswachstum. Nicht der geringste der Erfolge Keynes' bestand darin, daß er der Gleichsetzung von Tugend und Sparsamkeit ein Ende bereitete.

---

* Die wirtschaftlichen Folgen des Friedensvertrages, S. 39 f.

KAPITEL 5

Die Politik des »New Deal«

Landläufige Meinungen gehen sehr oft an der Wirklichkeit vorbei. So ist es auch beim Ruf, den die beiden ersten Amtszeiten Präsident Roosevelts in der Öffentlichkeit genießen. Im Laufe der Jahre haben sich Vorurteile fest sedimentiert, die Erinnerung an damalige Ereignisse ist verblaßt. Aus diesem Grunde pflegt die Wirtschaftspolitik des New Deal fast schon mechanisch mit den währungs- und steuerpolitischen Empfehlungen der *General Theory* in Verbindung gebracht zu werden. Viele konservative Bürger haben Roosevelts Anfangsjahre als eine Zeit massiver Staatsverschuldung im Gedächtnis. Jedoch ziehen sie aus ihren lückenhaften Erinnerungen den falschen Schluß, daß das Unvermögen, der Arbeitslosigkeit in ausreichendem Maße mit dem Mittel des ›deficit spending‹ entgegenzutreten, nichts weiter darstellt als den gescheiterten Versuch, Keynesianische Finanzpolitik in der Praxis anzuwenden. Nicht wenige Gegner Keynesianischer Wirtschaftspolitik haben sicherlich aus George Humphreys Erklärung Trost geschöpft, die er während seiner Amtszeit als Finanzminister unter Eisenhower abgegeben hat: durch Geldausgaben können wir nicht reich werden. Die Lehre aus den 30er Jahren lautet jedoch völlig anders. Aller Wahrscheinlichkeit nach dürfte die Mehrheit unter den Wirtschaftswissenschaftlern mit folgenden vier Thesen übereinstimmen:

Erstens: Erst seit 1938 haben sich Roosevelts Hauptberater stark von Keynes beeinflussen lassen. Weitere Anzeichen dafür, daß Roosevelt selbst jemals Einsicht in die Zweckmäßigkeit einer Politik des unausgeglichenen Haushalts, des ›deficit spending‹ oder der Staatsverschuldung größeren Ausmaßes gehabt oder sie auch nur voll verstanden hätte, gibt es nicht. In seinen Augen konnte eine

›optimale Ausgabenpolitik‹ nur von echten Nachfahren sparsamer kalvinistischer Ahnen aus den Niederlanden betrieben werden. *Zweitens:* Vom Keynes'schen Standpunkt aus lassen sich die Entscheidungen der 30er Jahre wie folgt zusammenfassen: Eine Finanzpolitik, die zu zaghaft und zu unschlüssig vorgeht, die zu oft im Widerspruch zu anderen Maßnahmen mit gegensätzlichen Zielrichtungen steht, wird nicht in der Lage sein, den Beschäftigungsgrad und das Volkseinkommen in dem Umfang zu steigern, wie es zur Wiederherstellung der Prosperität erforderlich ist. Zwischen Reform und Restauration hin- und herschwankend, hat die Politik des New Deal beide Ziele nicht im gewünschten Umfang realisieren können.

Drittens: Das Modellbeispiel für die Wirksamkeit Keynes'scher Gegenmittel wurde nicht in den 30er Jahren geliefert, sondern durch das gewaltige Anschwellen der Staatsausgaben während des Krieges sowie durch den darauffolgenden Boom der Konsumgüter in der Zeit kurz nach dem Krieg. Beide Ereignisse beweisen, daß eine Regierung Arbeitslosigkeit ausschalten kann, wenn sie hinreichende Ausgaben bei hinreichender Verschuldung des Staates tätigt. Wie Keynes selbst bereits in seiner *General Theory* bemerkt hat, sind Militärausgaben eines der wenigen konkreten Mittel, mit denen der Staat die Gesamtnachfrage ausdehnen kann.

Viertens: Gegen Ende der Ära Roosevelt hat die Keynes'sche Lehre ohne Zweifel eine deutliche Auswirkung auf die Politik der öffentlichen Hand gehabt, jedoch hat sich der Zeitpunkt, zu dem diese Wirkung zum Tragen kam, bis zum Ende des Zweiten Weltkrieges verzögert. In den 30er Jahren war der Keynes'sche Einfluß weit mehr unter Wirtschaftswissenschaftlern und verhältnismäßig jungen Beamten als bei Politikern und den Leitern bedeutender staatlicher Stellen verspürbar.

Woraus aber bestand nun die Wirtschaftspolitik der beiden ersten Amtsperioden Roosevelts? Es fällt schwer, bei Betrachtung der ersten Jahre von Roosevelts Präsidentschaft ein Gefühl der Ironie zu unterdrücken. Wie bereits im 4. Kapitel ausgeführt, prangerten Roosevelts Parteiprogramm und, in noch stärkerem Ausmaße, seine Wahlkampfreden die Defizitpolitik Hoovers sowie dessen Verschwendung staatlicher Mittel an, die das Defizit verursacht hatte.

In der Tat, wenn sich überhaupt eine Grundlinie aus Roosevelts Wahlkampfäußerungen herauslesen läßt, dann spiegeln sie jene Vorliebe britischer Finanzminister für staatliche Sparmaßnahmen während Depressionen wider, über die gerade Keynes einige seiner scharfsinnigsten Schmähschriften verfaßt hat. Der Historiker William Leuchtenburg zitiert eine Rede, die Roosevelt im September 1932 in Sioux City gehalten hat: ›Ich werfe unserer jetzigen Regierung vor, die Regierung mit dem größten Ausgabenvolumen zu Friedenszeiten zu sein, die je in unserer Geschichte im Amt war. Eine Regierung, die ziellos Ämter und Ausschüsse gebildet hat und die sich dabei außerstande zeigte, die dringenden Notwendigkeiten sowie die verringerte Erwerbsfähigkeit des Volkes vorauszusehen.‹ Das ist keine wahllos herausgegriffene Erklärung. Einige Wochen später kam Roosevelt in Pittsburgh auf diese Frage zurück: ›Eines der wichtigsten Sachprobleme dieses Wahlkampfes ist für mich die Reduzierung der Bundesausgaben. Dies ist meiner Meinung nach der direkteste und wirksamste Beitrag, den die Regierung zur allgemeinen Wirtschaftslage beisteuern kann.[1]‹ Kein Wunder, daß ein Bewunderer Roosevelts später zugab: ›Betrachtet man die spätere Entwicklung, dann kommen einem die Wahlkampfreden wie ein riesiger Rollentausch vor, bei dem Roosevelt und Hoover jeweils die Rolle des anderen übernahmen.[2]‹

Während seiner Wahlkampfreden kam Roosevelt niemals auf ›deficit spending‹, öffentlichen Wohnungsbau, die Beseitigung der Elendsviertel, das National Industrial Recovery Program, die Tennessee Valley Authority zur wirtschaftlichen Sanierung des Tennesseetals, progressive Besteuerung, liberalisierte Behandlung der Gewerkschaften oder durchschlagende Unterstützungsprogramme zu sprechen. Was Roosevelt auch immer in jenem Herbst 1932 einer verwirrten Wählerschaft anbot, mit den Kernpunkten des New Deal hatte es nichts gemein. Wahrscheinlich war sich Roosevelt selbst nicht über die Sachverhalte, die zur Formulierung der Kernpunkte des New Deal führten, im klaren.

Auf der anderen Seite waren seine Äußerungen nicht nur schöne Wahlkampfreden. Nach seiner Amtsübernahme bemühte sich Roosevelt aufrichtig, die öffentlichen Versprechungen in die Tat umzusetzen: er setzte die Gehälter der Bundesbeamten herab

131

und entließ vorübergehend Regierungsangestellte. Stärker auf Expansion gerichtete, angebrachtere Erlässe setzten jedoch diese politischen Fehlentscheidungen bald außer Kraft. Man kann leicht darauf verfallen, das Ausmaß der Defizite, das die Politik des New Deal verursacht hat, zu übertreiben; gleichzeitig kann man allzu leicht den Fehler begehen, die Beweggründe für diese Defizitpolitik falsch zu interpretieren. Ein nützlicher Anhaltspunkt für die Größenordnung solcher Defizite scheint mir dabei der Umfang des größten Defizits zu sein, das je in Friedenszeiten erreicht worden ist: Jene 12,4 Milliarden Dollar, welche die Regierung Eisenhower im Haushaltsjahr 1959 völlig unerwartet erwirtschaftet hat. Im Vergleich dazu sind in den Jahren 1929—1941 nur relativ bescheidene Defizite zu verzeichnen.

Einnahmen und Ausgaben der Bundesregierung 1929—1941[a])
(in Milliarden Dollar)

Jahr	Einnahmen	Ausgaben	Überschuß oder Defizit
1929	3.8	2.6	1.2
1930	3.0	2.8	0.3
1931	2.0	4.2	—2.1
1932	1.7	3.2	—1.5
1933	2.7	4.0	—1.3
1934	3.5	6.4	—2.9
1935	4.0	6.5	—2.6
1936	5.0	8.5	—3.5
1937	7.0	7.2	—0.2
1938	6.5	8.5	—2.0
1939	6.7	9.0	—2.2
1940	8.6	10.1	—1.4
1941	15.4	20.5	—5.1

Quelle: Übernommen aus Norman F. Keiser, *Macroeconomics, Fiscal Policy and Economic Growth*, New York 1964, S. 476. Die Unstimmigkeiten der Angaben in der letzten Spalte sowie die Differenz zwischen den Spalten zwei und drei erklären sich durch die Auf- bzw. Abrundung der genauen Zahlenwerte.

[a]) Die Dollarwerte sind in den entsprechenden Dollarkursen des jeweiligen Jahres angegeben, spätere Preisänderungen zu Marktpreisen wurden nicht berücksichtigt. Dabei wurde das ökonomisch-wirkungstheoretische Haushaltskonzept verwendet, das vor allem von Finanzwissenschaftlern

benutzt wird. (Es beruht auf einem Kontensystem, in welchem sich Produktionskonten, Einkommenskonten und Kapitalkonten unterscheiden lassen.) Es spiegelt den kontenmäßigen Zuwachs an Steuern und Gewinnen genauso wider wie Ein- oder Ausgänge in die wichtigsten Treuhandfonds: Sozialversicherung, Pensionen für Regierungsbeamte und Autobahnbau. Dadurch zeigt es die Wirkung von Regierungsmaßnahmen auf die Volkswirtschaft genauer an als der häufiger publizierte administrativ-institutionelle Haushalt. (Dieser enthält eine Zusammenstellung von Einnahmen und Ausgaben, aufgegliedert nach den verschiedenen Regierungsbehörden, Ministerien etc.) Präsident Kennedy hielt die Frage verschiedener Haushaltskonzepte für so wichtig, daß er sich in einer Rede anläßlich der Verleihung der Ehrendoktorwürde der Yale-Universität eingehend damit befaßte. Er machte darin die Implikationen deutlich, die sich aus den unterschiedlichen Methoden einer Darstellung finanzpolitischer Regierungsmaßnahmen ergeben.

Selbst wenn man die wesentlich niedrigeren Preisniveaus der 30er Jahre berücksichtigt, ergibt sich eindeutig, daß durch Defizitsummen dieser Höhe eine dermaßen große und abgeflaute Volkswirtschaft, wie sie die Vereinigten Staaten in den 30er Jahren darstellten, nicht in eine Aufschwungphase überführt werden konnte. Hinzu kommt, daß diese bescheidenen Beträge uns noch den wirklichen Umfang der von der Regierung eingesetzten Belebungsmittel überschätzen lassen. Im Lauf des gesamten Jahrzehnts haben sowohl die Regierungen der einzelnen Staaten wie auch die örtlichen Behörden größtenteils ganz andere finanzpolitische Zielsetzungen als die Bundesregierung verfolgt, was normalerweise völlig unnötig war. Als nach 1933 die Bundesregierung eine defizitäre Politik betrieb, sammelte sich bei den Regionalregierungen sogar ein Gesamtüberschuß in der Größenordnung zwischen 100 und 700 Millionen Dollar an. Als das Defizit des Bundes im Jahr 1936 mit 3,5 Milliarden Dollar seinen höchsten Wert erreichte, erzielten die Staaten und Gemeinden einen Überschuß von 500 Millionen Dollar. So belief sich der *Nettoumfang* der Wiederbelebungswirkung aus den Defiziten aller staatlichen Stellen lediglich auf 3 Milliarden Dollar. Diese Tatsache verdient zusätzliche Beachtung. Denn nur in den Jahren 1931 bzw. 1936, als der Kongreß Sonderzuwendungen* für

---

* Roosevelt wie auch Hoover haben gegen diese Zuwendungen gestimmt. Sie haben von ihrem Vetorecht gegenüber dem ursprünglichen Gesetzesentwurf Gebrauch gemacht, mußten sich dann aber letztlich dem wiederholten Kongreßbeschluß beugen.

ehemalige Kriegsteilnehmer verabschiedete, konnte der Nettoeffekt zur Anregung der Gesamtnachfrage den Umfang der Mittel übertreffen, die *1929* von allen Regierungsstellen zur Verfügung gestellt worden waren.

Trotzdem nahm aus unerfindlichen Gründen die Arbeitslosigkeit ab. Sie sank von den verheerenden 25 % aus dem Jahre 1933 auf 22 % 1934, 20 % 1935 auf 17 % 1936 und schließlich 14 % im Jahre 1937. Dieser langsame, doch scheinbar zuverlässige Fortschritt veranlaßte den immer noch auf Sparsamkeit bedachten Präsidenten dazu, den Finanzpuritanern in seinem Kabinett, die eine eingeschränkte Ausgabenpolitik forderten, nachzugeben und somit den Haushalt praktisch zum Ausgleich zu bringen. Diese Bemühungen zeitigten zwei Folgen von großer Tragweite — die heftige Rezession im Jahre 1938 sowie Roosevelts verspätete und lückenhafte Annahme von Keynes Doktrin der heilsamen Defizite. Davon später mehr.

Roosevelts tagespolitische Entscheidungen waren durch die Reaktion auf plötzlich hereinbrechende bedrohliche Notlagen gekennzeichnet. Die verhängnisvollste direkte Krise betraf das Bank- und Kreditwesen. Im Jahr 1932 waren über 1400 Banken in Konkurs geraten. Anfang 1933 war die Lage der vom Bankrott verschont gebliebenen so unsicher geworden, daß, angefangen mit Michigan, 21 Bundesstaaten Zahlungsaufschub für alle Banken erklärten oder alle Banken des Staates unter besondere Staatsaufsicht stellten. Als in den Staaten New York und Illinois der Amtsantrittstag des Präsidenten zum Bankfeiertag bestimmt wurde, blieben dadurch auch die Türen ihrer Aktien- und Warenbörsen geschlossen. Roosevelt brachte diesen Prozeß zum Abschluß, als er nahezu umgehend Zahlungsaufschub für die Banken des gesamten Landes sowie ein totales Embargo für alle Goldbewegungen beschloß. Durch die Verantwortung zu schnellen, stabilisierenden Entscheidungen unsicher geworden, verabschiedete der Kongreß überhastet eine Notstandsgesetzgebung, die den Präsidenten bevollmächtigte, die geschlossenen Banken auf einer voraussichtlich gesünderen Grundlage zu reorganisieren und dann wiederzueröffnen.

Das Land verlangte nach wirksamen Maßnahmen. Diese Forderung wurde im New Deal mit einer Reihe improvisierter Aktivitäten beantwortet. Dabei spielten sowohl die Ratschläge aller möglichen Phantasten, die ihr Allheilmittel anboten und die die Regierung schließlich in ›Hearings‹ zu Wort kommen ließ, eine Rolle wie auch die Vorschläge von Praktikern, die bereit waren, alles nur mögliche zu versuchen. Ein Mittel, das innerhalb und außerhalb der Regierungsstellen weit verbreitet war, bestand in der Verstärkung inflationärer Tendenzen, damals als sprachliche Neuschöpfung auch ›Wirtschaftsbelebung durch inflationäre Mittel‹ genannt. Höhere Preise stoßen natürlich bei Kreisen, die etwas zu verkaufen haben, auf sofortige Zustimmung. Dabei läßt man diese Leute selten zu der Einsicht kommen, daß sie selbst die Aussicht auf höhere Einkaufspreise erwartet. Als die Vereinigten Staaten am 19. April 1933 vom Goldstandard abgingen und dabei gleichzeitig den Preis, den das Schatzamt für eine Unze Gold zu zahlen bereit war, von 20 Dollar 67 Cent auf 34 Dollar 45 Cent erhöhte, hoffte man, durch den zu erwartenden Goldzufluß das Preisniveau des Landes anheben zu können. Der erste Agricultural Adjustment Act vom Mai 1933 übertrug dem Präsidenten die Vollmacht, ohne Rücksicht auf Metalldeckung Silbermünzen und Banknoten bis zu einem Wert von 3 Milliarden Dollar auszugeben. Der Silver Purchase Act von 1934, der vorrangig zur Subventionierung der Silberminen in den sechs Weststaaten konzipiert worden war, zielte ebenfalls auf eine Geldmengeninflation ab.

Auch auf das Verlangen anderer Wirtschaftszweige wurde mit Experimenten eingegangen. Nach den Banken war die Landwirtschaft am härtesten und am längsten von der Depression betroffen worden. Die Preise für landwirtschaftliche Erzeugnisse, die seit dem kurzen Aufschwung während des Ersten Weltkrieges ununterbrochen gesunken waren, waren abgrundtief gestürzt. Hypothekenzinsen und Grundsteuern bildeten einen stetig steigenden Anteil der laufend sinkenden landwirtschaftlichen Einkommen. Die Reaktion der Bauern auf zu erwartende Verfallserklärungen gewann während der 30er Jahre zunehmend an Brutalität. Mehr als einmal wurde Rechtsanwälten oder Sheriffs, die zur Versteigerung von für verfallen erklärtem Grundbesitz schreiten wollten, mit dem Lynchtod gedroht. Milo Reno's Farmers' Holiday Association hielt die Bauern dazu an, zum Versand bestimmte landwirtschaftliche Güter so lange zurückzuhalten, bis sie ganz sicher waren, einen günstigen Preis dafür zu erzielen. Nach der auf wackligen Beinen stehenden Finanzbranche verlangten auch die Bauern des Landes nach schnellen Maßnahmen zur Erleichterung ihrer Lage.

Die Gegenmittel der Regierung beschränkten sich auf Gesetzeserlasse, die vom idyllischen Mythos des Goldenen Zeitalters beherrscht waren. So lautete der Grundtenor des Agricultural Adjustment Acts: Gerechtigkeit für die Bauern heißt die Rückkehr jener glücklichen Tage zwischen 1909 und 1914, als die Bauern hohe Getreidepreise verlangen konnten, dafür aber nur wenig für Werkzeug, Betriebsstoffe und Landarbeiter zu zahlen brauchten. Da auf seiten der Regierungsstellen kein Bedürfnis bestand, die Preise für Industriegüter zu senken (ganz im Gegenteil), blieb zur Unterstützung der Bauern nichts anderes übrig, als die Preise für landwirtschaftliche Erzeugnisse zu erhöhen. Dazu setzte man Produktionsbeschränkungen fest — ein recht eigenartiges Mittel in einer Zeit, in der es an allem mangelte —, doch schien dies das beste zu sein. Das Programm sollte für die Regierung keine Mehrkosten mit sich bringen, da die Subventionen für die Bauern durch die Veredelungssteuer für Getreidemühlen, Konservenfabriken und andere Lebensmittelfabriken finanziert werden sollten. Der erste Agricultural Adjustment Act (kurz AAA) war also in keiner Weise ein Mittel defizitärer Finanzpolitik. Nachdem das Oberste Bundesgericht 1936 den Erlaß von 1933 außer Kraft gesetzt hatte, wurde 1938 durch die Einführung eines paritätischen Zahlungsplanes ein Ersatzprogramm geschaffen. Dies sah scheinbar fortlaufende Ausgaben des Bundes aus ordentlichen Staatseinnahmen vor. Ursache dafür waren jedoch keinesfalls bewußte politische Überlegungen; vielmehr handelte es sich um eine juristische Eskapade.

Auch die Preise für Industriegüter waren tief gefallen. Die Institution zur Überwachung der Industrie trug den Namen National Recovery Administration (NRA). Sie stand unter der Leitung einer der interessantesten Persönlichkeiten jener Tage, General Hugh (Ironpants) Johnson. Wie der Großteil der bedeutenden Belebungsgesetzgebung des New Deal verursachte auch der National Industrial Recovery Act ein buntes Durcheinander. Spätestens im

Sommer 1933 prangte der große Blaue Adler, der als Zeichen für die Unterwerfung unter die Regeln des jeweiligen Industriezweiges galt, deutlich sichtbar in Tausenden Schaufenstern. Aufgrund einer gesetzlichen Anordnung hatte nämlich jeder Industriezweig seine eigenen Regeln für richtiges wirtschaftliches Verhalten aufgestellt. Dabei waren die Vertreter der Verbraucherverbände und der Gewerkschaften nur höchst oberflächlich vorher konsultiert worden. Einmal durch General Johnson sanktioniert, nahmen diese Regeln den Charakter von Gesetzen an. Da im allgemeinen die großen Aktiengesellschaften entscheidenden Einfluß auf die Abfassung dieser Regeln nehmen konnten, enthielten sie meist starke Vorkehrungen gegen die Praxis des ›chiseling‹ (was soviel wie Preiskonkurrenz, gegenseitiges Unterbieten bedeutet), Preisfestsetzungen auf rentabler Höhe sowie als Beschwichtigungsmittel für die Regierung und Gewerkschaften geringe Lohnerhöhungen und Reduzierung der maximalen wöchentlichen Arbeitszeit. Dieses Regelwerk stellte das zentrale Element sowohl der NRA wie auch der gesetzlichen Bestimmung dar, die das Oberste Bundesgericht für absolut verfassungswidrig erklärte. Trotzdem verfügte der Kongreß im Gesetzeswerk eine Bevollmächtigung über 3.3 Milliarden Dollar für staatliche Bauaufträge wie auch den berühmten Paragraphen 7a, der als neue Regierungsrichtlinie die Förderung von Kollektivverträgen zwischen Gewerkschaften und Betriebsleitungen enthielt.

Mit dem NRA war das Angebot des New Deal an preissteigernden Maßnahmen an die Industrie noch nicht erschöpft. Der Robinson-Patman Act, der eine Preisdiskriminierung seitens der Verkäufer bei den Einkäufen untersagte, richtete sich in erster Linie gegen die Mengenrabatte, die große Einzelhändler gewöhnlich den Herstellern abringen konnten. Zwei Jahre später wurden die Herstellerfirmen durch den Miller-Tydings Act bevollmächtigt, auf ihre Produkte gleich die Endverkaufspreise zu setzen. Absicht dieses Gesetzes war es, die kleineren Einzelhändler vor Rabatten und Sonderangeboten (die z. T. unter Selbstkostenpreis verkauft wurden) der Warenhäuser zu schützen.

Aber nicht nur Bankiers, Bauern und Industrielle riefen um Hilfe. Da gab es noch den einfachen, arbeitslosen Bürger (an den man im Wahlkampf von 1932 oft als den ›vergessenen Mann‹

erinnert hatte), der bereits seit langem seine Ersparnisse aufgebraucht und sein Heim verloren hatte. Da gab es den Sohn jenes ›vergessenen Mannes‹, der seinen Arbeitsplatz noch nicht verloren hatte, aber nur deshalb, weil er noch nie das Glück gehabt hatte, einen zu finden. Und es gab die Brüder des vergessenen Mannes, jene heimatlosen Landstreicher, die zu Tausenden entlang der Schienenwege zu finden waren, immer auf der Suche nach einem Job, den es nirgendwo zu geben schien. Die Unterstützungs- und Schutzmaßnahmen der Regierung vergrößerten in der Tat die Regierungsausgaben und somit das staatliche Defizit. Dies geschah aber nicht aus positiver Einschätzung von Defiziten heraus, sondern weil jeder Bürger staatliche Unterstützung benötigte. Das Civilian Recovery Corps, das später in Form des Johnson Job Corps wiederbelebt wurde, stellte für arbeitslose Jugendliche Arbeitsplätze in den Wäldern bereit. Die Public Works Administration (Staatsamt für öffentliche Arbeiten) gab unter der übervorsichtigen Aufsicht von Harold Ickes über 7 Milliarden Dollar aus, ohne jedoch wesentlich zur Linderung der Arbeitslosigkeit beizutragen. Unter der Leitung von Harry Hopkins hatte die oft gepriesene wie auch verhöhnte Works Progress Administration mehr Erfolg. Zwischen 1935 und 1942 tätigte sie Ausgaben in Höhe von 10.5 Milliarden Dollar und konnte Millionen von Menschen Beschäftigung geben.

Die Great Depression vermittelte die Einsicht, daß selbst ein umsichtiger, sparsamer Mann sich auf die Dauer nicht gegen die unangenehmen Folgen seines Alters, längere Perioden der Arbeitslosigkeit und andere Schicksalsschläge einer unbeständigen Volkswirtschaft schützen kann. Deutschland hatte dies unter Bismarck, England während der ersten Amtsperiode von Lloyd George erfahren müssen. Der Social Security Act von 1935 war Amerikas verspäteter Versuch, wirksamen Schutz für die älteren Menschen, die Arbeitslosen und die bedürftigen, abhängigen Kinder zu schaffen. Aus Franklin Roosevelts Sicht stellten die Defizite, die ursprünglich aus dem Einsatz des Social Security Act und anderer Wohlfahrtsmaßnahmen resultierten, nichts weiter dar als die unumgängliche Konsequenz jener aufrichtigen Bemühungen, den Bürgern unter die Arme zu greifen, die sich nicht mehr selbst helfen konnten. Doch war es die *Hilfe* und nicht die *Defizite*, die den Präsidenten zufriedenstellte. Als die WPA durch die regierungsfeindliche Presse in brutaler Form als zwecklose Anstrengung kritisiert wurde, bestand die Rechtfertigung seitens der Regierung in der Zurückweisung dieser Vorwürfe — und nicht in der Keynes'schen Aussage, daß selbst nutzlose Arbeit imstande sei, den Beschäftigungsgrad und das Einkommen zu vergrößern und die Produktion nützlicher Güter und Dienstleistungen zu ermöglichen.

Neben der Verstärkung inflationärer Tendenzen und neben Unterstützungskampagnen setzten die Initiatoren des New Deal eine dritte Kategorie politischer Maßnahmen ein: Reformen aller Art. War, nach allem was geschehen war, nicht offensichtlich manches falsch im amerikanischen Wirtschafts- und Finanzleben? Wie konnte sonst ein solch folgenschweres wirtschaftliches Unglück über das Land hereinbrechen? Nachdem sich die führenden Industriellen und Finanziers nicht ungern als die Verantwortlichen für die wirtschaftliche Blüte der 20er Jahre hinstellen ließen, war es nunmehr nicht einfach recht und billig, ihnen den Bankrott im darauffolgenden Jahrzehnt anzulasten? Eine wahre Flut von Gesetzestexten zeugt von dieser Einsicht. Die Bankgesetze von 1933 und 1935 trennten die den Banken gehörenden Bürgschaftsunternehmen von den Mutterbanken ab, richteten die Federal Deposit Insurance Corporation (Bundesstaatliche Versicherungsgesellschaft für Depositeneinlagen) ein und reorganisierten somit das Federal Reserve Board (Bundesreservebanken-Amt) indem es dieser halbamtlichen Stelle mehr Verfügungsgewalt über das System der Privatbanken zuwies. Das Gesetz über den Verkauf von Wertpapieren von 1933 (Sales of Securities Act) schützte leichtgläubige Kapitalanleger beinah gegen ihren Willen, da es die Gesellschaften, die ihre Wertpapiere an einer öffentlichen Börse zugelassen haben wollten, zwang, detaillierte Angaben bei der Securities and Exchange Commission (Börsenaufsichtsbehörde) einzureichen. Diese war durch ein in eine ähnliche Richtung zielendes Gesetz aus dem Jahre 1934 ins Leben gerufen worden.

Noch weit größere Unruhe verursachte die Regierung bei der Unternehmerschaft, als sie aktiv in die Belange der Gewerkschaften eingriff. Der Paragraph 7a schien schon schlecht genug, doch stellte er lediglich eine Absichtserklärung dar. Für die offenen Betriebe (das sind Betriebe, die nichtorganisierte Arbeiter unter den gleichen Bedingungen beschäftigen wie organisierte) und die amerikanische Art und Lebensweise stellte der National Labor Relations Act von 1935 (auch Wagner Act genannt), der die Bildung des National Labor Relations Board (Bundesausschuß zur Regelung der Beziehungen zwischen Arbeitnehmern und Arbeitgebern) vorsah, eine weit größere Bedrohung dar, führte er doch Kollektivverträge für das ganze Land verbindlich ein und betonte er doch die Notwendigkeit, die Verhandlungsstärke der Gewerkschaften gegenüber den Arbeitgebern zu steigern. Die Unternehmer, durch diese Verketzerung in Wut versetzt, konnten durch den Walsh-Healy Act von 1956 nicht besänftigt werden. Dieses Gesetz führte als Regierungsrichtlinie den Grundsatz ein, nur mit solchen Unternehmen Verträge abzuschließen, die Tariflöhne zahlten. Noch weniger durch den Fair Labour Standards Act von 1938, der auf gesetzlicher Grundlage die Mindestlöhne und die maximalen Arbeitszeiten festlegte, die kurzgefaßt bereits in den Statuten der mißlungenen, verfassungswidrigen National Recovery Administration (NRA) gewesen waren.

Wie aus diesen Beispielen deutlich hervorgeht, ist der Hauptzweck des New Deal niemals deutlich zum Vorschein gekommen. War es ein Programm zur Erzielung von höheren Preisen oder zur Förderung der wirtschaftlichen Wiederbelebung? Sollten die erwirtschafteten Defizite die Wirtschaft wieder ankurbeln oder war das Ziel die Beseitigung tief verwurzelter Ungerechtigkeiten in der amerikanischen Gesellschaft? Diese Unentschlossenheit in der Zielsetzung veranlaßte Keynes, dem Präsidenten zur Verstaatlichung aller öffentlichen Versorgungsbetriebe zu raten (wie er es am liebsten gesehen hätte), oder sie aber in Ermangelung eines solch deutlichen Vorgehens total in Ruhe zu lassen[3]. Maßnahmen wie die Tennessee Valley Authority oder der Public Utility Holding Company Act (Gesetz über die Dachgesellschaft für öffentliche Versorgungsbetriebe), welche Erfolge sie auch immer erzielen konnten, tasteten das Privateigentum an und gerieten in Konflikt mit phantasievolleren Vorschlägen, die von seiten der Befürworter öffentlicher Versorgungsbetriebe kamen. Jedoch folgte keiner von ihnen

Keynes' Vorschlägen. Wirtschaftliche Neubelebung höher bewertend als innere Reformen, formulierte Keynes das Problem wie folgt:

Unternehmer unterliegen anderen Selbsttäuschungen als Politiker. Deshalb muß man sie auch unterschiedlich behandeln. Jedoch sind sie im allgemeinen gemäßigtere Persönlichkeiten als die Politiker, die Öffentlichkeit zieht sie an und läßt sie doch im gleichen Moment zurückschrecken. Sie lassen sich leicht zur Rolle des ›Patrioten‹ überreden, sie sind verwirrt, amüsiert, wirklich beängstigt, trotzdem allzugern bereit, einen Standpunkt zu beziehen, vielleicht sogar eitel, sicherlich aber sehr unsicher und in bemitleidenswerter Weise dankbar für ein paar freundliche Worte. Wenn man sie nicht wie Raubtiere, sondern wie zahme Haustiere behandelt und einmal davon absieht, daß sie nicht die gewünschte Erziehung hatten, so kann man mit ihnen (selbst mit den ganz großen) machen, was man will. Es stimmt nicht, wenn man behauptet, sie seien unmoralischer als Politiker. Wenn man sie in die widerspenstige, bösartige Haltung treibt, die man von falsch behandelten Haustieren her kennt, werden die Sorgen eines Landes nicht zu Markte getragen. Die öffentliche Meinung wird dann die Handlungsrichtung der Unternehmer bestimmen[4].

Seit dieser amtlichen Verlautbarung aus dem Jahre 1938 sind die amerikanischen Unternehmer ohne Zweifel weniger zaghaft, dafür aber sicher habsüchtiger geworden. Und doch blieb Keynes einfaches Argument für lange Zeit gültig. Ist eine Regierung einmal entschlossen, ihre Maßnahmen und ihre Politik über die Mechanismen des Privatkapitals zu betreiben und zu realisieren, dann sollte sie es auf alle Fälle unterlassen, das Vertrauen von kleinen und großen Unternehmen in die geschäftlichen Zukunftsaussichten zu zerstören. Von dieser wirtschaftlichen Vertrauensbasis hängen nämlich die Grenzleistungsfähigkeit, die Investitionshöhe sowie die Tendenzen und die Entwicklung von ›Volkseinkommen und Beschäftigungsgrad‹ ab. Es wäre natürlich eine völlig andere Situation gegeben, wenn eine Regierung die Entscheidungsbefugnis über Investitionen aus privater Hand nehmen und sie dem Staate übertragen wollte. Dies jedoch hat nie in der Absicht der Regierung Roosevelt gestanden.

Es wird also deutlich, daß trotz einiger Kontakte zwischen Roosevelt und Keynes, besser gesagt zwischen Keynes und einer Reihe von Regierungsbeamten des New Deal, die ersten fünf Jahre des

New Deal nur zufällige Züge Keynes'scher Politik trugen. Ob die Regierung im Falle einer persönlichen Beziehung zwischen Keynes und Roosevelt einen anderen Weg eingeschlagen hätte, läßt sich heute nur vage vermuten. Frances Perkins, Arbeitsminister unter Roosevelt, erinnert sich an das Verhältnis der beiden großen Männer: ›Roosevelt war mit der Wirtschaftstheorie von Keynes nicht vertraut.‹ Als Keynes im Juni 1934 Washington besuchte, ›wurde er in aufgeschlossener Art, zwar nicht — soviel ich mich erinnern kann — von Hugh Johnson, doch von einer Reihe anderer Regierungsmitglieder nach seiner Meinung über die Lage befragt.‹ Andererseits: ›Als wir 1937 die Ausgaben für staatliche Aufträge und Unterstützungsleistungen verminderten, sagte er die Folgen dieser Maßnahme, einen erneuten Abschwung, präzis voraus.⁵‹ Trotzdem war er im Weißen Haus weder als geschätzter Berater noch als zuverlässiger Prophet gern gesehen. Als Roosevelt und Keynes im Jahre 1934 die Gelegenheit fanden, miteinander zu sprechen, bemerkte Roosevelt nachher zu Miß Perkins: ›Ich habe gerade ihren Freund Keynes getroffen. Er hat ein reines Zahlengewirr dagelassen. Er scheint mir eher Mathematiker als Wirtschaftspolitiker zu sein.⁶‹ Keynes, auf der anderen Seite, meinte im Vertrauen zur gleichen Miß Perkins, ›er habe sich den Präsidenten, was wirtschaftliche Dinge betrifft, etwas gebildeter vorgestellt⁷‹. Soviel zu den Eindrücken, die die beiden Größen voneinander hatten.

Natürlich war die mangelhafte persönliche Kommunikation nicht der alleinige Grund für den geringen Einfluß Keynes'scher Ideen. Denn dieser Einfluß nahm im Laufe der Zeit bei den Männern des New Deal beträchtlich zu. Harry Dexter White, einer der Hauptberater von Finanzminister Morgenthau, hielt sich 1935 eng an Keynes Vorschlag, bei der Stabilisierung der Währung eine Absprache zwischen dem amerikanischen, englischen und französischen Finanzministerium einer Einwirkung auf die Privatbanken oder dem Abschluß internationaler Rückversicherungsverträge vorzuziehen⁸. Eine zufällige Übereinstimmung mit Keynes'schen Vorschlägen wurde durch Marriner Eccles, jenem finanzpolitischen Einzelgänger aus dem Westen, der unter Roosevelt Vorsitzender des Board of Governors des Federal Reserve System war, hervorgerufen. Jahrelang trat er für ein Programm defizitärer Finanzpolitik ein, das zwar völlig frei von Keynes'schem Einfluß war, aber auf der anderen Seite recht gut in das Konzept der Befürworter von Keynes'schen Vorstellungen innerhalb der Regierung paßte. In seinem Memorandum aus dem Jahre 1937 griff Eccles scharf die Gleichsetzung von privaten und Staatsschulden an. Er betonte darin, daß es auf die Größe des Volkseinkommens und nicht auf die Defizite ankomme. Seinem Ermessen nach war die Kürzung von Staatsausgaben so lange nicht zu verantworten, bis sich die Volkswirtschaft wieder voll erholt hätte[9].

Als am 19. Oktober 1937, einem weiteren ›Schwarzen Dienstag‹, die Wertpapierbörsen zusammenbrachen und die abrupte Unterbrechung der wirtschaftlichen Entwicklung in die scharfe Rezession von Ende 1937 / Anfang 1938 einmündete, wuchs der Einfluß Keynes'scher Ideen bei Leuten wie Herman Oliphant, Harry Dexter White und Roswell Magill, die innerhalb des Finanzministeriums tätig waren. Auch andere Regierungsbeamte wie Leon Henderson, Harry Hopkins und Lauchlin Currie wurden mehr und mehr von der Richtigkeit Keynes'scher Vorstellungen überzeugt. Schließlich wurde das Lager der Keynes-Anhänger so stark, daß Henry Morgenthaus starrköpfigem Festhalten an ausgeglichenen Haushalten ein Ende bereitet werden konnte. Dabei nützte es Morgenthau bei der Diskussion innerhalb der Regierung nichts, daß er bereits 1936 energisch für eine Rückkehr zum ausgeglichenen Haushalt eingetreten war. Damals hatte er diese Forderung damit begründet, daß, ›selbst wenn der Patient ein wenig schreien würde‹, es allerhöchste Zeit sei, ›den Verband abzunehmen und die Krücken wegzuwerfen‹. Nur so sei festzustellen, ob die Wirtschaft ›wieder auf eigenen Füßen stehen könne[10]‹.

Obwohl Roosevelt häufig die Pläne seines Finanzministers durchkreuzte, setzte sich Morgenthau bei der Aufstellung des verhängnisvollen Haushaltsplanes von 1937 in entscheidenden Punkten durch. Zu diesem Zeitpunkt, zu dem — ganz wie es die Kritiker dieser Finanzpolitik vorausgesagt hatten — eine erneute Rezession eingetreten war; zu dem die Schlangen aus arbeitslosen Menschen, die vor den staatlichen Unterstützungsstellen anstanden, in den Industriezentren im Osten und im Mittelwesten wieder einmal bedrohlich angewachsen waren; zu dem der Index der Industrieproduktion, vom Federal Reserve Board aufgestellt, auf 79 gefallen war (damit stand er lediglich 10 Punkte höher als im Jahre 1932): Zu diesem Zeitpunkt erlitt Morgenthau eine unvermeidliche Niederlage. Denn Roosevelt strebte sofort nach neuen Mitteln für weitere Programme. Und das, obwohl er erst einige Monate zuvor Harold Ickes' Public Works Administration aufgelöst hatte. Mitten im Wahljahr, inmitten einer Rezession, die ganz offensichtlich durch die Rückkehr zu einer orthodoxen Finanzpolitik verursacht worden war, rang sich ein Kongreß, der noch kurz zuvor durch diverse Skandale bei der Verteilung von Unterstützungsbeträgen und ›riesige‹ Defizite beunruhigt worden war, im Juni 1938 zur Verabschiedung von konjunkturwirksamen Gesamtmaßnahmen in Höhe von 3.75 Milliarden Dollar durch. Die unter Harold Ickes' Führung erneut ins Leben gerufene PWA erhielt allein beinah eine Milliarde Dollar sowie die Vollmacht, Anleihen über eine weitere Milliarde aufzunehmen. Harry Hopkins sicherte sich für seine WPA mehr als 1.4 Milliarden Dollar, der Rest wurde in kleineren Summen auf den öffentlichen Wohnungsbau, landwirtschaftliche Ausgleichszahlungen, die Farm Security Administration und die Natioanl Youth Administration verteilt.

Die Regierung Roosevelt akzeptierte also schließlich die Schlußfolgerung, die sich aus der Wirtschaftspolitik von Keynes für die staatliche Finanzpolitik ergab: In Perioden mit Unterbeschäftigung sind staatliche Defizite angebracht, weil sie das Volkseinkommen wie die Beschäftigung beleben. Wenn Defizite also diese heilsame Wirkung haben, dann ist es nur logisch, daß sie genügenden Umfang besitzen müssen, um ihrer Aufgabe gerecht werden zu können. Dennoch blieben die Einsichten und Lehren, die man aus dieser Episode hätte ziehen können, sehr beschränkt. In der Öffentlichkeit wurden die Defizite vom Präsidenten weiterhin beklagt, in privaten Gesprächen sehnte er sich immer noch nach einem ausgeglichenen Haushalt, und seinen Wählern versprach er, sobald wie nur irgend möglich zur althergebrachten Finanzpolitik zurückzukehren.

Die Beziehungen zwischen der Regierung Roosevelt und der Lehre von Keynes läßt sich demnach bestenfalls als ein Verhältnis lauer Zuneigung beschreiben. Langfristig gesehen war das Anwachsen der Keynes'schen Doktrin zur vorherrschenden wissenschaftlichen Schule von weit größerer Bedeutung als das finanzpolitische Zwischenspiel von 1937–1938. Die Übernahme Keynes'scher Wirtschaftspolitik in die politische Praxis, die in der Kennedy-Johnson-Ära vollzogen wurde, war nur möglich aufgrund einer generationslangen Ausbildung von Wirtschaftlern und Studenten in diesem neuen methodischen Instrumentarium mit neuen praktischen Folgen.

Paul A. Samuelsons Äußerung, ›daß man als Wirtschaftswissenschaftler geradezu begnadet ist, wenn man vor 1936, allerdings nicht allzu lange vorher, auf die Welt gekommen ist‹[11], spiegelt getreu die Gefühle der Harvard-Absolventen seines Jahrgangs wider, die im damaligen Zentrum der Modernen Volkswirtschaftslehre (New Economics) ausgebildet worden waren. Sie zeigten die typische Reaktion junger Wissenschaftler auf neue Ideen: Unbehagen und Kritik auf der einen Seite sowie Neugier und Herausgefordertsein auf der anderen. Wie aus Samuelsons Worten hervorgeht, war es nicht wichtig, ›da mein Widerspruch gegen ihren (der Keynes'schen Wirtschaftspolitik) Anspruch in sich geschlossen gewesen wäre, hätte ich nicht die unbehagliche Ahnung gehabt, die ganze Sache überhaupt nicht richtig zu verstehen[12]‹. Zweifellos ist es aufregend, so plötzlich die Lösung aller analytischen Schwierigkeiten, die bisher eine echte Praxis verhinderten, vor sich zu haben. Um so besser, wenn diese Lösung bis an die Grenze der Unverständlichkeit mit Schwierigkeiten angefüllt ist. Junge Intellektuelle schätzen Rätsel*.

Unbestrittener Führer des amerikanischen Keynesianismus war Alvin H. Hansen von der Harvard Universität, derselbe Hansen, dessen Lehrbuch ein paar Seiten vorher besprochen wurde. Hansen wurde für seine Kollegen wie auch für die breite Öffentlichkeit

---

* Die gleiche Erregung ist mir aus meiner Zeit als Student am Columbia College in Erinnerung. Wir wurden dort von einem Schüler Keynes', der in die Vereinigten Staaten ausgewandert war, unterrichtet, wie man das Einkommen bestimmen und den Beschäftigungsgrad manipulieren kann. Besondere Anziehungskraft übte auf uns das Multiplikatortheorem aus, denn auf den ersten Blick schien hier ein Traum wahr zu werden: nämlich, daß man etwas für nichts oder zumindest sehr viel für einen sehr geringen Einsatz erhalten könne.

zum einflußreichsten Exponenten der Keynes'schen Lehre. Er erfand die amerikanische Version von Keynes' Vorhersage einer langfristigen Zukunft für den Kapitalismus und wurde somit unweigerlich zum Angriffsobjekt für Gegner mit falscher Information und Vorurteilen sowohl in wissenschaftlichen Kreisen wie auch im öffentlichen Leben.

Hansens Karriere ist ein Musterbeispiel für die Stärke der Keynes'schen Analyse. Als Spezialist für Konjunkturzyklen war er zur Auffassung gekommen, daß der Zyklus ein überaus kompliziertes Phänomen darstellt, das durch Unterschiede in der Einkommensverteilung, Unsicherheiten bei den Investitionsträgern, Schwankungen in den Lagerbeständen sowie durch eine schlechte Koordinierung aller am Wirtschaftsprozeß beteiligten Teilbereiche beeinflußt werden kann. In seinen Frühschriften wurde das Konzept des Konjunkturzyklus mit einer vorsichtigen, ja beinah konservativen Einschätzung der Wirkungsmöglichkeiten staatlicher Eingriffe verbunden. In diesen Arbeiten gibt es kaum einen Sympathiebeweis für die von Keynes bevorzugte aktive Teilnahme des Staates.

Das Gegenteil war eher der Fall. Hansen hatte äußerst scharfe Kritik an den theoretischen Grundlagen von *Treatise on Money* geübt. Hinsichtlich wirtschaftspolitischer Maßnahmen hat er sich in seinem 1932 erschienen Buch *Economic Stabilisation in an Unbalanced World* strikt dagegen ausgesprochen, staatliche Eingriffe als wirksames Gegenmittel gegen depressive Tendenzen anzuerkennen. Wie andere beharrliche Anhänger einer Regulierung durch eine freie Marktwirtschaft, z. B. Joseph Schumpeter von Harvard und Lionel Robbins von der London School of Economics, hielt es Hansen in den frühen 30er Jahren für sicher, daß durch natürliche Preis- und Lohnverschiebungen beizeiten das Unglück einer schweren Depression abgewendet werden könne. Zusammen mit den Mandarinen im britischen Finanzministerium war Hansen 1933 der Meinung, daß staatliche Defizite und Ausgaben einfach Abzüge von den Ausgaben der privaten Haushalte wie von den Privatinvestitionen darstellen. In diesem Zusammenhang gesehen bleibt der kühle, beinah feindselige Ton in Hansens Besprechung der *General Theory* nicht verwunderlich. Er meinte darüber:

Das vorliegende Buch stellt keinen Wendepunkt im Sinne der Begründung einer ›neuen Volkswirtschaftslehre‹ dar. Wieder einmal werden wir uns der Gefährlichkeit einer Argumentation bewußt, deren Voraussetzungen in keiner Weise mit den Gegebenheiten des realen Wirtschaftslebens in Einklang zu bringen sind ... Dieses Buch ist Anzeichen einer ökonomischen Modeerscheinung, aber kein Grundstein, auf den man eine Wissenschaft aufbauen könnte[13].

Hansens langjähriger Kollege in Harvard, Seymour Harris, äußerte einmal, daß Hansen zu der Zeit, als er diese Rezension schrieb, noch nicht seine Lehre von der ›reifen Volkswirtschaft‹ entwickelt hatte, die später in diesem Kapitel erörtert wird. Er stellte damals immer noch die Gültigkeit eines Gleichgewichtes bei Unterbeschäftigung in Frage und widersetzte sich der Auffassung, man könne staatliche Eingriffe als Mittel anwenden, um private Ersparnisse in öffentliche Investitionen zu verwandeln[14]. Doch nach weiterer Überlegungen und eingehender Diskussion mit Kollegen und Studenten wechselte Hansen sehr schnell seinen Standort. Seine Aufsatzsammlung aus dem Jahre 1938, *Full Recovery of Stagnation*, enthielt sowohl die alten Überlegungen wie auch einen ›neuen Hansen‹. Repräsentierte die kritische Rezension der *General Theory* den frühen Hansen, so stellen die abschließenden Aufsätze, die sich mit der Rezession von 1937, dem Konzept der Konjukturspritzen und der Lehre von der säkularen Stagnation befassen, eindeutig eine Befürwortung eines allgemeinen ausgedehnten wirtschaftlichen Engagements der Regierung sowie der Finanzpolitik Keynes'scher Prägung dar.

Nach diesem Umschwung begannen sich Hansens Überlegungen stetig zu entwickeln. Sein Buch aus dem Jahre 1941, *Fiscal Policy and Business Cycles*, brachte seine Wendung zu Keynes'schen Auffassungen und Keynes'scher Analyse zum Abschluß. Durch Hansens Formulierungen wurde Keynes vervollständigt und verständlicher gestaltet. Die Stärke von *Fiscal Policy and Business Cycles* bestand nämlich darin, daß der Verfasser das abstrakte theoretische Gerüst mit statistischen Angaben aus der amerikanischen Volkswirtschaft aufgefüllt hat. So ging Hansens anschließenden Bemerkungen über die Bedeutung von Bundesschulden eine ausführliche historische und analytische Abhandlung über die Auswirkungen von Schulden voraus. Zu der Zeit, als er zu der genannten Schlußfolgerung gelangte, mußte selbst der skeptischste Leser mit Hansens klarer Definition des Unterschieds zwischen einer Staatsschuld und einer privaten Schuld übereinstimmen:

Eine Staatsschuld ist, sofern es sich bei ihr nicht um eine Verschuldung gegenüber einer anderen Nation handelt, nicht mit einer privaten Schuld zu vergleichen. Die öffentliche Schuld ist ein Instrument staatlicher Wirtschaftspolitik. Sie stellt ein Mittel zur Kontrolle des Volkseinkommens und, in Verbindung mit der Steuerstruktur, zur Beeinflussung und Regulierung der Einkommenverteilung dar[15].

Gerade in den USA erschienen die Vorzüge von Hansens sorgfältigem, detailliertem Ansatz besonders bei der Behandlung der Konsumfunktion. Keynes' Ausführungen waren apriorisch abstrakt und ohne erläuternde Beispiele. Im Gegensatz dazu betrachtete Hansen, dem die Einkommen-Konsum-Beziehung von größter Wichtigkeit schien, zuerst die Konsumfunktion unter zyklischen Gesichtspunkten und belegte seine Ausführungen durch einige authentische Statistiken über Familieneinkommen. Dann unterzog er diese Daten einer langfristigen säkularen Analyse, durch die er Umrisse einer Beziehung zwischen dem aufgezeichneten Einkommen und den Konsumtionsdaten rechnerisch ermittelte. Anschließend rundete er den Beweis für sein Konzept mit einem statistischen Anhang ab, der von Paul Samuelson zusammengestellt worden war und der sich eng an die Hauptdaten für Einkommen und Ausgaben hielt, die Simon Kuznets, der Pionier auf dem Gebiet der Erforschung von Größen des Volkseinkommens, zusammengetragen hatte.

Eine ebenso überzeugende Darstellung lieferte Hansen bei der Behandlung von öffentlichen Ausgaben und Steuereinnahmen. Sein langes Kapitel über Keynes'sche Finanzpolitik, ›Pump-Priming‹ and Compensatory Fiscal Policy (›Ankurbelungspolitik‹ und kompensatorische Finanzpolitik), konzentrierte sich auf den Unterschied zwischen den beiden Grundarten defizitärer Finanzpolitik.

Hansen definierte die Ankurbelungspolitik als ein Konzept, ›das impliziert, daß ein bestimmtes Ausmaß an Staatsausgaben ... die Wirtschaft wieder in Richtung auf eine vollständige Ausnutzung aller Ressourcen ohne weitere Hilfe seitens der Regierung in Gang setzen wird[16]‹. Innerhalb der Regierung Roosevelt gab es einige Optimisten, die davon überzeugt waren, daß über einen kurzen

Zeitraum erzielte staatliche Defizite genügen würden, um die Unternehmer rasch Zuversicht gewinnen zu lassen, die privaten Investitionen auszudehnen und so die Notwendigkeit weiterer Defizite ausschalten zu können.

Kompensatorische Ausgabenpolitik bietet weniger hoffnungsvolle Möglichkeiten: ›Nichts weiter, als daß öffentliche Ausgaben zum Ausgleich für ein Absinken der privaten Investitionen eingesetzt werden können.[17]‹ Zu jener Zeit war Hansen überzeugt, daß die Hauptursache für wirtschaftliche Depressionen in unzureichender privater Investitionstätigkeit zu sehen war. Kompensatorische Staatsausgaben stellten demnach einfach einen Ersatz für private Investitionen dar. In dem Umfang, in dem Unternehmer ihre Investitionsausgaben aus eigenem Antrieb erhöhten, konnte die kompensatorische Ausgabenpolitik wieder eingeschränkt werden. Von der Festsetzung dieser Funktion der Regierung war es nur ein kurzer gedanklicher Schritt zur Idee, daß ein Bundeshaushalt zwar nicht in einem Jahr, aber doch über den Zeitraum eines ganzen Konjunkturzyklus zum Ausgleich gebracht werden könne. Denn sowie die wirtschaftliche Tätigkeit nachließ, konnte man durch kompensatorische Ausgabenpolitik Defizite erzeugen. Diese Defizite würden dann je nach der Größe des Multiplikators das Volkseinkommen über ihren eigenen Umfang hinaus erhöhen. In gleicher Weise würden sich während expansiver Phasen Überschüsse als die normalen Folgen von erhöhten Steuereinnahmen und dabei konstant gehaltenen bzw. verminderten öffentlichen Ausgaben ansammeln. In einem typischen Konjunkturzyklus wäre dann die algebraische Summe aus Defiziten und Überschüssen gleich Null.

Die Wirkungskraft einer kompensatorischen Ausgabenpolitik hing demnach von der Größe des Multiplikators ab. Wie groß sollte er für die Vereinigten Staaten sein? Hansen übernahm die Schätzgröße von John Maurice Clark von der Columbia-Universität, der den Schwund* auf etwa ein Drittel geschätzt hatte.

---

* Mit Schwund wird hier, wie bereits vorher gezeigt, der Einkommensanteil bezeichnet, der gespart, zur Zahlung von Schulden oder Steuern verwendet oder für importierte Güter ausgegeben wird. Der höhere Prozentsatz bei Keynes' Schätzwert für den Schwund für England hängt mit der Bedeutung importierter Waren zusammen, die für England größer ist als für die Vereinigten Staaten.

Daraus ergibt sich, daß 1 Milliarde Neuinvestitionen oder 1 Milliarde zusätzlicher Bundesausgaben, die durch Schulden oder neugeschaffenen Kredit finanziert werden, einen Anstieg an Konsumausgaben von anfänglich 667 Millionen Dollar, dann von zwei Dritteln von 667 Millionen Dollar, dann von zwei Dritteln dieser Summe und so weiter verursachen würden. Berücksichtigt man die ursprüngliche 1 Milliarde Dollar, die dem Volkseinkommen zufließen, dann ergibt sich als Gesamteffekt einer Regierungsmaßnahme oder einer privaten Investitionssteigerung die Summe von 3 Milliarden Dollar. Der Multiplikator besäße wie immer den reziproken Wert des Schwundes, hier also 3. Mit großer Sorgfalt und unter Zuhilfenahme einer Reihe lebensnaher Tabellen gelang es Hansen, diesen Multiplikatorprozeß, der bei Keynes sehr abstrakt und verwirrend geschildert wurde, wirklichkeitsnah und leicht einsehbar darzustellen.

Hansen vervollständigte seine Ausführungen mit einer Synthese. Unter Bezugnahme auf Untersuchungen seines brillanten Schülers Paul Samuelson zeigte er, daß sich das ältere Akzeleratorprinzip* mit dem Multiplikator zu einem Modell zyklischer Schwankungen kombinieren läßt.

---

* Das Akzeleratorprinzip funktioniert analog zu dem Multiplikator. Es beruht auf der Annahme, daß eine definierbare Beziehung zwischen Anstiegen der Konsumtion und Anstiegen der Investition besteht. Bei der Erhöhung von Einkommen wird man zu einem Punkt gelangen, an dem der Anstieg der Konsumnachfrage die Produktionsmöglichkeiten der Versorger überschreitet. Sie werden darum in neuen Betriebsanlagen investieren. Gibt es eine gegebene technische Beziehung zwischen den Endprodukten und den Produktionsanlagen, mit denen sie hergestellt werden, und ist diese Beziehung für diese Produktion typisch, dann wird eine Ausweitung der Konsumnachfrage von gegebenem Umfang eine noch größere Steigerung der Neuinvestition nach sich ziehen, also:

Wenn 10 Schuhmaschinen, von denen jede 100 000 Dollar kostet, pro Jahr Schuhe im Wert von 200 000 Dollar produzieren;
Wenn die Konsumnachfrage um 20 000 Dollar ansteigt; und
Wenn ein Schuhfabrikant eine neue Maschine anschafft, um dieser Nachfrage begegnen zu können und dafür 100 000 Dollar zahlt,
Dann beträgt der Akzelerator 5. Das bedeutet, daß jeder Dollar der zusätzlichen Nachfrage 5 Dollar an zusätzlicher Investition nach sich gezogen hat.

Hansen hatte mit seinem Buch eine lehrbare Version von Keynes' Volkswirtschaftslehre produziert, die er mit einigen statistischen Einzelheiten auf die amerikanische Wirtschaft angewendet hatte. Dies allein hätte ausgereicht, um ihm die Führungsposition unter den amerikanischen Keynesianern zu sichern. In der Tat war er zumindest bis in die 50er Jahre der einzige, der eine wirklich originelle amerikanische Weiterentwicklung Keynes'scher Wirtschaftstheorie formuliert hatte. Das war der Grundsatz der säkularen Stagnation, eine so verständliche und andauernde Einsicht in die Situation Amerikas, die ein eigenes Kapitel verdient hätte.

Im Jahre 1938 wurde Hansen Präsident der American Economic Association. Damit wurde ihm eine Ehre zuteil, die dieser Berufsstand herausragenden und aktiven Wirtschaftswissenschaftlern, von denen man annimmt, daß sie ihren Kollegen noch etwas zu sagen haben, verleiht. Es ist zur Gewohnheit geworden, daß jeder Präsident seine einjährige Amtszeit mit einer Rede bei einem Essen während der jährlichen Zusammenkunft im Dezember abschließt. Nur wenige Reden waren einflußreicher als die Ansprache Alvin Hansens, die er am 28. Dezember 1938 in Detroit gehalten hat. Er sprach zu dem Thema ›Economic Progress and Declining Population‹ (Wirtschaftliche Entwicklung bei abnehmender Bevölkerungszahl) und ließ seine Ausführungen in der kühnen Behauptung gipfeln, daß nicht einmal durch kompensatorische Ausgabenpolitik, geschweige denn durch Konjunkturspritzen, die amerikanische Wirtschaft auf ein zufriedenstellendes Niveau wirtschaftlicher Aktivität gebracht werden könne.

Aus welchem Grund sollte dies so sein? Seine Antwort hieß: ›Wir sind gerade dabei, einen Wendepunkt zu überschreiten, der die großartige Periode voll Wachstum und Expansion des 19. Jahrhunderts von einem Zeitabschnitt trennt, den im Moment noch niemand, der sich nicht auf reine Spekulationen einlassen möchte, mit Klarheit und Präzision umschreiben kann.[18]‹ Wie hatte sich denn die amerikanische Wirtschaft verändert, daß sie vom Wachstum des 19. Jahrhunderts in eine Phase der Schlaftrunkenheit im 20.

Im allgemeinen gewinnt das Akzeleratorprinzip während der Aufschwungphase eines Zyklus an Bedeutung, wenn die vorhandenen Anlagekapazitäten in die Phase der Überlastung treten.

Jahrhundert abgleiten konnte? Hansens Erklärung dafür setzt sich aus drei Grundelementen zusammen. Das bedeutendste war die Wachstumsrate der Bevölkerungszahl. Darüber hinaus war die Dynamik Amerikas im 19. Jahrhundert ebenso durch die schrittweise Öffnung von kontinentalen Barrieren wie durch die Erschließung von natürlichen Reichtümern im Westen des Landes verursacht worden. Und hinzu kam eine dritte Quelle wirtschaftlicher Energie: Erfindungen und ihre praktische Anwendung. Das waren die drei Eckpfeiler, auf denen sich die Investitionstätigkeit begründete. Und Investitionen mußten früher oder später zu schnellem Wachstum und zufriedenstellendem Beschäftigungsgrad führen.

Eine ›reife Volkswirtschaft‹ wird nicht mehr durch intensive Investitionstätigkeit nach vorn getrieben. Genau das war die Lage der amerikanischen Wirtschaft. Betrachten wir zuerst die überragende Rolle des Bevölkerungszuwachses. Seit Smiths *Wealth of Nations* (Vom Reichtum der Nationen) haben die Wirtschaftswissenschaftler schnellen Bevölkerungszuwachs als Anreiz für intensive Investitionstätigkeit erachtet. Hansen erinnerte seine Zuhörer daran, daß Adam Smith bewiesen hatte, daß eine wachsende Bevölkerung eine differenziertere Arbeitsteilung sowie eine steigende Produktivität pro Kopf ermöglichte. Mehr noch, größere Bevölkerungszahlen erleichterten die Ausdehnung der Konsumgütermärkte. Je ausgedehnter diese Märkte sind, desto stärker wird weitere Arbeitsteilung gefördert.

Seit 1776 war eine lange Zeit vergangen. Konnte man Smiths Einsicht ohne weiteres auf die Verhältnisse des Amerika von 1938 übertragen? Hansens Versuch stützte sich auf zwei neue Begriffe ›Kapitalausweitung‹ und ›Kapitalvertiefung‹.

Er drückte den Unterschied zwischen beiden wie folgt aus: ›Die Kapitalausweitung hängt von einer Ausweitung des End-Outputs ab. Dieser wiederum ist abhängig a) von einem Ansteigen der Bevölkerungszahl und b) einem Anstieg in der Produktivität pro Kopf der Bevölkerung, dem andere Ursachen als ein gesteigerter Kapitaleinsatz pro Output-Einheit zugrunde liegen.‹ Dies läßt sich auch so ausdrücken: Die Kapitalausstattung wird erweitert, wenn der nationale Output an Konsumgütern, Wohnungen, Fabriken und ähnlichem eine erhöhte Nachfrage nach Maschinen und anderen Anlagen zur Deckung der Marktnachfrage hervorruft. Hierbei wird ein konstanter Stand der Technik angenommen. Im Gegensatz dazu ›resultiert die Vertiefung des Kapitals teilweise aus kostensenkenden technischen Änderungen, teilweise (obwohl dies wahrscheinlich ein weniger wichtiger Faktor ist) aus der Senkung der Zinssätze und teilweise aus Veränderungen in der Zusammensetzung des gesamten Outputs, womit besonders Bezug auf die Kapitalmenge, die man zu seiner Produktion benötigt, genommen wird.[19]‹ Kurz gesagt: Kapital wird vertieft, wenn im Produktionsprozeß Arbeitskräfte durch Maschinen ersetzt werden und die Kapitalmenge, die benötigt wird, um eine gegebene Gütermenge zu produzieren, steigt. So befaßt sich die heutige Diskussion über die Ausbreitung der Automation (siehe Kap. 11) mit einem Vertiefungsproblem folgender Art: Ist Arbeitskraft durch Realkapital in einer ungewöhnlich schnellen Geschwindigkeit oder auf signifikant abweichende Art und Weise ersetzt worden?

Hansen fuhr in seiner Argumentation fort, indem er darlegte, daß ein Bevölkerungswachstum sowohl mit dem Prozeß der Kapitalausweitung wie mit dem Vertiefungsprozeß in Verbindung steht. Falls sonst keine bedeutenden Einwirkungen auf das Wirtschaftsgeschehen vorkommen, wird eine rasch wachsende Bevölkerung eine Kapitalausweitung bedingen. Jedoch wird eine rasch wachsende Bevölkerung nicht nur nach mehr Gütern verlangen als eine stationäre Bevölkerung, sie wird darüber hinaus ein völlig anders geartetes Warensortiment benötigen. Bevölkerungswachstum bedeutet schnelle Familienbildung. Dies wiederum verursacht eine steigende Nachfrage nach neuen Wohnungen und Haushaltseinrichtungen. Eine stationäre Bevölkerung benötigt dagegen lediglich Ersatz für unbrauchbar gewordene Häuser und Einrichtungen. Da sie außerdem einen höheren Anteil an älteren Leuten umfaßt, wird die Nachfrage nach Dienstleistungen — medizinischen, häuslichen, sogar betreuenden — ansteigen. Der Bau von Häusern setzt umfangreiche Kapitalaufwendungen voraus, Dienstleistungen hingegen nicht. So muß also ein Übergang von raschem zu langsamem Bevölkerungswachstum oder in eine stationäre Gesellschaft ein absinkendes Verhältnis zwischen Kapital und Gesamt-Output mit sich bringen — der umgekehrte Prozeß wie bei einer Kapitalvertiefung.

In welchem Umfang war nun der Investitionsboom Amerikas während des 19. Jahrhunderts die direkte Folge des lebhaften Bevölkerungswachstums? Hansens Untersuchung begann mit der Feststellung, daß bis zum Ersten Weltkrieg der gesamte Output in den Vereinigten Staaten jährlich mit einer Rate von ungefähr 4 % gestiegen war. Mehr als die Hälfte des jährlichen Output-Anstiegs war dem Anwachsen des Arbeitskräftepotentials zuzuschreiben. Angenommen, daß die Kapitalbildung mit der gleichen Geschwindigkeit wie der Anstieg des Gesamt-Output vorangegangen ist, dann ›können wir sagen, daß das Bevölkerungswachstum in der zweiten Hälfte des 19. Jahrhunderts . . . ungefähr 60 % der Kapitalbildung in den Vereinigten Staaten bedingt hat[20]‹. Jede beträchtliche Abnahme im Bevölkerungswachstum muß demnach einen ausgesprochen widrigen Einfluß auf den Investitionsanreiz gehabt haben.

In der Tat war das Wachstum der Bevölkerung langsamer geworden. In einem zentralen Abschnitt faßte Hansen die amerikanischen Erfahrungen zusammen:

In den 20er Jahren stieg die Bevölkerungszahl der Vereinigten Staaten um 16 000 000 — das absolute Wachstum gleicht dem des Vorkriegsjahrzehnts und ist größer als in irgendeinem Jahrzehnt unserer Geschichte zuvor. In unserem Jahrzehnt steigt die Bevölkerungszahl nur etwa halb so stark wie in den 20er Jahren, und die verläßlichsten Voraussagen geben ein Absinken der Wachstumsgröße auf ungefähr ein Drittel der erstgenannten Zahl für das kommende Jahrzehnt an[21].

Hansens Voraussagen standen oder fielen mit seinem demographischen Entwurf — in dem er mit der Mehrzahl der Bevölkerungswissenschaftler* zu jener Zeit übereinstimmte.

Für das restliche Wachstum an Kapitalinvestitionen im 19. Jahrhundert waren Hansens zweites und drittes Element, die Einbeziehung neuer Gebiete und Rohstoffquellen sowie die Anregung durch technische Neuerungen, verantwortlich. Auch für diese Investitionsvarianten waren die Bedingungen im 20. Jahrhundert weniger

---

* Wie die Meteorologie ist auch die Demographie als Wissenschaft recht umstritten. Der tatsächliche Bevölkerungszuwachs lag zwischen 1940 und 1950 mit 19 008 086 beträchtlich höher als in den 20er Jahren (16 Millionen) und betrug mehr als doppelt soviel wie in den 30er Jahren (knapp neun Millionen). In den 50er Jahren betrug die Zunahme sogar 27 766 875 Personen. Siehe dazu: *Statistical Abstract of the United States*, Washington, D. C., 1962 US Bureau of the Census, 1963.

günstig. Was die unerschlossenen Gebiete betraf, ›so werden diese Betätigungsfelder für neue Investitionen rasch ausgelöscht[22]‹. Dies hatte seine Ursachen nicht nur in der beinah abgeschlossenen Besiedlung des amerikanischen Westens, sondern war gleichzeitig die Folge einer drastischen Begrenzung der Möglichkeiten für Auslandsinvestitionen. Auslandsinvestitionen hatten Frankreich und England während des 19. Jahrhunderts als Ersatz für eigene unerschlossene Grenzgebiete gedient. Aber, so meinte Hansen bedeutungsvoll, ›niemand wird wohl die Aussage anzweifeln wollen, daß Auslandsinvestitionen im Laufe der nächsten 50 Jahre eine unvergleichlich geringere Rolle spielen werden als das im 19. Jahrhundert der Fall war[23]‹.

Im Falle einer stagnierenden Bevölkerungszahl, vollständig erschlossenem Grenzland und schrumpfenden Auslandsinvestitionen blieb den USA als letzte Hoffnung nur ›eine Welt, in der wir uns ganz auf eine sehr schnelle technologische Entwicklung stützen müssen, um genügend Investitionsmöglichkeiten bereitstellen zu können, damit Vollbeschäftigung garantiert bleibt[24]‹. Unter diesen Umständen muß mit allen verfügbaren Mitteln auf die Errichtung neuer Industriezweige hingearbeitet werden. In der Vergangenheit hatten spektakuläre Neuerungen wie die Eisenbahnen, die Elektrizität oder das Automobil zu einem gewaltigen Investitionsboom geführt. In Zukunft werden wir gezwungen sein, uns in weit größerem Ausmaß auf die wichtigen technischen Neuheiten zu stützen.

Ohne Zweifel waren in unserem Land die Zukunftsaussichten keineswegs rosiger als anderswo, denn ein ganzes Spektrum ›institutioneller Entwicklungen‹ unterdrückte jegliche Initiative und beschränkte die Möglichkeiten. Zu diesen Störfaktoren für eine freie Investitionstätigkeit in neue Industrien und Produktionsprozesse gehören ›die wachsende Machtstellung von Gewerkschaften und Unternehmerverbänden, die Entwicklung zur Monopolpreisbildung, zum Kampf um die führende Marktposition durch riesige Werbeetats anstatt durch Preiswettbewerb[25]‹. Durch den Preiswettbewerb wurden sogar widerstrebende Unternehmen zur Anschaffung von neuen kostensenkenden technischen Einrichtungen gezwungen, und die alten Anlagen, die noch funktionsfähig waren, mußten verschrottet werden. Der Preis für Verzögerungen bei Produktion oder Lieferung war die Elimination vom Markt durch wendigere Konkurrenten. Wo jedoch Monopole, Oligopole oder unvollständige Konkurrenz* den Markt beherrschen, werden neue Erfindungen auf Eis (d. h. in den Safe einer marktbeherrschenden Firma) gelegt, werden die alten Anlagen bis zu ihrem vollständigen Verschleiß eingesetzt und somit Investitionen und Neuerungen auf ein Minimum reduziert.

Gegen Ende seiner Ausführungen sagte Hansen: ›Das Hauptproblem in unserer Zeit, und vor allem in den Vereinigten Staaten, ist die Frage der Vollbeschäftigung.‹ Gegenwärtig lebten wir in einer Zeit, die durch nur schwache Erholungspausen und verlängerte Phasen der Depression gekennzeichnet sei: ›Das sind die Hauptfaktoren der säkularen Stagnation — kümmerliche Erholungspausen, die bereits in ihrem Anfangsstadium verkümmern, sowie Depressionen, die aus sich selbst neue Kraft schöpfen und einen scheinbar unvermeidbaren Kern an Arbeitslosigkeit zurücklassen.[26]‹

Ein ernstes Problem, in der Tat. In seiner Betrachtung über die Gegebenheiten eines ähnlichen ökonomischen Tatbestands für England hatte Keynes damals das extreme Mittel einer allgemeinen Verstaatlichung der Produktionsanlagen in Erwägung gezogen. In den Vereinigten Staaten wagte keine wirklich einflußreiche Persönlichkeit einen solchen Standpunkt zu beziehen. Die meisten waren überhaupt nicht bereit, so weit zu denken**.

---

* Mit Monopol wird die Vorherrschaft in einem Industriezweig in einem wichtigen geographischen Gebiet durch eine einzelne Firma bezeichnet, ein Oligopol ist die Vorherrschaft einer kleinen Zahl großer Firmen, und unvollständige Konkurrenz ist der Ausdruck für den ›Wettbewerb‹ zwischen einer relativ großen Zahl von Anbietern, der sich jedoch nur auf die Werbung, Verpackung oder Aufmachung bezieht (und somit kein echter Preiswettbewerb ist). Consolidated Edison in New York City ist zum Beispiel ein Monopol. Die amerikanische Autoindustrie ist, wie die meisten anderen bedeutenden Zweige der verarbeitenden Industrie in diesem Land, ein Musterbeispiel für ein Oligopol.
** William E. Leuchtenberg zitiert im Jahre 1938 Adolf Berle folgendermaßen:
›Falls die Regierung sich nicht entschließt, die großen Industrien zu verstaatlichen, muß man sich auf privatwirtschaftliche Initiativen verlassen können, die siebenmal so umfangreich sein müssen wie staatliche Initiativen mit dem gleichen Ergebnis.‹

Hansen selbst war alles andere als zuversichtlich. Zwar trat er für die Anregung des Konsums durch Steuersenkungen sowie öffentliche Investitionen in ›menschliche und natürliche Ressourcen bzw. in gesellschaftlich nutzbare Produktionsgüter, die zur Befreiung von körperlichen und kulturellen Bedürfnissen der ganzen Gesellschaft dienen sollten, für eine nützliche Sache‹ ein, doch fürchtete er um die ›wirtschaftliche Nutzbarkeit‹ einiger Einrichtungen dieser Art. Er fragte sich obendrein, bis zu welchem Umfang man die staatliche Ausgabenpolitik vorantreiben könne, ›ohne das System der freien Marktwirtschaft in Frage zu stellen[27]‹. Aus einer ansteigenden Staatsverschuldung könnten sich unangenehme Folgen ergeben. Sehr umfangreiche Staatsausgaben könnten zwar der Volkswirtschaft die Vollbeschäftigung sichern, dies aber nur um den Preis einer verlustreichen Inflation.

Die Vereinigten Staaten befanden sich in einer scheinbar ausweglosen Situation. Einerseits ›konnte die fortdauernde Arbeitslosigkeit großen Umfangs, deren Ursachen in unzureichenden Möglichkeiten für private Investitionen lagen, zu einer in allen Bereichen reglementierten Wirtschaft führen‹. Das konnte jedoch ›auch eintreten, wenn man einen indirekten Weg mit langsamer Entwicklung einschlug und ein weit ausgedehntes Programm staatlicher Ausgabenpolitik verwirklichte[28]‹. Keiner dieser beiden Wege schien ein glückliches Ende zu nehmen. Die beste Lösung schien ein Programm zu sein, ›das durch Staatsausgaben Nettoeinkommen schuf‹ und sie dann wohlweislich ›einschränkt, wenn wir uns dem Stadium der Vollbeschäftigung und dem entsprechenden Einkommensniveau nähern‹. Aber selbst dann gab es noch einige sehr gefährliche Fallgruben: Engpässe in der Produktion (bottlenecks), steigende Kosten, übermäßige Lohnforderungen und die heimtückische Lohn-Preis-Spirale bei sinkender Auslastung der Kapazitäten[29]‹. Auch Hansen mußte zugeben, keine vollständige Lösung dieses Problems parat zu haben: ›Die Fragen, die ich angeschnitten habe, sind eine Herausforderung an unser Fach.[30]‹

(*Franklin D. Roosevelt and the New Deal, 1932—1940*, New York 1963, S. 265.) Berles Schlußfolgerung bezog sich jedoch weniger auf die Erwünschtheit von Verstaatlichungen als vielmehr auf die Unbrauchbarkeit veralteter Universalheilmittel wie zum Beispiel Anti-Trust-Kampagnen.

Die späten 30er Jahre waren keine erfreuliche Zeit. Keynesianer wie Hansen werden mit Recht betonen, daß eine umfassende kompensatorische Finanzpolitik niemals gewagt wurde. Doch hatte Hansen selbst Zweifel und Vorbehalte gegenüber der Effektivität dieses wirtschaftspolitischen Instruments; diese rührten aus der kurzfristig von ihm geteilten Sorge über eine mögliche Inflation her. Sowohl die vielfältigen Experimente wie auch die Erwartungen jener talentierten Männer des New Deal, die einen phantasievollen und mitfühlenden Präsidenten berieten, haben nicht zu einer zufriedenstellenden Wirtschaftspolitik führen können, von der Wiederherstellung allgemeinen Wohlstandes ganz zu schweigen. Einer von Roosevelts Biographen hat das so ausgedrückt: ›Hätte Roosevelt dem Kongreß Ausgabenprogramme aufgezwungen anstatt sich 1937 in großartige Pläne und Reformen zu stürzen, so hätte er dem Drittel unserer Bevölkerung, das Mangel an Wohnungen, Nahrung und Kleidung litt, wirksam helfen und zugleich in beträchtlichem Maße Wiederbeschäftigung herbeiführen können.[31]‹ Tatsächlich wollte Roosevelt aber den Haushalt ausgleichen und damit seine konservativen Kritiker beschwichtigen. Obwohl Roosevelt und seine Berater durch die Folgen ihrer Bestrebungen ziemlich aufgeschreckt wurden, haben sie sich nur äußerst widerwillig zu Keynesianischer Politik überzeugen lassen. Harrod meinte dazu: ›Es ist nie deutlich geworden, daß er (Roosevelt) sich nach dem Prinzip des Defizits gerichtet hat und nicht nach den öffentlichen Aufträgen selbst, als er versuchte, die Arbeitslosigkeit zu bekämpfen.[32]‹

Rückschauend ist es nicht allzu schwer, die Schwächen in Roosevelts Finanzpolitik aufzudecken. Die Ausgabenpolitik wurde viel zu ängstlich und vorsichtig betrieben, als daß man damit wirtschaftliche Prosperität hätte wiederherstellen können. Gleichzeitig wurden hinreichend genug staatliche Stellen zur Ausgabenverwaltung eingerichtet, hatte man genügend Mittel aufgewendet, um die *Unternehmer* in den Alarmzustand zu versetzen. Diese sammelten sich nun zum Kampf gegen die Demokratische Regierung. Durch die schillernde Rhetorik des New Deal noch verstärkt hat diese Atmosphäre durchaus dazu beigetragen, die private Investitionstätigkeit zu senken. Wenn der anerkannte Exponent Keynes'schen Gedankengutes bereits fragen konnte, ob ›die Interventionen der Regierung bereits eine Bastard-Gesellschaft, halb-frei, halb unter staatliche Aufsicht gestellt, erzeugt (haben), die nicht in der Lage ist, mit Vollbeschäftigung zu funktionieren[33]‹, so kann man einem einfachen Unternehmer beim besten Willen nicht verdenken, wenn ihn beim Gedanken an seine Zukunftsaussichten ein ungutes Gefühl befällt. Die wirtschaftliche Tragikomödie während der Rezession 1937—38 paßt haargenau zu jener Quacksalberei, die Roosevelt bei allen innenpolitischen Fragen praktizierte. Nach anfänglichem Liebäugeln mit der Reduzierung von Regierungsstellen und Gehältern verlegte er sich dann auf umfangreiche Ausgaben. Seine Ausgabenpolitik schwankte zwischen direkter Notlinderung bei bedürftigen Bürgern und Ickes' Forderung nach Arbeitsplätzen. Was die Außenpolitik betrifft, wirkte eines seiner ersten Gesetze wie ein Torpedo auf die Londoner Wirtschaftskonferenz (London Economic Conference). Kaum hatte er diesen Musterbeweis für wirtschaftlichen Nationalismus geliefert, schickte er seinen Außenminister zwecks Abschluß von Handelsverträgen und gegenseitigen Zollsenkungsabkommen auf Weltreise.

Aus diesem Grund war die zweifache Richtungsänderung während der Jahre 1937—38, zuerst in Richtung auf einen ausgeglichenen Haushalt und dann wieder in defizitär finanzierte Arbeitsplätze im Rahmen der Public Works Administration (PWA) kein Versagen Keynes'scher Theorie, sondern vielmehr ein weiteres Anzeichen für die Unbrauchbarkeit eklektischer Praktiken bei der Verwaltung eines Staates. So war es ganz typisch, daß Roosevelt bei erneuter Rückkehr zur Ausgabenpolitik seine Entscheidung absicherte, indem er sich vom Kongreß die Vollmacht geben ließ, eine Untersuchung über die Konzentration wirtschaftlicher Macht in den Vereinigten Staaten durchzuführen. Der Kongreß war allzugern bereit, das Temporary National Economic Committee unter dem Vorsitz eines bekannten ›trustbusters‹ (Bundesbeamter, der Trusts unter Zuhilfenahme des Antitrustgesetzes bekämpft) aus dem Westen Amerikas, Senator Joseph C. O'Mahoney, ins Leben zu rufen. Auf der einen Seite unterstützte der New Deal die Unternehmerschaft, auf der anderen Seite wurden gerade die Unternehmer in Angst und Schrecken versetzt.

Am Ende dieser betrüblichen Geschichte von stümperhaften politischen Entscheidungen und verpaßten Gelegenheiten drängt sich eine Frage auf: Was hielt Roosevelt davon ab, eine konsequente Politik staatlicher Ausgaben zu verfolgen, um so das Land von der Last der Arbeitslosigkeit zu befreien, die es bis Pearl Harbor tragen mußte? James Mc Gregor Burns sieht das Problem folgendermaßen:

›Deficit spending‹ war eigentlich das ideale Konzept für Roosevelts politische Anschauungen und sein Regierungsprogramm. Denn er war kein dogmatischer Kapitalismusverfechter. Schon zwanzig Jahre vor seiner Präsidentschaft befürwortete er als Senator vielfältige Regierungskontrollen und Reformen im Sinne des New Deal, und sowohl als Stellvertretender Marineminister unter Wilson wie auch als Gouverneur des Staates New York hatte er sich einer Politik des Fortschritts verpflichtet. Auf der anderen Seite war er kein dogmatischer Sozialist. Mit dem Konzept einer Zentralverwaltungswirtschaft und verstaatlichten Produktionsmitteln hatte er sich nie anfreunden können. Gerade weil er beide extremen Lösungen verwarf, schien sich ihm die Keynesianische Wirtschaftspolitik als ein echter Mittelweg anzubieten — und das zu einer Zeit, als sich die Männer des New Deal nach einem funktionsfähigen Mittelweg geradezu sehnten[34].

Die Erklärung für Roosevelts Versäumnis, sich klar auf eine Richtung festzulegen, ist sicher sehr vielschichtig, doch scheint die Antwort zu einem guten Teil in der Zusammensetzung seines Beraterstabes zu suchen zu sein. Die Ratgeber und Vertrauten des Präsidenten waren sich die ganzen Jahre hindurch über die Ursachen der Depression und die geeigneten Maßnahmen zu ihrer Bekämpfung uneinig. Während aller Amtszeiten war Henry Morgenthau Finanzminister; er war ein unbeugsamer Gegner des ›deficit spending‹, dessen gelegentlich gegebene Zustimmung zu Ausgaben der öffentlichen Hand zur Krisendämpfung eher von seinem humanitären Mitgefühl mit den Opfern ökonomischer Notlagen als von einer rationalen Einsicht in die Vorteile von Defiziten zeugte. Der starrsinnig auf Haushaltsausgleich erpichte Morgenthau war zwar eine Ausnahme unter den Männern des New Deal, aber unter den übrigen Beratern und Mitarbeitern wurden mehr unterschiedliche Auffassungen vertreten als einem verwirrten Präsidenten von Nutzen sein konnte.

Wenigstens fünf rivalisierende theoretische Lager rangen um die Gunst des Präsidenten. Da gab es jene, die beharrlich behaupteten, die Depression hielte nur noch an, weil die großen Corporations nicht mit den Preisen heruntergingen. Prominente Vertreter dieser Gruppe waren Gardiner Means und Senator Joseph O'Mahoney. Sie erklärten diese Preispolitik mit der Konzentration von zu viel ökonomischer Macht in zu wenigen Händen. Als Gegenmittel forderten sie deshalb eine Untersuchung durch den Kongreß und rigorose Anti-Trust-Politik. Ihr Standpunkt stützte sich dabei auf die schlagkräftige Argumentation von Bundesrichter Brandeis, der kleine Produktionseinheiten sowie die Dezentralisierung wirtschaftlicher Entscheidungsmacht als Grundvoraussetzung für eine freiheitliche Politik betrachtete. Selbst in den 30er Jahren gab es noch eine Gruppe, angeführt von Minister Henry Morgenthau, die sich größere Sorgen wegen einer möglichen Inflation als über die Depression machte. Einige Berater Roosevelts, darunter Lauchlin Currie, waren der Meinung, wenn man die Industrie davon überzeugen oder notfalls dazu zwingen würde, einen höheren Anteil ihrer Erträge als Dividenden auszuschütten, könnte man dadurch die Kaufkraft steigern. Die gesetzliche Verankerung dieser (wohl mehr gefühlsmäßigen) Meinung sollte eine Steuer auf nichtverteilte Gewinne darstellen, die man kurzfristig wieder aufheben konnte. Die gemäßigten Keynesianer, von Hansen beeinflußt, votierten anfänglich für Ankurbelungsmaßnahmen und später für eine kompensatorische Ausgabenpolitik als Hauptmaßnahmen. Als Beweis dafür zogen sie die beiden Präzedenzfälle von 1935 und 1936 heran, Jahre, in denen wirtschaftliche Expansion mit Defiziten zusammenfiel. Und schließlich gab es Männer wie Paul Sweezy, linke Keynesianer, die mit größerer Hingebung die Existenz einer säkularen Stagnation zu beweisen versuchten als der Schöpfer dieser Hypothese selbst. Männer, die den Glauben an einen amerikanischen Kapitalismus verloren hatten und die Interventionsweisen forderten, die weit über die einfache kompensatorische Ausgabenpolitik hinausgingen. Es ist eigentlich kein Wunder, daß Franklin Roosevelt, der Adressat aller dieser Theorien, unschlüssig und zögernd oft mehrere politische Linien zugleich verfolgt hat.

Aber selbst wenn Roosevelts Vertraute ihn einstimmig mit dem Ruf

›Ausgeben! Ausgeben! Ausgeben!‹ bestürmt hätten, wäre es möglich gewesen, daß der Präsident gezögert hätte. Sein Temperament, seine Denkgewohnheiten, ja sogar seine Skepsis standen der Festlegung auf eine Linie feindlich gegenüber; während einer tiefen Depression ermöglicht aber nur diese klare Haltung allein einen Erfolg finanzpolitischer Bemühungen. Von Natur aus mißtraute Roosevelt Einzelstrategien; er experimentierte gern und freute sich an der Zusammenstellung von scheinbar unvereinbaren Personen und Theorien. ›Schließt euch in ein Zimmer ein und kommt nicht wieder heraus, bis ihr euch geeinigt habt‹, pflegte er vergnügt zu Männern mit hoffnungslos unterschiedlichen ökonomischen Ausgangspositionen zu sagen — zu Anhängern der freien Weltwirtschaft und zu Nationalisten, zu Befürwortern einer Deflationspolitik wie zu Anhängern einer Inflationspolitik, zu ›trustbusters‹ und zu Befürwortern des Kollektivismus, zu Anhängern der defizitären Finanzpolitik wie zu Sparern[35]. Roosevelts politischer Instinkt verstärkte seine natürliche Vorliebe noch. Warum sollte er nicht jeder Fraktion seiner Berater zu gegebener Zeit und mit Maß Beachtung schenken?

Für seine politische Laufbahn wie für die menschlichen Beziehungen zwischen sich und anderen war diese Verfahrensweise einfach unbezahlbar. Unglücklicherweise vermindert eine Kombination aus Maßnahmen, die sowohl den Ausgabefreudigen wie auch den ›trustbusters‹ Rechnung trägt, ganz beträchtlich den Anregungseffekt, da sie die Grenzleistungsfähigkeit des Kapitals negativ beeinflußt und somit das Investitionsniveau herabdrückt. Diesen Punkt hatte Keynes besonders im Auge, als er 1938 einen Brief an Roosevelt schrieb und dem Präsidenten darin riet, die Unternehmer vorsichtig und zurückhaltend zu behandeln. Eine umfangreiche Untersuchung der Monopolpraktiken amerikanischer Industrie- und Finanzkonzerne war wohl kaum das geeignete Mittel einer Finanzpolitik, die die gleichen Leute zu größeren Investitionen anregen wollte, die dann vom Temporary National Economic Committee ins Kreuzverhör genommen wurden.

In diesem Strudel aus Ideologie und politischem Kompromiß lag eine gewisse Ironie. Selbst der relativ bescheidene Rückgriff auf das ›deficit spending‹ im Jahre 1938 hatte einen günstigen Einfluß auf den Beschäftigungsgrad und das Volkseinkommen. Der Ablauf der Ereignisse beinhaltet eine einfache Aussage. Im Haushaltsjahr 1938 (das am 30. Juni 1938 endete) überstiegen die Steuereinnahmen des Bundes knapp 7 Milliarden Dollar, wogegen sich die Ausgaben der Bundesregierung auf knapp unter 7,1 Milliarden Dollar beliefen. Damit erzielte der administrativ-institutionelle Staatshaushalt ein Defizit von belanglosen 100 Millionen Dollar. Das realistische Kassenbudget erzielte sogar einen Überschuß. Der depressive Effekt dieses Überschusses wurde noch weiter verstärkt durch beträchtliche Anhebungen der bundesstaatlichen und kommunalen Steuersätze. Diese drei Regierungsebenen haben zusammen eine größere Summe an Steuern aus der Wirtschaft gezogen als sie umgekehrt an Staatsausgaben wieder haben einfließen lassen. Aus einer solch fehlerhaften Finanzpolitik ließen sich in einem Jahr, in dem die Zahl der Arbeitslosen bei durchschnittlich 14 % lag, vorhersehbare Folgen ableiten. Das Bruttosozialprodukt sank von 91 Milliarden Dollar im Jahre 1937 auf 85 Milliarden Dollar im Jahre 1938. Die privaten Investitionen stürzten gar um 50 % herab, nämlich von 10 Milliarden Dollar 1937 auf 5 Milliarden Dollar 1938.

Die Zuflucht zu defizitärer Finanzpolitik im Jahre 1938 erbrachte eine Lücke von 2,9 Milliarden Dollar zwischen den Einnahmen und Ausgaben des Bundes. Im Haushaltsjahr 1939 wuchsen die Bundesausgaben auf 9,4 Milliarden Dollar, die Einnahmen des Bundes beliefen sich auf 6,6 Milliarden Dollar. Eine dankbare Volkswirtschaft reagierte in angemessener Weise: das Bruttosozialprodukt von 1939 stieg wieder auf die Höhe von 1937. Auch die privaten Investitionen erholten sich teilweise. Sie stiegen auf 7 Milliarden Dollar. Weniger zufriedenstellend war die Wirkung auf den Beschäftigungsgrad. Nachdem 19 % Arbeitslosigkeit im Jahre 1938 erreicht waren, waren es 1939 noch immer 17,2 % und 1940 14,6 % — also in den letzten Jahren etwas höher als im Jahre 1937 (14 %). Nichts kennzeichnet das Versagen der Politik Roosevelts besser als der Umstand, daß der Beschäftigungsgrad von 1937 den höchsten Wert aller Vorkriegsjahre besaß[36].

Mit anderen Worten, die Kritiker Roosevelts, die ihm völliges Versagen bei der Lösung des vordringlichsten innenpolitischen Problems vorwarfen, hatten recht. In vielen Fällen waren die Gründe, die sie für sein Versagen angaben, jedoch unzutreffend. Diejenigen Konservativen hatten unrecht, die damals und auch später behaupteten, daß die defizitäre Finanzpolitik versagt hätte, daß die einzig vernünftige Lösung in der Anwendung bewährter Maßnahmen wie einer Kosten- und Lohnsenkung, Verkleinerung des Regierungsapparats und einem ausgeglichenen Haushalt zu finden sei. Unrecht hatten auch marxistische Ökonomen wie Paul Sweezy, der (im Jahre 1946) behauptete, daß die Katastrophen der 30er Jahre ›nicht einfach ein entsetzliches Durcheinander gewesen waren, sondern die direkte, unvermeidbare Folge aus einem Gesellschaftssystem, das seine Kraft bereits längst verloren hat, dessen Nutznießer aber mit allen Mitteln und ohne Rücksicht auf die Konsequenzen an der Macht bleiben wollten[37]‹.

Die Lehren, die wir aus den 30er Jahren zu ziehen haben, sind weniger spektakulär. Die neue Volkswirtschaftslehre von Keynes hatte ihre Mission nur halb erfüllt. Sie hatte Hansen und andere Wissenschaftler überzeugt und die unteren Ebenen der Regierungsbürokratie infiziert. Doch blieben noch die Politiker und die breite Öffentlichkeit. Was die ersteren betrifft, so hatten weder der Präsident noch seine Hauptberater den Inhalt der Keynes'schen Lehre je völlig verstanden. Bei der Öffentlichkeit und dem sie repräsentierenden Kongreß war die Kluft zwischen der herrschenden ökonomischen Auffassung und den neueren Erkenntnissen der modernen Volkswirtschaftslehre noch bedeutend weiter.

So kam es, daß die Anstrengungen der Regierung fast ausschließlich aus Ad-hoc-Maßnahmen gegen wirtschaftliche Notlagen und aus mitleidsvollen Versuchen bestanden, die Situationen der notleidenden Bauern, Hausbesitzer, Arbeitslosen und verarmten Rentner zu erleichtern. Hansens Einschätzung der Regierungspolitik traf den Nagel auf den Kopf, als er 1941 erklärte, daß ›sich die Regierung zum überwiegenden Teil auf Rettungsmaßnahmen, keinesfalls aber auf ein Programm echter wirtschaftlicher Expansion verlegt hatte[38]‹. Aus diesem Grunde sind die politischen Maßnahmen mit dem größten Anregungseffekt in den frühen 30er Jahren und nicht am Ende des Jahrzehnts zu finden. Denn in den letzten Jahren stiegen die Steuereinnahmen stärker an als die Staatsausgaben. Man kann sich gut vorstellen, daß sehr beträchtliche Überschüsse herausgewirtschaftet worden wären, hätte in der damaligen Wirtschaft auch nur annähernd Vollbeschäftigung geherrscht.

Die letzte Stellungnahme zur Wirkung Keynes'scher Finanzpolitik soll einem der führenden Wissenschaftler der 30er Jahre vorbehalten bleiben: ›Es scheint also, daß die Finanzpolitik (Keynes') eine erfolglose Entdeckung der 30er Jahre gewesen ist — nicht etwa, weil sie nicht funktioniert hat, sondern weil sie nicht in die Praxis umgesetzt wurde.[39]‹ Dasselbe ist oft über das Christentum gesagt worden. Jedoch ließ die umfassende Feuertaufe für die Keynes'sche Finanzpolitik nicht lange auf sich warten. Der Zweite Weltkrieg erwies sich als unvergleichlich perfektes Modellbeispiel für die These, daß man durch Defizite Wohlstand schaffen kann. Wie bereits Keynes selbst sagte, ›wäre es in der Tat vernünftiger, Häuser und andere nützliche Dinge zu produzieren‹. Aber es gab (und gibt noch) ›politische und praktische Hindernisse . . .[40]‹.

KAPITEL 6

Der Krieg als Bewährungsprobe

1939 war Keynes 56 Jahre alt. In persönlichen Gesprächen und durch Zeitungsartikel wußte sich der bereits weltberühmte Mann bei einflußreichen Politikern und Wissenschaftlern in Großbritannien und in den Vereinigten Staaten Geltung zu verschaffen. Welch auffallender Unterschied bestand doch zwischen dem ungestümen, emporstrebenden jungen Dozenten von 1914 und dem Schöpfer einer bedeutenden Theorie von 1939. Keynes war ein gereifter, vielbeschäftiger Mann geworden, der in zahllosen polemischen Wortgefechten umfangreiche Erfahrungen hatte sammeln können. Um seine Gesundheit jedoch stand es schlecht. Im Jahre 1937 hatte Keynes einen schweren Herzanfall erlitten, der ihn monatelang ans Bett fesselte. Selbst 1939 hatte er sich immer noch nicht ganz davon erholt. Sein Arzt erlaubte ihm das Arbeiten daher nur in begrenztem Umfang. Angesichts seines schlechten Zustandes wachte seine Frau streng darüber, daß er diese Anweisung befolgte. Ein Freund und Kollege von der Universität Cambridge erinnerte sich: ›Niemand konnte sich vorstellen, daß er in diesem Krieg eine ähnliche Rolle spielen würde wie zwischen 1914 und 1918.‹[1]

Doch seine Freunde sollten unrecht behalten. Die Rolle ihres Kollegen in diesem Konflikt übertraf seinen Beitrag im Ersten Weltkrieg weit an Bedeutung. Durch den für ihn bezeichnenden Weg über die Tagespresse verschaffte sich Keynes umgehend Gehör. Im November 1939 erschienen drei Artikel von ihm in der Londoner *Times*. Darin legte er die ökonomischen Organisationsprinzipien dar, die während der sechs Jahre des Zweiten Weltkrieges als Richtlinien für den Einsatz der britischen Ressourcen und die Gestaltung britischer Finanzpolitik dienen sollten. Rasch wurden sie in einer Broschüre mit dem Titel *How to Pay for the War* (›Vorschläge zur Kriegsfinanzierung‹) zusammengestellt. Diese begann mit einem für Keynes typischen Appell: ›In erster Linie ... müssen wir uns eine bessere Übersicht verschaffen.²‹ Dem stand vor allem der Mangel an Einsicht entgegen, daß ›alle Gesichtspunkte eines wirtschaftlichen Problems miteinander in Zusammenhang stehen. Kein Teilbereich kann isoliert saniert werden. Jeder Einsatz unserer Ressourcen geht auf Kosten einer anderen Verwendungsmöglichkeit.³‹ Zwischen Kriegswirtschaft und Zivilwirtschaft gab es keine genau definierbare Trennungslinie. Zwischen Krieg und Frieden aber ließ sich ein grundlegender Unterschied feststellen. Expandierte die Volkswirtschaft in Friedenszeiten, so verwendeten die zusätzlich beschäftigen Arbeiter ihr Zusatzeinkommen auf den Kauf der Güter, die sie selbst mitproduziert hatten. Im Krieg dagegen wurde jeder Anstieg des Gesamtoutputs zur Unterstützung der Kriegsanstrengungen benötigt. Alles, was man nicht unbedingt zur Aufrechterhaltung eines minimalen Lebensstandards für die arbeitende Zivilbevölkerung benötigte, wurde von der Kriegsmaschine verschluckt. Als Hauptaufgabe einer Kriegsfinanzierung ergab sich daraus der Transfer zusätzlicher Einkommen von den Erwerbstätigen in Regierungshand. Die unmittelbare Zwangslage beherrschte alle Überlegungen. Trotzdem sah Keynes nicht ein, warum ein wohlüberlegtes Finanzprogramm während Kriegszeiten einen verstärkten Abbau sozialer Ungerechtigkeiten in der Zukunft verhindern müsse. Unter dieser Perspektive war eine Reihe einzelner Vorschläge in *How to Pay for the War* zu sehen, die auf Gleichsetzung im Krieg und soziale Gerechtigkeit im Frieden abzielten.

Vom wirtschaftspolitischen Instrumentarium her gesehen, stellen Keynes' Vorschläge eine Erweiterung der Theorien aus der *General Theory* dar. Nur, daß es diesmal um die Bekämpfung inflationärer Tendenzen statt um die einer Depression ging. Dabei ersetzte er den orthodoxen Ansatz zur Kriegsfinanzierung*, der sich am Staats-

---

* 1914 hatte sich Keynes auf die Untersuchung der Grenzen von Steuermaßnahmen konzentriert. Er zog daraus den Schluß, daß der Krieg nicht lange dauern würde, weil sich keine der beteiligten Regierungen einen langen Krieg ›leisten‹ könne.

haushalt orientierte, durch einen Ansatz, der auf dem Volkseinkommen und dem Beschäftigungsgrad basierte. Darauf baute er seine theoretische Analyse und die Ableitung konkreter wirtschaftspolitischer Maßnahmen auf. Die Stärke dieser neuen Verfahrensweise lag in ihrem Praxisbezug. Dadurch ermöglichte Keynes den Behörden die Konzentration auf einen grundlegenden Sachverhalt: Kriege werden letztlich niemals durch Geld oder Steuern finanziert, sondern durch die materiellen und physischen Ressourcen, die sich rasch in Schiffe, Kanonen, Munition, Panzer, Flugzeuge und Uniformen umwandeln lassen. Der Umfang dieser Ressourcen läßt sich im Prinzip sehr einfach messen: er besteht aus der Summe aller Kapitalgüter, Rohstoffe und Arbeitskräfte, über die eine Volkswirtschaft verfügt, abzüglich der Bestandteile, die zur Erhaltung von Gesundheit und Leistungsfähigkeit der arbeitenden Zivilbevölkerung notwendig sind. Genau gesehen wird das Problem der Kriegsfinanzierung durch die reale Gesamtnachfrage und das reale Gesamtangebot determiniert. Dabei stellen die Militärs den Hauptkunden.

Die britische Regierung war bereit, auf Keynes Vorschläge einzugehen. Einige seiner Schüler saßen bereits im Finanzministerium. Anfang 1940, also nur wenige Wochen nach dem Erscheinen von *How to Pay for the War,* hatten sie ihre Vorgesetzten von der Notwendigkeit überzeugt, dem Ministerium eine Spezialabteilung anzugliedern, die sich vorrangig mit der Volkseinkommenstatistik befassen sollte. Mit dieser Aufgabe wurden zwei Keynesianer von der Universität Cambridge, James Meade und Richard Stone, beauftragt. Bereits im Haushalt von 1941 begann ihre Arbeit Früchte zu tragen. Auch Keynes selbst stellte sich bald in den Dienst der Regierung. Als Winston Churchill die Staatsführung übernahm, ernannte er Lord Catto und seinen langjährigen Kritiker Keynes zu Hauptberatern in Wirtschaftsangelegenheiten. Keynes griff in allen Punkten, die ihm wichtig schienen, in die Politik ein, verlegte aber im Laufe des Krieges das Schwergewicht seiner Arbeit von der Neuformierung innenpolitischer Finanzpolitik auf die Planung der Nachkriegsverhältnisse.

In den folgenden Erinnerungszeilen beschreibt einer seiner Kollegen aus dem Finanzministerium Keynes Arbeitsstil:

Trotz der Gebrechlichkeit, die ihm infolge des Herzanfalls noch immer schwer zu schaffen machte, betrachtete Keynes alle finanziellen und wirtschaftspolitischen Aktivitäten des Finanzministeriums als sein eigenes Aufgabengebiet. Regelmäßig verbrachte er einen Großteil des Tages in seinem Büro im Ministerium. Er studierte alle Dokumente, die vom Ministerium verfaßt wurden oder es durchliefen. Viele hob er zur späteren Bezugnahme auf. Dabei konnte er aus jedem Stoß von Unterlagen, die in einer seiner verschlossenen Schubladen lagerten, mit einem Griff die herausziehen, die er gerade benötigte. Sehr oft kam es vor, daß er sich ganz unerwartet in bedeutende Probleme vertiefte: in den Einsatz von Arbeitskräften, in die verschwendungslose Verteilung der Ressourcen, in Steuerfragen wie den Lohnsteuerabzug, in Vergünstigungen bei der Einkommensteuer, in die Arbeit an Statistiken und in die Darstellung des Volkseinkommens. Während seiner letzten Jahre widmete er sich besonders der Zahlungsbilanz.

Heißhungrig las er alle offiziellen Schriftstücke. Dabei behielt er alle Fakten, die ihm wichtig erschienen, in Erinnerung. Aber zuweilen konnte er sich auch mögliche Sachverhalte ausdenken und sie sich so fest einbilden, daß er sie für Tatsachen hielt. Er trug die Belastung seiner Arbeit geduldig und war ein angenehmer, uneigennütziger Kollege, doch maß er seinem Schaffen eine tiefere Bedeutung bei. Wie bereits vorher betont, war er besonders an der Anwendung ökonomischer Theorien auf praktische Probleme interessiert. Besonders beeindruckt hat ihn die Notwendigkeit, bei allen Planungsvorschlägen, die der Kritik eingeweihter Kreise standhalten sollten, diese Kritik bereits vorab zu entwickeln und in seine Planung einzubeziehen. Obwohl er sich schon seit 1938 mit Modellen wie dem der International Clearing Union (Verband zur Währungsverrechnung) beschäftigte, berücksichtigte er in den Plänen, die er verfolgte, immer die aktuelle Situation, vor der Großbritannien im Augenblick stand. In ähnlicher Weise verarbeitete er auch in seinen spekulativen Vorschlägen zur internationalen Handelspolitik von vornherein eine Menge Erfahrungen, die während des Krieges mit dem Ankauf von Massengütern gemacht worden waren; z. B. stellte er dabei die Unruhe, die durch die oft unkontrollierbaren Preiserhöhungen seitens der Lieferantenländer entstanden war, in Rechnung.

Zu seinem Gesellenstück wurden jedoch die von ihm geführten Verhandlungen über die amerikanische Anleihe (American Loan). Aufgrund seiner umfangreichen Kenntnis der praktischen Gegebenheiten einer Regierungsbürokratie konnte er bei seinen Gesprächen in Washington jede einzelne Ziffer, die er benutzte, in Hinsicht auf ihre damalige und zukünftige Bedeutung für Großbritannien belegen.

Die Konferenzen in Keynes' Arbeitszimmer im Finanzministerium glichen Seminaren zur Erwachsenenbildung. Seine neuen, schon etwas älteren Schüler aus dem Finanzministerium erfuhren dabei die gleiche Art von Erregung wie die jungen Studenten, mit denen er gearbeitet hatte, als er noch in Cambridge lehrte.

Selbst auf seinen häufigen Auslandsreisen bemühte er sich stets, regelmäßig mit den aktuellen Schriftstücken des Finanzministeriums versorgt zu werden. Einfühlungsvermögen und enger Kontakt zur Realität bedeuteten für ihn einen wichtigen Bereich jeder Regierungstätigkeit[4].

In den Augen seiner alten Freunde war Keynes in beinah lächerlichem Ausmaß zur Respektsperson geworden. 1940 wurde dem früheren Ketzer der Finanzwelt die Ehre zuteil, an den Court der Bank von England berufen zu werden. In der ironischen Art eines Bloomsbury nahm er dazu Stellung: ›Ich bin nur nicht ganz sicher, wer von uns beiden wieder salonfähig geworden ist — die alte Dame (Bank von England) oder ich.[5]‹ Keynes' Befürchtungen erwiesen sich jedoch als unbegründet: er hatte sich nicht von seinen Grundsätzen abbringen lassen, seine alten Widersacher dagegen hatten sich der Vernunft gebeugt. Im Juni 1942 wurde Keynes dann zum Lord Keynes of Tilton ernannt. Nachdem das Establishment vergeblich versucht hatte, Keynes zu besiegen, nahm es ihn in die Arme.

Keynes benutzte seine Position zur Durchsetzung seiner Vorstellungen. Zwar war sein bedeutendster unmittelbarer Beitrag zur ordnungsgemäßen Durchführung der Kriegswirtschaft die Umstellung des Rechnungsverfahrens des Finanzministeriums auf das Kontensystem des Volkseinkommens, doch handelte der Teil seines Entwurfes, der die stärkste Beachtung in der Öffentlichkeit fand, von Maßnahmen zur Erlangung sozialer Gerechtigkeit. Ein gerechter Krieg durfte weder einem Teil des Volkes Gelegenheit zur Bereicherung bieten, noch durften den ärmeren Bevölkerungsschichten unnötige Lasten auferlegt werden. Deshalb bot Keynes ein Paket genialer Maßnahmen zur Diskussion an, die sowohl inflationshemmend wirken als auch die soziale Gerechtigkeit erweitern sollten. Die Maßnahmen — ›allgemeine Familienzulagen in bar, die Akkumulation von Vermögen in Arbeiterhand und unter Arbeiterkontrolle, die Zuteilung lebensnotwendiger Güter zu niedrigen Preisen und eine Vermögensteuer in der Zeit nach dem Krieg[6]‹ saugten sofort überschüssige Kaufkraft ab und setzten für Reiche eine höhere Maximalbelastung fest als für Ärmere. Durch die Zwangssparmaßnahmen wurde die Voraussetzung für eine Freisetzung von Kaufkraft in der Nachkriegszeit geschaffen. Dadurch konnte man einer neuen depressiven Phase entgegenwirken.

Keineswegs wurden alle Vorschläge in gesetzlicher Form verankert, obwohl der Zwangssparplan, Gegenstand heftiger Kontroversen, 1941 in eingeschränkter Form übernommen wurde. Hätte die Regierung das vollständige Programm übernommen, so hätte Großbritannien im Zweiten Weltkrieg die Gelegenheit zur Schaffung einer gerechten Vermögens- und Einkommensstruktur wahrnehmen können. Bereits der Zwangssparplan entzog potentiellen Konsumenten einen großen Prozentsatz an verfügbarem Einkommen, was durch Anreiz zu freiwilliger Spartätigkeit nie in diesem Ausmaß hätte erzielt werden können. Der Arbeitsanreiz wurde jedoch durch das Zwangssparen (mit der Perspektive eines späteren Konsums) bei weitem nicht so stark gedämpft wie durch Steuererhöhungen, die dem Wirtschaftskreislauf ähnlich hohe Summen entzogen hätten. Während eines Krieges konnte man Zwangssparmaßnahmen als einen aufgeschobenen Anspruch auf die ›guten Sachen‹ einer zukünftigen Friedensgesellschaft proklamieren.

Seitens des britischen Finanzministeriums wurde der Zweite Weltkrieg mit den Waffen ›Keynes'scher Finanzpolitik‹ und ›Keynes'scher Analyse von Gesamtnachfrage und Gesamtangebot‹ geführt. Trotzdem war Keynes enttäuscht, weil man seinen Vorschlägen nicht in allen Konsequenzen gefolgt war. Er hatte sich ausgerechnet, allein durch die aufgeschobenen Sparbeträge pro Jahr Mittel in Höhe von 550 Millionen Pfund Sterling aufzubringen. In Wirklichkeit betrug der Durchschnittsbetrag für alle Kriegsjahre nur 121 Millionen Pfund Sterling pro Jahr. Aus dieser ungenügenden Summe resultierten schließlich notwendige Rationierungen und Preisfestsetzungen. Keynes hatte sich vergeblich bemüht, diese Eingriffe durch einen kombinierten Einsatz von Steuermaßnahmen, Anreiz zu freiwilliger Spartätigkeit und Zwangssparmaßnahmen überflüssig zu machen. Auch war die britische Regierung (eine Koalition, in der die Konservativen den Seniorpartner stellten) unter keinen Umständen zu so tiefgreifenden Vermögens- und Einkommensumverteilungen bereit, wie es Keynes für wünschenswert erachtet hatte.

In welchem Ausmaß wurde die amerikanische Kriegführung von

Keynes'schen Theorien beeinflußt? Waren die Amerikaner im Krieg bereit, jene Doktrinen anzunehmen, die sie in Friedenszeiten abgelehnt hatten? Waren die Keynes'schen Vorschläge bei der amerikanischen Planung für die Nachkriegszeit berücksichtigt worden? Die Behandlung dieses Fragenkomplexes setzt am besten an jenem spektakulären Wendepunkt in der Entwicklung der amerikanischen Volkswirtschaft an, an dem die Überwindung von Depression und Arbeitslosigkeit und der Übergang zu Überbeschäftigung und einem massiven Produktionsausstoß von Gütern und Dienstleistungen aller Art gelang.

Zwischen 1939 und 1944, dem Höhepunkt der Kriegsanstrengungen, stieg der Realwert des nationalen Outputs um über 70 Prozent an. Noch bemerkenswerter war der Zuwachs an privaten Produktionsleistungen, der 50 Prozent betrug. Im gleichen Zeitraum verdreifachte sich der Staatsoutput, sein Anteil am Gesamtoutput kletterte von etwas über 10 Prozent im Jahre 1939 auf 20—25 Prozent im Jahre 1944.

Parallel zu diesem Zuwachs am Sozialprodukt vollzog sich eine das ganze Land umfassende Verschiebung in der Struktur der Beschäftigungsstatistik. 1939 betrug die Gesamtzahl aller Angehörigen der Streitkräfte lediglich 370 000. Auf dem Höhepunkt der Kämpfe im Jahre 1945 trugen 11 410 000 Männer und Frauen die Uniform. Die Zahl der erwerbstätigen Zivilisten sank jedoch im gleichen Zeitraum nur von 55 230 000 auf 53 860 000. Welches Wunder verbirgt sich hinter diesen Zahlen? Die Erklärung für diese geringe Differenz fällt nicht schwer: Millionen von älteren Menschen, Krüppeln, Trunkenbolden, Hausfrauen, Rentnern und Studenten folgten dem Ruf eines bedrängten Vaterlandes und dem Anreiz hoher Löhne. Und auf einmal war das Problem der Arbeitslosigkeit wie vom Erdboden verschwunden. Bis 1942 sank die Arbeitslosenquote auf 4,2 Prozent, 1943 waren es nur noch 1,9 Prozent und im folgenden Kriegsjahr nur noch minimale 1,2 Prozent. Das Wunder der Kriegsproduktion wurde durch die Energie und das Organisationstalent von Millionen Amerikanern ermöglicht. Die Grundvoraussetzung dafür bildete jedoch jene ungeheure wirtschaftliche Flaute der amerikanischen Volkswirtschaft im Jahre 1939.

Nach Überwindung dieser ›Talsohle‹ stellten sich der amerikanischen Regierung dieselben Probleme, vor denen die britische kurze Zeit vorher gestanden hatte: die effektive Zuweisung von Mitteln und die Dämpfung des Preisauftriebes. Für eine liberale Demokratie, die sich im Kriegszustand befindet, lassen sich als Mindestanforderungen für die Finanzpolitik folgende Zielsetzungen herauskristallisieren: die effektive Zuweisung der Mittel in Hinsicht auf militärische Operationen, die Vermeidung wirtschaftlicher Skandale und Fehlleistungen und die zwanglose Lenkung von Arbeitskräften in die richtigen Arbeitsplätze und von Kapital in die wichtigen Industrien. Bei der Lenkung und Verteilung wirtschaftlicher Ressourcen durfte man sich nicht auf den Patriotismus allein stützen; für all die, die Opfer für ihr Land brachten, mußten konkretere Anreize in Form von Belohnungen geschaffen werden. Eine gerechte Verteilung aller Lasten, zumindest aber deren Anschein, mußte gewährleistet werden.

Ebenso wie Großbritannien waren die Vereinigten Staaten während des Krieges nicht in der Lage, ihre Staatsausgaben durch Steuereinnahmen aus der gleichen Periode zu decken. Dies beweist das Emporschnellen der Staatsschulden von 40,4 Milliarden Dollar aus dem Jahre 1939 auf 258,7 Milliarden Dollar Ende 1945; alles in allem also ein Anstieg auf mehr als das Sechsfache. Dennoch bildeten die Steuereinnahmen neben den Anleihen ein unentbehrliches finanzpolitisches Komplementärmittel. Durch die Steuerbeträge wurde nämlich die Kaufkraft, die die wirtschaftliche Expansion hervorgebracht hatte, wieder vermindert. Gleichzeitig ließ sich durch geeignete steuerliche Maßnahmen der Abbau sozialer Ungerechtigkeit fördern. Das Verzeichnis von Steuereinnahmen, Staatsausgaben, Defiziten und Bundesschuld aus den Jahren 1939–1945 verdeutlicht die Entscheidung der amerikanischen Führung für gerechte und hohe Besteuerung. Die Auswirkungen dieser Entscheidung spiegeln sich im beinahe zehnfachen Anstieg der Steuereinnahmen zwischen 1939 und 1945 wider.

Die steigenden Steuereinnahmen erklären sich nicht allein aus der wirtschaftlichen Expansion, sondern auch aus einer Steuer auf überschüssige Gewinne, die 1942 eingeführt wurde, und aus der jährlichen Steigerung der Bemessungsgrundlagen für die Einkommensteuer. 1939 wurde nur von vier Millionen Amerikanern Einkommensteuer gezahlt. 1942 reichten nicht weniger als 42 Millionen Amerikaner ihre Anträge auf Steuerrückerstattung ein[7]. Der massive Anstieg der Einnahmen aus der Einkommensteuer für Personen und Unternehmen erfolgte in den späteren Jahren des Zweiten Weltkrieges, nachdem alle bisher ungenutzten Arbeitskräfte und Ressourcen in den Produktionsprozeß einbezogen worden waren. Trotzdem konnten mit Ausnahme von 1944 die Anstiege des Steueraufkommens mit dem Anwachsen der Regierungsausgaben nicht Schritt halten. Daraus resultierte ein spektakulärer Anstieg der Defizite und der Staatsschulden.

Bundessteuern, Staatsausgaben, Defizite und Staatsschulden: 1939—1945
(in Millionen Dollar)

Jahr	Steuereinnahmen	Staatsausgaben	Defizite	Staatsschuld
1939	4.979	8.841	3.862	40.440
1940	5.137	9.055	3.918	42.968
1941	7.096	13.255	6.159	48.961
1942	12.547	34.037	21.490	72.422
1943	21.948	79.368	57.420	136.696
1944	43.563	94.986	51.423	201.003
1945	44.362	98.303	53.941	258.682

Quelle: *The Economic Report of the President* (Wirtschaftsbericht des Präsidenten), U.S. Government Printing Office, Washington, D.C., Januar 1964, S. 274.

Man hätte die Steuersätze durchaus noch höher schrauben können, doch dann hätte man mit negativen Auswirkungen auf die Arbeitsmoral und den Investitionsanreiz rechnen müssen. Auch eine Art Zwangssparen wäre denkbar gewesen. Aber das sind Vermutungen. Tatsache ist jedoch, daß die Steuermaßnahmen allein nicht in hinreichendem Maße überschüssige Kaufkraft, die durch die Kriegsproduktion erzeugt wurde, absaugten; infolgedessen mußte man Rationierungen und Preiskontrollen einführen. Kurz darauf wurden diese Zwangsmaßnahmen noch durch zusätzliche Lohn- und Gehaltsbeschränkungen ergänzt. Inwieweit spiegeln derartige Ereignisse und Entscheidungen Keynes'schen Einfluß wider? Keynes selbst war über das Ausmaß erfreut, in dem seine Ideen unter den jüngeren Regierungsbeamten Anerkennung fanden. Als er 1941 die Vereinigten Staaten besuchte, nutzte er die Gelegenheit, während eines

Abendessens, das der National Press Club gegeben hatte, mit Leon Henderson und dessen wichtigsten Mitarbeitern aus dem Office of Price Administration (Preisüberwachungsamt) zu sprechen. Im Laufe des Gesprächs wies Keynes auf die Notwendigkeit höherer Steuersätze als Mittel gegen inflationäre Tendenzen hin. Aus diesem Treffen entsprang ein reger Briefwechsel zwischen Keynes und Walter S. Salant. Darin berichtete Salant, daß die amerikanischen Wirtschaftsexperten bei der Organisation der Verteidigungsausgaben die Multiplikator- und Akzeleratorauswirkungen in Betracht zögen. ›Keynes fand es zufriedenstellend, daß die verantwortlichen Politiker zur Formulierung ihrer wirtschaftspolitischen Programme seine (Keynes') analytischen Werkzeuge mit der für die Amerikaner typischen statistischen Gründlichkeit kombinierten.[8]‹ Eine Bemerkung Keynes' aus einem seiner Briefe an Salant macht deutlich, daß es vor allem die jungen Beamten waren, die seinen Ideen aufgeschlossen gegenüberstanden:

Zwischen den wissenschaftlichen Anschauungen jüngerer und älterer Leute bestehen unüberbrückbare Differenzen. Während meines Amerika-Aufenthaltes haben mich die fachlichen Qualitäten der jüngeren Wirtschaftler und Staatsbeamten sehr beeindruckt. Darin besteht meiner Meinung nach die größte Hoffnung auf eine gute Regierung Amerikas. Der Krieg wird eine große Auslesefunktion übernehmen, bei der die richtigen Männer an die Spitze gelangen. Wir haben hier in London ein paar gute Leute, aber mit der Masse, die ihr drüben hervorbringen könnt, läßt sich das nicht vergleichen[9].

Obwohl Morgenthaus Position durch die neue Wirtschaftspolitik unangefochten blieb, waren die jungen Keynesianer recht zahlreich im Finanzministerium vertreten. Das galt besonders für die Abteilung von Henry Dexter White. Sie waren vereinzelt in allen anderen Ämtern zu finden, darunter auch in den besonderen Behörden für die Kontrollen während der Kriegszeit — dem Office of Price Administration (Preisüberwachungsamt) und dem War Production Board (Behörde zur Überwachung der Kriegsproduktion). Diese Männer wandten die Einkommensanalyse auf die politische Tagespraxis der Kriegszeit an. Wie ein später berühmt gewordener Beobachter feststellte, lag die Qualität der amerikanischen Wirtschaftspolitik weit über dem Niveau der Wirtschaftsanalysen, die zur gleichen Zeit in Deutschland angefertigt wurden[10]. Wie ihre englischen

Kollegen legten die amerikanischen Wirtschaftswissenschaftler bei ihren Untersuchungen das Schwergewicht auf die Ermittlung des realen Bestands an Rohstoffen, des Arbeitskräftepotentials und der verfügbaren Kapitalausstattung. Durch die Verwendung aggregierter Größen hatte man einen realeren Maßstab für die richtige Zuweisung der Ressourcen gefunden als durch eine Beschränkung auf reine Finanzgrößen.

Der Krieg hat einen Grundsatz Keynes'scher Theorie unterstrichen: Zur Bereitstellung von Arbeitsplätzen haben sich alle Kriege (vor dem Atomzeitalter) als ideal erwiesen. Da die gesamte Kriegsproduktion, ökonomisch gesehen, reine Verschwendung darstellt, gelangt man nie in die Gefahrenzone der Überproduktion. Selbst eine Nation mit hohem Entwicklungsstand könnte so viele Schulen, Straßen, Wohnhäuser, Erholungsgebiete und Krankenhäuser bauen, daß damit der gesamte Bedarf abgedeckt wird. Was geschieht, wenn sich die Nachfrage nach vollkommen nutzlosen Dingen bis ins Uferlose potenziert? Was geschieht, wenn diese Nachfrage tatsächlich durch die Ausgabe von neuem (Papier-Geld) finanziert wird? Die Periode von 1941—1945 war durch Vollbeschäftigung, geschäftige Fabriken und einen Produktionsanstieg bei nützlichen und nutzlosen Dingen gekennzeichnet. Im wirklichen Leben resultierten diese Ereignisse aus ökonomischer Verschwendung, genau wie Keynes es vorausgesagt hatte. Im Zweiten Weltkrieg waren Panzer, Bomber und Flugzeugträger das Gegenstück zu den Pyramiden Ägyptens, den Kathedralen des Mittelalters und vergrabenen Flaschen, gefüllt mit Geld.

Durch starke Einflußnahme auf die theoretische Diskussion trugen die bereits zahlreichen amerikanischen Keynesianer wesentlich zur Anhebung des wissenschaftlichen Ansehens der amerikanischen Volkswirtschaftslehre bei. Samuelson vermutet (in einer zumindest für andere Ökonomen einleuchtenden Weise), daß die bisherige Universitätsausbildung den angehenden Wirtschaftswissenschaftlern ausreichende Kenntnisse vermittelt, um den zentralen Problemen der Kriegswirtschaft, nämlich Auswahl und Zuweisung von Mitteln, gewachsen zu sein. Tatsächlich befaßten sich die Wirtschaftswissenschaftler in den ersten Kriegsjahren nahezu ausschließlich mit diesen beiden Problemkreisen. Es galt schließlich, einen Krieg zu gewinnen. Als jedoch 1944 die Aussicht auf einen Sieg beträchtlich wuchs, konzentrierte man sich zunehmend auf die Gestaltung der Nachkriegszeit.

Zweifellos mußte die erneut aufflammende Diskussion über die Planung einer Friedensgesellschaft wieder am Diskussionsstand vor dem Kriege anknüpfen. Damals konzentrierten sich die Auseinandersetzungen auf die scheinbar ›normalen‹ und unvermeidlichen ›Betriebsunfälle‹, wie die mangelhaften Privatinvestitionen, die unzureichende Expansionsrate und die anhaltende Arbeitslosigkeit. Alvin Hansens These von der säkularen Stagnation erfuhr ihre radikalste Auslegung durch eine Streitschrift, die eine Gruppe Wirtschaftswissenschaftler von den Universitäten Harvard und Tufts auf dem Tiefpunkt der Rezession 1937—1938 verfaßte[11]. Darin schlugen die sieben jungen Ökonomen vor, ›die wirtschaftliche Entwicklung Amerikas in zwei Hauptabschnitte zu untergliedern. Der erste reicht von den Tagen, an denen die ersten Siedler ihren Fuß auf amerikanischen Boden gesetzt haben, bis zu seinem dramatischen Abschluß durch den Zusammenbruch von 1929. Diese Periode zeichnete sich durch stetiges Wirtschaftswachstum aus. Der zweite Abschnitt ist bis heute durch wirtschaftliche Stagnation gekennzeichnet[12]‹.

Offensichtlich hatte der New Deal die stagnierende Volkswirtschaft nicht wieder in Gang bringen können. Aber immerhin hatte man mit dem Einsatz von ausgedehntem ›deficit spending‹ bereits den richtigen Weg betreten: ›Aus den letzten fünf Jahren läßt sich die Lehre ziehen, daß Staatsausgaben ein wirksames Mittel zur Schaffung von allgemeinem Wohlstand sind.[13]‹ Durch umfangreichere Ausgaben hätte man im New Deal weit zufriedenstellendere Ergebnisse erzielen können. Die Rezession von 1937—1938 bewies jedoch die Notwendigkeit durchgreifender Änderungen in der Struktur der amerikanischen Volkswirtschaft, ›deficit spending‹ allein reichte nicht aus. Da ›in Amerika heute eine langfristige Trendverschiebung stattfindet[14]‹, benötigte man koordinierte Regierungsmaßnahmen zur Neuordnung der institutionellen Verhältnisse, die den chronischen Mangel an Gesamtnachfrage verursacht hatten, der seinerseits wieder die Verantwortung für die hohe Arbeitslosigkeit trug.

Ein derartiges Programm umfaßte zwei Hauptabschnitte. Der erste behandelte eine durchgreifende Umverteilung des Volkseinkommens. Die sieben Autoren ließen sich dabei weniger vom Grundsatz sozialer Gerechtigkeit als von den Prinzipien Keynes'scher Wirtschaftstheorie leiten. Die Empfänger hoher Einkommen gaben nur einen relativ niedrigen Teil ihrer Bezüge für Konsumzwecke aus, sparten dafür aber einen relativ hohen Prozentsatz ihres Einkommens. Entzöge man diesen Leuten einen Teil ihrer Geldmittel und übertrüge sie auf die Masse der Bevölkerung, die einen wesentlich größeren Grenzhang zum Konsum und entsprechend einen wesentlich geringeren Grenzhang zum Sparen besaß, könnte man dadurch eine wünschenswerte Ausdehnung der Ausgaben für Konsumgüter und Dienstleistungen sowie ein vermindertes Gesamtsparaufkommen erzielen. Durch die eingeschränkte Spartätigkeit ließe sich Vollbeschäftigung auf einem beträchtlich niedrigeren Niveau privater Investitionen erhalten als vor der Umverteilung der Einkommen. Nun charakterisierten gerade unzureichende Privatinvestitionen das Kernübel wirtschaftlicher Stagnation. Also wurde durch das Instrument der Umverteilung von Einkommen ein beträchtlicher Teil des Problems gelöst. Und der Einwand, daß bei dieser Maßnahme ein paar Reiche die Leidtragenden waren, während auf der anderen Seite die große Masse davon profitierte, war sicher nicht stichhaltig.

Zusätzlichen Nutzen zögen die Bevölkerungsschichten mit geringen Einkommen aus staatlichen Investitionen, die die Harvard-Tufts-Gruppe als Zusatzmaßnahme vorschlug. Dabei stützten sie sich im wesentlichen auf das Argument, daß die Märkte der Privatwirtschaft nicht in der Lage seien, dringenden gesellschaftlichen Bedürfnissen zu entsprechen. Dazu hieß es wörtlich in ihrer Erklärung:

Da sich die Privatwirtschaft außerstande gezeigt hat, für die Familien der unteren Einkommensklassen neue Wohnungen bereitzustellen, müssen staatliche Stellen umfangreiche Wohnungsbauprojekte in Angriff nehmen, um diese Familien mit besseren Wohnmöglichkeiten zu versorgen. Wenn unser Land bessere Ausbildungs- und Gesundheitseinrichtungen zur Verfügung stellen will, dann sind zur Errichtung von Schulen und Krankenhäusern ebenfalls umfangreiche staatliche Investitionen notwendig[15].

In einer vorsichtigen Schlußbemerkung versicherten die sieben Autoren schließlich ihren Lesern, daß sie mit ihren Vorschlägen keinesfalls auf einen roten Sozialismus zusteuern wollten, sondern daß sie im Gegenteil auf eine ›Sicherung des freien Unternehmertums im privaten Wirtschaftssektor abzielten[16]‹. Trotzdem waren Unternehmer und konservative Bürger über *dieses* Verzeichnis notwendiger Maßnahmen zur Sicherung des freien Unternehmertums alles andere als erfreut. Es empfahl nämlich unter anderem die nachhaltige Erweiterung des staatlichen Wirtschaftssektors, starke Erhöhungen in der Staffelung des Steuersystems, uneingeschränkte Ausdehnung der Staatsschulden, Ausweitung der Altersversorgung, Unterstützungsprogramme für das Gesundheits- und Erziehungswesen und massives Engagement in den Bereichen Wohnungsbau und Stadtplanung.

Eigentlich hatte die Harvard-Tufts-Gruppe nichts weiter getan als die Implikationen der Stagnationstheorie klar und eindeutig formuliert. Wirtschaftswissenschaftler mit dem gleichen Standpunkt gab es damals in allen speziell für die Verwaltung der Kriegswirtschaft eingerichteten Behörden und in den älteren Ressorts. Es war nur selbstverständlich, daß sie sich gegen Kriegsende mit den Problemen der Zukunft auseinandersetzten, denn der Krieg hatte die Gefahr einer wirtschaftlichen Stagnation nur aufgeschoben, nicht aber aus der Welt geschafft.

Eine Zeitlang hatte es den Anschein, als ob jeder, der sich einigermaßen ausdrücken konnte, etwas darüber zu sagen hatte, wie sich die Nachkriegszeit attraktiv gestalten ließe und welche Politik dazu erforderlich wäre. Als die Brauerei Pabst (Pabst Brewing Company) einen Aufsatzwettbewerb mit dem Thema ›Der Arbeitsplatz in der Zeit nach dem Kriege‹ veranstaltete, gingen bei ihr 36 000 Beiträge ein; darunter befanden sich Abhandlungen führender Ökonomen und Sozialwissenschaftler. Allein die vom Legislative Reference Service herausgegebene und kommentierte Bibliographie *bedeutender* Bücher und Aufsätze zum Thema Beschäftigung, die zwischen 1943 und 1945 zusammengestellt wurde, umfaßt 56 eng bedruckte Seiten. Innerhalb der Regierung entwickelte sich die Planung für die Nachkriegszeit zur Manie. Von einer ganzen Anzahl Ministerien und Behörden, darunter dem Department of Commerce (Handelsministerium), dem Department of Agriculture (Landwirtschaftsministerium), dem War Production Board (Amt zur Überwachung der Kriegsproduktion), der Public Works Administration (Staatsamt für öffentliche Arbeiten), der Maritime Commission (Oberste Handelsschiffahrtsbehörde), der Defense Plant Corporation (Gesellschaft für den Bau von Verteidigungsanlagen), dem Bureau of the Budget, der Rural Electrification Administration (Staatsamt für die Elektrifizierung ländlicher Gebiete), der National Housing Agency (Bundeswohnungsministerium), dem Treasury Department (Finanzministerium) und dem State Department (Außenministerium) wurden die verschiedenartigsten Projekte geplant und durchgeführt. Dabei stellt die obige Aufzählung nur eine kleine Auswahl der Planungsaktivitäten dar[17].

Die nachhaltigsten Anstrengungen für die Vorbereitung einer Friedensgesellschaft unternahm das National Resources Planning Board (Behörde zur Planung nationaler Ressourcen). Sie besaß sogar die Verwegenheit, das Wort *Planung* in ihren Namen aufzunehmen. Die NRPB stellte eine rein theoretische Behörde dar, die keinerlei Regierungsverantwortung besaß und keinen Einfluß auf die Verwendung öffentlicher Mittel nehmen konnte. Deshalb genoß sie bei ihren Untersuchungen einen größeren Freiheitsspielraum als die konventionellen Regierungsabteilungen. Diese Freiheit zahlte sich bald bitter aus, denn bereits 1943 legte der Kongreß das NRPB durch die Verweigerung weiterer Zuschüsse praktisch lahm.

Doch konnte das NRPB noch im März desselben Jahres seine wichtigste Arbeit, einen umfangreichen Bericht über *Maßnahmen für Sicherheit, Arbeit und Wohlfahrt*, vorlegen. Die Argumentationsweise dieser Arbeit war durch und durch Keynesianisch. Sie unterschied sich in ihren Grundannahmen nur geringfügig von der Harvard-Tufts-Gruppe. Wie die sieben Wirtschaftswissenschaftler forderte auch die NRPB steuerliche Maßnahmen zur Einkommensumverteilung, die Weiterführung der Programme zur Schaffung von Arbeitsplätzen, größere soziale Sicherheit und den Angriff auf die Monopole. Ihre Abhandlung stand unter dem Einfluß der Keynesianischen Vorliebe für die Steuerung der Gesamtnachfrage, dem Experiment mit einer Wohlfahrtsgesetzgebung, das im vorangegangenen Jahrzehnt in Wisconsin durchgeführt worden war, dem

Brandeis'schen Argwohn gegen die riesigen Aktiengesellschaften und den von Harvard ausgehenden Stagnationsbefürchtungen. Doch der aufsehenerregendste Teil ihrer Dokumentation war eine Art neue Verfassung (›The New Bill of Rights‹), deren neun Punkte jeden Leser begeistern mußten:

1. Das Recht auf nützliche, schöpferische Arbeit während des erwerbsfähigen Alters.

2. Das Recht auf gerechten Lohn, ausreichend, um die täglichen Bedürfnisse zu befriedigen und die Annehmlichkeiten unserer Zeit zu ermöglichen, im Austausch gegen Arbeit, Ideen, Fleiß und andere gesellschaftlich nützliche Leistungen.

3. Das Recht auf angemessene Ernährung, Kleidung, Behausung und gesundheitliche Fürsorge.

4. Das Recht auf Sicherheit, Unterstützung im Alter, Schutz vor Armut, Abhängigkeit, Krankheit, Arbeitslosigkeit und Unfall.

5. Das Recht auf ein Leben in einem System freien Unternehmertums, ohne Zwangsarbeit, verantwortungslose private Macht, willkürliche Machtausübung seitens des Staates und ohne unkontrollierte Monopole.

6. Das Recht auf eigene Entscheidungsfreiheit: zu kommen oder zu gehen, zu reden oder zu schweigen, ohne Bespitzelung durch die Geheimpolizei.

7. Das Recht auf Gleichheit vor dem Gesetz, auf richterliches Gehör ohne Ansehen der Person.

8. Das Recht auf eine angemessene Ausbildung für Beruf und Staatsbürgertum, für die Verwirklichung der eigenen Persönlichkeit und das Streben nach individuellem Glück.

9. Das Recht auf Ruhe, Erholung und Wagnis sowie auf die Möglichkeit, sich zu vergnügen und an den Errungenschaften einer vorwärtsschreitenden Zivilisation teilzuhaben[18].

In dieser Aufstellung waren Anregungen aus Roosevelts ›Four Freedoms‹ (Vier Freiheiten) verarbeitet. Die ökonomischen Implikate waren jedoch so zukunftsweisend und weitreichend, daß sie weit über die Grundsätze früherer Regierungen hinausgingen.

Das liberale Amerika reagierte auf diese Vorschläge mit Freude und Zustimmung. Die Herausgeber von *The New Republic*, Bruce Bliven, Max Lerner und George Soule, feierten die New Bill of Rights in einer achtzehnseitigen Sonderbeilage mit dem Titel ›Charta for America‹. Darin wurden die Hauptvorschläge aus *Maßnahmen für Sicherheit, Arbeit und Wohlfahrt* wiederholt und untermauert. *The New Republic* ging von der These aus, daß ›keine‹ der in absehbarer Zeit zu erwartenden Maßnahmen in den Vereinigten Staaten die langfristige Perspektive der Arbeitslosigkeit, die in der Zeit kurz nach dem Krieg besonders akut werden wird, beseitigen kann[19]. Hier wurde eine Keynesianische Analyse der Erfolge und Mißerfolge der Wirtschaftspolitik während der 30er Jahre verwertet:

Im Verlaufe der letzten Depression wurde zwischen 1933 und 1937 das Anwachsen der Staatsschulden, die zur Finanzierung von Unterstützungsmaßnahmen aufgenommen wurden, von einem stetigen Zuwachs an Volkseinkommen begleitet. Dann setzten steuerliche Maßnahmen zur sozialen Sicherheit ein, und gleichzeitig nahmen die durch Defizite finanzierten Unterstützungszahlungen ab. Dadurch wurde der Haushalt bis 1938 praktisch wieder zum Ausgleich gebracht. Die Folge war eine Stagnation im Anstieg des Volkseinkommens; für die Jahre 1938 und 1939 sogar ein Rückgang[20].

Die nach der Auffassung von *The New Republic* am vordringlichsten benötigten Maßnahmen beinhalten ›langfristige Maßnahmen zur Beschaffung öffentlicher Arbeitsplätze, eine relativ hohe Besteuerung mit dem Schwergewicht auf der Einkommensteuer von Einzelpersonen und Gesellschaften und auf der Erbschaftssteuer, wirksame Maßnahmen gegen die Monopolpreisbildung‹[21]. Die Argumentation von *The New Republic* wurde dabei inhaltlich durch die Überzeugung bestimmt, daß zwischen den Erfahrungen aus der Vorkriegszeit und den zu erwartenden Ereignissen nach dem Kriege ein enger Zusammenhang bestand. Man erwartete von den gleichen Tendenzen, insbesondere vom abnehmenden Bevölkerungswachstum und von starken institutionellen Hindernissen bei der Einführung neuer Technologien, eine Intensivierung der gleichen Probleme: unzureichende Investitionen, mangelnde Gesamtnachfrage und untragbare Arbeitslosenziffern. Es schien allerhöchste Zeit für ein amerikanisches Programm, das weit über die Forderungen von Beveridge hinausging, der erst kurz zuvor in Großbritannien eine Reihe von Vorschlägen für soziale Sicherheit ›von der Wiege bis zum Grab‹ vorgelegt hatte. Die Herausgeber von *The New Republic* wie auch der NRPB-Bericht räumten der Privatwirtschaft eine maßgebliche Position ein. Trotzdem erklärten sie entschlossen, ›daß man sich von Anfang an darüber klar sein müsse, daß die alten Ideale des ›laissezfaire‹ nicht länger tragbar sind ... Planung und Kontrolle werden in *wachsendem Umfang* nötig sein‹[22]. Den Herausgebern zufolge hatte Amerika die Wahl zwischen einer von Großunternehmen beherrschten Korporativwirtschaft, einer zentral verwalteten Wirtschaft nach sowjetischem Muster und einer Kooperation zwischen Staat und Privatwirtschaft. Die breite Öffentlichkeit gab der dritten Alternative eindeutig den Vorzug.

Je mehr der Sieg in greifbare Nähe rückte, desto beunruhigter wurden die Herausgeber von *The New Republic* wie auch die Keynesianer, die Mitarbeiter des Blattes waren. Dazu zählten Seymour Harris, Alvin Hansen, Paul Samuelson und Oscar Gass. Sie befürchteten erneute Arbeitslosigkeit nach Kriegsende und Ungerechtigkeiten bei der Demobilisierung, eine unzureichende Planung für die Nachkriegszeit und die Möglichkeit, daß die Unternehmer einen übertrieben großen Anteil an den Erträgen der Nachkriegsgesellschaft an sich reißen könnten. In den Jahren 1944 und 1945 beschäftigte sich *The New Republic* eingehend mit den Absichten der Unternehmer.

Anfänglich hatte die Zeitschrift die Gründung einer neuen, liberalen Unternehmervereinigung, des Committee for Economic Development (CED), begrüßt. Diese wurde zehn Tage nachdem der Kongreß das National Resource Planning Board aufgelöst hatte, ins Leben gerufen. Die Zeitschrift zollte den Vorsätzen des CED Beifall, die ›in der Nachkriegsperiode die Unterstützung der Planung für ein hohes Beschäftigungs- und Produktionsniveau seitens der Industrie und des Handels‹[23] vorsahen. Sehr beeindruckt zeigte sich *The New Republic* von der kompetenten Forschungsabteilung des CED, in der Theodor Yntema, damals an der Universität Chicago, Gardiner C. Means, ein Gegner der Monopolbildung, und Howard Myers, der vorher der WPA angehört hatte, mitarbeiteten. Doch bald verdrängte Mißtrauen die anfängliche Zustimmung. Über das Steuerprogramm des CED aus dem Jahre 1944 meinte Oscar Gass: ›Bundessteuerprogramm für hohen Beschäftigungsgrad in der Nachkriegszeit‹ haben sie es genannt. In Wirklichkeit aber ist es der ›Schlüssel des intelligenten reichen Mannes zu Gewinnen und Reichtum‹[24]. Positiver schätzte Gass die Bereitschaft des CED ein, in Friedenszeiten jährliche Bundesausgaben zwischen 16 und 18 Milliarden Dollar in Erwägung zu ziehen. Er selbst hielt ein Ausgabenvolumen von 25 bis 30 Milliarden Dollar für angemessen, um den nationalen Erfordernissen gerecht zu werden.

The New Republic gab die Hoffnung auf eine aufgeschlossenere Einstellung der Unternehmer nie ganz auf. Die Zeitschrift veröffentlichte scharfsinnige Kommentare von Beardsley Ruml, in denen der Autor eine für einen Unternehmer ausgesprochen fortschrittliche Auffassung vertrat, indem er erklärte: ›Für einen Erfolg im gemeinsamen Kampf von Staat und Privatwirtschaft benötigen wir die aktive Teilnahme der Regierung. Sie wird immer dann mit deutlichen finanzpolitischen und monetären Maßnahmen eingreifen müssen, wenn die Privatwirtschaft sich nicht mehr in der Lage zeigt, Beschäftigung und effektive Nachfrage auf einem zufriedenstellenden Niveau zu halten‹[25]. *The New Republic* zeigte sich erfreut darüber, daß ein führender Unternehmer die notwendige Rolle der Regierung als Garant für Vollbeschäftigung anerkannt hatte. Weniger begeistert war sie, als Ruml in bekannter Unternehmermanier für niedrigere Steuern plädierte und eine Beschränkung der öffentlichen Arbeiten, wenn nicht für die gesamte Volkswirtschaft, so doch wenigstens für die Bauindustrie forderte.

Die liberale Öffentlichkeit wurde durch das bei der Rückkehr zur Zivilwirtschaft eingeschlagene Tempo zunehmend in Unruhe versetzt. Man befürchtete ein erneutes rasches Ansteigen der Arbeitslosigkeit. Paul Samuelson, der 1944 als Regierungsbeamter in Washington tätig war und sich von seinen Verpflichtungen am M. I. T. (Massachussetts Institute of Technology) hatte beurlauben lassen, beschrieb damals düster die Produktionsabstriche, die für die letzten Monate des Jahres vorgesehen waren. Samuelson stellte in Aussicht, daß Amerika nach dem Sieg in Europa und der Begrenzung des Krieges auf nur eine Front (gegen Japan) mit ›Arbeitslosigkeit oder Unterbeschäftigung in der Größenordnung von ungefähr fünf Millionen Erwerbsfähigen zu rechnen habe‹[26]. Seine Kollegen in Washington zeigten sich jedoch erstaunlicherweise sehr selbstgefällig: ›Die Experten haben das Ausmaß des Ansturms, der uns erwartet, noch gar nicht richtig erfaßt. Die Exekutivabteilungen der Regierung können im Moment nicht einmal einen durchschnittlichen Jahresumfang an öffentlichen Arbeiten für kurzfristige Einsätze bereitstellen.‹ Das war um so bedauerlicher, weil gerade die Wirtschaftswissenschaftler bis zu diesem Zeitpunkt einen äußerst wertvollen Beitrag zu den nationalen Kriegsanstrengungen geleistet hatten: ›Man hat einmal gesagt, der letzte Krieg war der Krieg der Chemiker, dieser der Physiker. Genausogut kann man behaupten, daß dies ein Krieg der Ökonomen ist.[27]‹ Doch ohne vernünftige wirtschaftliche Grundsätze auch für eine Gesellschaft im Frieden sah das Land schweren Zeiten entgegen. Samuelsons abschließende Zusammenfassung enthielt eine düstere Vorahnung:

Jeden Monat, jeden Tag und jede Stunde pumpt die Bundesregierung Millionen, ja Milliarden Dollar in den Kreislauf der amerikanischen Volkswirtschaft... Nur durch Regierungsausgaben in Höhe von 100 Milliarden Dollar wurde das derzeitig hohe Niveau im Output und im Beschäftigungsgrad erzielt. Davon wurden 50 Milliarden Dollar durch Defizite finanziert... Durch eine einfache statistische Rechenoperation kann man zeigen, daß selbst bei den Industriezweigen mit den günstigsten Zukunftsaussichten in der Nachkriegszeit, also dem Automobil-, Flugzeug- und Schiffbau und der Elektronikindustrie, das derzeitige Beschäftigungsniveau unter keinen Umständen aufrechterhalten werden kann, nicht einmal die Hälfte, ja nicht einmal ein Drittel davon[28].

Dabei galt Samuelson noch als gemäßigter Pessimist. James G. Patton, Mitglied der liberalen National Farmers Union (Nationaler Bauernverband) sagte 19 Millionen Arbeitslose voraus, falls der Kongreß nicht seinen Gesetzesentwurf verabschiedete. Pattons Plan wies die Regierung an, die Staatsausgaben in dem Umfang auszudehnen, in dem die privaten Investitionen abgesunken waren: ›Die Vorlage, die ich eingebracht habe, sieht eine vierteljährliche Anpassung der Regierungsinvestitionen an die Bewegung der privaten Investitionen vor. Bei vorangegangener Verminderung der privaten Investitionen würden sich die Regierungsinvestitionen in die entgegengesetzte Richtung verschieben‹[29], also ausdehnen. *The New Republic* erarbeitete ein eigenes Programm, das sich ernsthaft bemühte, alle Alarmrufe zu berücksichtigen. Die fünf Punkte dieses Vorschlags wurden in ungewöhnlich realistischer Form vorgebracht:

1. Zur Verhinderung einer Nachkriegsinflation dient als wesentliche Maßnahme die Beibehaltung der Preiskontrolle und der Rationierung, die im Bedarfsfalle auf weitere Massengüter ausgedehnt wird.
2. Zur Niedrighaltung und Kompensierung von Arbeitslosigkeit in der Zeit nach dem Kriege werden folgende Maßnahmen vorgeschlagen: die Erhöhung der Arbeitslosenunterstützung, die Schaffung sozialer Sicherheit und die Bereitstellung von Umschulungsprogrammen für Erwerbslose;

zur Schließung der restlichen Lücken dienen Staatsaufträge an die Bau-
wirtschaft.

3. Als langfristige Maßnahme gegen wirtschaftliche Stagnation wird die
Anwendung der kompensatorischen Steuer- und Finanzpolitik empfohlen.

4. Die Großindustrie darf keine Möglichkeit zur Produktionsdrosselung
erhalten.

5. Unterstützt werden sollte die wirtschaftliche Expansion in allen Ländern der Erde[30].

Nach Meinung der Keynesianer in *The New Republic* hatten sich 1945
die Zukunftsaussichten in keiner Weise verbessert. Am Anfang des
Jahres fragte sich Seymour Harris: ›Werden wir rentable Investitionsmöglichkeiten für ungefähr 30 Milliarden Dollar pro Jahr
ausfindig machen?‹ Konnte man den Konsumenten vertrauen?
Wahrscheinlich nicht: ›Es ist nicht sicher, ob die 115—135 Milliarden Dollar an Konsumausgaben, die für ein auf Vollbeschäftigung
basierendes Volkseinkommen notwendig sind, erreicht werden.‹ Die
Schlußfolgerung aus diesen Fakten ließ sich einfach ziehen: ›Viele
Politiker in Washington werden mit mir übereinstimmend der Meinung sein, daß, falls die Regierung nicht zu Eingriffen bereit ist, die
Aussichten auf ein hohes Beschäftigungsniveau nicht sehr günstig
sind. Vielen erscheint ein jährliches Investitionsprogramm in Höhe
von 10—15 Milliarden Dollar als unerläßlich.[31]‹ Das war die Auffassung der meisten fortschrittlichen Wirtschaftswissenschaftler, Ge-
sellschaftsreformer und demokratischen Anhänger des New Deal.

Die Haltung der fortschrittlichen liberalen Kräfte war — wie immer in der Geschichte — durch das Zusammenwirken von allgemeiner Einstellung, sozialer Wertschätzung, politischem Standort und
gesetzlichen Vorschlägen gekennzeichnet. 1945 wurde die Einstellung der liberalen Öffentlichkeit gegenüber der amerikanischen Geschäftswelt ganz entscheidend von der Erinnerung an die Katastrophen von 1929—1933 beeinflußt, deren Ursachen nach Meinung
der progressiven Kräfte in der finanziellen Unmoral und gesellschaftlichen Verantwortungslosigkeit von Börsenmaklern, Industriellen und Millionären zu sehen waren. Diese Haltung festigte sich
zusehends unter dem Eindruck konservativer Angriffe auf Franklin
D. Roosevelt, die einsetzten, als die Politik des New Deal den wirtschaftlichen Erdrutsch bereits aufgefangen und eine Wiederbelebung

von Umsätzen und Gewinnen eingeleitet hatte. Die Feindseligkeit flammte neuerlich auf, als sich einige Industrielle gegen Kriegsvorkehrungen sperrten und einige Wirtschaftsführer die Absicht kundtaten, aus dem Übergang zur Friedenswirtschaft üppige Profite zu schlagen. Amerikas Liberale begünstigten beständig die ›Opfer‹ unternehmerischer Selbstsucht — die Fabrikarbeiter und ihre Gewerkschaften, die bedürftigen älteren Menschen, die kleinen Bauern und die rassischen Minderheiten, denen die Arbeitgeber gleiche Chancen bei der Suche nach einem Arbeitsplatz verwehrten. In diesem Zusammenhang wurden die Instrumente Keynes'scher Wirtschaftspolitik als Mittel zur Umverteilung von Einkommen, zur Erweiterung der staatlichen Investitionen und zur staatlichen Kontrolle der Privatwirtschaft verstanden. In den 40er Jahren gingen der Liberalismus und der Keynesianismus beinahe eine vollständige Symbiose ein. Die 60er Jahre sollten dieser Beziehung eine überraschende Wende verleihen.

Die ›Liberalen‹ trachteten 1944 und 1945 nach einer gesetzlichen Verankerung der Vorstellungen und Wünsche, die ihre Diskussionen bestimmten. Sie forderten vor allem vorbeugende Maßnahmen, damit sich die Nachwirkungen des Zweiten Weltkrieges nicht in der gleichen zerstörerischen Weise auswirkten wie bei der schweren Rezession kurz nach dem Ersten Weltkrieg. Als immer mehr Voraussagen für das Frühjahr nach Kriegsende Arbeitslosigkeit in der Größenordnung von 5 bis 11 Millionen Erwerbslosen ankündigten, schienen vorbeugende Regierungsmaßnahmen unumgänglich.

In der allgemeinen pessimistischen Stimmung bildeten die Stellungnahmen des verstorbenen W. S. Woytinsky eine rühmliche Ausnahme. Er gelangte im Juli 1944 zu der Auffassung, daß die Nachwirkungen des Zweiten Weltkrieges ganz anderer Art als die des Ersten Weltkriegs sein würden. Dabei erkannte er genau die völlig anders gelagerte Ausgangssituation, die durch den Bestand von 250 Milliarden Dollar Sparsummen und flüssigen Reserven bei den Konsumenten sowie durch ein sehr großes Volumen an lange aufgeschobener Nachfrage nach Konsumgütern aller Art gegeben war[32].

Im allgemeinen jedoch gelang den Wirtschaftswissenschaftlern, die unter den überschaubaren und kontrollierbaren Bedingungen der Kriegszeit hervorragende Planungsarbeit geleistet hatten, die Skizzierung der Nachkriegssituation und -entwicklung weit weniger genau. In der Tat, hätte man der amerikanischen Wirtschaftspolitik die pessimistischeren Voraussagen zugrunde gelegt, eine Nachkriegsinflation größeren Ausmaßes wäre unvermeidbar gewesen.

Für diese groben Fehleinschätzungen lassen sich vielfältige Gründe aufführen; unter anderem war eine gewisse Hybris auf seiten der Wissenschaftler mit im Spiel. Die große Ungewißheit, die zwischen dem Tag der deutschen Kapitulation im Mai 1945 und dem Tag der japanischen Kapitulation im August 1945 (als ein Großteil der Prognosen angefertigt wurde) über die zukünftigen Regierungsentscheidungen herrschte, bedingte das Einfließen jener dogmatischen Elemente, die in den Prognosen zum Ausdruck kamen. Niemand konnte damals abschätzen, wie schnell die Militärausgaben eingeschränkt und in welchem Umfang und über welchen Zeitraum Soldaten und Matrosen zurückbeordert würden. Eine Revision der Steuerpolitik stand ebenfalls bevor. Das Hauptproblem aber war: In welchem Ausmaß gelang es der Industrie, den Produktionsapparat von der Kriegsproduktion auf die Herstellung von Autos, Werkzeug und anderen Gebrauchsgegenständen einer im Frieden lebenden Gesellschaft umzustellen? Auch über die Größenordnung der sofortigen Hilfsmaßnahmen für die alliierten Länder und die besiegten Gegner herrschte völlige Unklarheit.

Ein großer Teil der Prognosen zeigte beträchtliche analytische Schwächen. Dabei fiel besonders die falsche Behandlung der Konsumfunktion auf. Vor und während des Krieges bezogen die Keynesianer die Konsumausgaben einer bestimmten Periode immer auf das verfügbrare Einkommen, das den Konsumenten im gleichen Zeitraum ausgezahlt wurde. Wandte man diese Regel auf die Nachkriegszeit an, so ergab sich folgender Schluß: Da die Einkommen aufgrund der drastischen Beschränkung der Kriegsproduktion sinken würden, waren verminderte Konsumausgaben zu erwarten, deren prozentuale Einschränkung sich aus dem Vorkriegswert des Grenzhanges zum Konsum ergab. Betrüge der Grenzhang zum Konsum zwei Drittel — was dem allgemein anerkannten Schätzwert vor dem Kriege entsprach — dann resultierte aus einem Einkommensschwund von 30 Milliarden Dollar ein Absinken der Konsumausgaben in Höhe von 20 Milliarden Dollar.

Woytinsky erkannte als beinah einziger, daß noch mindestens zwei andere wesentliche Faktoren das Verhalten der Konsumenten mitbeeinflußten. Da war zunächst die ungeheure Ansammlung von Barvermögen in den Händen amerikanischer Bürger zu beachten. Arbeiter, die viele Überstunden machten; Soldaten, die auf den verlassenen Inseln im Pazifischen Ozean keine Gelegenheit fanden, ihren Sold auszugeben; Ehefrauen und Mütter, die die monatlichen Zuweisungen ihrer Männer und Söhne sparten, Bürger aller Einkommensschichten, die in Befolgung eines patriotischen Aufrufes leicht veräußerbare Kriegsobligationen in Höhe von 65 Milliarden Dollar erwarben: sie alle trugen zur Akkumulierung dieses Vermögens bei.

Hierdurch verfügten die amerikanischen Bürger über annähernd 250 Milliarden Dollar, die sie zu gegebener Zeit und ihren Bedürfnissen entsprechend zu Konsumausgaben verwenden konnten. Aber warum sollten sie keine Konsumwünsche hegen? Die 30er Jahre hatten ihnen Unsicherheit und Verzweiflung beschert. Viele Familien fuhren damals ihre Autos solange, bis sie praktisch auseinanderfielen; sie trugen ihre Kleidung so lange, bis sie zu reißen begann, und sie lebten in zunehmend wackligerem Mobiliar. Während des Krieges verdienten sie genug, um die so lange entbehrten Dinge zu erwerben. Aber ihre Geldmittel erwiesen sich als gegenwärtig nutzlos. Stahl wurde zu Kanonen und nicht zu Autos oder Elektrogeräten verarbeitet. Stoff wurde zu Uniformen, nicht zu Zivilkleidung geschneidert. Als der Krieg schließlich beendet wurde, waren die meisten Amerikaner begierig, die unterdrückten Bedürfnisse der letzten fünfzehn Jahre zu befriedigen.

Es fehlten nur noch die entsprechenden Güter. Und amerikanische Erzeugnisse strömten in einem solchen Umfang aus den Fabriken, wie es sich selbst die kühnsten Optimisten nicht vorgestellt hatte. Die Umstellung auf Friedensproduktion war eine Sache von Monaten, nicht von Jahren, wie man ursprünglich angenommen hatte. Die Wirtschaftsexperten konnten sich später damit trösten, daß die Konsumenten nach einer Phase ungezügelter Kauflust zu einer normalen Beziehung zwischen Einkommen und Konsumption zurückfanden. Unter den gegebenen Umständen aber war es ein schwacher Trost, nichts als eine flaue Ausrede für schwerwiegende Irrtümer.

Eine zusätzliche Ursache für diese Fehler stellte sicherlich die Orientierung vieler Wissenschaftler an der Stagnationstheorie dar. Die Stagnation beherrschte ihre Überlegungen, und nichts konnte sie davon abbringen. Erhebt man das Unglück zum Axiom, dann besitzt es auch als Teil einer Prognose keinen Aussagewert*. Dieses Axiom wurde durch einen historischen Analogschluß untermauert: Folgte auf den kleinen Konflikt im Ersten Weltkrieg bereits eine Rezession, dann war nach dem Zweiten Weltkrieg mit einer in jeder Beziehung stärkeren Rezession zu rechnen.

Rechtzeitig wurden die Fehler der Experten der Öffentlichkeit bewußt. Sie gaben Anlaß zu jener Schadenfreude, die die öffentliche Niederlage jedweden anerkannten Fachmannes zu begleiten pflegt. 1945 wurden die genannten Prognosen Ernst genommen, denn sie brachten in trügerischer Genauigkeit jene Befürchtungen zum Ausdruck, die sehr viele Amerikaner über die wirtschaftliche Entwicklung der Nachkriegszeit hegten. Liberale Kritiker benutzten die Prognosen, um damit ihre Programme für öffentliche Arbeiten und Sozialreformen auszupolstern, die sie aufgrund ethischer und humanitärer Gründe verfochten. Was die Unternehmer betraf, so benutzten viele von ihnen die freudlosen Prognosen als Grund dafür, bei der Regierung um mehr Verständnis für die Probleme der Industrie zu werben, und um für günstigere Besteuerung, großzügigere Verkaufsbedingungen für die privaten Käufer von Staatsbetrieben und die Abschaffung der Preiskontrolle und der Rationierung zu plädieren.

Die Bestrebungen der Liberalen nach gesetzlicher Verankerung ihrer Vorschläge und die geteilten Auffassungen innerhalb der Unternehmerschaft konzentrierten die Auseinandersetzung auf einen Punkt: auf die ›Full Employment Bill‹ (Gesetzentwurf über die Vollbeschäftigung), die 1945 eingebracht wurde und 1946 als ›Employment Act‹ (Gesetz über die Beschäftigung) verabschiedet wurde. Die lebhaften parlamentarischen Diskussionen über dieses Gesetz spiegelten getreu die wirtschaftlichen und ideologischen Inter-

---

* Sir Roy Harrod hat einmal bemerkt, daß Wirtschaftswissenschaftler entweder als kleine Inflationisten oder kleine Deflationisten geboren werden, die ihr Leben lang den Beginn einer Inflation bzw. einer Deflation befürchten. Von den Prognostikern Washingtons ist der überwiegende Teil der zweiten Kategorie zuzuordnen.

essen wider, die bei der Debatte über die zukünftige wirtschaftspolitische Rolle der Regierung aufeinanderprallten[33]. Die Geschichte dieses Gesetzes begann am 22. Januar 1945, als Senator James E. Murray den Gesetzentwurf zur Erhaltung der Vollbeschäftigung (Full Employment Bill) im Namen der Senatoren Robert Wagner aus New York, Elbert Thomas aus Utah, Joseph O'Mahoney aus Wyoming sowie für sich selbst einbrachte. Diese vier Männer stellten die vielleicht fortschrittlichsten Mitglieder des Senats dar. Sie hatten maßgeblichen Anteil an den wichtigsten gesetzgeberischen Projekten des New Deal gehabt. Gleich von Anfang an strebten die Initiatoren eine breite Unterstützung ihres Projekts an, die weit über die wohlwollende Besprechung in liberalen Zeitschriften und Organisationen hinausging. Diese hatten sich schon seit längerem mit der Beschäftigungslage in der Nachkriegszeit auseinandergesetzt. Stephen K. Bailey charakterisiert die Befürworter der gesetzlichen Vorlage so:

Die Antragsteller von S. 380 waren sich von Anfang an darüber im klaren, daß ihnen ein harter Kampf bevorstand. Der Krieg war noch nicht zu Ende, die Nachrichten über militärische Operationen beanspruchten die volle Aufmerksamkeit der Öffentlichkeit. Obgleich sowohl die Gewerkschaften wie die liberalen Organisationen an Vollbeschäftigung interessiert waren, bestanden unterschiedliche Auffassungen über die Methoden, und die einzelnen Interessengruppen waren in institutioneller wie in machtpolitischer Hinsicht untereinander zerstritten. Widerstand gegen S. 380 erwartete man vor allem von großen Teilen der Unternehmerschaft, den konservativen Bauernverbänden und, in geringerem Umfang, von den traditionsgebundenen Veteranenverbänden sowie merkwürdigerweise auch von einer linksgerichteten Gruppe innerhalb des CIO (Congress of Industrial Organisation — neben AFL [American Federation of Labor] der führende Gewerkschaftsverband). Daraus ergaben sich für die Antragsteller drei strategische Hauptforderungen im Hinblick auf ihr Auftreten außerhalb des Kongresses: 1. Das Interesse der Öffentlichkeit zu wecken, 2. die Freunde der ›Full Employment Bill‹ zu mobilisieren und zu vereinigen und 3. die Opposition aufzusplittern[34].

Die inhaltlichen Unterschiede zwischen dem eingebrachten Entwurf und dem verabschiedeten Gesetz werden weiter unten ausführlich behandelt. Soviel kann man aber an dieser Stelle sagen: Eine gesetzliche Verankerung von S. 380 ließ sich erst nach beträchtlichen inhaltlichen Abstrichen durchsetzen.

Die tatsächlichen Vorgänge liefern das Material für eine Fallstudie über die Strategie und Taktik politischer Auseinandersetzungen. Nachdem die Verfechter der Vorlage die Härte des bevorstehenden Kampfes begriffen hatten, versuchten sie, durch eine überwältigende Zahl von Ansprachen, durch Zeitungsartikel und durch Briefkampagnen das Interesse der Öffentlichkeit zu wecken. Sie bezogen die Tagespresse und das Radio mit ein, und sie ermunterten die Gesetzgeber in den einzelnen Bundesstaaten, ebenfalls Maßnahmen zur Erhaltung der Vollbeschäftigung zu formulieren. Übrig blieb noch die heikle Aufgabe, die ›Liberalen‹ bei der Stange zu halten. Fortschrittliche Gruppen neigen zu Streitsucht. Ihre Stärke liegt in der Fähigkeit, auf der Grundlage von Öffentlichkeitsarbeit in den Massenmedien fruchtbare Ideen zu propagieren. Umgekehrt besteht ihre Schwäche in ihrem gleichsam verkrampften Festhalten an ihren Ideen und in ihrer Weigerung, Kompromisse einzugehen oder ihre Ideen einer größeren Anstrengung auf Basis der Gemeinsamkeit unterzuordnen. Liberale Gruppen verwechseln sehr oft taktische oder Detailfragen mit grundsätzlichen Erwägungen. Die Senatoren Murray und Wagner riefen zur Koordinierung aller fortschrittlichen Kräfte einen ›Ständigen Kreis‹ ins Leben, der zwischen Juni und Dezember 1945 regelmäßig tagte.

Seine Unternehmungen zeitigten beachtlichen Erfolg. Nur sehr selten brachen die ›Liberalen‹ aus der gemeinsamen taktischen Linie aus. Selbst die beiden zanksüchtigen Gewerkschaftsorganisationen konnten überzeugt werden, diesmal gemeinsam die Vorlage zu unterstützen, anstatt, wie sonst üblich, zwei gegnerische Lager zu bilden. Weniger erfolgreich verliefen die Bemühungen, die Gegner der Gesetzgebung aufzusplittern. Die fortschrittliche National Farmers Union kämpfte aktiv für Vollbeschäftigung, ein Ziel, für das ihre Vorsitzenden schon seit Jahren eintraten. Doch die traditionellen Bauernverbände enttäuschten. Die National Grange veröffentlichte eine Stellungnahme, die so vieldeutige Bekenntnisse enthielt, daß die Kongreßabgeordneten nicht sicher waren, ob der Verband nun für oder gegen die Gesetzgebung plädierte. Über den Standpunkt der mächtigen American Farm Bureau Federation bestanden jedoch keine Zweifel. Ihre Repräsentanten widersetzten sich von Anfang an der Vorlage.

Die Unternehmerschaft gab sich noch feindseliger. Zwei kleine Unternehmerverbände, einzelne Industrielle und das Committee for Economic Development begrüßten gewisse gesetzliche Regelungen. Aber die mächtigsten Unternehmergruppen, angeführt von der National Association of Manufacturers (Nationaler Fabrikantenverband) und die Chamber of Commerce (Handelskammer), inszenierten einen militanten Feldzug kurz nachdem eine Version der Vorlage den Senat passiert hatte und dem Repräsentantenhaus im Herbst 1945 zur Debatte vorlag. Das Argumentationsniveau der Unternehmer charakterisieren die Abschnittsüberschriften einer umfangreichen Veröffentlichung der NAM: *Zusammenstellung ausgewählter Absichtserklärungen, die die Trugschlüsse und inneren Widersprüche der sogenannten ›Full Employment Bill‹, S. 380, aufdecken.* Ein anschaulicher Titel, doch wird er sicher nicht in den Jahrbüchern für Literatur fortbestehen. Die acht Abschnittsüberschriften lauteten:

Abschnitt 1: Die Full Employment Bill (S. 380) bedeutet Regierungskontrollen.
Abschnitt 2: Die Full Employment Bill (S. 380) setzt dem freien Unternehmertum ein Ende.
Abschnitt 3: Die Full Employment Bill (S. 380) wird die Macht der Exekutive vergrößern.
Abschnitt 4: Gesicherte ›Voll‹-Beschäftigung — Kritik — Bedingungen.
Abschnitt 5: Die Full Employment Bill (S. 380) schafft die gesetzlichen Grundlagen für die kompensatorische Finanzpolitik — Bundesausgaben und Ankurbelungsmaßnahmen.
Abschnitt 6: Die Full Employment Bill (S. 380) führt zum Sozialismus.
Abschnitt 7: Die Full Employment Bill (S. 380) ist nicht realisierbar, unbrauchbar und verspricht, was sie nicht halten kann.
Abschnitt 8: Die Full Employment Bill (S. 380) — Einzelne Punkte zur spöttischen Erheiterung.

Der gewissenhafte Leser dieses Schriftstückes wüßte zumindestens die Gesetzgebungsnummer der Vorlage auswendig. Ein Auszug aus der ›spöttischen Belustigung‹ soll die Veranschaulichung dieses Beitrags der Unternehmer zur öffentlichen Diskussion abschließen:

Hohn und Spott über sie

Der Majoritätsbericht stellt fest:
›Sachverständige, die vom Unterausschuß gehört wurden, und Berichterstatter, deren Briefe im Archiv liegen, haben übereinstimmend betont, unsere gegenwärtigen Aussichten für die Nachkriegszeit seien *ebenso un-*

*gewiß und unsicher wie die für die Zeit nach dem Ersten Weltkrieg, in
der wir schlechte Erfahrungen machen mußten*‹ (Senatsbericht über S. 380,
S. 2).
Wie? Und das angesichts eines Lebens im Überfluß, das der New Deal
uns beschert hat?
Wie? Nachdem der New Deal fünfzehn Jahre lang Superanstrengungen
für ›Wiederbelebung und Reformen‹ unternommen hat?
Wie? Nachdem die Regierung Ausgaben in Höhe von 23 Milliarden Dollar
in Friedenszeiten und 250 Milliarden Dollar im Krieg getätigt hat[35]?

Zwar ging sie nicht gleichermaßen absurd und bösartig vor, doch
hat es den Anschein, daß die Widerstandsbemühungen der Chamber
of Commerce erfolgreicher gewesen sind. In ihren 1700 Lokal-
organisationen waren mehr und unterschiedlichere Unternehmer
vertreten als in der NAM, in der sich nur eine relativ kleine Zahl
Großindustrieller zum Kreuzzug gegen das Zwanzigste Jahrhundert zusammenfand.
Obwohl die Privatwirtschaft eine beinah geschlossene Front beibe-
hielt, drängt sich die Frage auf, ob die Opposition der Unternehmer allein ausgereicht hätte, um die Vorlage abzuschwächen. Das
beständige Desinteresse der Öffentlichkeit erleichterte es den Unternehmern erheblich, ihre Interessen zu verfolgen. Die Begeisterung über die Beendigung des Krieges im Pazifik nahm die Bevölkerung dermaßen gefangen, daß sie Vorgänge im Kongreß — einschließlich dieser Maßnahme — kaum beachtete. Die gesetzgeberischen Initiativen fanden bestenfalls eine verbreitete, nicht jedoch
eine intensive Unterstützung durch die Bürger Amerikas. Zum Beispiel ergab 1944 eine Meinungsumfrage, die die Zeitschrift *Fortune*
durchgeführt hatte, daß 67,7 Prozent der Befragten der Meinung
waren, die Regierung solle im Notfall einem Sinken des Beschäfti-
gungsrades (job slack) entgegenwirken. Darüber hinaus hatten sich
während des Wahlkampfes von 1944 beide Parteien, Thomas De-
weys Republikaner und Franklin Roosevelts Demokraten, verpflichtet, alle Maßnahmen durchzuführen, die zur Förderung von
Vollbeschäftigung erforderlich waren. Anscheinend jedoch war es
den Verfechtern von S. 380 nicht gelungen, eine Verbindung zwischen diesen Gesinnungsbekundungen und den eigentlichen Gesetz-
gebern herzustellen, die die Möglichkeit besaßen, ihnen Gewicht zu
verleihen. Die Apathie der Öffentlichkeit war beträchtlich. Eine

Meinungsumfrage, die im Juli 1945 in Illinois durchgeführt wurde, ergab, daß 69 Prozent der Wähler noch nie etwas über das Gesetz gehört hatten; von denen, die darüber gehört hatten, wußten 19 Prozent überhaupt nichts über den Inhalt zu sagen, und vier Prozent besaßen falsche Vorstellungen davon; nur 8 Prozent hatten von dem Gesetz erfahren und besaßen genaue Kenntnis über dessen Inhalt[36]. Unwissenheit und falsche Informationen boten einen günstigen Nährboden für die Propaganda der Unternehmer und die Obstruktionsversuche konservativer Mitglieder des Repräsentantenhauses.

Trotzdem hätte man nach dem Abflauen der Siegesfreude diese Uniformiertheit überwinden können, wenn nicht gerade ein so ungelegener wirtschaftlicher Aufschwung im Gange gewesen wäre. Die unheilverkündenden Prognosen auf eine massive Arbeitslosigkeit hatten sich weder nach dem Sieg in Europa noch nach dem Ende des Krieges im Pazifik bewahrheitet. Die Zivilindustrie zeigte sich allen Erwartungen zum Trotz in der Lage, die Scharen heimkehrender Veteranen und die Unzahl aus der Kriegsproduktion ausgeschiedener Arbeiter aufzunehmen. Unter diesen Umständen könnte man einer Öffentlichkeit, die sich über den unvermutet raschen Abschluß eines langen Krieges freute, eine gewisse Indifferenz über die Folgen einer Sondergesetzgebung verzeihen, zumal es sich um ein äußerst schwieriges und kompliziertes Thema handelte. Wahrscheinlich hatten die Initiatoren und die Befürworter von S. 380 außerordentliches Glück, daß sie in einem zunehmend widerstrebenden Kongreß überhaupt noch ein Gesetz durchbrachten.

Was schließlich herauskam, unterschied sich beträchtlich von dem ›Depressionsfresser‹ aus dem Jahre 1945. Die ursprüngliche Vorlage verwandte in ihrer Absichtserklärung kühn den einschüchternden Ausdruck ›Vollbeschäftigung‹:

Ein Gesetzentwurf zur Schaffung einer nationalen Politik und eines Programmes zur Sicherung von fortdauernder Vollbeschäftigung in einer freien Wettbewerbswirtschaft; erarbeitet in gemeinsamer Anstrengung von Industrie, Landwirtschaft, Gewerkschaften und den Regierungsinstanzen des Bundes, der Staaten und der Gemeinden[37].

Trotz wohlklingender Lippenbekenntnisse zu einer freien Marktwirtschaft stand die gesetzliche Vorlage Murrays — sowohl, was den Titel, als auch, was die dahinterstehende Absicht betrifft — in enger Übereinstimmung mit den internationalen Diskussionen über Vollbeschäftigung, in besonderem Maße zum ›White Paper‹ (1944) der konservativen Regierung Großbritanniens und Lord Beveridges *Full Employment in a Free Society* (Vollbeschäftigung in einer freien Gesellschaft). Im Vergleich dazu der Employment Act aus der ›Declaration of Policy‹ von 1946:

Hiermit verfügt der Kongreß: Die politische Aufgabe und Verantwortlichkeit der Bundesregierung besteht im fortwährenden Einsatz aller praktikablen Mittel, die mit den Notwendigkeiten und Verpflichtungen anderer wichtiger nationaler Zielsetzungen im Einklang stehen. Dabei soll sie, unterstützt und ergänzt durch Industrie, Landwirtschaft, Gewerkschaften und durch die Regierungen der Staaten und der Gemeinden alle ihre Pläne, Funktionen und Mittel zum Zwecke der Einrichtung wünschenswerter Neuerungen und der Beibehaltung von Bewährtem koordinieren und nutzbar machen, dies soll in einer Weise geschehen, die zur Anregung und Förderung einer freien Wettbewerbswirtschaft und des allgemeinen Wohlstands dient und die zu maximaler Beschäftigung, Produktion und Kaufkraft führt. Unter diesen Bedingungen wird für jeden, der arbeitsfähig, arbeitswillig und auf der Suche nach einem Arbeitsplatz ist, eine nützliche Beschäftigung bereitstehen[38].

Diese Erklärung gelangt über einen verschlungenen Pfad zu der vieldeutigen Schlußfolgerung, daß die Regierung unter Berücksichtigung gleichrangiger Zielsetzungen den fleißigen Armen bei der Suche nach einem Arbeitsplatz helfen sollte, falls andere nationale Ziele nicht dagegen sprächen. Der Begriff ›Vollbeschäftigung‹ verschwand völlig aus dem Titel und der Absichtserklärung des Gesetzes. Ebenso fallengelassen wurde der Begriff ›Recht auf Arbeit‹, unter dem noch im ursprünglichen Entwurf gefordert wurde, daß ›alle Amerikaner, die arbeitsfähig, aber arbeitslos sind, das Recht auf eine nützliche und einträgliche Beschäftigung haben. Die Aufgabe der Vereinigten Staaten besteht in der Bereitstellung ausreichender Beschäftigungsmöglichkeiten, die es allen Amerikanern, die eine abgeschlossene Schulbildung genossen haben und nicht an eine ganztägige Tätigkeit im Haushalt gebunden sind, ermöglicht, zu jeder Zeit von diesem Recht Gebrauch zu machen‹[39].

Das war jedoch erst die einleitende Erklärung. In seinen entscheidenden Klauseln unterschied sich der ursprüngliche Entwurf in noch weit größerem Ausmaß vom verabschiedeten Text. Es lag in der Absicht der Verfasser von S. 380, die Bundesregierung für die Sicherung von Vollbeschäftigung verantwortlich zu machen. Waren dazu Bundesausgaben erforderlich, so sah der Gesetzentwurf den Zwang zur Ausgabe von Bundesmitteln vor. In Abschnitt 2 (d) heißt es: ›Die Bundesregierung trägt die Verantwortung für solche konsequenten und eindeutigen wirtschaftspolitischen Maßnahmen und Programme, die durch die Anregung und Förderung von privaten und anderen (jedoch nicht Bundes-) Investitionen und Ausgaben den höchstmöglichen Beschäftigungsgrad gewährleisten.‹ Abschnitt 2 (e) legt unmißverständlich dar: ›Wenn dauernde Vollbeschäftigung nicht durch andere Maßnahmen erzielt werden kann, ist die Bundesregierung verpflichtet, durch Bundesinvestitionen und Bundesausgaben genügenden Umfangs eine dauernde Vollbeschäftigung zu garantieren.[40]‹

Die Verfasser der Gesetzesvorlage gingen bis hart an die Grenze einer Befürwortung des ›deficit spending‹ und von vorsätzlich unausgeglichenen Haushalten, doch führten sie dadurch niemand hinters Licht. Sicher wären ihre Ausführungen als ein Gemenge aus neun Teilen Redekunst und einem Teil Handlungsbereitschaft eingeschätzt worden, hätten sie nicht den folgenden Hauptabschnitt enthalten. Er trug die Überschrift ›The National Production Employment Budget‹ (Budget über die nationale Produktions- und Beschäftigungslage) und bildete das Kernstück der gesamten Gesetzesvorlage S. 380. In diesem Abschnitt wurden dem Präsidenten und dem Kongreß bestimmte Handlungsweisen vorgeschrieben und neue Verantwortlichkeiten auferlegt.

Der Abschnitt begann in der üblichen taktischen Zurückhaltung mit der Forderung nach Anregung von privaten Investitionen und Beschäftigungsmöglichkeiten. Doch klang unmißverständlich ein deutliches Eintreten der Verfasser für Staatsausgaben heraus. Zunächst wurde der Präsident angewiesen, dem Kongreß zu Beginn jeder Sitzung ein Budget über die nationale Produktions- und Beschäftigungslage vorzulegen. Dieses Budget sollte — wenigstens für das folgende Haushaltsjahr — eine Prognose über den Umfang der Beschäftigungszahl, der privaten Investitionen, der Regierungsausgaben und der Konsumausgaben enthalten. Aus den Schätzwerten hatte der Präsident dann eine wirtschaftspolitische Linie abzuleiten, auf deren Grundlage er dem Gesetzgeber angebrachte Maßnahmen vorschlagen sollte. In wohlüberlegten, aber deutlichen Worten forderten die Verfasser der Vorlage:

Wird der Zuwachs (wenn überhaupt gegeben) an Investitionen und Ausgaben (die nicht von der Bundesregierung getätigt wurden), der als Resultat des vorgelegten Programms erwartet werden kann ... als unzureichend für die Bereitstellung eines Produktionsvolumens bei Vollbeschäftigung erachtet, soll der Präsident (dem Kongreß) ein Investitions- und Ausgabenprogramm der Bundesregierung unterbreiten, das ausreicht, um die Gesamtinvestitionen und Gesamtausgaben von Privatwirtschaft, Konsumenten, Länder-, Kommunal- und Bundesregierungen auf ein Niveau zu heben, das ein Produktionsvolumen bei Vollbeschäftigung garantiert[41].

Wahrscheinlich wurde niemand durch diese Worte in hellen Aufruhr versetzt, trotzdem meinte es die Vorlage sehr ernst. Sie enthielt einen Zeitplan für Eingriffe des Kongresses, die immer dann erfolgen sollten, wenn das Budget über die nationale Produktions- und Beschäftigungslage ein Defizit enthielt. Ein auf höchster Ebene neu einzurichtendes Joint Committee (gemeinsamer Ausschuß) für das National Production and Employment Budget erhielt den Auftrag, nicht nur seine Beobachtungen über das Budget, sondern auch über die allgemeine wirtschaftspolitische Linie des Präsidenten dem Kongreß zugänglich zu machen, damit dadurch andere Ausschüsse des Kongresses Anhaltspunkte zur Vorbereitung weiterer Gesetze für die Sicherung der Vollbeschäftigung in die Hand bekamen.
Es muß an dieser Stelle offen bleiben, ob diese Mechanismen je wirklich funktioniert hätten. Der Präsident, dem die Verpflichtung oblag, Prognosen und Programme zu erstellen, und der Kongreß, der eigene Analysen und gesetzliche Vorschläge zu erarbeiten hatte, teilten sich in die politische Verantwortung. Darüber hinaus existierte keine Möglichkeit, den Kongreß zur Einhaltung des vorgeschlagenen Zeitplanes zu zwingen. Doch zumindestens ermöglichten es die Befürworter von S. 380 den Wählern, ihren Präsidenten und ihren Kongreß für Arbeitslosigkeit, zurückbleibendes Wirtschaftswachstum und eine schlecht funktionierende Volkswirtschaft zur Verantwortung zu ziehen.
Der Entwurf enthielt die unmißverständliche Festlegung auf die Keynesianische Methode der kontenmäßigen Erfassung des Volks-

einkommens, die Keynesianische Betonung der Gesamtnachfrage und die Keynesianische Finanzpolitik. Ein solcher Dogmatismus scheint in der Tat übertrieben. Wie sich bald herausstellen sollte, war man mit der Prognosetechnik von 1945 noch nicht in der Lage, die voraussichtliche Entwicklung der Volkswirtschaft mit einer Genauigkeit zu bestimmen, aus der sich angemessene kompensatorische Maßnahmen ableiten ließen.

Auf die legislativen Aussichten der Vorlage wirkte sich vor allem sehr ungünstig aus, daß die pessimistischen Prognosen von Anfang und Mitte 1945 bereits im Herbst und im Winter des gleichen Jahres durch eine unerwartet sichere Wirtschaftslage widerlegt wurden. Es ist sogar denkbar, daß der Kongreß durch die Zurückweisung der Kernpunkte des Gesetzes dem Ansehen der Wirtschaftswissenschaftler einen unbeabsichtigten Dienst erwies.

Was auch immer in der Absicht des Kongresses lag, er strich die Vorlage radikal zusammen. Im neuen Gesetzestext war das gesamte ›National Production and Employment Budget‹ nicht mehr enthalten. Die Verpflichtungen von Präsident und Kongreß wurden erheblich eingeschränkt. Der Präsident wurde lediglich angewiesen, den Kongreß spätestens 60 Tage nach dessen Einberufung mit einem Wirtschaftsbericht zu beehren, der zur Formulierung der ausgesprochen verschwommenen ›Declaration of Policy‹ (s. S. 197) beitragen sollte; darüber hinaus sollte er einen allgemeinen Rückblick auf die Entwicklung der wirtschaftlichen Lage geben. Gnädig erweiterte der Kongreß die Befugnis des Präsidenten, nach eigenem Ermessen zusätzliche Berichte vorzulegen. Vom einflußreichen Joint Committee für das National Production and Employment Budget blieb nur noch als kümmerliches Relikt das Joint Committee für den Wirtschaftsbericht übrig. Die Aufgabe dieses Ausschusses bestand im Studium und in der Bewertung ökonomischer Tatbestände, jedoch nicht mehr in der Vorbereitung neuer Gesetze.

Daneben rief das Gesetz ein neues Exekutivorgan, den Council of Economic Advisers (Sachverständigenrat), ins Leben. Zu dessen ›Pflichten‹ und ›Aufgaben‹ zählten die Beratung des Präsidenten bei der Vorbereitung der Wirtschaftsberichte, die Sammlung aktueller Informationen aus dem Wirtschaftsleben, die Auswertung von Beschäftigungs- und Einkommensmaßnahmen anderer Bundesstellen und die Vorbereitung einer ›nationalen Wirtschaftspolitik zur Förderung der freien Wettbewerbswirtschaft, zum Ausgleich wirtschaftlicher Schwankungen oder ihrer Auswirkungen, und zur Erhaltung von Beschäftigung, Produktionsvolumen und Kaufkraft‹[42]. Der Kongreß hatte allen politischen Vorstößen zu S. 380 die Stoßkraft genommen. Der Präsident wurde lediglich zur Vorlage eines weiteren Berichts angewiesen. Den Kongreß verpflichtete man nur zu dessen Studium. Weder der Präsident noch der Kongreß wurde zu mehr gezwungen als zur Ausführung einer politischen Linie, die dermaßen verschwommen war, daß sie auf beinah alle möglichen Zielsetzungen angewandt werden konnte.

Wer hatte gesiegt? Die tapferen ›Liberalen‹, die einen langen, schweren Kampf für Gesetze zur Vollbeschäftigung geführt hatten und die am Ende den Employment Act erhielten, in dem das Wort ›Vollbeschäftigung‹ nicht ein einziges Mal erwähnt war? Oder die National Association of Manufacturers, die sich jeglicher Gesetzgebung dieser Art widersetzt hatte?

Zusammen mit anderen intelligenten Konservativen stimmte Senator Taft der Endfassung des Gesetzes zu, denn S. 380 hatte seine gesellschaftspolitische Schärfe eingebüßt; die Praxis des Kongresses, Wirtschaftsgesetze auf eigene Weise und zu selbstgewählter Zeit zu behandeln, blieb unbeeinträchtigt. Das National Budget und das furchtgebietende Joint Committee als Bewertungsinstanz waren auf der Strecke geblieben. Eigentlich blieb alles beim alten. Jedem vernünftigen Gegner von S. 380 konnte man billigerweise das Verdienst zusprechen, einen Beitrag zur Zurückdrängung von kompensatorischen Ausgabenbestimmungen und -mitteln sowohl innerhalb wie außerhalb der Regierung geleistet zu haben.

Die Kehrseite dieses Falles hängt von der Bedeutung ab, die man Symbolen und Startzeichen zumißt. Zum ersten Male hatte der Kongreß — wenn auch widerwillig und vieldeutig — ein wenig Verantwortung für die Erhaltung zwar nicht von ›Vollbeschäftigung‹, aber doch von einem ›hohen Beschäftigungsgrad‹ übernommen. Darüber hinaus stellten das Council of Economic Advisers und *The Economic Report of the President* (Wirtschaftsbericht des Präsidenten) zwei Instrumente bereit, die ein entschlossener Präsident als mächtige Hilfmittel bei Aktionen des Staates einsetzen konnte. Obwohl die ausdrückliche Empfehlung staatlicher Ausgabenpolitik und starker Defizite aus S. 380 herausgeschnitten war, gab es für den Präsidenten und seine Berater keine Hinderungsgründe, im Hinblick auf einen ›hohen Beschäftigungsgrad‹ kompensatorische Steuermaßnahmen oder Staatsausgaben vorzuschlagen. Der Einfluß von Arthur F. Burns in den Sachverständigenräten der Regierung Eisenhower sowie die Erzieherrolle, die Walter W. Heller bei Präsident Kennedy spielte, deuten auf die Möglichkeiten hin, die das Gesetz klugen Vorsitzenden des Sachverständigenrates eröffnete. Die Existenz des Sachverständigenrates ermöglichte zumindest die rasche Annahme des Tax Reduction Act (Steuersenkungsgesetz) von 1964 und das offene Bekenntnis der Präsidenten Kennedy und Johnson zu defizitärer Finanzpolitik.

Es gibt noch ein subtileres Argument. Seit dem Ende des Zweiten Weltkrieges hat jede Bundesregierung einen bedeutsamen Grundsatz akzeptiert: Die Öffentlichkeit wird keinen Präsidenten und keinen Kongreß im Amt belassen, der über einen längeren Zeitraum hohe Arbeitslosenziffern zuläßt. Diese Erkenntnis besitzt größere Tragweite als jedes mögliche Gesetzeswerk, denn sie zwingt selbst konservative Präsidenten und altmodische Kongreßabgeordnete zum Handeln. Die Debatten über S. 380 und den daraus hervorgehenden Employment Act trugen das ihre zur Erschaffung dieser politischen Tatsache bei. Letzten Endes wird die Gestalt der Wirtschaftspolitik eines Landes mehr von der Wählerschaft und ihren Erwartungen geprägt als von den Theorien der Wirtschaftswissenschaftler oder den persönlichen Vorurteilen der Politiker.

KAPITEL 7

Keynes in der Nachkriegszeit

Mit dem Tag des Sieges über Japan, dem 2. 9. 1945, endete der erste Krieg, der nach Keynesianischen Grundsätzen geführt wurde. Beweise für diese Behauptung sind im Überfluß vorhanden. Die Kriegsämter analysierten Bedarf und Ressourcen mit dem Keynes'-schen Volkseinkommens-Konzept und brachten sie dann mit dem statistischen Material aus dem amerikanischen Handelsministerium in Einklang. Die Berechnung von Inflationslücken durch den Vergleich von Konsumenteneinkommen mit der Summe der Konsumgüterpreise, oder die Feststellung, daß die Summe aus Privatinvestitionen und Staatsdefiziten kleiner war als die Summe der privaten Ersparnisse und der Steuereinnahmen, stellte für die Wirtschaftswissenschaftler nur noch eine Routineangelegenheit dar. Aus Besprechungen dieser Art leiteten sie die Grundlagen für Preis- und Rationierungskontrollen ab, die zu den erfolgreichen Maßnahmen der Kriegsplanung zählten. Wie in Großbritannien bildeten Preise, Löhne, Haushalte, Steuern und Kontrollen keineswegs die Maßstäbe für finanzielle Gesundheit oder nationale Zahlungsfähigkeit, sondern sie stellten die Instrumente für die materielle Verteilung von Mneschen und Ressourcen.

Am Ende des Krieges führte die Verwurzelung Keynesianischer Denkweisen und die Erwartung der Öffentlichkeit nach fortdauernder Prosperität vielerorts zu entschlossenem Handeln. Eine von den Konservativen beherrschte Koalition in Großbritannien, eine Demokratische Regierung in den USA sowie Regierungen unterschiedlicher politischer Ausprägung in Kanada, Neuseeland,

Australien, Schweden und der Südafrikanischen Union bekannten sich zur nationalen Verantwortung für die Sicherung eines hohen Beschäftigungsgrades. Ein typisches Beispiel dafür liefert die Eingangserklärung des britischen White Paper aus dem Jahre 1944, wo es hieß, daß ›die Regierung als eine ihrer vorrangigsten Aufgaben und Verantwortlichkeiten die Erhaltung eines hohen und stabilen Beschäftigungsgrades ansieht[1]‹. Ein Jahr später hob eine kanadische Erklärung die Notwendigkeit ›eines Beschäftigungs- und Einkommensniveaus, das weit über den herrschenden Niveaus der Vorkriegszeit liegen muß[2]‹, hervor und sah nur aus Besorgnis über mögliche Schwankungen im Außenhandel und saisonbedingte Arbeitskräftefluktuationen von einer ausdrücklichen Garantie der Vollbeschäftigung ab. Die Australier gingen schon weniger bedächtig vor. 1945 las man in dem australischen Schriftstück *Some Problems of Economic Policy* (Einige Fragen der Wirtschaftspolitik), daß ›die Regierungen die Verantwortung auf sich nehmen sollten, konjunkturanregende Ausgaben für Güter und Dienstleistungen in einem Ausmaß zu tätigen, das zur Erhaltung von Vollbeschäftigung ausreicht‹. Doch man ging noch einen Schritt weiter. In ausgesprochen Keynesianischen Worten wurde betont, daß die wirtschaftliche Aktivität ›von der Nachfrage nach Gütern und Dienstleistungen abhängt — das heißt, von den Ausgaben einzelner Konsumenten, privater Unternehmen, staatlicher Behörden und ausländischer Kunden.[3]‹ Im Februar 1944 gründete Schweden eine wirtschaftliche Planungskommission für die Nachkriegszeit. Sie stand unter dem Vorsitz von Gunnar Myrdal, der in Amerika als der Autor des Buches *An American Dilemma* sowie als einer der hervorragendsten Wirtschaftswissenschaftler seines Landes bekannt ist.

Im großen und ganzen fanden sich alle Regierungen mit Ausnahme der amerikanischen bereit, konkrete wirtschaftspolitische Maßnahmen sowie neue Regierungsstrukturen in Erwägung zu ziehen. Schwedens Planungsbehörde für öffentliche Arbeiten wurde mit der Erarbeitung eines Programms für staatliche Investitionen beauftragt, das den Ausgleich von Schwankungen bei der privaten Investitionstätigkeit ermöglichte. Australien war bereit, die Staatsausgaben für Schulen, Bibliotheken, das Gesundheitswesen und die Aufwendungen zur Unterstützung von Kranken und alten Mitbürgern zu vergrößern. Kanadas Family Allowance Act (Gesetz über Familienzuschüsse) aus dem Jahre 1944 sah eine Erhöhung der Einkommen für minderbemittelte und kinderreiche Familien vor. Also entschlossen sich damals die Regierungen dreier Kontinente, nach mittlerweile bewährten Keynesianischen Grundsätzen Einfluß auf die Gesamtnachfrage zu nehmen, und zwar durch die Förderung des Konsums, die Anregung der privaten Investitionen, staatliche Investitionen oder durch alle drei Maßnahmen zusammengenommen. Die Staatsmänner der westlichen Welt hatten sich von der vorrangigen Bedeutung eines hinreichenden Niveaus an Gesamtnachfrage überzeugen lassen, gleichgültig, ob sie das Glaubensbekenntnis, das sie zum Ausdruck brachten, tatsächlich verstanden hatten oder nicht.

Auf diese Weise erlangte die Keynes'sche Wirtschaftstheorie Anerkennung als Planungsinstrument für Krieg und Frieden. Keynes selbst hatte in seinen letzten Lebensjahren noch andere Aufgaben zu meistern. Sein Hauptarbeitsgebiet lag jetzt in der Klärung internationaler Angelegenheiten. Neben anderen grandiosen Vereinfachungen hatte die *General Theory* eine geschlossene Volkswirtschaft zum Thema, in der weder Exporte noch Importe eine Rolle spielten. Keynes' fiskalpolitische Maßnahmen waren für eine Gesellschaft entworfen, die in bezug auf ihre eigenen innenpolitischen Angelegenheiten völlige Entscheidungsfreiheit besaß. Seine Vereinfachungen hatten allein heuristischen Charakter, denn er war sich durchgängig der Bedeutung eines blühenden Außenhandels für Großbritannien bewußt. Im Laufe der vierziger Jahre gelangte er gleichermaßen zu der Erkenntnis, daß Großbritanniens Hoffnung auf Prosperität in der Nachkriegszeit in enger Beziehung zu einer Reform des Goldstandards und der Struktur der internationalen Handelsbeziehungen stand. Großbritannien stand das Schicksal bevor, als verschuldete Nation den Frieden zu beginnen; es besaß darüber hinaus nur eine Kapitalausstattung, also Fabrikanlagen, die bereits 1939 veraltet war und die während des Krieges weiter verfallen war, da man noch nicht einmal die notwendigen Re- und Neuinvestitionen hatte durchführen können. Es mußten Vorkehrungen getroffen werden, die es verschuldeten Nationen wie Großbritannien sowie ihrem Riesengläubiger, den Vereinigten Staaten, ermöglichten, während des Wiederaufbaus normale Handelsbeziehungen zu unterhalten.

Bei der Konferenz von Bretton Woods bemühten sich die Alliierten bereits im Sommer 1944, für solche Notlagen Vorsorge zu treffen. Die beiden wichtigen wirtschaftlichen Organisationen der Nachkriegszeit, die auf die Initiative dieser Konferenz hin ins Leben gerufen wurden, richteten ihr Hauptaugenmerk auf die Stabilisierung der Währungen, die Verhinderung konkurrierender Abwertungen, die in den dreißiger Jahren zum Chaos geführt hatten, und auf die Verstärkung der internationalen Investitionsströme von reichen zu armen Nationen. Obwohl sie selbst niemals größere Summen verliehen hat, spielte die International Bank for Reconstruction and Development (die Weltbank) eine ehrenhafte Rolle bei der Unterstützung solider Projekte in den unterentwickelten Ländern wie auch in den Staaten Westeuropas. Die zweite Institution, der International Monetary Fund (Internationaler Währungsfonds), läßt zwei Jahrzehnte nach seiner Gründung Unzulänglichkeiten erkennen. Dazu zwei Bemerkungen: Jede internationale Organisation, die zwanzig Jahre lang recht gut funktionierte, muß einiges Richtige geleistet haben; und was ihre Mängel und Fehler angeht, so sind sie nicht Keynes' mangelnder Voraussicht, sondern der Verwässerung seiner Vorschläge zuzuschreiben, die insbesondere den amerikanischen Unterhändlern anzulasten ist.

Keynes fiel bei den Verhandlungen von Bretton Woods aufgrund seiner beharrlichen Beschäftigung mit der behandelten Materie völlig selbstverständlich eine zentrale Rolle zu. Seit seinen ersten wissenschaftlichen Arbeiten, in denen er sich vor dem Ersten Weltkrieg mit der indischen Währung befaßte, hatte sich Keynes ausführlich und ideenreich mit dem internationalen Goldstandard und den internationalen Investitions- und Warenströmen auseinandergesetzt. Sein *Tract on Monetary Reform* aus den zwanziger Jahren konzentrierte sich auf die Lockerung der goldenen Zwangsjacke, die den innenpolitischen Spielraum einengte. Während des Zweiten Weltkriegs erkannte Keynes, daß die Lösung dieses Problemkreises eine Ergänzung der Weltwährungsabkommen erforderte, damit eine Kombination von kurzfristiger Stabilität bei den Währungskursen der einzelnen Länder mit einer langfristigen Flexibilität innerhalb des Weltwährungssystems ermöglicht wurde. Voraussetzung für eine solche Flexibilität war, daß jedes Land ohne umgehende Vergeltungsmaßnahmen anderer Nationen Auf- bzw. Abwertungen vornehmen konnte. Das gestattete die Planung für Vollbeschäftigung im eigenen Land, ohne daß man befürchten mußte, durch den Abfluß von Goldreserven zu einer deflationistischen Politik gezwungen zu werden. Keynes hielt die Rückkehr zu einem Zustand für untragbar, bei dem die Regierungen im Falle einer passiven Zahlungsbilanz automatisch die Zinssätze erhöhten, die Bankkredite einschränkten und somit Arbeitslosigkeit verursachten.

Zur Lösung des Problems schlug Keynes die Einrichtung einer International Clearing Union (internationaler Clearingverband), die Schaffung einer internationalen Währung und einer internationalen Bank vor. Die Zwecke des Clearingverbandes formulierte Keynes wie folgt:

Wir benötigen eine internationale Währungsinstitution, die eine allgemeine Annehmbarkeit zwischen den verschiedenen Ländern garantiert, damit gesperrte Guthaben und bilaterale Verrechnungen überflüssig werden...

Wir benötigen eine ordnungsgemäße und allgemein akzeptierte Methode zur Bestimmung der relativen Tauschwerte der einzelnen Währungseinheiten, so daß einseitige Festsetzungen und konkurrierende Abwertungen verhindert werden.

Wir benötigen eine bestimmte *Menge* an internationalen Währungseinheiten. Sie darf weder in einer unvorhersehbaren und irrelevanten Art und Weise bestimmt werden — wie z. B. durch den technischen Fortschritt in der Goldindustrie —, noch darf sie größeren Schwankungen unterliegen, die von der Goldreservepolitik der einzelnen Länder abhängen. Die Umlaufmenge dieser Währung muß durch tatsächliche Erfordernisse des Welthandels bestimmt werden. Dabei muß sie bewußt ausgedehnt oder eingeschränkt werden können, um so deflationären oder inflationären Tendenzen der effektiven Weltnachfrage entgegenzuwirken.

Wir benötigen ein System mit eingebautem Stabilisator, das auf jedes Land Druck ausübt, dessen Zahlungsbilanz gegenüber der übrigen Welt in *einer von beiden Richtunge*n aus dem Gleichgewicht gerät. Auf diese Weise lassen sich Tendenzen eindämmen, die bei den Nachbarländern den Wunsch nach umgekehrten Salden gleicher Größe hervorrufen könnten.

Wir benötigen einen übereinstimmend gebilligten Plan, nach dem jedes Land am Ende des Krieges gemäß seiner Bedeutung im Welthandel mit einem Vorrat an Reserven ausgestattet wird, die es ihm erlauben (während der Übergangsperiode zu vollen Friedensbedingungen), ohne übermäßige Sorgen die eigene Wirtschaft ordnen zu können.

Wir benötigen eine zentrale, unpolitische Fachinstitution, die andere internationale Organisationen bei der Planung und Regulierung der Weltwirtschaft unterstützt.

Wir benötigen, etwas abstrakter ausgedrückt, Maßnahmen, die eine verstörte Welt wieder zur Ruhe kommen lassen. Jedes Land, das eine Politik der Vernunft betreibt, muß in Hinsicht auf seine Fähigkeit zur Einhaltung internationaler Verpflichtungen von der Sorge befreit werden, es könnten widrige Situationen entstehen, deren Ursachen außerhalb des eigenen Einflußbereiches liegen. Dann endlich werden solch einschränkende und diskriminierende Handlungsweisen überflüssig, deren sich die Nationen bis jetzt befleißigten, und zwar nicht aufgrund einer positiven Einschätzung dieser Methoden, sondern als Selbstschutzmaßnahmen gegen zerstörerische äußere Einwirkungen[4].

Diese wohl durchdachte und gewichtige Erklärung war ein Ergebnis seiner lebenslangen theoretischen Beschäftigung mit einer Welt, in der freier Welthandel und souveräne Innenpolitik der einzelnen Staaten zusammenwirkten, statt in Widerspruch zueinander zu stehen. Keynes betonte außerdem seine Abneigung gegen Beschränkungen der freien Auswahl, die die Folge zweiseitiger Handelsabkommen waren. Er befürchtete bei der Beibehaltung des Goldstandards das erneute Auftreten außergewöhnlicher Situationen in den Währungsbeziehungen. Im dritten Absatz erklärt Keynes seine feste Absicht, die Weltwährungsabkommen dem Zweck hoher Binnennachfrage und -beschäftigung dienen zu lassen und nicht umgekehrt stabile Binnenwirtschaften der Konsolidierung des Weltwährungssystems unterzuordnen. Zum damaligen Zeitpunkt hatte Großbritannien die größten Schulden, und die Vereinigten Staaten verfügten über die umfangreichsten Goldreserven. Aus diesem Grund war es verständlich, daß sich Keynes um einen Ausgleich zwischen Gläubiger- und Schuldnernation bemühte. Er erinnerte deshalb im vierten Absatz daran, daß bei gestörten Welthandelsbeziehungen die Last der Neuregulierung und des Ausgleichs zu gleichen Teilen auf die Länder mit einer passiven Zahlungsbilanz wie auch auf die Nationen mit Überschüssen aus dem Außenhandel falle. Für die amerikanischen Unterhändler und die Vertreter der verschuldeten Länder stand es jedenfalls fest, daß etwas unternommen werden mußte, um den Schuldnern Gelegenheit zu geben, ihre inneren wirtschaftlichen Angelegenheiten zu regeln, bevor man sie wieder dem scharfen Wind des internationalen Wettbewerbs aussetzte.

Obwohl Keynes' Vorschläge die verschiedensten technischen Details berücksichtigten, konzentrierten sie sich auf die Einführung einer neuen internationalen Bankvaluta als Ergänzung zur Goldwährung. Diese neue internationale Geldeinheit, von Keynes *bancor* genannt, sollte ›in Goldeinheiten (jedoch nicht unveränderbar) festgesetzt und als Äquivalent für Gold im britischen Commonwealth, in den Vereinigten Staaten und allen anderen Mitgliedsländern des Clearingverbandes zur Begleichung der internationalen Salden angenommen werden[5]‹. Länder mit günstigen internationalen Bilanzen würden dann bei der International Clearing Union Guthaben an *bancor*-Einheiten anhäufen. Länder mit Defiziten in ihren Außenhandelskonten würden dagegen die Debetseite ihres *bancor*-Kontos belasten. Dadurch könnte der Clearingverband praktisch den Schuldnerländern kurzfristige Darlehen gewähren, die er aus den Überschüssen der Länder mit positiver Zahlungsbilanz finanzierte.

Natürlich erforderte das System eingebaute Schranken, die verhinderten, daß die Schuldnerländer ihre Schulden immer weiter ausdehnten anstatt sie zurückzuzahlen. Der Clearingverband sollte jedem Land ein Abhebungskontingent zuteilen, das sich nach der jeweiligen Größe seines Handelsvolumens richtete. Ländern mit anhaltend unvorsichtigen Finanzpraktiken könnte ihr Konto zeitweilig gesperrt werden, genau wie ein Privatbankier einem unvorsichtigen Kreditnehmer kündigt. Doch die Vorschläge von Keynes zielten auf einen entscheidenden Punkt ab: Handelsnationen mit Defiziten im Außenhandel erhielten genügend finanziellen Spielraum, daß sie bei vorübergehenden Schwierigkeiten mit der Zahlungsbilanz nicht zu deflationistischen Maßnahmen im eigenen Lande gezwungen wurden. Es bestand kein Zweifel, daß der Clearingverband angehende Schuldnernationen wie Großbritannien gegenüber bestimmten Gläubigernationen wie den Vereinigten Staaten begünstigte. Wenn auch kein Land seine Schulden über das Abhebungskontingent ausdehnen konnte, waren die vorgeschlagenen Kontingente derart großzügig bemessen, daß in Amerika der Verdacht aufkam, die Vereinigten Staaten sollten ungeheure Verpflichtungen eingehen, um die Defizite der meisten anderen Länder der Welt zu finanzieren.

Aus diesem Grunde waren die amerikanischen Beamten mit dem Keynes'schen Entwurf alles andere als einverstanden. Ihr Gegenvorschlag entstand aus den Überlegungen von Harry Dexter White und seinen Mitarbeitern aus dem amerikanischen Finanzministerium. In einigen wichtigen Bestandteilen deckte sich der Plan Whites mit dem Keynes'schen Clearingverband. Entscheidend war, daß auch er die Notwendigkeit einer internationalen Organisation zur Regulierung der Währungen und des Warenaustausches beinhaltete. Whites Vorschlag einer Währungsknappheitsklausel machte darüber hinaus deutlich, daß die Amerikaner das Prinzip gleicher Verantwortung für Schuldner- und Gläubigernationen bei der Wiederherstellung eines Gleichgewichts im Welthandel akzeptiert hatten*. Doch fielen die Unterschiede zwischen beiden Plänen mehr ins Gewicht als die Übereinstimmungen. Keynes' Vorschläge zielten auf die Errichtung einer internationalen Zentralbank ab (einer riesigen Ausweitung der Bank von England oder des Federal Reserve System), die eine eigene Währung und die Vollmacht zur Gewährung von Anleihen besaß. Dagegen nahm sich der amerikanische Plan eher konventionell aus. Er sah zunächst die Einrichtung eines festgesetzten Fonds vor, der sich aus den Beiträgen der einzelnen Länder zusammensetzte, die die verschiedenen Regierungen dafür bewilligten. Im Gegensatz zur Keynes'schen Clearing Union sollte sich dieser Fonds nicht automatisch mit der Wiederbelebung der internationalen Handelsbeziehungen ausdehnen. Doch es gab weitere bedeutende Gegensätze. Die Verfügungs- und Sonderziehungsrechte gründeten sich beim Plan von Keynes auf das Außenhandelsvolumen der betreffenden Nation. Dieser Grundsatz hätte Großbritannien annähernd die gleichen Ziehungsrechte wie den Vereinigten

---

* Die Währungsknappheitsklausel erlaubte es Ländern, die bei einem Handelspartner in arges Defizit geraten waren, gegenüber diesem Partnerland Importbeschränkungen zu erlassen. Wenn Großbritannien aufgrund mangelnder Exporte in die Vereinigten Staaten sehr knapp an Dollar war, besaß es demnach aufgrund dieser Klausel die Möglichkeit, Importbeschränkungen auf Tabak, Filme, Autos, Haushaltsgeräte und andere Handelswaren zu legen, die amerikanische Anbieter nach England exportierten.

Staaten beschert, die doch eine wesentlich größere Volkswirtschaft darstellten und für die der Außenhandel, relativ gesehen, unbedeutender war. Die amerikanischen Pläne sahen als Maßstab für die Ziehungsrechte die Größe der ursprünglichen Goldeinlagen und den Umfang des Volkseinkommens vor. Es war sicher kein Zufall, daß diese Kriterien die amerikanische Position im gleichen Ausmaß begünstigten, wie vorher die Keynes'schen Normen Großbritannien bevorteilten.

In Diskussionen, die 1943 und Anfang 1944 der Einberufung der Konferenz von Bretton Woods vorangingen, wurde ein Kompromiß ausgehandelt. Auf britischer Seite überzeugte (oder zwang) man Keynes, das Konzept des Clearingverbandes aufzugeben und den von amerikanischer Seite vorgeschlagenen Weltwährungsfonds anzunehmen. Die Einlage des Fonds setzte sich aus einer gemischten Auswahl aus Gold und den Währungen der einzelnen Länder zusammen, bestand aber nicht aus einer neuen internationalen Währung. Dafür akzeptierten die Amerikaner vorbehaltlos die Währungsknappheitsklausel. Ein britischer Wirtschaftswissenschaftler maß ihre Bedeutung an der Tatsache, daß sie ›die Lasten eines relativen Ausgleichs auf Gläubiger und auf Schuldner‹[6] verteilte.

Das Ergebnis der Verhandlungen stellte Keynes keineswegs zufrieden. Der Fonds war im Vergleich zu einer International Clearing Union ein weit weniger gutes Instrument: Er war schwerfälliger, altmodischer und weniger nützlich für die Schuldner. Nichtsdestoweniger wußte Keynes als praktisch denkender Mann genau, daß dies der günstigste Vorschlag war, den die Amerikaner anbieten würden. Deshalb verteidigte er den Plan gegen jene Kritiker, die ihm, Keynes, vorwarfen, er hätte einer verschleierten Wiedereinsetzung des alten Goldstandards zugestimmt. In einer eindringlichen Rede, die er im Mai 1944 vor dem britischen Oberhaus hielt, versicherte Keynes, daß der neue Entwurf drei zentrale Grundsätze unangetastet ließ:

Der intervalutarische Geldwert des Pfunds wird sich an seinem Inlandswert, den wir durch unsere Innenpolitik bestimmen, orientieren und nicht umgekehrt. Wir haben zweitens die Absicht, die Kontrolle über die inländischen Zinssätze zu behalten und sie unseren Absichten entsprechend niedrig zu setzen, unbeschadet internationaler Kapitalbewegungen oder Strömen von ›heißem Geld‹. Und obwohl wir inflationären Tendenzen im eigenen Land entgegenwirken wollen, werden wir uns auf keinen Fall von äußeren Einflüssen zu deflationären Maßnahmen zwingen lassen. Das heißt, wir lehnen die Instrumente der Diskontsatzmanipulation und Kreditbeschränkung, die nur bei steigender Arbeitslosigkeit funktionieren, als Maßnahmen zur Anpassung unserer heimischen Wirtschaft an externe Faktoren ab*.

Glaubten seine Kritiker denn wirklich, fragte Keynes, daß er diese Ziele nach jahrelangem Kampf um sie leichtfertig wieder aus der Hand gegeben habe? Seine Antwort lautete:

Ich hoffe, Eure Lordschaften werden mir glauben, daß ich von den Zielen, für die ich gekämpft habe, nicht abgegangen bin. Die Verankerung dieser drei Grundsätze ist meine Hauptaufgabe während der letzten zwanzig Jahre gewesen. Ich habe, oft fast völlig auf mich allein gestellt, durch verständliche Zeitungsartikel, durch Broschüren, in Dutzenden Briefen an die *Times*, in Lehrbüchern und in umfangreichen, oft unverständlichen Abhandlungen alle Anstrengungen unternommen, meine Landsleute und die gesamte Welt zu überzeugen, daß wir mit den traditionellen Lehrmeinungen brechen und — durch die Anwendung besserer Theorien — dem Fluch der Arbeitslosigkeit ein Ende bereiten müssen. War ich es nicht, der schrieb, das ›Gold ist ein Relikt der Barbarei‹, als ein großer Teil der heutigen Bilderstürmer noch das Goldene Kalb anbetete? Bin ich etwa so ungläubig, so vergeßlich oder bereits so senil, daß ich in dem Augenblick, in dem diese Ideen den Sieg erringen, in dem in stetig wachsendem Umfang Regierungen, Parlamente, Banken, die Presse, die Öffentlichkeit und sogar die Wirtschaftswissenschaftler meine Theorien übernehmen, daß ich mich in diesem Augenblick abwende und helfe, neue Ketten zu schmieden, die uns in den alten Kerker zurückzwingen? Ich nehme an, meine Lords, das werden sie nicht glauben wollen[7].

Winston Churchill scheint 1944 nicht der einzige Brite gewesen zu sein, der zu einer rhetorischen Meisterleistung fähig war.

Als Keynes dann zur Behandlung von Einzelfragen überging, zählte er fünf schwerwiegende Vorteile für Großbritannien auf. Der erste bestand aus der Zusage, daß ›wir nach dem Kriege während einer unbefristeten Übergangsperiode berechtigt sind, diejenigen Beschränkungen der Kriegszeit sowie die Sonderabkommen mit dem Sterlinggebiet und anderen Ländern beizubehalten, die unserer

---

* Es wäre interessant zu wissen, wieviele Mitglieder der ehemaligen Regierung Wilson — von denen einige, auch der Premierminister, Wirtschaftler waren — sich an diese Passage erinnert haben, als eine Pfundkrise im Oktober 1964 die Regierung zwang, den Diskontsatz auf das Krisenniveau von 7 Prozent anzuheben und ihn für einige Monate dort zu halten.

Wirtschaft nützen‹. Zu dieser Frage hatten weder Keynes' ursprünglicher Plan noch der erste Entwurf von White so ausführlich Stellung genommen. Der zweite versprochene Vorteil sah die Rückkehr zu einer Welt mit voll konvertiblen Währungen vor. Dazu Keynes' Meinung: ›Für eine große Handelsnation wie die unsrige stellt dies eine unerläßliche Voraussetzung für Prosperität und Wohlstand dar.[8]‹ Es stand fest, daß London seine Stellung als internationales Finanzzentrum verlieren, der Sterlingblock auseinanderfallen und Großbritannien als Weltmacht absteigen würde, wenn die Währungen nicht frei austauschbar waren.

Das dritte Verdienst des Planes lag in ›einer großartigen Erweiterung der Weltwährungsreserven‹. Natürlich mußte Keynes einräumen, daß sein eigener Vorschlag eines Clearingverbandes die Reserven noch beträchtlich erweitert hätte. Doch selbst der gegebene Plan sah eine Erweiterung um 2,5 Milliarden Pfund vor, von denen Großbritannien zumindestens 325 Millionen Pfund ziehen durfte, — ›eine Summe, die leicht doppelt oder mehr als doppelt so groß ist wie der Umfang an Währungsreserven, die uns ohne diese Regelung am Ende der Übergangsperiode zur Verfügung stünden‹. Niemand bezweifelte, daß das Ziehungskontingent zu klein war, um davon allein die Wirtschaft zu erhalten. Doch war dies niemals die beabsichtigte Aufgabe der Reserven gewesen. Diese bestand vielmehr aus ›einer eisernen Ration, um über vorübergehende Notlagen aller Art hinwegzukommen[9]‹.

Es gab noch eine vierte vorteilhafte Regelung für Großbritannien. Sie hielt die Gläubigernationen an, ›die anderen Länder von der Verpflichtung zu befreien, ihre Exporte abnehmen oder, wenn bereits geschehen, dafür zahlen zu müssen‹. Der letzte Vorteil war institutioneller Art, denn er bestand in der ›Gründung einer internationalen Organisation mit beträchtlichen Befugnissen und Pflichten, die über die ordnungsgemäße Einhaltung von Abkommen wacht, z. B. von zweiseitigen Wechselkursen, die beide Partner gleichermaßen betreffen. Daneben kann diese Organisation als Diskussionsforum für verantwortliche Behörden dienen, um dadurch Mittel und Wege zur Überwindung aller unvorhersehbaren Gefahren zu finden, die die Zukunft für uns bereit hält[10]‹.

In beredter Art verteidigte Keynes ein ihm nicht in allen Punkten zusagendes Memorandum. Nachdem er sich jedoch einmal festgelegt hatte, kämpfte er im Juli 1944 in Bretton Woods entschlossen für den Fonds. Er führte dort die britische Verhandlungsdelegation an, der unter anderem Professor Lionel Robbins und D. H. Robertson, sein alter Freund, ehemaliger Kollege und Kritiker, angehörten. Ungefähr 750 Personen nahmen an der Riesenkonferenz in den märchenhaften White Mountains teil. Die vielfältigen Verhandlungen und die diplomatischen Bravourstücke, die für den Erfolg der Konferenz notwendig waren, beanspruchten jeden Tag erneut Keynes' sämtliche Kräfte, da er sich nie ganz von seiner Krankheit aus dem Jahre 1937 erholt hatte. Nur der aufopferungsvollen Pflege von Lady Keynes ist es zu verdanken, daß er für die Anstrengungen des nächsten Tages wieder einigermaßen gerüstet war. Über Keynes' Abschlußansprache, in der er die Annahme des Planes beantragte, wußte E. A. G. Robinson zu sagen: ›In Anerkennung seines Beitrages und der Art, in der er trotz Erschöpfung und Schwäche die Konferenz nie aus dem Griff verlor, bezeugten die Delegierten ihre Hochachtung, indem sie sich immer wieder erhoben und ihn mit schier endlosem Beifall überschütteten.[11]‹

Keynes hatte die britische Innenpolitik nicht vollständig vom Einfluß internationaler Schwankungen befreien können; dazu reichte die politische Macht Großbritanniens nicht aus. Aber als Mindesterfolg hatte er erreicht, daß die innenpolitischen Wirtschaftsprogramme von jenem Anpassungsmechanismus losgelöst waren, der den Schuldnernationen bis dahin durch den Goldstandard und die Erwartungen der Gläubiger aufgezwungen wurde. Er hatte schließlich die anderen Länder dafür gewinnen können, das Zentralbanksystem auf den internationalen Zahlungsverkehr auszudehnen. Und der Weltwährungsfonds war die öffentliche Bestätigung der Finanzwelt, daß der alte Goldstandard gestorben war.

Nachdem er diesen uralten Drachen erschlagen hatte, wandte er sich einer letzten Aufgabe zu. Während des Zweiten Weltkrieges hatten die Vereinigten Staaten Großbritannien in Form umfangreicher Leih-Pacht-Zuwendungen beträchtliche Unterstützung zukommen lassen. Dadurch waren Großbritanniens Exportleistungen in andere Länder (teils gezwungenermaßen, teils aus Absicht) fast gänzlich zusammengeschrumpft. Zwar kamen die Leih-Pacht-Zuwendungen fast einer Schenkung gleich, doch hatte Großbritannien durch seinen Handel mit den Dominions (Länder des Commonwealth) beträchtliche Schulden auf sich geladen. Diese Schulden lagerten größtenteils als gesperrte Pfundguthaben in Londoner Banken, die zugunsten Ägyptens, Indiens, Kanadas, Südafrikas und Australiens geführt wurden, jedoch nicht in andere Währungen konvertiert werden durften. Diese ungeheuren Bestände lasteten als verbindliche Schuldenposten auf der britischen Wirtschaft, die sie ehrenhaft begleichen mußte, um ihren Ruf als Handelsnation zu retten.

Dies war allgemein bekannt. Großbritanniens damalige Lage wurde 1945 durch zwei Ereignisse weiter verschärft: das unerwartet plötzliche Ende des Krieges gegen Japan sowie die gleichermaßen unerwartete Ankündigung Präsident Trumans vom September 1945, daß alle Leih-Pacht-Zuwendungen, außer den Beträgen, die bereits unterwegs oder im Abschlußstadium seien, eingestellt werden sollten. Es mangelte Großbritannien an Reserven, an Exportvolumen und, was vielleicht am schwersten wog, am tatsächlichen Willen, die Defizite in seinen Importkonten sofort auszugleichen. Ob Präsident Truman zum damaligen Zeitpunkt durch gesetzlichen Druck zur Abgabe seiner Erklärung gezwungen wurde oder nicht, kann hier nicht erörtert werden. Es stand jedenfalls außer Frage, daß Großbritannien umgehend finanzieller Hilfe jeder Art bedurfte. Noch einmal trat Keynes die vertraute Reise nach Washington an, diesmal jedoch als Bittsteller. Wenigstens wurde das sehr schnell offenbar. Denn Keynes hatte seine Hoffnung auf ein uneingeschränktes Geschenk seitens der Amerikaner nicht verhehlt: ein Geschenk als Anerkennung für die Tatsache, daß Großbritannien bei der Verfolgung gemeinsamer Ziele im Kriege mehr als nur seinen Anteil an Opfern und Verlusten auf sich genommen hatte. Nach Robinsons Aussage wurde ›die Angelegenheit eingehend besprochen‹, wobei man britischen Argumenten ›geduldig und wohlwollend‹ Gehör schenkte. Doch es wurde bald klar (wie es Keynes in seinem Bericht vor dem Oberhaus ausdrückte), ›daß die Betonung vergangener Dienste und vergangener Opfer von nur geringem Nutzen sein würde.[12]‹

Was die Vereinigten Staaten anboten, was Keynes akzeptierte, und was viele Briten als eine kleinliche Geste erachteten, war ein Darlehen über 3,75 Milliarden Dollar, die Großbritannien über die kommenden schweren drei oder vier Anpassungsjahre helfen sollten. Der Zinssatz betrug zwei Prozent. Die Zinszahlungen waren ab 1951 fällig, doch konnten sie verschoben werden, falls Großbritannien in irgendeinem Jahr noch zahlungsunfähig sein sollte. Der größere Teil der Leih-Pacht-Kontos wurde gestrichen. Eine Klausel des Abkommens sollte bald Unannehmlichkeiten bereiten. Sie enthielt die Verpflichtung Großbritanniens, so schnell wie möglich die freie Konvertierbarkeit des Pfundes in andere Währungen wiederherzustellen, womit die Amerikaner aus praktischen Gründen die Konvertierbarkeit in den Dollar meinten. Die Briten grollten über diese Klausel, stimmten aber letzten Endes doch zu. Denn als einzige Alternative bot sich nur eine drastische Beschränkung britischer Dollarimporte an, die den britischen Lebensstandard herabgesetzt und die Bemühungen der britischen Wirtschaft behindert hätte, ihre Wettbewerbsposition auf dem Weltmarkt wieder zu festigen.

Keynes hatte seine Ziele annähernd erreicht. Bei seiner Rückkehr nach England im Dezember 1945 stieß er jedoch auf viel Kritik. Er trat ihr standhaft entgegen, sorgte dafür, daß die ihm belangvoll erscheinenden Gesetze vom Parlament verabschiedet wurden und begann, erschöpft von den jahrelangen Anstrengungen und seiner beinahe seit einem Jahrzehnt anhaltenden Krankheit, zu erwägen, sich zur Ruhe zu setzen. Er unternahm noch eine letzte Reise nach Savannah im Bundesstaat Georgia, wo die Eröffnungssitzungen für die Vereinbarungen von Bretton Woods stattgefunden hatten. Von Savannah kehrte er nach Tilton zurück. Dort erlag er am 21. April 1946, dem Ostersonntag, den Folgen eines schweren Herzanfalles.

Nur wenige Zeitgenossen haben auf intellektuellem Gebiet mehr erreicht als Keynes. Seine Theorien waren, wie er einmal bemerkt hat, ›sogar von Wirtschaftswissenschaftlern akzeptiert worden‹. Seine Auffassungen über konkrete wirtschaftspolitische Maßnahmen waren in den Gesetzen der zivilisierten Länder verankert. Er hatte dem Gold, seinem alten Widersacher, einen offensichtlich tödlichen Schlag versetzt. Seine Leistungen während des Kriegs im Schatzministerium und bei Kriegsende als Diplomat waren einzigartig. Keynes war ein Mann, der hohe Ansprüche an die Menschen in seiner Umgebung stellte, den parteipolitischer Hader verärgerte und der die Gesellschaft von Dummköpfen nicht ausstehen konnte; er erreichte im politischen Leben weit mehr als weniger begabte Männer, die die Politik von Anfang an zu ihrem Beruf gemacht hatten. Er starb zu einem Zeitpunkt, zu dem sein Werk Triumphe feierte. Kurz vor seinem Tode hatte er nur eines bedauert: er habe zu wenig Champagner getrunken.

Wer die dreißiger Jahre erlebte, hat die Härten dieser Zeit voll zu spüren bekommen. Trotzdem waren für Keynesianer die Leiden dieser Periode einfach zu erkennen und ohne Schwierigkeit zu behandeln. Der Grund für die Notlage bestand in einem Mangel an Gesamtnachfrage, der durch schwache und unsichere Investitionsanreize hervorgerufen wurde. Obwohl sich selbst Keynesianer über die Ursachen für dieses universelle Absinken der Grenzleistungsfähigkeit des Kapitals und darüber, wie man diese fallende Tendenz umkehren konnte, nicht vollständig im klaren waren, wies sie ihre neue Theorie zu deutlichen fiskalpolitischen Gegenmaßnahmen an. Diese Gegenmittel übten daher einen so großen Reiz aus, weil sie die abgewirtschafteten traditionellen Weisheiten der Bankiers und der Beamten des Finanzministeriums grundlegend in Frage stellten. Die Ausgabenbehörden des New Deal wickelten Defizit hervorrufende Programme ab, die, normalerweise unbewußt, mit den komplizierten analytischen Schlüssen der General Theory im Einklang standen. Die engagierten Keynesianer waren mit der Politik des New Deal nur deshalb unzufrieden, weil ihre Verantwortlichen zu selten und dann zu geringe Ausgaben tätigten.

Der Zweite Weltkrieg lieferte ein noch deutlicheres Musterbeispiel für die Treffsicherheit der Keynes'schen Analyse und die daraus folgenden Gegenmittel. Durch verschwenderische Ausgaben für moderne Kriegsinstrumente erzeugten die britische und die amerikanische Regierung ungeheure Defizite. Sie pumpten brachliegende menschliche und materielle Ressourcen in die Kriegsmaschine und riefen dadurch in bemerkenswert kurzer Zeit Volkswirtschaften ins Leben, die sich einer blühenden Nachfrage, auf Hochtouren laufenden Produktionsanlagen und einer Überbeschäftigung erfreuten. Das Ziel dieser Operation war der militärische Sieg. Die Instrumente zur Erreichung des Sieges bestanden in den erbarmungslosen

›öffentlichen Arbeiten‹ von modernen Armeen und Seestreitkräften. Die hauptsächlichen Finanztechniken waren Schulden und Kreditschöpfung. Und als Resultat ergab sich die schnelle Erlangung jenes Globalziels, das sich ein Jahrzehnt hindurch dem Zugriff der Politiker entzogen hatte — beständiges, hohes Beschäftigungsniveau.

Was hatte man nach der Aussetzung der Militärausgaben zu erwarten? Sehr viele, wenn nicht die meisten Keynesianer erwarteten, daß sich die Erscheinungen der dreißiger Jahre wiederholten: die gleichen Mängel an Gesamtnachfrage, die gleiche träge Investitionstätigkeit, die gleiche Massenarbeitslosigkeit — kurz, das gleiche Versagen des Unternehmerkapitalismus bei der Sicherung allgemeinen Wohlstands. Als diese einfältige Erwartung einer sich wiederholenden Geschichte durch eine reibungslose Rückkehr zur Zivilwirtschaft und aufblühende Märkte widerlegt wurde, verlegten sich die Betrachtungen der Keynesianer auf die Frage, ob der New Deal durch Reformen im Kapitalmarkt, durch das Bekenntnis zu hohen Beschäftigungsziffern, wie es im Employment Act von 1946 zum Ausdruck kommt, und durch die neuen automatischen Stabilisierungseffekte* [im Haushalt, d. Ü.] die wirtschaftliche Szene durch den Abbau kapitalistischer Unbeständigkeiten umgestaltet hatte. Eine schwere Depression brauchte nun nicht mehr befürchtet zu werden. Moderne währungs- und steuerpolitische Mittel stellten hinreichend sicher, daß moderne Volkswirtschaften ein ausreichend hohes Niveau der Wirtschaftstätigkeit aufrechterhalten können und nur ganz schwache und ganz kurze Rezessionen befürchten brauchen.

Die Geschichte besitzt die unerschöpfliche Gabe, die Propheten immer aufs neue in Erstaunen zu versetzen. Die wirtschaftlichen Erfahrungen Amerikas aus den letzten fünfzehn Jahren haben bewiesen, daß weder die pessimistischen Stagnationsverfechter noch die euphorisch gestimmten Propheten, die den Anbruch einer neuen

---

* Diese setzen sich aus kompensatorischen Maßnahmen gegen Unterbeschäftigung, Subventionen für die Landwirtschaft, Wohlfahrtsunterstützungen und einer progressiven Einkommensteuer zusammen. Sie bewirken, grob gesagt, einen Anstieg der oben aufgeführten Ausgaben im Falle eines sinkenden Volkseinkommens. Eine progressive Einkommensteuer stabilisiert die Einkommenslage, indem sie bei sinkenden Einkommen abnehmende Prozentsätze abschöpft.

Epoche vorhersagten, die richtige Position bezogen hatten. In den Vereinigten Staaten haben sich weder so einfache, aber verständliche Katastrophen wie die ›Great Depression‹ wiederholt, noch ist dieser Staat in das gelobte Zeitalter der permanenten Vollbeschäftigung und andauernden wirtschaftlichen Prosperität eingetreten. Eine Erscheinung hat seit 1953 Wirtschaftswissenschaftlern und Politikern Rätsel aufgegeben: eine Arbeitslosenziffer, die zwischen 4 und 7 Prozent hin und her schwankt — also zu hoch ist, um als Störfaktor zu wirken, aber noch nicht hoch genug ist, um die breite, wohlhabende Masse zu alarmieren. Diese fortdauernde Arbeitslosigkeit wurde von einem Wirtschaftswachstum begleitet, das nach historischen Maßstäben zwar nicht als besonders niedrig einzuschätzen ist, das aber weit hinter den gleichzeitigen wirtschaftlichen Entwicklungen Japans, Westdeutschlands, Frankreichs und sogar Italiens zurückbleibt. Trotzdem ging es der Mehrzahl der Amerikaner noch nie so gut wie heute; wahrscheinlich leben 15 bis 20 Prozent der amerikanischen Bürger aber immer noch in schlechten Verhältnissen.

Irgendwie erscheint das rätselhaft. Die Keynes'sche Lehre hat niemand auf die heutige amerikanische Gesellschaft vorbereitet, in der die meisten Bürger in Wohlstand, aber noch zu viele in Armut leben. Die Sozialwissenschaften sind eine Disziplin, die Rätsel schätzt und die sie löst. Deshalb gibt es eine Vielzahl von Lösungsangeboten für dieses Problem. Es scheint wert, einige plausible Beispiele zu nennen.

Im Gegensatz zu den Schätzungen der dreißiger Jahre hat sich die Bevölkerungszunahme noch einmal stark gesteigert. Der beträchtliche Ruck in der Geburtenzahl während der vierziger Jahre hat in den sechziger Jahren zu einem umfangreichen Zuwachs der Neuzugänge bei der Zahl der Arbeitskräfte geführt. Dieser Umstand erklärt vor allem die sehr hohe Arbeitslosigkeit unter jungen Leuten. Durch diese hohe Ziffer wird natürlich die allgemeine Arbeitslosenquote nach oben gezogen. Diese Schwierigkeit wird der amerikanischen Volkswirtschaft noch geraume Zeit zu schaffen machen. In fünf Jahren wird das gesamte Arbeitskräftepotential um weitere 1,5 Mill. Teenager und 2,75 Millionen 20—40jährige gewachsen sein. Bis 1970 werden diese beiden Gruppen zusammen 23,6 Prozent der verfügbaren Arbeitskräfte ausmachen. 1964 besaßen sie lediglich einen Anteil von 20,7 Prozent[13]. Aus diesem Grunde sehen die Vereinigten Staaten sich vor besondere Ausbildungs- und Integrationsprobleme gestellt, doch allgemein sind die Bedingungen für geringe Investitionsanreize und mangelnde Gesamtnachfrage nicht gegeben.

Fortschreitende technologische Entwicklung ist für die westliche Welt zumindest seit dem Beginn der industriellen Revolution in England zu einem alltäglichen Ereignis geworden. Im Verlaufe von beinah zwei Jahrhunderten, die seit Watts Dampfmaschine und Arkwrights erster Fabrik vergangen sind, stieg die Arbeitsproduktivität pro Kopf der Bevölkerung beständig an. Berufe wurden neu gebildet und vereinfacht, die Arbeitsteilung ist immer differenzierter geworden und die traditionellen Handwerksberufe verschwanden. Handweber, Schriftsetzer, Glasbläser und Telefonistin — alle wurden zu ihrer Zeit durch mechanische Vorrichtungen ersetzt, die produktiver und zuverlässiger arbeiten als die unvollkommenen menschlichen Hände oder Gehirne. Zugegeben.

Doch die Propheten der Automation geben zu bedenken, daß sich im Laufe der fünfziger und sechziger Jahre das *Tempo* dieses historischen Prozesses gewaltig beschleunigt hat und daß die Berufs*arten*, die veralteten, beträchtlich an Zahl zugenommen haben. Im Gegensatz zu vergangenen Zeiten verschwinden heute mehr Beschäftigungsmöglichkeiten als neue Stellen durch das Wirtschaftswachstum entstehen. Dazu kommt, daß ein wachsender Anteil der neu geschaffenen Arbeitsmöglichkeiten nach Fähigkeiten verlangt, die nur wenige Arbeitslose besitzen und die sie sich nicht im Handumdrehen aneignen können. In der Vergangenheit erforderten die neuen Arbeiten gewöhnlich geringere Fähigkeiten als die alten, die untergegangen waren. Heute gilt die umgekehrte Regel. Freie Stellen für Programmierer in New York können den entlassenen Bergleuten aus Virginia nicht weiterhelfen. Ein Mangel an Sozialarbeitern in Chicago bietet keine neuen Arbeitsmöglichkeiten für die erwerbslosen Landarbeiter aus den Appalachen.

Doch stehen wir gerade erst am Anfang. Technische Erfindungen ermöglichen die Freisetzung menschlicher Arbeitskräfte bei der Krankheitspflege, der Diagnostik, der Suche nach juristischen Präzedenzfällen sowie der Leitung und Überwachung von Industriebetrieben und Verwaltungen. Das mittlere Management ist zum Aussterben verurteilt. Lernmaschinen werden die Lehrer verdrängen. Am Horizont taucht eine Welt ohne Arbeit auf.

Volkswirtschaftliche Lehrmeinungen scheinen gleich der Mode raschen, unberechenbaren Schwankungen unterworfen zu sein. Bis weit in die Mitte der fünfziger Jahre neigten amerikanische und europäische Wirtschaftswissenschaftler zu der Auffassung, daß die Weltwirtschaft an einem chronischen Dollarmangel leide. Diese düstere Einschätzung stützte sich auf den abgewirtschafteten Zustand der westeuropäischen Volkswirtschaften am Ende des Zweiten Weltkrieges, die bemerkenswerte Expansion der amerikanischen Wirtschaft während der Kriegsjahre, den Erschöpfungszustand europäischer Währungsreserven, die gewaltige Konzentration der Goldreserven in amerikanischen Händen und — vor allem — die offensichtliche Überlegenheit der amerikanischen Industrie und Landwirtschaft, die mit unerreichter Leistungsfähigkeit alle diejenigen Dinge produzierte, die die übrige Welt so dringend benötigte. Alles, was Europa dagegensetzen konnte, waren seine Geschichte und seine Denkmäler als Attraktion für amerikanische Touristen.

Amerika und Europa waren sich darüber einig, daß das vorrangigste Problem der Nachkriegszeit im Wiederaufbau der europäischen Volkswirtschaften bestand. Die britische Anleihe stellte einen frühzeitigen Versuch dar, Europa mit den Dollarbeträgen zu versorgen, die es sich aufgrund seiner wirtschaftlichen Schwäche nicht selbst erwirtschaften konnte. Diese Anleihe in Höhe von 3,75 Milliarden Dollar wurde bald durch den Marshallplan in den Schatten gestellt, über den zwischen 1948 und 1951 elf Milliarden Dollar nach Europa flossen. Die Empfänger dieser Unterstützungsmittel gründeten auf Drängen Amerikas die Organization for European Economic Cooperation (OEEC). Durch den Erfolg beim Einsatz der Marshallplan-Mittel und eine Reihe weiterer gemeinschaftlicher Anstrengungen entstand eine starke Bewegung, die für die Vereinigung Europas eintrat; sie führte zur rechten Zeit zur Gründung der Europäischen Wirtschaftsgemeinschaft, dem Gemeinsamen Markt. Das dynamische Wachstum der Mitgliederstaaten der EWG verdeutlicht den Triumph amerikanischer Wirtschaftspolitik.

Übergroße Erfolge verkehren sich leicht in ihr Gegenteil. In diesem Fall legte der Boom in Westeuropa der amerikanischen Innenpolitik Beschränkungen auf. Denn unsere Goldreserven sind Jahr für Jahr abgebaut worden, weil amerikanische Investoren, angelockt durch einen ergiebigen europäischen Markt, ungeheure Summen nach Frankreich, Westdeutschland, den Niederlanden und Italien transferierten. Sie erwarben damit Aktienpakete europäischer Aktiengesellschaften und errichteten amerikanische Zweigwerke. Unsere Zahlungsbilanzschwierigkeiten werden nicht durch abnehmende Wettbewerbsfähigkeit (schon gar nicht in den sechziger Jahren) der amerikanischen Fabrikanten oder der amerikanischen Landwirte hervorgerufen, sie stellen vielmehr die Folge gewaltiger Kapitalexporte dar.

Obwohl sich diese Kapitalexporte aus der Stärke und nicht etwa aus einer Schwäche der amerikanischen Volkswirtschaft herleiten, darf man sie nicht weiter unkontrolliert anwachsen lassen. Der amerikanische Goldvorrat ist begrenzt, die ausländischen Ansprüche auf diese Reserven sind beträchtlich und das Vertrauen des Auslandes in die amerikanische Wirtschaft hängt vom Erfolg bei der Kontrolle der Goldabflüsse ab. Durch diese für die Wirtschaft Amerikas neue Notwendigkeit zur ernsthaften Überwachung der Zahlungsbilanz werden der auf Expansion gerichteten Innenpolitik Grenzen gesetzt. Das heißt, senkt man die Zinssätze, um dadurch Kreditkäufe bei Konsumenten und Investitionen bei Unternehmern zu fördern, wird amerikanisches Kapital in stärkerem Umfang in die europäischen Finanzzentren abfließen, die höhere Renditen anbieten. Regt man die Gesamtnachfrage durch Steuersenkungen und Staatsausgaben an, wird ein inflationärer Druck auf Preise und Löhne ausgeübt. Aus diesen Beschränkungen resultierte eine abnehmende Wettbewerbsfähigkeit amerikanischer Exporte auf den Märkten Europas. Umgekehrt verkaufen die Europäer ihre Erzeugnisse in stetig wachsendem Umfang auf den amerikanischen Märkten. Eine Erweiterung des Defizits auf amerikanischen Auslandskonten war die Folge.

Die Zwickmühle, in die sich jede Regierung gedrängt sah, bestand aus der Entscheidung für eines von zwei wünschenswerten Globalzielen: Vollbeschäftigung und Ausgeglichenheit der internationalen

Konten. Aus diesem Dilemma erklärt sich die überaus große Vorsicht der Wirtschaftsexperten und Regierungsbeamten bei der Entscheidung über staatliche Eingriffe. Betrachten wir als frühes Beispiel das erstklassige Sachverständigengremium aus Wirtschaftsexperten, das der gewählte Präsident Kennedy im Winter 1960 einberief. Obwohl es sich ausschließlich aus fortschrittlichen Keynesianern zusammensetzte, hielt es sich bei der Benennung von Maßnahmen sehr zurück. Als sein Vorsitzender, Paul Samuelson, im Januar 1961 dem Präsidenten Bericht erstattete, stellte er eine Rezession fest. Im Dezember 1960 war die Arbeitslosenquote auf 6,8 Prozent geklettert, und die 4,5 Millionen Männer und Frauen, die auf der Suche nach einem Arbeitsplatz waren, stellten die höchste Dezember-Arbeitslosenzahl seit dem Jahre 1940 dar. Der Sachverständigenrat legte drei sorgfältig abgegrenzte Kategorien von Gegenmaßnahmen vor. Die erste Kategorie verband eine leichte Lockerung der Kreditbremsen mit bescheidenen Förderungsmitteln für den Wohnungsbau und der lange fälligen Verbesserung der Arbeitslosenunterstützung. Sollte die Wirtschaftslage trotz dieser Maßnahmen noch stagnieren, empfahl man ein Übergehen zu einem stärkeren Gegenmittel, einer allgemeinen Senkung der persönlichen Einkommensteuer. Das war die gleiche Maßnahme, die Arthur F. Burns während der Rezession von 1958 vorschlug, kurz nachdem er seinen Dienst als Vorsitzender des Sachverständigenrates unter Präsident Eisenhower angetreten hatte. Nur im äußersten Falle war Samuelsons Beratergremium bereit, für eine beträchtliche Ausweitung der öffentlichen Arbeiten zu plädieren. Für einen fortschrittlichen Beraterstab, der einem fortschrittlichen Präsidenten zur Seite stand, stellten diese Vorschläge eine Zusammenstellung bemerkenswert schwacher wirtschaftspolitischer Instrumente dar. Ohne die zwingende Rücksichtnahme auf die Zahlungsbilanz hätte man sicher weitaus wirkungsvollere Maßnahmen empfehlen können. Es gab noch einen weiteren Grund für die gemäßigte Haltung von Samuelsons Expertenrat: Die unangenehme Tendenz von Preisen und Löhnen, schon *vor* vollständiger wirtschaftlicher Erholung und Vollbeschäftigung anzusteigen. Lag die Ursache dafür in einem Phänomen, das während der fünfziger Jahre als ›*cost-push*-Inflation‹ bezeichnet worden war? Viele Wirtschaftler befürworteten diese Erklärung. Gardiner Means und John Blair aus Senator Estes Kefauvers Senatsunterausschuß zur Monopolbekämpfung behaupteten, daß in Industriezweigen wie der Stahl-, Aluminium-, Chemie- und Autobranche ein paar riesige Aktiengesellschaften die Preise für den gesamten Industriezweig selbst bei lauer Marktnachfrage hochsetzen konnten. Während der fünfziger Jahre war die Stahlindustrie der Hauptübeltäter, da sie ihre Preise wesentlich schneller anhob als es der Anstieg des allgemeine Preisniveaus gerechtfertigt hätte; und das, obwohl die Stahlindustrie über lange Zeiträume mit geringer Kapazitätsauslastung produzierte. In ähnlicher Weise konnten es sich die mächtigen Gewerkschaftsorganisationen erlauben, die Löhne hochzuschrauben, auch wenn daraus Arbeitslosigkeit für einige ihrer Mitglieder resultierte. In Industrieländern mit hohem Konzentrationsgrad entstand die Bedrohung durch inflationäre Tendenzen bereits am Anfang einer Expansionsphase und verstärkte sich bei zunehmendem Beschäftigungsgrad.

Besaß die ›cost-push-Inflation‹ wirklich die Bedeutung, die einige ihr zumaßen, dann konnten die vertrauten Keynesianischen Maßnahmen, die zur Einwirkung auf die Gesamtnachfrage entworfen waren, zu Preissteigerungen oder bestenfalls zu einer Kombination aus erweiterter Gesamtnachfrage und einer gefährlichen Preisinflation führen.

Bei der heutigen Generation der Wirtschaftswissenschaftler hat die Theorie der säkularen Stagnation nur sehr wenige Anhänger gefunden. Dafür gibt es gute Gründe. Die Bevölkerungszahl hat eine hohe Wachstumsrate wiedererlangt. Die Gesamtnachfrage hat ein konstant hohes Niveau gehalten. Im In- und Ausland wurden beträchtliche Investitionen getätigt. Die unheilvollen Ereignisse von 1929 leben lediglich in den Erinnerungen älterer Bürger noch fort. Als einzige bekannte Persönlichkeit fand sich der unfehlbare konservative William McChesney Martin bereit, seinen amerikanischen Mitbürgern der sechziger Jahre weismachen zu wollen, daß eine Wiederholung der Katastrophen von 1929 durchaus im Bereich des Möglichen läge. Obwohl er im Juni 1965 durch seine Rede Unruhe an den Börsen auslöste, unternahmen Regierungsbeamte alle Anstrengungen, ihn zu widerlegen, so daß letztlich eine gelassene Unternehmerschaft seine Warnungen in den Wind schlug.

Trotzdem sind einige allgemeine Fragen, die während der dreißiger Jahre von den Stagnationstheoretikern aufgeworfen wurden, noch nicht zufriedenstellend gelöst worden. Besitzt der amerikanische Kapitalismus auch in Zukunft genug Energie und Stoßkraft, um Vollbeschäftigung zu sichern? Welche Folgen ergäben sich aus einer Beendigung des Krieges (in Vietnam, d. Ü.), die mit einem Absinken der Militärausgaben von 50 Milliarden Dollar auf 5 Milliarden Dollar pro Jahr verbunden wären? Welchen Beweis liefert die lange Expansionsphase der sechziger Jahre — daß die Wirtschaft immer noch lebensfähig ist, oder daß selbst fortgesetzte Prosperität, die wiederholt durch Steuersenkungen angeregt wird, nicht in der Lage ist, die amerikanische Wirtschaft auf ein befriedigendes Leistungsniveau zu heben?

Die bedeutenden Wirtschaftsprobleme der sechziger Jahre sind demgemäß nur teilweise Fragen, die sich bereits Keynes selbst stellte. Neben die traditionellen Schwierigkeiten der Anregung der Gesamtnachfrage und bei der Verhinderung von wirtschaftlicher Stagnation sind die Probleme der Inflationsbekämpfung, des Ausgleiches der Zahlungsbilanz, der Nebenwirkungen der Automation, der ›cost-push‹-Inflation‹ und des schleppenden Wirtschaftswachstums getreten. Ökonomische Analysen haben sich zu einer solchen Komplexität entwickelt, daß sie dadurch die Wirtschaftspolitik zu einer neuen Differenzierung genötigt haben. Vor seinem Tod ließ Präsident Kennedy erkennen, daß er von seinen Beratern eine Ausbildung für Fortgeschrittene in Volkswirtschaftslehre erhalten hatte. Er bemühte sich sehr, die Ergebnisse seines Lernprozesses der breiten Öffentlichkeit verständlich zu machen. Ein beträchtlicher Teil seiner Rede zur Feier der Verleihung der Ehrendoktorwürde, die er im Juni 1962 an der Universität Yale gehalten hat, widmete er dem Angriff auf überkommene ideologische Mythen. Er schlug unter anderem vor, den Fetisch des ausgeglichenen Haushalts durch ein geeignetes Instrument zu ersetzen, das den speziellen ökonomischen und organisatorischen Anforderungen gerecht werden kann, die die Verwaltung einer riesigen Volkswirtschaft mit sich bringt.

Mitte 1965 zeitigte die Anwendung und Erweiterung von politischen Einsichten dieser Art bemerkenswerte Auswirkungen auf die politische Praxis der Regierungs- und Kongreßinstanzen, die die amerikanische Wirtschaftspolitik bestimmen. Das wurde zuerst bei der Verabschiedung des Tax Reduction Act vom Februar 1964 deutlich, der im Kongreß ein Jahr lang diskutiert worden war. Die theoretische Grundlage dieser Steuersenkung bildete eine Weiterentwicklung der Lehre von der Gesamtnachfrage — Walter Hellers Begriff der ›Steuerbremse‹. Er besagt nach Hellers Darstellung, daß ein sehr progressives Steuersystem kurz vor dem Erreichen von Vollbeschäftigung zu einem Haushaltsüberschuß führt. Dieser Überschuß behindert die weitere Expansion der Wirtschaft und droht, sie in eine unnötige Rezession zu stürzen. Eine generelle Steuersenkung hat in einer solchen Situation dann die Aufgabe, dieses Hemmnis für eine fortlaufende Expansion zu beseitigen oder, um eine andere Metapher zu gebrauchen, die angespannten Zügel, die die Expansion verlangsamen, zu lockern. Das anhaltende Wirtschaftswachstum in den Jahren 1964 und 1965 hat der These Hellers Glauben verliehen. Es hat Präsident Johnson dazu bewogen, 1965 eine weitere Steuersenkung zu empfehlen (dieses Mal bei indirekten Steuern). Er lehnte eine dritte Senkung 1966 nur aufgrund erhöhter Ausgaben für den Krieg in Vietnam ab. Die verschiedenen Steuersenkungen waren die Folge sowohl politischer wie auch wirtschaftlicher Überlegungen. Die Senkung der persönlichen Einkommensteuer (darunter fällt auch die Lohnsteuer, d. Ü.), die bei der großen Masse, die dieser Steuer unterworfen ist, großen Anklang fand und die Anhängerschar des Präsidenten beträchtlich erweiterte, hat die Konsumausgaben jedes Einkommensempfängers gesteigert, da ihm ein größeres Einkommen zur Verfügung stand. Doch wie echte Keynesianer schnitten die Präsidenten Kennedy und Johnson den Hauptteil ihrer Vorschläge auf die Anregung der privaten Investitionstätigkeit zu. Diese Politik verfolgten sie schon früh. Die erste Steuermaßnahme der Regierung Kennedy, die 1961 erlassen wurde, war eine Steuervergünstigung zu Investitionszwecken, die sich als siebenprozentige Preissenkung bei Werkzeugen und Maschinen auswirkte. Im Sommer 1962 liberalisierte das Finanzministerium die Abschreibungsbestimmungen für Unternehmer und verschaffte ihnen dadurch zusätzliche Gewinne. Anfang 1965 lockerte Präsident Johnson diese Bestimmungen aufs neue. Schließlich setzte das 1964 eingebrachte Steuergesetz die Einkommensteuer für Aktiengesellschaften herunter.

Keiner der beiden demokratischen Präsidenten ist in der Lage gewesen, von der Anregung der privaten Investitionstätigkeit und von einer gemäßigten defizitären Haushaltspolitik abzugehen. Besonders die Schwierigkeiten mit der Zahlungsbilanz haben zu einigen komplizierten administrativen und monetären Gegenmaßnahmen geführt. Die Kennedy-Johnson-Regierungen haben sich, und das muß man ihnen zugute halten, mit der richtigen Behandlung der Zinssätze auseinandergesetzt, um auf diese Weise gleichzeitig das inländische Wirtschaftswachstum zu fördern und die Defizite in der Zahlungsbilanz zu tilgen. Auf den ersten Blick erscheinen diese beiden Zielsetzungen miteinander unvereinbar. Hohe Zinssätze, die ausländische Mittel auf die amerikanischen Kapitalmärkte locken, wirken sich ungünstig auf die inländischen Investitionen und das Wachstum der heimischen Wirtschaft aus. Niedrige Zinssätze fördern zwar die inländischen Aktivitäten, sie verursachen aber gleichzeitig eine Kapitalflucht zu Finanzzentren mit höheren Zinssätzen.

Die Antwort der Regierung bestand im ›Zinssatz-twist‹, einer genialen Einrichtung. Ihr erstes Element war das Zinsausgleichsgesetz, das 1963 den Kongreß passierte. Diese technisch überaus komplizierte Maßnahme (von der Kanada ausgeschlossen blieb) hob die Abgaben, die Ausländer bezahlen mußten, wenn sie in den Vereinigten Staaten Kapital aufnehmen wollten, um ungefähr ein Prozent an. Es stellte ein effektives Abschreckungsmittel für alle Ausländer dar, die an der Wall Street neue Wertpapiere auf den Markt bringen wollten. Auf der anderen Seite hatte diese Art Steuer keine direkten Auswirkungen auf die amerikanischen Zinssätze. Man war tatsächlich der Meinung, daß man Kapital, das im Inland bleibt, auch sehr wohl dort investieren kann. Zur gleichen Zeit wurden die kurzfristigen Sätze leicht angehoben, um so kurzfristig Geldmittel aus dem Ausland nach New York zu ziehen. Die Regierung vervollständigte ihre elegante Operation, als sie Anfang 1965 einen Appell an die Unternehmerschaft richtete und sie aufforderte, ihre Dollarbestände und Investitionen im Ausland so niedrig wie möglich zu halten. Mitte 1965 ließ sich eine bemerkenswert vollständige

Erfüllung des Regierungswunsches feststellen. Wahrscheinlich befürchtete man, daß, falls Schritte auf freiwilliger Basis nicht zum Erfolg führten, Zwangsmaßnahmen auf dem Fuße folgen würden. Doch waren sowohl die steuerpolitischen wie auch die zinspolitischen Maßnahmen vergeblich, wenn inflationäre Tendenzen die Wettbewerbsposition amerikanischer Erzeugnisse auf dem Weltmarkt verschlechterten. Stillschweigend duldete die Kennedy-Johnson-Regierung die Konzentration wirtschaftlicher Macht bei einigen wenigen großen Aktiengesellschaften und ein paar großen Gewerkschaftsorganisationen. Im Angesicht einer drohenden ›cost-push‹-Inflation‹ machte sich die Regierung daran, eine Reihe von Richtlinien für Großindustrie und Gewerkschaften zu erarbeiten, um so den inflationstreibenden Kräften zu begegnen. Diese Lohn-Preis-Leitlinien wurden zuerst im Wirtschaftsbericht des Präsidenten *(Economic Report of the President)* vom Januar 1962 beschrieben. Er formulierte in der unverständlichen Sprache des Wirtschaftsministeriums folgende Regel: ›Die allgemeine Richtlinie für ein inflationshemmendes Lohnverhalten lautet, daß die Anstiegsrate der Lohnsätze (einschließlich Sozialzulagen) sich in jedem Industriezweig nach dem globalen Produktivitätsanstieg zu richten hat.[14]‹ Frei übersetzt heißt das, die Erklärung des Sachverständigenrates forderte die Gewerkschaften und die Arbeitgeber auf, ihre Tarifverhandlungen an nationalen Produktivitätsänderungen auszurichten und sie nicht auf Verschiebungen in der Leistungsfähigkeit einzelner Industriezweige oder einzelner Firmen zu gründen. Wurde diese Regel befolgt, dann würden einige Firmen ihre Preise erhöhen, andere sie senken, und der Rest würde keine Änderungen vornehmen. Der Staat erwartete von einem Industriezweig, der einen Outputanstieg von 8 Prozent pro Kopf zu verzeichnen hatte, während der Produktionszuwachs bei der gesamten Industrie nur 2 Prozent ausmachte, daß er die Löhne um 2 Prozent (dem nationalen Durchschnittsanstieg in der Produktivität) erhöhte, dafür aber die Preise um 6 Prozent senkte. In gleicher Weise würde ein Industriezweig ohne Produktivitätssteigerungen ebenfalls die Löhne um 2 Prozent erhöhen, dafür aber Preissteigerungen einführen. Die letztgenannte Gruppe von Unternehmen könnte es sich leisten, die Löhne um 2 Prozent zu erhöhen und die Preise konstant zu halten.

Wenn sich jeder Industriezweig an den Plan hielte, bliebe das allgemeine Preisniveau konstant und die Inflationsgefahr wäre gebannt.

Die Vorstöße der Politik des Sachverständigenrates waren unmißverständlich. Er wußte genau, wo die wirtschaftliche Macht konzentriert war, und er wies die Herren der Großindustrie an, sich zurückzuhalten. Die Wirkung der Richtlinien bleibt einer weiteren Untersuchung vorbehalten, aber es besteht die Vermutung, daß die dramatische Auseinandersetzung zwischen Präsident Kennedy von den Vereinigten Staaten und Präsident Blough von den Vereinigten Stahlwerken, die sich im April 1962 ereignete, der leicht überdeckte Ausdruck des Widerstandes der Unternehmer gegen diese Richtlinien und Kennedys Beharren auf ihrer Verbindlichkeit gewesen ist.

Auf ihre Art stellten Steuer-, Zinssätze- und Preispolitik Versuche zur Einschränkung der Arbeitslosigkeit dar. Der direktere Vorstoß gegen die Unterbeschäftigung, der Regionalplanung, Regionalsanierung und Umschulungsprogramme für Erwerbslose vorsieht, steht im Zentrum heftiger Diskussionen, die sich auf die Entstehung und Begleitumstände der Arbeitslosigkeit beziehen. Einige Arbeitsmarktforscher, an der Spitze Professor Charles Killingsworth von der Michigan State University, sind der Meinung, daß die Arbeitslosigkeit größtenteils strukturelle Ursachen hat, die durch mangelhafte Deckung und Übereinstimmung zwischen den freien Stellen und den Fähigkeiten der Erwerbslosen bedingt sind. Diese ›Strukturalisten‹, wie man ihre Schule nennt, weisen auf die hohen Arbeitslosenziffern bei Personen ohne Ausbildung und auf die äußerst geringfügige Erwerbslosigkeitsrate bei College-Absolventen hin. Sie folgern daraus, daß Arbeitslose an einem Mangel an marktbaren Fähigkeiten leiden. Die ›Gesamtnachfrage-Schule‹, unter der eindrucksvollen Federführung des Sachverständigenrates, ist überzeugt, daß die Masse an Arbeitslosigkeit durch einen entsprechenden Fehlbetrag in der Gesamtnachfrage entstanden ist. Mit dieser Kontroverse steht die Diskussion über das (relative) Nachlassen der amerikanischen Wachstumsraten in den fünfziger Jahren in engem Zusammenhang. In jener Periode der Unzufriedenheit schienen die Vereinigten Staaten sowohl das Sputnik-Rennen wie auch den

Wettlauf um die höchste internationale Wachstumsrate zu verlieren. War strukturelle Arbeitslosigkeit der Grund? Oder ein Mangel an Gesamtnachfrage*?

Wachstumsrate der Pro-Kopf-Produktion

Land	1950—1960
Belgien	2,3
Dänemark	2,6
Frankreich	3,5
Deutschland (BRD)	6,5
Italien	5,3
Kanada	1,2
Niederlande	3,6
Norwegen	2,6
Schweden	2,6
Schweiz	3,7
Großbritannien	2,2
Vereinigte Staaten	1,6
Durchschnitt	3,1

Quelle: Angus Maddison, *Economic Growth in the West,* Twentieth Century Fund, New York, 1964, S. 30.

Wenn sich die Experten streiten, dann sichert ein kluger Politiker sich ab. Bei der Erklärung der Arbeitslosigkeit legte Präsident Kennedy zwar letztlich das Schwergewicht auf die mangelnde Gesamtnachfrage, doch die sich widersprechenden Meinungen seiner Berater bestärkten seine ursprüngliche Neigung, die Arbeitslosigkeit als wirtschaftliches Symptom menschlicher Fehler anzusehen: die Abneigung, die wirtschaftlich schwache Heimatgegend zu verlassen, schlechte oder keine Schulbildung, Rassendiskriminierung oder den Mangel an vermarktbaren Fähigkeiten. Bei solchen gesellschaftlichen ›Krankheiten‹ helfen Steuersenkungen nur wenig. In seinem ersten Regierungsjahr konnte Präsident Kennedy den Kongreß dafür gewinnen, den Area Redevelopment Act (Gesetz zur Regionalsanierung) und den Manpower Retraining Act (Gesetz über die Umschulung von Arbeitskräften) zu verabschieden. Bei beiden Maßnahmen lag das Schwergewicht auf der Vorbereitung falsch eingesetzter (oder überhaupt nicht eingesetzter) Arbeitskräfte auf

* Hier eine Berechnung über das internationale Wachstumsrennen.

geeignete Beschäftigungsmöglichkeiten in einem sich wandelnden Arbeitsmarkt. Die Pläne und Programme zur Berufsausbildung im ›War on Poverty‹ (Feldzug gegen die Armut) sowie die Grundzüge des Sanierungsprogramms für die Appalachen gehen auf diese beiden Maßnahmen zurück.

Wie die Programme der letzten fünf Jahre beweisen, sind politische Problemstellungen in erster Linie eine Frage der Betonung einzelner Aspekte. Denn selbst die hartnäckigsten Verfechter der Umschulungsprogramme geben zu, daß nur in einer blühenden Volkswirtschaft Beschäftigungsmöglichkeiten für die Absolventen von Schulungs- und Umschulungskursen bestehen. Und selbst die hingebungsvollsten Anhänger der Theorie der Gesamtnachfrage, der Sachverständigenrat eingeschlossen, erkennen die Existenz eines gewissen Umfangs an struktureller Arbeitslosigkeit. Doch wird ohne Zweifel die Diskussion über die Bedeutung spezieller Maßnahmen gegen strukturelle Arbeitslosigkeit gegenüber Steuersenkungen und Staatsausgaben weitergehen.

In diesem kurzen Anriß wirtschaftlicher Krankheitserscheinungen der sechziger Jahre fehlt noch eine letzte, und möglicherweise die wichtigste Frage, die in den politischen Entscheidungen amerikanischer Präsidenten eine Rolle spielt. Sie soll an dieser Stelle als die Galbraithsche Frage bezeichnet werden. Das Hauptthema von John Kenneth Galbraiths gefälliger Abhandlung über seine Zeit, *The Affluent Society* (›Die Gesellschaft im Überfluß‹) ist eine Volkswirtschaft, in der sich ein staatlicher Sektor, der nach Geldmitteln hungert und dessen Leistungsfähigkeit kläglich ist, und ein privater Sektor, der vor Reichtum fast platzt und eine Überfülle unnötiger, trivialer Produkte ausstößt, gegenüberstehen. Galbraith fordert nicht größeres Wirtschaftswachstum — das er als nutzlos ansieht, solange sich die Einstellung der Gesellschaft nicht ändert —, sondern sozialen Ausgleich: eine Ausdehnung der Produktion für öffentliche Bedürfnisse und die Einschränkung der privaten Produktion. In diesem Zusammenhang gesehen, erweitert jede Steuersenkung den Anteil der gesellschaftlichen Ressourcen, der der privaten Produktion überlassen wird. Jede Ausdehnung der Staatsausgaben verringert den privaten Anteil. Durch die Betonung von Steuersenkungen haben die Präsidenten Kennedy und Johnson nach Galbraithschen Begriffen die Beziehung zwischen öffentlichem und privatem Output weiter verzerrt.

Mit den oben skizzierten Problemen wollen wir uns im Rest dieses Bandes befassen: mit dem Wirtschaftswachstum, der Automation, mit Steuersenkungen, Lohn-Preis-Leitlinien, der Zahlungsbilanz und mit der Beschaffenheit der staatlichen Auftragsproduktion. Keynes verliert damit für uns nicht an Bedeutung, er wird vielmehr auf unterschiedliche Weise und unter unterschiedlichen Begleitumständen bedeutsam.

Die Keynes-Ära

KAPITEL 8

Das Wirtschaftswachstum und seine Überbewertung

Die Krise der dreißiger Jahre blieb niemandem verborgen. Arbeitslosigkeit, Bankrotte, Zwangsvollstreckungen, Armenküchen: das war die damalige Wirklichkeit. Im Gegensatz dazu wurden die politischen und wirtschaftlichen Auseinandersetzungen im Zusammenhang mit der Wachstumsrate der fünfziger Jahre in den Zirkeln der Fachleute und der unmittelbar beteiligten Politiker ausgetragen. Einige von ihnen stellten bereits die bloße Existenz des Problems in Frage, andere erachteten es als unbedeutend oder vorübergehend; für viele bestand es in einer letztlich verwirrenden Beschäftigung mit unterschiedlichen statistischen Methoden der Wirtschaftserfassung und in einer Gegenüberstellung von amerikanischen, sowjetischen und westeuropäischen Statistiken. Wieder anderen bot es die Möglichkeit, mit der republikanischen Regierung ins Gericht zu gehen, die sich in Präsident Eisenhowers Beliebtheit sonnte. In dem Kopf-an-Kopf-Rennen zwischen John F. Kennedy und Richard M. Nixon stellte die Wachstumsfrage eine der wenigen realen Differenzen zwischen den Kandidaten dar.

Bevor wir jedoch auf dieses strittige Thema eingehen, scheint es geraten, einige Fakten über das Wirtschaftswachstum in der westlichen Welt anzuführen. Solange die Bevölkerung wächst, muß eine Gesellschaft ihre Gesamtproduktion entsprechend steigern, wenn sie den erreichten Lebensstandard aufrechterhalten will. Soll darüber hinaus der Lebensstandard angehoben werden, dann muß der Output pro Kopf der Bevölkerung wachsen. Steigt die Pro-Kopf-Produktion nicht, bleiben arme Gesellschaften arm, und die Menschen verfallen in Hoffnungslosigkeit. Dies ist der Fall in Ländern wie Ägypten, Algerien, Ghana und Indien. In traditionellen Gesellschaftsstrukturen, die durch gleichbleibende Produktionstechniken gekennzeichnet sind und deren Mitglieder geringe Hoffnung auf die Verbesserung ihrer Lebensverhältnisse hegen, bedingen die malthusischen Kontrollen* (Hunger, Krankheit, hohe Kindersterblichkeit), daß Bevölkerungszahl und der Lebensstandard gleich bleiben.

Im Westen finden wir eine andere Situation vor. Zumindest seit der Industriellen Revolution sind in den industrialisierten Ländern die Bevölkerungszahlen *und* der Lebensstandard gestiegen; allein zyklische Schwankungen können hier eine zeitweilige Verschlechterung der Lebensverhältnisse bedingen. Diese Erfahrung hat allgemein zur Erwartung steigender Realeinkommen geführt, was man erst seit dem neunzehnten Jahrhundert beobachten kann. In den Vereinigten Staaten, Großbritannien, Skandinavien und einem Großteil Westeuropas hat die vollbrachte wirtschaftliche Leistung diese Erwartung annähernd und weitgehend erfüllt. Der Trend ging in Richtung auf eine stetige Steigerung der Pro-Kopf-Produktivität, die jedem allgemeinen Anstieg des Lebensstandards zugrunde liegt.

Selbst wenn die Entwicklung in den fünfziger Jahren unseres Jahrhunderts tatsächlich ein Abgehen von diesem historischen Trend darstellen sollte — eine Auffassung, über die man sich streiten kann —, ist die Leistung der amerikanischen Wirtschaft während der letzten 125 Jahre beachtlich. Der bedeutende Wirtschaftswissenschaftler Simon Kuznets hat die Entwicklung während dieses Zeitraums folgendermaßen zusammengefaßt: ›Während der 120 Jahre von 1840 bis 1960 wuchs die Bevölkerung im Durchschnitt um jährlich zwei Prozent; die Beschäftigtenzahl stieg um die etwas höhere Rate von jährlich 2,2 Prozent; das Bruttosozialprodukt stieg um 3,6 Prozent jährlich ... und das Produkt pro Arbeiter um 1,4

---

* Der englische Sozialökonom Thomas Robert Malthus (1766—1832) vertrat die Auffassung, die Bevölkerung habe die Neigung, über ihren Nahrungsmittelspielraum hinauszuwachsen, werde daran aber durch Laster, Elend und, präventiv, auch durch sexuelle Enthaltsamkeit gehindert; d. Ü.

Prozent jährlich.[1] Diese trockenen Zahlen beinhalten eine erfreuliche Aussage: Obwohl die Bevölkerung 1960 zehneinhalbmal so groß war wie 1840, war der Lebenstandard enorm gestiegen, da die Pro-Kopf-Produktion das Fünffache von der des Jahres 1840 betrug.

Weshalb also diese Aufregung? Die jährliche Steigerungsrate der Pro-Kopf-Produktion zwischen 1950 und 1960 lag nur geringfügig unter der Steigerungsrate zwischen 1913 und 1950, und sie unterschied sich kaum von der Durchschnittsrate zwischen 1840 und 1960. Selbst wenn man als Maßstab Veränderungen in der Gesamtproduktion anlegt, ergibt sich nichts, was unmittelbar hätte alarmieren können. In den fünfziger Jahren stieg das Bruttosozialprodukt um jährlich 3,2 Prozent und lag damit etwas über dem Durchschnitt der Jahre 1913 bis 1950. Die genannte politische Auseinandersetzung erfordert einige Erläuterungen; dies ist insbesondere dann der Fall, wenn die einfältige Frage gestellt wird, was denn am Wirtschaftswachstum Großartiges sei. Die früheren Auffassungen waren klarer gegeneinander abgesetzt als die heute vertretenen Positionen; wir wollen daher John Stuart Mill anführen. Im folgenden Zitat erklärt er, weshalb er einer gleichbleibenden Bevölkerungszahl und gleichbleibendem Output den Vorzug gibt; seine Worte dürften auch für unsere Situation noch einige Gültigkeit haben:

Ich kann daher nicht die stationäre Verfassung von Kapital und Wohlstand mit der aufrichtigen Abneigung betrachten, die wir bei politischen Ökonomen der alten Schule so durchgängig antreffen. Ich neige vielmehr zu der Auffassung, daß sie, insgesamt gesehen, eine wesentliche Verbesserung gegenüber unseren gegenwärtigen Verhältnissen darstellen würde. Ich bekenne, daß mich ein Lebensideal unangenehm berührt, wie es von jenen hochgehalten wird, die glauben, der Kampf um das Vorankommen sei die normale Verhaltensweise menschlicher Wesen; die meinen, das Trampeln, Drängeln, Ellbogengebrauchen und Auf-die-Hacken-Treten — darin besteht die gegenwärtige Form sozialen Lebens — sei das erstrebenswerteste Los der Menschen[2].

Obwohl diese Haltung in den Vereinigten Staaten unbeliebt ist, möchte man sich in der Tat fragen, ob nicht Wachstum und Größe maßlos überbewertet worden sind. Elefanten sind Katzen nicht überlegen. Sollten größere Körpergröße und Gewicht der heutigen

Yale-Absolventen mit ihrer Überlegenheit an Intelligenz, Gemeinsinn oder humanistischer Aufklärung über ihre ebenfalls dort ausgebildeten Väter einhergehen, so ist dieser Wandel einer duldsamen Öffentlichkeit verborgen geblieben. Große Städte sind nicht unbedingt angenehmer als kleine. Wer zieht Chicago San Francisco vor? Große Länder sind nicht notwendig kleineren überlegen oder hervorragender als diese. Gesetzt der Fall, man hätte die Wahl: Wer würde Rußland den Niederlanden oder Dänemark vorziehen? Diese Betrachtungen kann man noch weiter treiben. Sicherlich war die amerikanische Landschaft schöner, bevor das Automobil das Wirtschaftswachstum förderte und Autobahnen hervorbrachte, die von Plakatwänden, Erfrischungsständen, Motels und Schuttabladeplätzen gesäumt sind. Wachstum und Überfluß haben Stadtzentren und sich ausdehnende Vorstädte gleichermaßen entstellt. Wasser- und Luftverschmutzung, unerträgliche Verkehrsstockungen, Hetze und nervliche Strapazen sind nur einige der Folgen von Wirtschaftswachstum hier und andernorts. Nicht einmal de Gaulle war mächtig genug, um Coca-Colanisation, Franglais und die Ausbreitung von Schnellrestaurants, in denen Verrat an Generationen französischer Gourmets begangen wird, zu verhindern.

Die Verhältnisse in der realen Welt stehen in Widerspruch zu einer von Mills zentralen Annahmen. Die Amerikaner nehmen Jahr um Jahr an Zahl zu. Wenn demgemäß die Wirtschaft nicht angemessen wächst, sind Arbeitslosigkeit und ungenutzte Ressourcen unvermeidbar. Die Stagnierung während der fünfziger Jahre war die Folge einer Wachstumsrate, die zu niedrig lag, um die durch Bevölkerungswachstum und Produktivitätssteigerungen notwendig gewordenen Arbeitsplätze ermöglichen zu können. Das Arbeitskräftepotential wächst jährlich um 1,25 Millionen Menschen. Eine Produktivitätssteigerung von drei Prozent im Jahr dagegen eliminiert im gleichen Zeitraum annähernd zwei Millionen Arbeitsplätze*. In den auf Wachstum abgestellten Volkswirtschaften nach dem Mu-

---

* Bei einer Beschäftigtenzahl von über siebzig Millionen setzt eine einprozentige Produktivitätssteigerung (pro Kopf) 700 000 Arbeitskräfte frei. Eine dreiprozentige Produktivitätssteigerung, die in den letzten Jahren annähernd erreicht wurde, bedeutet, daß der Output eines Jahres von zwei Millionen Arbeitskräften *weniger* als im Vorjahr erbracht werden kann.

ster von *Alice in Wonderland* muß man so schnell laufen, wie man kann, nur um dort zu bleiben, wo man ist. Während der fünfziger Jahre sind die Vereinigten Staaten zu langsam gelaufen.

Diese Feststellung ergibt sich folgerichtig bei der Betrachtung der mäßig, aber stetig wachsenden Arbeitslosenzahl. Während der acht Amtsjahre Eisenhowers lag die Arbeitslosigkeitsrate nur 1953 unter vier Prozent, in einem Jahr also, in dem sich die Erfordernisse des Koreakrieges wirtschaftlich noch stark bemerkbar machten. Schaut man genauer hin, ergibt sich ein bei weitem trüberes Bild, da die Konjunkturzyklen der Folgezeit höhere durchschnittliche Arbeitslosigkeitsraten mit sich zu bringen schienen. Der Juli 1953 war der Höhepunkt eines Konjunkturzyklus, der im November 1949 begonnen hatte. Während der fünfundvierzig Monate einer Aufwärtsbewegung in den wichtigen Indikatoren der Wirtschaftstätigkeit lag die Arbeitslosigkeitsrate in 42 Monaten unter fünf, in fünfunddreißig Monaten unter vier und in elf Monaten unter drei Prozent. Auf dem Höhepunkt des Zyklus im Juli 1953 fiel die Arbeitslosenrate auf 2,7 Prozent und lag damit dicht am erreichbaren Minimum. Offenkundig konnte die amerikanische Wirtschaft der Nachkriegszeit auch bei einer Arbeitslosigkeitsrate funktionieren, die weit unter den vier bis fünf Prozent lag, die gegenwärtig von einigen Fachleuten als das bestenfalls erreichbare Ziel angegeben werden.

Rückschauend war die Expansion zwischen 1949 und 1953 die stärkste Aufschwungphase der Nachkriegszeit. Der darauf folgende Konjunkturzyklus erreichte seinen Höhepunkt im Juli 1957 nach einer ununterbrochenen Expansion über fünfunddreißig Monate hin. Während 34 Monate dieses Zyklus lag die Arbeitslosigkeitsrate unter fünf Prozent, während drei Monate unter vier Prozent und in *keinem* Monat unter drei Prozent. Auf dem Höhepunkt dieses Zyklus lag die Arbeitslosenrate bei dem weitaus unbefriedigenderen Wert von 4,2 Prozent. Ein dritter Konjunkturzyklus erreichte nach nur fünfundzwanzig Monaten der Expansion seinen Gipfelpunkt im Mai 1960. In nur einem Monat dieses Zyklus lag die Arbeitslosenrate unter fünf und in *keinem* Monat unter vier Prozent.

Diese Statistiken zeichnen ein einfaches, aber beunruhigendes Bild: Die Expansionsphase jedes der Zyklen war kürzer als die des vorangegangenen. Von Zyklushöhepunkt zu Zyklushöhepunkt stieg die Arbeitslosigkeitsrate, und von Zyklus zu Zyklus stieg die durchschnittliche Arbeitslosigkeit. Kein Wunder also, daß Nelson Rockefeller 1960 seinen Wahlkampf um die Nominierung zum Präsidentschaftskandidaten auf das Versprechen abstellte, die Wachstumsraten der Vereinigten Staaten zu steigern. Kein Wunder daß John F. Kennedy als Präsidentschaftskandidat forderte, Amerika müsse wieder in Gang kommen, und daß er diese Notwendigkeit als Präsident folgendermaßen formulierte:

Während der letzten sieben Jahre hat sich die Entwicklung unserer Wachstumsrate beunruhigend verlangsamt. In den letzten dreieinhalb Jahren drohte die Kluft zwischen dem, was wir produzieren können, und dem, was wir tatsächlich produzieren, unüberbrückbar zu werden... Für 1961 müssen wir uns folgende realistischen Ziele setzen: Wir müssen den Abwärtstrend unserer Wirtschaft in einen Aufwärtstrend umwandeln, wir müssen die Kluft des ungenutzten Potentials verengen und wir müssen das Elend und die Vergeudung, die uns durch die Arbeitslosigkeit entstehen, beseitigen... In den Jahren 1962 und 1963 müssen unsere Programme darauf abzielen, Amerikas Produktivität und Leistungsfähigkeit in einem Maße zu steigern, das der Welt die Wachstumskraft und Vitalität einer freien Wirtschaft vor Augen führt[3].

Die Bevölkerungsentwicklung war zwar der entscheidende Anstoß für das Ingangsetzen eines rascheren Wirtschaftswachstums, aber nicht der einzige Faktor, aus dem heraus sich erklärt, weshalb ›die Überbewertung wirtschaftlicher Expansion‹ — wie Richard Nixon es einmal formulierte — die Öffentlichkeit und ihre politischen Führer heftig beunruhigte. Der Rockefeller Brothers Fund's Panel Report on the Economy (Rockefeller Brothers Fund's Ausschußbericht über die Wirtschaftslage) aus dem Jahre 1958 war z. B. ein Papier, das in typischer Weise für rasche Wirtschaftsexpansion eintrat: ›Der erste grundsätzliche Schluß der sich aus unserer Analyse ergibt, lautet, daß es für uns von vorrangiger Dringlichkeit ist, eine hohe Wachstumsrate aufrechtzuerhalten.[4]‹

Die Gründe, die die Ausschußmitglieder anführen, weisen über einen hohen Beschäftigungsgrad und steigenden Lebensstandard hinaus. Sie umfassen eine lange Liste nationaler Erfordernisse: verstärkte Verteidigung, liberalisierte Erziehungsbeihilfen, großzügigere Wohlfahrtsunterstützung und erweiterte Programme öffentlicher Arbeiten für die Städte. Die Argumentation des Ausschusses setzte an den Vorlieben der Amerikaner für die in den sechziger Jahren in politische Praxis umgesetzte Kombination aus privatem und Gemeinwohl an und leitete zu der Annahme über, daß das höhere Steueraufkommen, das eine expandierende Wirtschaft erbringt, den Behörden die Möglichkeit geben würde, sozialen Erfordernissen besser gerecht zu werden.

Demgemäß müßte jeder, der für verstärkte Auslandshilfe, mehr Raketen, raschere Landung von Amerikanern auf dem Mond, Städtesanierung, medizinische Pflege oder bessere Schulen eintrat, zu dem Schluß kommen, daß er — sofern er die Folgerungsweise des Rockefeller-Ausschusses als richtig erachtete — gegenüber der politischen Führung für rascheres Wirtschaftswachstum einzutreten hätte. Doch sind dies nur die prosaischen, die realitätsbezogenen Erklärungen für die Beliebtheit der Wachstumskonzeption. Die weniger realitätsbezogenen Erklärungen zu diesem Thema sind begreiflicherweise die einflußstärkeren. Eine von ihnen ist die amerikanische Tradition der Expansion. Im Folgenden zitieren wir eine repräsentative Bekundung des Vertrauens in den Dynamismus als wesentliches Element der amerikanischen Erfahrung und Praxis:

Die amerikanische Wirtschaft ist seit je mit Abenteuer verbunden. Der Dynamismus, der das gegenwärtige Niveau des Wohlstandes hervorgebracht hat, verspricht eine noch stärker herausfordernde Zukunft. Unsere Nation hat sich dem wirtschaftlichen Wachstum verschrieben. Sie hat sich auch der Vollbeschäftigung verschrieben... Wir wollen rasches Wachstum und Vollbeschäftigung in einer freien Wettbewerbswirtschaft erzielen. Die Freiheit der Wirtschaft ist Grundvoraussetzung für andere Freiheiten, die wir wertschätzen[5].

Dementsprechend wollen wir noch eine Äußerung des Rockefeller-Ausschusses anführen.

Die amerikanische Vorstellung von der Zukunft resultiert aus einer Vergangenheit, die vom Begriff des Grenzlandes, des Neulandes, vom Symbolismus des amerikanischen Gartens, in den der erobernde, besitzergreifende und unermüdlich arbeitende Mensch[6] eindringt; und sie resultiert aus der Überzeugung, daß der erfinderische Mensch das materielle Universum meistern kann. Seymour Lipset sagte, Amerika sei die erste neue Nation oder zumindest die erste Nation, die sich den schöpferischen Mythos zueigen gemacht hat, neu zu beginnen und sich ihre eigene Geschichte zu schaffen.

Den Amerikanern ist — ob freudig oder reuig — bewußt, daß ihr Land das Land der Jugend und der Neuheit, des Größeren und des Besseren, der Zerstörung und des Neuaufbaus ist. Den meisten Amerikanern ist bereits zeitweilige Stagnierung zuwider, und ein dauernder Stillstand des Fortschritts ist für sie eine unerträgliche Vorstellung.

Diesen Auffassungen und Verhaltensweisen ist die nationale Erwartung eng verwandt, jeden Wettbewerb zu gewinnen. Das Ideal des ›guten Verlierers‹ ist ein wesentliches Element der amerikanischen Geisteshaltung. Dennoch erweckt es den Anschein, daß die Amerikaner emotional eine Haltung, wie sie sich in Leo Durochers klassischem Ausspruch: ›Nette Kerle gehen immer als letzte durchs Ziel‹ manifestiert, ablehnen. Für Menschen mit der oben beschriebenen Erwartungshaltung müssen die fünfziger Jahre ein schreckliches Jahrzehnt gewesen sein. Unser kränkelnder Schützling Westeuropa erlebte in dieser Zeit eine Wirtschaftsexpansion, deren Wachstumsraten die amerikanischen weit überboten; der Arbeitskräftemangel in den westeuropäischen Ländern fiel zeitlich zusammen mit einem starken Arbeitskräfteüberschuß in den Vereinigten Staaten. In bemerkenswert kurzer Zeit gewannen europäische Kleinwagen in den USA eine Popularität, die das widerstrebende Detroit nötigte, ebenfalls kleine Autos zu bauen; diese Entwicklung beförderte George Romney auf den Gouverneurssessel von Michigan und machte ihn zu einer Berühmtheit des nationalen politischen Lebens. Italienische Näh- und Schreibmaschinen zwangen die amerikanischen Hersteller zu einem Konkurrenzkampf, wie er alarmierender nicht hätte sein können*. Die großen Stahlkonzerne erlebten Rückschläge auf den Exportmärkten und wurden immer anfälliger gegen die westdeutsche und japanische Konkurrenz; infolgedessen fingen sie an, über ausländische Dumpingpreise und die amerikanischen Gewerkschaften zu jammern.

Das war schlimm genug; doch zumindest konnten die Amerikaner Trost aus dem Einwand ziehen, daß die bestürzende Durchschlags-

---

* Als der italienische Konzern Olivetti Underwood aufkaufte, sandte er seine Betriebswirtschaftsexperten, um Underwoods *amerikanische* Verfahrenstechniken zu reformieren, ganz als ob die Vereinigten Staaten ein unterentwickeltes Land seien.

kraft der wirtschaftlichen Erholung Europas zu einem guten Teil auf den Marshallplan und andere Hilfprogramme zurückzuführen war. Doch nichts derartiges konnte Amerika den Schock erleichtern, den die sowjetische Konkurrenz auslöste. Die Gefahr dieser Rivalität drückte sich in der Geschwindigkeit aus, mit der die Sowjets auf dem Gebiet der nuklearen Technologie gleichzogen, mit der sie Interkontinentalraketen entwickelten und mit der sie unter Ausnutzung ihrer Erfahrungen die enorm schubkräftigen Raketenmotoren bauten, die 1957 erstmals einen Satelliten auf eine Umlaufbahn um die Erde trugen.

Man kann die symbolische Bedeutung, die der Sputnik hatte, kaum überschätzen. Er zog in den Vereinigten Staaten die Forderung der Öffentlichkeit nach sich, die Entwicklung der Raumfahrttechnik zu beschleunigen und die für sie bereitgestellten Mittel erheblich zu vergrößern; die Regierung Eisenhower widersetzte sich dieser Forderung, doch die Präsidenten Kennedy und Johnson griffen sie auf und setzten sie in die Tat um. Eine weitere Folge des Sputnik war eine Bewegung, die ein beliebtes Thema der Nation auf ihre Fahnen schrieb: die Verfassung des amerikanischen Ausbildungswesens*. Der National Defense Education Act zweigte Bundesmittel für die wissenschaftliche Ausbildung ab. Dr. Conant überprüfte die von der öffentlichen Hand unterhaltenen Schulen und stellte bedauernswerte Zustände fest. Er besuchte die pädagogischen Hochschulen und entdeckte dort eine der Ursachen für die Mangelhaftigkeit der öffentlichen Schulen. Daraufhin begannen Teams hervorragender Mathematiker, Physiker und Biologen damit, die Lehrpläne der Hochschulen zu reformieren und zeitgemäße Lehrbücher für diese Institutionen zu schreiben.

Die sowjetischen Errungenschaften auf dem Gebiet der Wissenschaft und Technologie schienen notwendigerweise mit einem weiteren sowjetischen Erfolg in engem Zusammenhang zu stehen: mit einer außergewöhnlich hohen Wachstumsrate. Nach amerikanischen Schätzungen — die sowjetischen Angaben lagen sogar noch

---

* Buchtitel wie etwa *Why Johnny can't Read* (›Weshalb Johnny nicht lesen kann‹) und *What Ivan knows That Johnny Doesn't* (›Was Iwan weiß und Johnny nicht‹) geben einen Eindruck von der Stimmungslage der amerikanischen Nation zu dieser Zeit.

höher — wuchs das sowjetische Bruttosozialprodukt zwischen 1950 und 1958 um durchschnittlich 6,8 Prozent und zwischen 1958 und 1962 um 4,6 Prozent jährlich[7]. Wenn auch die zweite Rate vergleichsweise mäßig war, mußte doch die spektakuläre Leistung, die die Sowjets Anfang der fünfziger Jahre erbracht hatten, zutiefst beeindrucken.

Tatsache ist aber vielmehr, daß die sowjetischen Fortschritte in der Raumfahrttechnik und die sowjetischen Wachstumsraten in keiner engen Verbindung standen. In der Beruhigungsphase, die auf die Jahre hysterischer Besorgnis wegen eines angeblichen Rückstands in der Raketentechnik, Sputniks und der von den Sowjets angestrebten Weltherrschaft folgten, ist klar geworden, daß die sowjetischen Wachstumsraten übertrieben waren und daß die Raumfahrterfolge einer einseitigen Konzentration auf einen einzelnen Wissenschaftsbereich zuzuschreiben sind, wobei der Rest der wissenschaftlichen Forschung hintangestellt wurde. Amerika gewann seine Gelassenheit wieder. Bis dahin aber gaben das russische Beispiel und die russische Bedrohung einen nützlichen Buhmann ab.

Infolgedessen bildete sich eine eigenartige Koalition aus liberalen Verfechtern sozialer Verbesserungen und militanten Patrioten, die sich die Niederwerfung des Kommunismus zum Ziel gesetzt hatten. So kam es, daß die Besorgnis der Öffentlichkeit über die langsame Wachstumsrate die Politik der späten fünfziger Jahre stark prägte. Daher stellte der Präsidentschaftswahlkampf der Demokraten im Jahre 1960 die Frage in den Vordergrund, ob die Regierung Eisenhower tatsächlich alles getan hatte, was eine Regierung tun kann, um die Spitzenposition der Vereinigten Staaten unter den Nationen wiederherzustellen: in der Raumfahrt, im Wirtschaftswachstum, in der Nukleartechnologie, im Ausbildungssektor und in der theoretischen Naturwissenschaft.

Ein Verständnis dessen, weshalb die amerikanische Wirtschaft zu langsam wuchs, um jeden zu beschäftigen, der zu Arbeit willens und fähig war, setzt ein allgemeines Verständnis von Wachstumsprozessen voraus. Das Wiederaufleben des Interesses an Wachstumsprozessen impliziert einen Rückgriff auf frühere Auseinandersetzungen über das Thema der Wirtschaftsentwicklung. Zwar hat die Depression und die Keynesianische Antwort darauf das Interesse der Wirtschaftswissenschaftler vom Wirtschaftswachstum auf wirtschaftliche Labilität verlagert, doch haben sich andererseits englische und amerikanische Ökonomen seit Adam Smith intensiv mit wirtschaftlichem Fortschritt befaßt, der gewöhnlich mit Wirtschaftswachstum gleichgesetzt wird. Eine frühe und konsistente Argumentation finden wir im *Reichtum der Nationen*. Dort schreibt Smith freiweg aus Diderots *Enzyklopädie* ab und argumentiert, daß die Steigerung der Pro-Kopf-Produktivität durch die gesellschaftliche Ausbreitung der Arbeitsteilung bedingt war*. In einer seiner berühmten Illustrationen zur Geschichte der Volkswirtschaftslehre fordert Smith seine Leser auf, sich Gedanken zur gewöhnlichen Stecknadel zu machen:

Das Gewerbe des Nadelmachers ist ein Beispiel für eine wenig bedeutsame Manufaktur, bei der aber schon sehr oft von der Arbeitsteilung Notiz genommen wurde. Ein Arbeiter, der die Nadelherstellung (die durch die Arbeitsteilung zu einem speziellen Gewerbe geworden ist) nicht erlernt hat und der mit der Ausnutzung der hier verwendeten Maschinen (zu deren Erfindung wahrscheinlich die gleiche Arbeitsteilung Anlaß gegeben hat) nicht vertraut ist, kann an einem Tag selbst mit größtem Fleiß vielleicht kaum eine Nadel und sicherlich nicht zwanzig Stück produzieren. Aber in der Form, in der die Nadelerzeugung jetzt betrieben wird, stellen nicht nur die Produktion als Ganzes, sondern gleicherweise auch die Mehrzahl ihrer Teiloperationen besondere Gewerbe dar. Ein Arbeiter zieht den Draht, ein anderer richtet ihn, ein dritter zerschneidet ihn, ein vierter spitzt ihn zu, ein fünfter schleift das obere Ende, damit der Kopf angebracht werden kann. Dessen Herstellung erfordert auch zwei oder drei bestimmte Operationen. Seine Befestigung ist ein besonderer Arbeitsgang, das Reinigen der Nadeln ist ein eigener Tätigkeitsbereich. Auf diese Weise zerfällt das wichtige Gewerbe der Herstellung einer Nadel in etwa 18 besondere Operationen, die in einigen Manufakturen alle von verschiedenen Arbeitern verrichtet werden, während in anderen derselbe Mann manchmal zwei oder drei davon ausführt. Ich habe eine kleine Manufaktur dieser Art gesehen, die nur zehn Beschäftigte besaß, von denen einige infolgedessen zwei oder drei Teiloperationen ausübten. Obwohl sie arm und deshalb nur mittelmäßig mit der notwendigen Maschinerie ausgestattet waren, konnten sie zusammen bei angestrenger Tätigkeit täglich ungefähr zwölf Pfund Nadeln erzeugen. Ein Pfund enthält

---

* Vgl. hierzu: Marx, *Das Kapital*, Bd. I, Kap. 11, ›Kooperation‹, und Kap. 12, ›Teilung der Arbeit und Manufaktur‹, ferner Kap. 5, ›Arbeitsprozeß und Verwertungsprozeß‹; das hier zitierte Beispiel von Smith nennt Marx a. a. O. in Kap. 13, ›Maschinen und große Industrie‹ Abschn. 8a; d. Ü.

mehr als 4000 Nadeln mittlerer Größe. Folglich waren diese zehn Personen zusammen imstande, täglich über 48 000 Nadeln herzustellen. Jeder kann daher als Produzent von 4800 Nadeln pro Tag, des zehnten Teils der insgesamt 48 000 Stück, betrachtet werden. Hätten sie aber alle einzeln und unabhängig voneinander gearbeitet, ohne die Nadelherstellung erlernt zu haben, würde sicherlich niemand von ihnen zwanzig oder vielleicht auch nur eine Nadel am Tage zustande gebracht haben. Das heißt, sie hätten gewiß nicht den zweihundertvierzigsten und vielleicht noch nicht einmal den viertausendachthundertsten Teil dessen produziert, was sie jetzt im Ergebnis einer zweckmäßigen Teilung und Kombination ihrer verschiedenen Operationen herstellen können[8].

Smiths Ausführungen und den Auffassungen heutiger Sozialökonomen zufolge fördert die Arbeitsteilung die Leistung und Wirtschaftlichkeit auf dreierlei Weise: Sie steigert die individuelle Geschicklichkeit und Handfertigkeit; sie spart Zeit, die ansonsten für den Übergang von einer Operation zur anderen aufgewendet werden müßte; und sie fördert Erfindungen, die durch Beauftragte der Arbeitgeber wenn nicht sogar durch die Arbeiter selbst gemacht werden, wie Smith glaubte. Dieses kraftvolle und vorteilhafte Prinzip hat sich am effektivsten ausgewirkt, als der Markt sich ausdehnte. Wo es nur wenige Kunden gibt und sie weit verstreut leben, ist die Spezialisierung auf seiten der Produzenten unmöglich. Wo aber die Käufer zahlreich sind (etwa in großen Städten), können sich die Verkäufer auf die Schaffung und den Verkauf immer stärker spezialisierter Waren und Produkte konzentrieren.

Zu Smiths Zeiten behinderte eine Unzahl staatlicher Bestimmungen die Ausdehnung des Marktes. Merkantilistische Beschränkungen des Außenhandels, der Inlands-Investitionstätigkeit, des freien Eintritts in Zünfte und Gilden und sogar der Freizügigkeit der Arbeiter hielten den Markt begrenzt, behinderten die Arbeitsteilung und verzögerten die Steigerung der Leistung und die Zunahme der Spezialisierung. Folglich stützte sich Smiths grundlegende Argumentation für das *Laissez-faire* auf die Freiheit, die es jedermann einräumte, seinen eigenen Vorteil zu suchen. Und für Smith (von dem Walter Bagehot sagte, er habe geglaubt, jeder von uns sei bis zu einem gewissen Grade ein Schotte) lag es auf der Hand, daß die Menschen unter dem eigenen Vorteil, unter dem Eigennutz die Maximierung ihres Lohnes und ihrer Profite verstanden. Da sich diese nur in einer progressiven Gesellschaft maximieren ließen, mußte sich eine solche Gesellschaft parallel zur Ausbreitung und Erweiterung der Arbeitsteilung entwickeln.

Nicht so sehr Smiths Analyse des *Common Sense* (Gemeinsinn) als vielmehr seine generellen Schlußfolgerungen haben bis heute ihre Stichhaltigkeit bewahrt. Die Theorie von der Grenzproduktivität der Löhne, der Grundrente und des Zinses, die in den siebziger Jahren des neunzehnten Jahrhunderts gleichzeitig in Großbritannien, Schweden, Deutschland und den Vereinigten Staaten aufkam, stellte weniger die Arbeitsteilung — die damals als selbstverständlich galt — und stärker die Qualität der Produktionsfaktoren, die im Produktionsprozeß zusammenwirken, in den Mittelpunkt. Die Folgen, die ein derartiger analytischer Ansatz für das allgemeine Wohl hat, liegen auf der Hand. Wie alle anderen Einkommensformen auch konnte der Lohn nur in dem Maße steigen, in dem die wirtschaftliche Leistung des Arbeiters zunahm. Analog konnten Kapitaleigner auf höhere Erträge rechnen, wenn verstärkte Investitionen ihrer Mittel einen Anstieg der Produktion bedingten. Daraus folgte, daß Anstiege im Gesamtoutput mit Anstiegen der insgesamt eingesetzten wirtschaftlichen Mittel einhergingen, wenn der Grad der Wirtschaftlichkeit gleichblieb. Rascherer Anstieg der Gesamtproduktion war von der Steigerung der Pro-Kopf-Produktion abhängig, die nur durch eine Steigerung der Leistungsfähigkeit oder der Effizienz menschlicher Arbeit, des Realkapitals oder der Arbeitsorganisation und Unternehmensführung möglich war; denn dies sind die Faktoren, die bei der Umwandlung von Rohmaterialien in fertige Produkte zusammenwirken.

Fügt man diesen Punkten und ihrer Wechselwirkung das Moment fortgesetzter Verfeinerung und Verbesserung hinzu, dann hat man die grundlegende Erklärung für wirtschaftliches Wachstum gefunden. Eine Wirtschaft kann ihren Output ebenso rasch steigern wie die Bevölkerung wächst, wenn die Effektivität der Produktionsfaktoren konstant ist. Sie kann rascher wachsen, wenn die Qualität der Produktionsfaktoren zunimmt. Die konkreten Probleme der Wirtschaftspolitik lassen sich aus dieser etwas abstrakten Darlegung leicht ableiten. Was kann man unternehmen, um die Arbeit effektiver, das Realkapital produktiver und den Raum wirtschaftlicher zu nutzen? Fast jede staatliche oder in Wirklichkeit privatwirtschaftliche Maßnahme läßt sich anhand ihrer Wirkung auf die Leistungsfähigkeit eines oder mehrerer Produktionsfaktoren analysieren. Einen genialen Versuch, die Einwirkung verschiedener sozialpolitischer Maßnahmen und sozialen Wandelns quantitativ zu messen, hat Edward F. Dennison vom Committee for Economic Development durchgeführt[9]. Zwar darf man Dennisons Zahlenangaben nicht als voll verbindlich werten, doch geben sie relativ verläßlich Aufschluß über die Wirksamkeit und die Wirkungen einer Vielzahl unterschiedlicher Maßnahmen und staatlicher Politiken, die im Bereich des Möglichen liegen.

Dennisons Berechnungen erlauben die Formulierung mindestens zweier alternativer Rezepte für Wirtschaftswachstum. Das eine von ihnen könnte man als ›Sozialstaats-Konzept‹ charakterisieren. Im Folgenden wollen wir einige seiner Komponenten nennen; manche von ihnen liegen auf der Hand, andere sind schwieriger zuzuordnen, und einige wenige lassen sich kaum begreifen.

Ließe sich die gegenwärtige Sterblichkeitsrate von Leuten unter 65 Jahren um die Hälfte senken, dann könnte die jährliche Wachstumsrate um 0,1 Prozent angehoben werden; denn in jeder Volkswirtschaft bedeutet der Tod aktiver Arbeitskräfte einen Wertverlust. Darin besteht eines der schweren Handicaps für die wirtschaftliche Entwicklung von Nationen wie Indien, wo die durchschnittliche Lebenserwartung vierzig Jahre und weniger beträgt. Bereits entwickelte medizinische Verfahren sind, auf mehr Menschen angewandt, durchaus in der Lage, diese Verbesserungen zu realisieren. Ein Rauchverbot könnte z. B. helfen. Einen ähnlichen Anstieg der Pro-Kopf-Produktivität könnten wir erzielen, wenn es uns gelänge, die durch Unfälle und Krankheit verursachten Arbeitskraftverluste um die Hälfte zu senken. In einem Anflug utopischen Denkens entwickelt Dennison, daß die Beseitigung allen Verbrechens und die Bekehrung aller Kriminellen der Gesellschaft das Plus weiterer 0,03 Prozent jährlichen Wirtschaftswachstums einbrächte. Die Verdoppelung der zulässigen Einwandererzahl würde das Wirtschaftswachstum um weitere 0,1 Prozent steigern und wäre darüber hinaus ein Akt nationalen Altruismus. Wenn zudem die Rassendiskriminierung bei der Arbeitsplatzvergabe und bei Beförderungen beseitigt werden könnte, würde dies das Wachstum der amerikanischen Wirtschaft um 0,04 Prozent fördern. Immerhin beginnt man langsam zu begreifen, daß die amerikanische Industrie sich selbst beachtliche Ressourcen an Führungstalenten verschließt, indem sie Neger, Juden und oftmals auch Katholiken systematisch von Lehrgängen für Führungskräfte ausschließt*. Und wenn man schließlich die Jugend dazu bekehren könnte, anderthalb Jahre länger zur Schule zu gehen, würde dies die Wirtschaft um zusätzliche 0,1 Prozent jährlich wachsen lassen. Zusammengenommen sind diese politischen Maßnahmen geeignet, das Wirtschaftswachstum um knapp 0,5 Prozent jährlich zu vergrößern. Diese Zahl mutet bescheiden an, solange man sie nicht auf das Bruttosozialprodukt von 660 Milliarden Dollar bezieht; dann nämlich macht sie einen Wert von 3,3 Milliarden Dollar an Gütern und Dienstleistungen aus.

Diese Art, wirtschaftliches Wachstum zu fördern, konzentriert sich unmittelbar auf die qualitative Verbesserung der menschlichen Ressourcen, die im Wirtschaftsprozeß mitwirken. Da die Ökonomie eine strenge Wissenschaft ist, nimmt sie keine Notiz von der Verbesserung des täglichen Lebens, die ein solches Programm mit sich bringt. Doch läßt sich Wirtschaftswachstum auch auf andere Weise fördern. Eine angemessene staatliche Politik kann eine freiere Zuweisung von Mitteln und eine effizientere Kombination von Realkapital und Arbeit (von derzeit vorfindbarer Qualität) ermöglichen. Die Sammlung und Zusammenfassung derzeit verfügbarer Techniken läßt sich durch den Begriff ›freie Marktwirtschaft‹ ausdrücken.

Im Sinne dieser Strategie würde nach Dennisons Schätzung die vollständige Unterbindung von Streiks und Ausschließungen das jährliche Wirtschaftswachstum um 0,1 Prozent steigern; Streiks haben demnach eine weit geringere Auswirkung auf die Wirtschaft als ihnen allgemein zugeschrieben wird. Darüber hinaus hat Dennison folgende mögliche Veränderungen quantitativ zu erfassen versucht: verstärkte private Investitionstätigkeit, die Schließung von steuer-

---

* Ray Bliss, der 1965 Vorsitzender der Republikanischen Partei war, hat diese Argumentation auf die Politik bezogen. Er sagte, seine Partei habe unter anderem deshalb an Popularität verloren, weil sie sich zu einem Klub von WASPs gewandelt habe.

lichen Hintertürchen und die Angleichung der Steuerlasten, eine rigorose Vollstreckung der Anti-Trust-Gesetze, das Aufhören mit unnötigen Einstellungen von Arbeitskräften auf Forderungen der Gewerkschaften hin, die Unterbindung von Preisabsprachen der Hersteller und der Preisbindung im Einzelhandel, die Aufhebung restriktiver Arbeitsbestimmungen und das Abgehen der Gewerkschaften von ihrem Widerstand gegen technische Neuerungen. In der Hauptsache sind dies Änderungen, die das Wettbewerbsprinzip stärken und geschütze Monopolstellungen schwächen. Es bieten sich aber noch andere Möglichkeiten: Wenn die Subventionen an Farmer vermindert oder eingestellt würden, dann würden noch mehr Familien vom Lande in die Städte abwandern, wo ihre Arbeit einen größeren Beitrag zum Bruttosozialprodukt leistete. Wenn alle Firmen sich die Praktiken ihrer effektiver wirtschaftenden Konkurrenten zueigen machten, würde dadurch das Wirtschaftswachstum beschleunigt. Eine Senkung der Zölle und anderer Handelsschranken würde das Wachstum um 0,07 Prozent jährlich steigern. Insgesamt beträgt der im Rahmen dieses Konzepts realisierbare Zuwachs 0,6 Prozent des Bruttosozialprodukts, also etwas mehr als der durch das Sozialstaats-Konzept erreichbare Zuwachs.

Keine der beiden Wachstumsstrategien könnte Unordnung in die bestehende politische und wirtschaftliche Ordnung bringen. Das Privateigentum und die daran gebundenen Rechte werden durch sie nicht angetastet. Die bestehende Verteilung von Einkommen und Reichtum sowie die gemäßigt progressive Besteuerung, die Ungleichheiten in der Verteilung teilweise ausgleicht, werden von beiden Strategien stillschweigend anerkannt. Die Sozialstaats-Vorschläge bleiben hinter John Kenneth Galbraiths drastischen steuer- und finanzpolitischen Absichten zur Änderung des Gleichgewichts zwischen Privat- und Staatsunternehmen weit zurück. Keine der beiden Strategien fordert Lohn- und Preiskontrollen, Verstaatlichung der Unternehmen oder staatliche Wirtschaftsplanung. Welche Wirkung solche radikaleren Maßnahmen vergleichsweise haben würden, läßt sich nur vage vermuten.

Die Wahl eines Wachstumsprogramms schließt mindestens und in bestem Falle zwei Unsicherheitsfaktoren ein: Wie wird die Öffentlichkeit den Nutzen des Programmes einschätzen und wie wird sie sich zu seiner Finanzierung stellen? Betrachten Sie unter diesem Gesichtspunkt die folgende Anklageschrift, die das Joint Committee on Washington (D. C.) Metropolitan Problems über die Struktur der Stadt und ihre Probleme herausgegeben hat:

Die Stadt droht aus den Nähten zu platzen: bereits so wesentliche Versorgungszweige wie die Wasserversorgung sind durch die Bevölkerungszunahme bis aufs äußerste ausgelastet. Das Bevölkerungswachstum übersteigt die Kapazität der Kläranlagen. In den Bezirken, in denen das Wachstum am stärksten ist — etwa in den Vorortgebieten — ist der Mangel an öffentlichen Einrichtungen wie Schulen, Straßen und Parks besonders akut. Mit wachsender Bevölkerungszahl ging die territoriale Ausdehnung in die angrenzenden Verwaltungsbezirke einher ... und mit der ›Explosion‹ der Hauptstadt die Dezentralisation der Beschäftigungssektoren der Regierung, des Einzelhandels und anderer Zweige der Privatwirtschaft. Die Expansion der Hauptstadt, die von grundlegenden Wandlungen der Reisegewohnheiten und der Beförderungstechniken begleitet wurde, hat ältere Formen des Massentransports zerrüttet ... Im Zentrum der Stadt sind die Kräfte des sozialen Wandels durch Bevölkerungsabwanderungen, für die es bisher kein vergleichbares Beispiel gibt, durch die Auflösung und Desorganisation von zentralen Wohnbezirken, Wandel in der Art der Bodennutzung und die Invasion von Fahrzeugen sowie die Ausbreitung von Parkplätzen und Parkhäusern noch verstärkt worden. Der Verfall und die Ballung des inneren Zentrums, die Mängel und die finanzielle Misere der Vorstadtbezirke, das Beförderungsdilemma und die Verschwendung natürlicher Ressourcen sind wechselwirksame Teilprobleme, die sich alle aus dem Prozeß städtischen Wachstums ergeben[10].

Diese Klage ist nicht übertrieben, und die einzige Antwort auf sie kann nur in kommunalen Maßnahmen bestehen. Behörden, die durch öffentliche Mittel getragen werden, verbessern (bzw. sie versagen auch dabei) Schulen, Bibliotheken, Museen, Beförderungssysteme, Straßen, Gürtelbezirke, die Wasserversorgung, Parks und Erholungsgebiete. Aber Verbesserung erfordert höhere Steuern. Ist die Öffentlichkeit darauf vorbereitet und bereit, sie zu zahlen? Wie wird sich das Versäumnis größerer Ausgaben auf das Wachstum niederschlagen? Die Antworten auf diese wichtigen Fragen müssen erst noch gefunden werden.

Die Politik, die während der fünfziger Jahre betrieben wurde, spiegelte bis ins Detail die Ideologie eines republikanischen Präsidenten und eines Kongresses, der von einer Koalition aus Republikanern vom Lande und Demokraten aus dem Süden beherrscht wurde. Der Mann aber, der diesem Jahrzehnt seinen Stempel aufdrückte, war George Humphrey; er hatte während der meisten Zeit das Amt des Finanzministers inne, war im Privatleben ein außerordentlich erfolgreicher Unternehmer und vertrat privat wie öffentlich charmant, aber bestimmt eine reaktionäre Wirtschaftspolitik. Humphrey bemühte sich unausgesetzt darum, den Haushalt durch Senkung der Bundesausgaben ausgeglichen zu halten; seiner Politik ließ sich nicht die geringste Einsicht in Keynesianische Lehren ablesen. Unter Eisenhower wurde das überaus wichtige Bureau of the Budget (Haushaltsabteilung des Schatzamtes der Vereinigten Staaten) von solchen erzkonservativen Leuten wie Joseph Dodge, Percival Brundage und Maurice Stans geleitet. Ein differenzierterer Konservatismus beherrschte den Council of Economic Advisers (Rat der Wirtschaftsberater des Präsidenten); ihm standen abwechselnd zwei Professoren der Columbia University, Arthur F. Burns und Raymond J. Saulnier, vor, die Skepsis gegen die Keynesianische Analyse hegten und privatwirtschaftlichen Aktivitäten gegenüber staatlichen Eingriffen den Vorzug gaben. Und im Weißen Haus selbst hielt der in Wirtschaftsfragen ahnungslose General Eisenhower starr an seinen einfachen moralistischen Auffassungen fest: Defizite seien schlecht für den Charakter, öffentliche Ausgabenpolitik sei reine Verschwendung und Staatsschulden seien eine Bürde, die ohne jede Rechtfertigung von einer Generation auf die nächste übertragen werde. So sehr sich auch außerhalb der Regierung stehende Ökonomen darum bemühten, Mr. Eisenhower ließ sich nicht von seinen eingefleischten Überzeugungen abbringen.

Das Leben von Inhabern hoher Ämter wäre leichter, wenn die Ereignisse es ihnen gestatteten, so zu handeln, wie sie reden. Doch niemand konnte bezweifeln, daß Mr. Humphreys Opposition gegen eine stärker interventionistische Steuer- und Finanzpolitik durch und durch ernst gemeint war:

Nein, ich bin dagegen. Ich glaube das einfach nicht; gerade habe ich noch gesagt, ich glaube nicht daran, daß es irgendwo eine Gruppe von Leuten gibt, die in der Lage wären, jedermann in den Vereinigten Staaten klarzumachen, was er zu tun hat, und daß er klüger zu sein habe als die Masse unseres Volkes, die durch das System der freien Vertretung der eigenen Interessen und durch seine Anreize in Bewegung gehalten wird. Ich glaube mit ganzem Herzen an dieses System. Und ich glaube, diesem System haben wir das zu verdanken, was die Vereinigten Staaten heute darstellen[11].

Nimmt man diese Aussage wörtlich, dann verpflichtet sie den Präsidenten und seine Regierung auf sechs Grundsätze:

1. Der Bundeshaushalt sollte immer ausgeglichen sein.

2. Ausgaben der Privatwirtschaft sind viel wichtiger als Bundesausgaben, oder wie es W. Randolph Burgese, der damals Staatssekretär im Finanzministerium war, es formulierte: ›Wenn die Regierung Geld ausgibt, dann produziert sie damit nicht Güter, die die Leute kaufen können.[12]‹

3. Jede Staatsschuld ist eine Bürde. Je größer die Schuld ist, desto größer ist die Bürde.

4. Steuern sollten nur bei Vorhandensein oder sicherer Aussicht auf einen ausgeglichenen Haushalt gesenkt werden.

5. Die freie Entscheidung von Sparern, Investoren und Konsumenten bestimmt die wirtschaftliche Wachstumsrate der Nation. Auf keinen Fall fällt das Wirtschaftswachstum in den Aufgabenbereich des Staates.

6. Der Bundeshaushalt sollte nicht als Instrument wirtschaftlicher Stabilisierung angewandt werden.

Dementsprechend hätten die acht Jahre der Regierung Eisenhower acht ausgeglichene Haushalte ausweisen müssen. Die ausgeglichenen Haushalte hätten sich darüber hinaus durch von Jahr zu Jahr sinkende Bundesausgaben auszeichnen müssen, da die Gesamtsteueraufkommen aus öffentlichen Aktivitäten gesunken wären und man die Privatwirtschaft zur Expansion ermutigt hätte. Außerdem hätte man Bundesinterventionen bei Rezessionen minimal halten müssen. Die realen Verhältnisse in den fünfziger Jahren aber sahen anders aus; sie waren weit komplizierter, als diese Ideologie und die Konservativen es erwarteten.

Die Republikaner hatten während des Präsidentschaftswahlkampfes 1952 und danach eindringlich auf der Notwendigkeit einer Senkung der Bundesausgaben beharrt. An diesen Grundsatz hielt sich die Regierung tapfer. In den Jahren 1954, 1955 und 1956 drückten die Haushalte des Präsidenten das Gesamtausgabevolumen auf 47,5, 45,3 bzw. 45,7 Milliarden Dollar hinunter; im Jahre 1953 hatten die Bundesausgaben noch 58 Milliarden Dollar betragen. Zwar waren die größten Kürzungen durch die Beendigung des Koreakrieges erleichtert worden, doch gelang es darüber hinaus dem Bureau of the Budget und dem Finanzministerium, auch andere Ausgabenposten erheblich zu senken; einer von ihnen wurde von 9 Milliarden Dollar im Jahre 1953 auf 5,7 Milliarden Dollar im Jahre 1956 reduziert.

Nach 1956 kehrte sich dieser Trend um, und im Jahre 1961 waren die Ausgaben praktisch wieder auf das Niveau, das sie vor der Regierungszeit der Republikaner gehabt hatten, emporgeschnellt; in diesem Jahr teilten sie sich überdies ganz ähnlich auf wie 1952: 49 Milliarden Dollar Verteidigungshaushalt und 8,9 Milliarden Dollar für die übrigen Haushaltsposten. Wodurch war der Kürzungseifer der Regierung gedämpft worden? Erstens gestatteten die Erfordernisse des Kalten Krieges und seiner Strategie nicht, daß man die Militärausgaben längerfristig so niedrig hielt wie 1955 (39,1 Milliarden Dollar). Zweitens beugte sich der Kongreß — trotz all seiner steuerpolitischen Mäßigung — doch in gewissem Grade dem Druck der Wählerschaft, die Ausgaben forderte. Und drittens herrschte in der Regierung selbst keine einheitliche Linie. Gabriel Hauge, der Wirtschaftsexperte des Präsidenten, die Mitglieder des Council of Economic Advisers und sogar Kabinettsangehörige wie der Minister für Gesundheit, Erziehung und öffentliche Wohlfahrt, Marion Folsom waren der Ausgabenpolitik weit mehr zugetan als die Vertreter der Politik des ausgeglichenen Haushalts im Finanzministerium und im Bureau of the Budget.

Dieses Tauziehen resultierte im Januar 1957 in einer außergewöhnlichen Episode. Bei der berühmten Pressekonferenz sagte Finanzminister Humphrey über den Haushaltsvoranschlag, den er gerade an den Kongreß weitergeleitet hatte, er könne durch Maßnahmen des Kongresses gekürzt werden, und wenn dies nicht geschehe, werde ›das Land eine haarsträubende Depression erleben‹[18]. Dieses seltsame Beispiel für die Haltung einer Regierung wurde noch dadurch mit einem zusätzlichen Glanzlicht versehen, daß Präsident Eisenhower sich offen — statt sein Einverständnis mit dem Haushaltsvoranschlag, für den letztlich der Präsident verantwortlich zu zeichnen hat, zu bekunden — der Stegreif-Verleugnung eines in seinem eigenen Amt vorbereiteten Dokuments durch seinen Untergebenen anschloß.

Die Enttäuschung der Einsparungspolitiker war verständlich. Wie Dr. Neil Jacoby, der selbst Eisenhowers Council of Economic Advisers angehört hatte, ausführte, beliefen sich die Barleistungen des Bundes an den Rest der Wirtschaft in den Anfangsjahren der Regierung Eisenhower auf 19,7 Prozent der gesamten Staatsausgaben. Nach acht Jahren voller harter Kämpfe war der Bundesanteil auf 19 Prozent gesunken: eine schwache Leistung für eine konservative Revolution[14].

Haben die Republikaner letztlich das Ziel erreicht, das sie anstrebten — einen ausgeglichenen Haushalt? Eben nicht; in nur drei von acht Amtsjahren gelang es der Regierung Eisenhowers, mit einem ausgeglichenen Haushalt abzuschließen. Als die Republikaner von der Macht abtraten, war die Verschuldung des Staates größer als bei ihrem Amtsantritt. So viel über die Vergeblichkeit menschlichen Strebens und die Perversion menschlicher Institutionen. Selbst wenn man das Fiskaljahr 1953 (für das die Demokraten verantwortlich sind) ausklammert, übersteigen die Gesamtdefizite der Eisenhower-Jahre bei weitem die Gesamtüberschüsse. In den Jahren 1954 bis 1961 wuchs die Verschuldung des Staats um 18 Milliarden Dollar. Schlimmer noch, die 12,4 Milliarden Dollar Defizit des Jahres 1959 sind bis heute die größte Kluft zwischen Staatseinkommen und Staatsausgaben, die je in Friedenszeiten in den Vereinigten Staaten erreicht wurde. Den richtigen Überblick gewinnt man jedoch erst, wenn man den Vergleich zu der verschwenderischen Regierung Truman (1945—1953) zieht: Unter ihr wuchs die Staatsverschuldung trotz aller Belastungen, der diese Administration ausgesetzt war, nur um sieben Milliarden Dollar. Die Zahlen belegen, daß der Anspruch auf überlegene finanzpolitische Verdienste, den die Republikaner erheben, in keiner Weise gerechtfertigt ist.

Ist es den Republikanern wenigstens gelungen, die Preisinflation zu bremsen. Kurz gesagt: nein; denn abgesehen vom Fiskaljahr 1955 stiegen die Lebenshaltungskosten beständig. Nimmt man Durchschnittspreise der Jahre 1957 bis 1959 als Basis, dann stand der Preisindex für Konsumgüter beim Amtsantritt General Eisenhowers auf 93,2. Während des letzten Jahres seiner Amtsführung lag der Index bei 103,1. Darüber hinaus erfolgte der größte Teil dieses Anstiegs in den Jahren 1955 bis 1959, in einem Zeitraum also, der durch einen ziemlich starken Konjunkturrückgang gekennzeichnet war. Die haushälterische Politik der Republikaner hat also ein weiteres paradoxes Novum für sich zu verzeichnen: eine Rezession mit gleichzeitiger Preisinflation.

Die Eisenhower-Regierung konnte an ihren Grundsätzen nicht festhalten, sie zeigten nicht die gewünschten Ergebnisse; aus Überzeugung war die Regierung davon abgegangen, die Wirtschaft in einem Maße anzuregen, das hohe Wachstumsraten und zufriedenstellende Beschäftigtenzahlen gewährleistet hätte. Ihre einzige Steuersenkung, die des Jahres 1954, begründete die Eisenhower-Administration nicht mit der Keynes'schen Lehre, sondern mit der älteren Auffassung vom verminderten Staatseinfluß und der erweiterten Entscheidungs- und Ermessensfreiheit der Privatwirtschaft. Während der Rezession 1957/58 widersetzte sich die Regierung erfolgreich der Forderung nach einer Steuersenkung, die ausdrücklich zu dem Zweck gefordert wurde, die Gesamtnachfrage zu heben. Infolgedessen kam es zu dem riesigen Defizit von 1959, das aus einem Rückgang des Steueraufkommens und aus gesetzlich neu verankerten erweiterten Ausgleichszahlungen an Farmer und andere subventionierte Gruppen resultierte. Aller Wahrscheinlichkeit nach hätte eine überlegte Steuersenkung ein *kleineres* Defizit zur Folge gehabt als das tatenlose Zusehen.

Das Abzielen der republikanischen Politik auf ausgeglichene Haushalte, freie Marktwirtschaft, offenen Wettbewerb und Preisstabilität führte stattdessen zu Defiziten, Inflation, Rezessionen und langsamem, schleppendem Wachstum. Wie groß die Enttäuschung war, zeigte sich an der zunehmenden Schwäche, die die Erholung des Landes von den einzelnen Rezessionen kennzeichnete. Die Aufschwungphase nach dem Tiefpunkt von 1949 dauerte 45 Monate, die nach dem Tiefpunkt 1954 35 Monate und die nach dem Tiefpunkt 1958 nur 25 Monate. Die Expansion, die im Februar 1961 begann, dauerte im Gegensatz dazu Mitte 1966 noch an. Die Regierung Eisenhower hatte stark rückläufige Tendenzen freigesetzt oder intensiviert, oder — so positiv wie möglich formuliert — es war ihr nicht gelungen, diesen Tendenzen entgegenzuwirken. Die folgende Statistik vergleicht Anstiege der Beschäftigtenzahl und des Einkommens in den Zeiträumen Anfang 1948 Ende 1955 mit den Entwicklungen dieser Größen zwischen Anfang 1956 und Ende 1961.

Anstieg der Beschäftigtenzahlen und der Einkommen
(in Prozent)

Zeitraum	Beschäftigten- zahl	Verfügbares Einkommen (pro Kopf)	Unter- nehmens- gewinne vor Steuer	Arbeitslosenrate (Durchschnitt je Zeitraum)
1948—55	9,5	37,0	36,0	4,3
pro Jahr	1,2	4,6	4,5	
1956—61	3,5	18,0	14,0	5,6
pro Jahr	0,6	3,0	2,3	

Quelle: Alvin H. Hausen, ›Four Postwar Business Cycles‹ (Vier Konjunkturzyklen der Nachkriegszeit), in Arthur L. Grey, Jr., und John E. Elliot, Hrsg., *Economic Issues and Policies* (Wirtschaftspolitische Fragen und Wirtschaftspolitik), Houghton Mifflin, Boston 1961, S. 102.

Der Kontrast zwischen 1,2 Prozent jährlichem Anstieg der Beschäftigtenzahlen während der ersten und dem nur halb so großen Anstieg während der zweiten Periode ist kraß. Die direkte Folge dieser Entwicklung war ein Anstieg der durchschnittlichen Arbeitslosigkeitsrate von 4,3 auf 5,6 Prozent. Die Wirtschaft wuchs einfach nicht rasch genug, um alle jungen Leute aufnehmen zu können, die neu in den Arbeitsprozeß hätten eingegliedert werden müssen; infolgedessen kam es zu einem starken Anwachsen des Arbeitskräftepotentials.

Dementsprechend hart muß das Urteil über die Regierung Eisenhower ausfallen. Nach den Kriterien des Employment Act von 1946 (Gesetz über die Beschäftigung von Arbeitskräften), nach den Prinzipien moderner Finanzwirtschaft und gemessen an den Erwartungen der Öffentlichkeit war die Wirtschaftspolitik der Republikaner ein völliger Fehlschlag. Im Jahre 1960 zahlte die Partei dafür den angemessenen Preis: an den Wahlurnen.

KAPITEL 9

Automation: alt oder neu?

Die Zaghaftigkeit der Finanz- und Steuerpolitik kann als Erklärung für die wirtschaftliche Halbstagnation während der fünfziger Jahre nicht hinreichen. Selbst wenn man einräumt, daß die Programme der Republikaner weniger anregend wirkten, als die Wirtschaftslage es erfordert hätte, hat man eine entscheidende Frage noch nicht beantwortet: Warum bedurfte die Wirtschaft in erster Linie der Anregung und Belebung? Weshalb war der Impuls der privaten Ausgabetätigkeit nicht stark genug, um die Maschinen auszulasten und Vollbeschäftigung herbeizuführen?

Eine weitverbreitete Antwort auf diese Fragen stellt das Wesen von technischem Wandel und die Möglichkeit in den Mittelpunkt, daß in den fünfziger Jahren ein Einbruch in der Beschaffenheit und der Geschwindigkeit des technischen Fortschrittes und der technischen Neuerung erfolgte. Diese Hypothese schließt einen Unterschied zwischen der Ersetzung menschlicher Muskelkraft durch Dampfmaschinen und elektrische Energie und der Verdrängung menschlicher Arbeitskraft durch Maschinen ein, die die Arbeit des Menschen rascher und genauer verrichten. Sie befaßt sich mit einem Phänomen, das wesentlich anders gelagert und bemerkenswert neu ist: mit der Automation.

Was ist Automation? Wir wollen Daniel Bells höchst differenzierte Definition übernehmen:

Automation ist ein Prozeß, in dem menschliche Verrichtungen durch programmierte, maschinell kontrollierte Operationen ersetzt werden. So gesehen ist sie ein Ergebnis der Kybernetik und der Computer. Dementsprechend werden mehr oder minder durch Routine bestimmte Arbeiten und einfache Aufgabenentscheidungen, die der Arbeiter im Produktionsprozeß treffen muß, von Servomechanismen übernommen, wobei der Arbeitsverlauf von einem Computer geregelt wird, der darauf programmiert ist, jeden Schritt der Operation zu regeln. Oder in einem Büro werden die Aufgaben der Aufzeichnung, Einordnung und Abrufung von Informationen, die bisher von Sekretären oder Buchhaltern in mühevoller Aktenablagearbeit wahrgenommen wurden, unmittelbar von einem Computer versehen[1].

In dieser Definition bezieht sich der Begriff *Kybernetik* auf rückgekoppelte Steuerung, für die man als einfaches Beispiel den Thermostat nennen kann. Weiter gefaßt bezeichnet der Begriff ›jeden sich selbst anpassenden oder sich selbst regelnden Mechanismus oder jedes umfangreiche System, sei es nun im Maschinenbau, in der Zellbiologie, sei es das Gehirn oder die Wirtschaft[2]‹. Servomechanismen sind sich selbst regelnde oder in sich selbst rückgekoppelte Vorrichtungen oder Systeme, die Bedienungsverrichtungen durch den Menschen überflüssig machen.

Bells Definitionen sind maßvoll gehalten und frei von apokalyptischen Vorhersagen. Demgegenüber sind manche Leute, die zu den gegenwärtigen sozialen Verhältnissen Stellung nehmen, davon überzeugt, daß ein Gutteil jener potentiellen Umwälzung, die sich gerade vollzieht, bereits eingetreten ist, und daß der Rest zumindest voll angelegt ist. Eine weniger mechanistische Äußerung über die Implikate der neuen Technologie lautet:

Die neue Entwicklung in unserer Technologie besteht in der Ersetzung des menschlichen Nervensystems durch automatische Steuervorrichtungen und durch den Computer, der letztendlich die Funktionen der automatischen Kontrolleinheiten an jedem Punkt des Produktionsprozesses integriert. Der menschliche Muskel ist im Laufe des letzten Jahrhunderts immer mehr aus dem Produktionsprozeß freigesetzt worden; nun wird das menschliche Nervensystem aus dem Produktionsprozeß freigesetzt[3].

Es besteht kein Zweifel über die Vielseitigkeit von Computer-Programmen oder über die gewaltigen Fähigkeiten, die Koppelungen von Computern und Servomechanismen im Produktionsprozeß haben. Dafür gibt es zahllose Beispiele. Jedermann weiß, daß ein korrekt programmierter Computer riesige Mengen an Daten verarbeiten, ordnen und analysieren kann. Das ist eine Fähigkeit und Kapazität, die viel mehr impliziert als die bloße Freisetzung oder

Entlassung zahlloser Büroangestellter, die endlose Berechnungen durchführen. Es stimmt zwar, daß die elektrooptische Sortiermaschine der Post nichts anderes tut als die Arbeit wenig qualifizierter Kräfte, doch ist man zwangsläufig beeindruckt, wenn man sich klarmacht, daß dieses Gerät bedruckte oder maschinegeschriebene Umschläge ablesen kann, es dabei aus der Adresse den Staat und den Ort heraussucht und den Brief in genau den richtigen Transportsack leitet.

Doch gibt es noch weit kompliziertere automatische Anlagen. Man denke nur an den Elektronenrechner, mit dem die Veterans Administration in Washington arbeitet. Jedes der zehn Krankenhäuser der Veterans Administration ist mit dem Computer verbunden und kann ihn über gewöhnliche Telefonleitungen mit den Elektrokardiogrammen füttern. Der Computer stellt dann die Diagnose viel rascher als jeder Arzt es könnte; darüber hinaus ist seine Diagnose mit viel größerer Wahrscheinlichkeit exakt. Oder man führe sich den erstaunlichen Erfolg der McLouth Steel Corporation in Detroit vor Augen. Dieses vorausschauende Unternehmen hat die Produktion von Stahl in seinem Walzwerk an einen Computer angeschlossen. McLouths Walzwerk läßt sich dadurch auf 83 verschiedene Stahlsorten in 47 verschiedenen Stärken und Größen programmieren. Ein anderes Beispiel: American Electric Power Systems benutzt Computer, um die Generatoren in 15 Elektrizitätswerken, die in sechs verschiedenen Staaten liegen, zu kontrollieren und zu steuern. Wenn der Energiebedarf seinen Höhepunkt erreicht, berechnet der Computer in Canton, Ohio, den Kraftstoffbedarf, den Energieverlust durch den Widerstand der Überlandleitungen und die Betriebskosten für jedes einzelne Werk und trifft auf der Basis dieser rechnerischen Meisterleistungen die treffsicherste Entscheidung, welches Werk die Energieproduktion zu übernehmen hat[4].

Verblüffenderweise leisten diese Maschinen vielfach eine Arbeit, die qualitativ der des Menschen überlegen ist. Sie leiden nicht unter Konzentrationsschwächen, unter Störungen infolge von Alter, Krankheit oder Zecherei, und sie haben keine angeborenen Mängel an Charakter, Vertrauenswürdigkeit oder Urteilskraft. Ein Hersteller von Steuerungs- und Kontrollvorrichtungen sagte einmal:

Es werden neue Anlagen geschaffen werden, die keinerlei Reibung aufweisen und die nicht verschleißen; man wird neue Materialien von unglaublicher Festigkeit und Vielseitigkeit in der Anwendung erfinden; man wird Produktionsstraßen bauen, die sich selbst auf jedes neue Produkt einstellen; man wird Werkzeuge schaffen, die automatisch ausgesondert, geschärft, inspiziert und eingebaut werden; und man wird Warenhäuser und Transportsysteme einrichten, die den Fluß von Bestellungen und Auslieferungen ohne menschlichen Eingriff verrichten[5].

Diese Aussichten müssen in Schrecken versetzen oder zustimmende Begeisterung hervorrufen, je nachdem, welche Rolle einem bei der Etablierung der neuen Technologie zufällt: die des Förderers oder die des Opfers. Welche Auswirkungen werden die bevorstehenden Veränderungen, genau genommen, auf die Beschäftigung haben? Ein möglicher Ansatz zu einer Antwort besteht in der Darlegung einer extremen Stellungnahme und in der Frage, inwieweit sie gerechtfertigt ist. Die wohl kühnsten Vorhersagen sind die des Manifests, das vom Ad Hoc Committee on the Triple Revolution verabschiedet wurde. Diese Allianz aus politischen Liberalen, Bürgerrechtsvertretern und Unabhängigen argumentiert, daß die Produktivität in den letzten Jahren hauptsächlich wegen der Kombination von Computern mit automatischen Produktionsregelvorrichtungen sehr viel rascher gestiegen ist*. Die sprunghafte Steigerung der Produktivität pro Kopf hat Überkapazitäten und damit auch wachsende Arbeitslosigkeit geschaffen. Da die Automation eine ungeheure Anziehung ausübt, können wir ›von jetzt an ... einen rascheren Anstieg der Produktivitätsrate pro Arbeitsstunde[6]‹ als gesichert annehmen. Wir stehen an der Schwelle einer revolutionären Transformation, die sich durchgesetzt haben wird, ehe man noch die Möglichkeit hatte, das Wesen der Arbeit neu zu definieren und der Mehrheit der arbeitenden Bevölkerung zu Wohlstand zu verhelfen.

Diese Erklärung hat viel Beachtung gefunden, insbesondere seit sie mit einem radikalen sozialen Vorschlag verknüpft wurde: der Garantie eines Mindesteinkommens für jeden Amerikaner ungeachtet dessen, ob er Arbeit hat oder nicht. Sie wirft vier Fragen auf:

---

* Im Manifest wird der Begriff ›Cybernation‹ verwandt, der sich praktisch mit Bells Definition der ›Automation‹ deckt.

1. Hat es in den letzten Jahren einen ›technologischen Sprung nach vorn‹ gegeben, ob man ihn nun als ›Automation‹, ›Cybernation‹ oder sonstwie bezeichnet?

2. Gesetzt den Fall, daß ein solcher Sprung stattgefunden hat, hat er einen Anstieg der Pro-Kopf-Produktivität bewirkt?

3. Wenn die Pro-Kopf-Produktivität gestiegen ist, ist ihr Anstieg der Hauptgrund für die hohe Arbeitslosigkeitsrate der letzten sechzehn Jahre?

4. Falls sich derzeit kein technologischer Sprung ausweisen läßt oder falls ein tatsächlich erfolgter Sprung sich noch nicht auf die Produktivität und den Beschäftigungsgrad ausgewirkt haben sollte, ist ein solcher Sprung oder sind derartige Auswirkungen für die nächste Zukunft zu erwarten?

Im Jahre 1810 haben englische Weber Textilmaschinen zerstört, Fabriken angezündet und Fabrikleiter in dem verzweifelten Versuch tätlich bedroht, die Auslöschung ihres Handwerks zu verhindern. In jenem Jahr bedienten annähernd hunderttausend Männer, Frauen und Kinder mechanisch betriebene Webstühle in Textilfabriken und mußten sich damit der Disziplin der neuen Fabrik unterwerfen. Außerhalb des Fabriksystems gab es doppelt so viele hochgradig qualifizierte, gut bezahlte Handweber mit ausgeprägter Selbstachtung. Die englischen Behörden nahmen den Aufstand von Luddite so ernst, daß sie zwölftausend Soldaten gegen die Maschinenstürmer einsetzten, eine Armee, die an Zahl Wellingtons Streitkräfte beim Feldzug gegen Spanien 1808 übertraf[7]. Wie es häufig vorkommt, gewannen die Truppen die Auseinandersetzung, die Aufstände wurden unterdrückt, und der Prozeß der Ersetzung von ausgebildeten Arbeitskräften durch automatische Maschinen ging weiter. Um 1840 arbeiteten doppelt so viele Menschen an den Webstühlen der Fabriken wie unter zunehmend schwierigeren Bedingungen daheim in eigener Regie. Zwanzig Jahre später beschäftigten die Fabriken 427 000 Arbeiter, und die freien Handwerker unter den Webern zählten nur mehr zehntausend. Im Verlauf der Lebensspanne eines Arbeiters verschwand ein traditionelles Handwerk fast völlig. England hatte die Vorzüge des freien Handwerks und der kleinen Werkstatt gegen die riesigen und leistungsfähigen Fabriken eingetauscht, die dem Land ein halbes Jahrhundert lang die Vorherrschaft auf den Textilmärkten der Welt sicherten.

Oder betrachten wir die beiden letzten Jahrzehnte des neunzehnten Jahrhunderts: In den Vereinigten Staaten erfand ein deutscher Einwanderer namens Ottmar Mergenthaler ein neues Gerät für das Druckereiwesen, die Linotype-Setzmaschine. Damit konnte man Zeilen dreieinhalb- bis zehnmal so schnell setzen wie ein geübter Handsetzer. Die Setzmaschinen waren im Vergleich zu Setzkästen und anderen Ausrüstungsgegenständen des Druckergewerbes nicht billig und wurden anfangs an unterkapitalisierte Drucker vermietet. Doch war die Leistungsfähigkeit der Maschinen so überragend, daß sie nach relativ kurzer Zeit überall im Land in Druckereien eingesetzt wurden. Dieser technische Wandel nahm für die Handsetzer ein glücklicheres Ende als die früher erfolgte Mechanisierung des Webereihandwerkes für die Handweber. Die International Typographical Union (Internationale Buchdruckergewerkschaft), die bereits in den neunziger Jahren des letzten Jahrhunderts großen Einfluß besaß, war stark und taktisch klug genug, um ihre Interessen gegen die Unternehmer durchsetzen und die Einführung der Mechanisierung zum guten Teil unter ihre Kontrolle bringen zu können. Die Gewerkschaft setzte durch, daß ihre Mitglieder die Bedienung der neuen Maschinen unter Weiterzahlung der Löhne zu den damaligen Tarifsätzen erlernen konnten. Die enorme Ausdehnung des Druckgewerbes, die durch das Linotype-Verfahren erleichtert wurde, hatte zur Folge, daß trotz des sprunghaften Anstiegs der Pro-Kopf-Produktivität die Beschäftigtenzahlen stiegen.

Die beiden Beispiele beleuchten einen uns vertrauten Vorgang: die technologische Ersetzung handwerklicher Arbeitskräfte durch leistungsfähigere mechanische Ausrüstungen. Wenn die Ersetzung und Freisetzung menschlicher Arbeitskraft rasch voranschreitet, bieten Umschulungsprogramme die einzige Alternative zu Arbeitslosigkeit oder der Notwendigkeit für die betroffenen Berufsgruppen, sich in unqualifizierten Berufen als Gelegenheitsarbeiter zu verdingen. Geht die Entwicklung langsamer voran, dann mildern das schrittweise Aussterben der betroffenen Berufsgruppen und die nach und nach ohnehin erfolgende Pensionierung ihrer Mitglieder die Härten des Wandels. Im Zusammenhang mit der gegenwärtigen Debatte über die Bedeutung und die Auswirkungen der Automation stellt sich die schwierige Frage, ob die Automation einen genuinen technologischen Sprung nach vorn, eine vielschichtige Umwälzung darstellt, die in einigen wesentlichen Aspekten völlig neuartig ist.

Die Entstehungsgeschichte des Computers läßt sich bis auf einen Experimentator des neunzehnten Jahrhunderts, Charles Babbage, eindeutig zurückverfolgen. Als Instrument der Regelung und der Informationsspeicherung und -verarbeitung ist der Computer jedoch erst in jüngster Zeit entwickelt worden. Die Koppelung von Computern und Servomechanismen in der Fabrik eröffnet die Möglichkeit, Produktionsprozesse in eine Abfolge automatischer Prozesse zu verwandeln, die nur geringfügig menschliches Eingreifen erfordern. Wo diese Möglichkeiten in Fabrikations- oder Büropraxis umgesetzt worden sind, wo bereitwillig uniforme Standards und Normen eingeführt worden sind und befolgt werden, können auftretende Fehler von Computern korrigiert werden, und junge ebenso wie mittlere Manager übertragen ihre Aufgaben an die Computer, die Routineentscheidungen treffen können und dabei viel weniger Routinefehler machen.

Die Automation hat eine weitere organisatorische Konkurrenz von großer Tragweite: Spitzenmanager, die rascher mit vollständigeren und genaueren Informationen versorgt werden, können zunehmend wachsende Organisationen besser überblicken und steuern. Wirtschaftswissenschaftler, denen es zur Gewohnheit geworden ist, das Fortbestehen begrenzter Konkurrenz vorauszusetzen — sie vertreten die Auffassung, selbst die fähigsten Führungskräfte seien nicht in der Lage, die Vorgänge in einem großen Unternehmen zu koordinieren, ohne den Fehlern des Bürokratismus zu verfallen —, werden ihre Doktrin in einer Zeit überprüfen müssen, in der Großrechenanlagen die Fähigkeit der Spitzenmanager enorm steigern, klar formulierte Informationen rechtzeitig einzuholen und Direktiven auszugeben, deren Auswirkungen mit den gleichen Verfahren überprüft und analysiert werden können, mit denen die Informationen selbst gesammelt und zusammengestellt wurden. Minister McNamaras bisher beispiellose Fähigkeit, die Angelegenheiten des

Verteidigungsministeriums, das jährlich über fünfzig Milliarden Dollar ausgibt, zu überblicken und zu regeln, ist nicht nur ein schlagender Beweis für seine persönliche Befähigung, sondern auch für die Qualität der differenzierten Führungs- und Organisationstechniken, die er eingeführt hat. Diese Verfahren basieren in zunehmendem Maße auf der Systemanalyse und auf ›operations research‹ (Verfahrensforschung), die durch den Computer möglich geworden sind.

Dementsprechend ist das Argument von der Neuheit der Automation recht beweiskräftig, doch ist es weniger beweiskräftig als man meinen mag. Wiederum hilft uns ein historisches Beispiel, die Bedeutung der Automation in einem ihrer spezifischen Aspekte zu begreifen: Im Jahre 1939 war das Fernsehen technisch bereits möglich; in der Tat gab es bereits ein paar erste Fernsehgeräte in den Wohnungen der Reichen und der Unternehmungslustigen. Diese frühen Käufer setzten auf die Zukunft, denn alles, was sie 1939 empfangen konnten, waren einige wenige dürftige Programme, die eine wöchentliche Sendezeit von nicht mehr als vier oder fünf Stunden hatten. Im Jahre 1939 war dem Fernsehen eine Revolution der Unterhaltungstechnologie als Potential bereits einbeschrieben. Ihre Grundsätze waren in bereits vorhandenen Produkten verkörpert. Doch hatte das Fernsehen geringe wirtschaftliche Bedeutung. Das Produkt war viel zu teuer, um sich den Markt zu erobern, der Werbekunden dazu gebracht hätte, das neue Medium zu unterstützen, um Rundfunkgesellschaften dazu zu bringen, in die Entwicklung von Programmen zu investieren, und um Verbraucher zu reizen, Millionen statt Hunderte Empfangsgeräte zu kaufen. Wie auch die Geschichte der Luftfahrt vor dem Zweiten Weltkrieg zeigt, geschieht längst nicht alles, was technisch möglich ist.

Die Kluft zwischen technischer und wirtschaftlicher Durchführbarkeit ist eine Frage sowohl der Kosten als auch des Konsumentengeschmacks. Zum ersten Punkt ist der gegenwärtige Entwicklungs- und Verbreitungsstand von Lernmaschinen oder, genauer gesagt, von programmiertem Lernen ein gutes Beispiel. Jedes Lehrerkollegium und jede Collegeverwaltung weiß, daß es durchaus möglich ist, jeden Anfängerlernstoff von Französisch bis Wirtschaftswissenschaften durch programmierte Lernmaschinen zu vermitteln, die die

Arbeit von Lehrern durch Kapital ersetzen. Von Stiftungen unterstützt oder in der Überzeugung, langfristig Gelder einsparen zu können, haben einige Schulverwaltungen, die die Neuheit reizte, tatsächlich mit diesen Hilfsmitteln experimentiert. Andere werden ihrem Beispiel sicherlich folgen; dabei spielt insbesondere der Umstand eine Rolle, daß der Andrang von Neuzugängen an den Colleges in den nächsten fünf Jahren immer stärker werden wird.

Warum sind diese Ersetzungen nicht rascher vorgenommen worden? Die Lehrer begrüßten Änderungen ihrer Arbeitssituation ungefähr ebenso freudig wie Gewerkschaftler neue Tarifbedingungen; doch sind Lehrergewerkschaften nicht stark genug, um ihre Auffassungen gegen Verwaltungsbeamte durchzusetzen. In den meisten Fällen sind Lernmaschinen billiger als Lehrkräfte. Die Gründe für die langsame Einführung dieser Neuerung müssen demnach in der Einschätzung zu suchen sein, die sich der Verbraucher von dem Produkt gebildet hat. Zumindest beim gegenwärtigen Stand der Lernmaschinentechnologie entwickeln Studenten zu leistungsfähigen Lehrern ein engeres Verhältnis als zu den Maschinen; deren Rat wird weniger geschätzt und befolgt und deren Schulstunden werden nicht so gut besucht und nicht so genau eingehalten.

Die Lernmaschine steht für eine lange Reihe von Beispielen, in denen die Automation zu quantitativ wie qualitativ schlechteren Ergebnissen geführt hat; überall dort, wo der persönliche Kontakt von Personen eine wichtige Rolle spielt, muß die Automation zu schlechteren Ergebnissen führen. Maschinen lassen sich dementsprechend schlecht als Sozialarbeiter, Krankenschwestern, Reiseführer, Psychiater, Politiker, Pfadfinderführer, Zimmerwirtinnen, militärische Befehlshaber, Pfarrer, Staatsanwälte, Friedenskorpsfreiwillige, Polizisten, Bewährungshelfer, Richter an Jugendgerichten, Künstler und Balletteusen einsetzen. Die Frage nach der Struktur und Beschaffenheit einer Gesellschaft ist in diesem Zusammenhang strategischer Natur. Es erweist sich, daß die Auswirkungen, die die Automation in einer Gesellschaft hat, in enger Beziehung zu den Arten von Output steht, auf die diese Gesellschaft besonderen Wert legt. Eine Gesellschaft, die sich in erster Linie der Erweiterung der Zahl und Vielfalt von Konsumgütern — Autos, Haushaltsgeräte, Kleidung, Kameras etc. — verschrieben hat, ist reif für rasche

Automatisierung. Auf der anderen Seite wird eine Gesellschaft, die den Wohlstand dazu verwendet, die Verhältnisse in den Städten zu verbessern, Armut und soziale Ungleichheit zu mildern, das kulturelle Leben zu intensivieren und die Qualität der öffentlichen Gesundheitspflege und das Schulwesen anzuheben — eine solche Gesellschaft wird in zunehmendem Maße ihre Ressourcen auf Bemühungen verwenden, die nur minimal Gegenstand von Automatisierung sind.

Tatsächlich wird eine Gesellschaft, die den letzteren Weg einschlägt, einen Anstieg des Beschäftigungsgrades erzielen, der nur geringfügig durch technologische Sprünge gestört wird. Ob Automation sich als Segen oder als Fluch erweist, hängt teilweise von der Geschwindigkeit ab, mit der sie in Fabriken und Büros eingeführt wird, und teilweise hängt es von der Anstiegsrate des Beschäftigungsgrades in den nichtautomatisierten Wirtschaftszweigen ab. In Hinsicht auf die zukünftige Entwicklung sind die Kernfragen die nach den Kosten automatischer Anlagen und die nach den sozialen Wertvorstellungen der Gesellschaft.

Was ist in diesem Zusammenhang bisher geschehen? Wieviel Arbeitslosigkeit hat die Automation bisher verursacht? Wie schrecklich ist ihr Beitrag zum Anstieg der Arbeitslosigkeitsrate gewesen? Über diese Fragen sind die Experten geteilter Meinung. Mindestens drei unterschiedliche Auffassungen lassen sich feststellen. Einmal wird die These vertreten, daß die Automation rasch genug vorangeschritten ist und daß der Anstieg des Beschäftigungsgrades in anderen Industriezweigen langsam genug verlief, um die Arbeitslosigkeitsrate zu steigern. Insbesondere Professor Killingsworth hat diese Auffassung vehement vertreten. Der Council of Economic Advisers hat zum anderen eine entgegengesetzte Haltung vertreten, die die Arbeitslosigkeit einem Mangel an Gesamtnachfrage und nicht den Auswirkungen des jüngsten technologischen Wandels zuschreibt. Und drittens ist Professor Yale Brozen von der Universität Chicago zu dem Schluß gekommen, daß die Hauptursache für die Arbeitslosigkeit in der Lohnstruktur zu suchen sei, die durch hohe Löhne viel zu viele Arbeitslose vollends aus dem Arbeitsmarkt verdrängt. Dementsprechend hält Brozen Mindestlohngesetze für entscheidende Fehler der Politik.

Beschäftigte in der Produktion metallverarbeitender Maschinen

Jahr	Arbeiter
1900	29 000
1929	39 000
1939	37 000
1958	37 000

Quelle: Charles C. Killingsworth, ›Automation, Jobs, and Manpower‹, in Stanley Lebergott, Hrsg., *Men Without Work*, Prentice-Hall, Englewood Cliffs 1964, S. 24.

Was können wir aus dem verfügbaren Material ablesen? Eines ergibt sich auf den ersten Blick: Das tröstliche Argument, Arbeiter, die durch Automation ihre Stellung verlieren, fänden neue Arbeit in der Investitionsgüterindustrie, ist nicht stichhaltig. Die Sache liegt klar: Dies sind die Maschinen, mit denen andere Maschinen hergestellt werden. Alles, was ein halbes Jahrhundert wirtschaftlicher Expansion, technischen Fortschritts und steigender Bevölkerungsziffern erbracht hat, ist in der Maschinenbauindustrie ein Beschäftigungsanstieg um ganze achttausend Arbeiter. Schlimmer noch, in den drei Jahrzehnten zwischen 1929 und 1958 sind die Beschäftigtenziffern in der Maschinenbauindustrie sogar gesunken; das deutet darauf hin, daß der technische Fortschritt in dieser Industrie, die die Mittel für die Verbesserung der Produktion in anderen Industrien bereitstellt, außergewöhnlich rasch gewesen sein muß. Was für Arbeitsplätze die Automation auch immer schaffen mag, sie schafft sie nicht in den Industrien, die automatische Anlagen herstellen.

Wenn also die Automation und Vollbeschäftigung miteinander einhergehen sollen, müssen die automatisierten Industrien selbst sehr rasch expandieren, der Bedarf an Arbeitskräften in anderen Bereichen muß stark genug wachsen, um die durch Automation freigesetzten Arbeitskräfte und den Nettozuwachs des Arbeitskräftepotentials verkraften zu können, oder es müssen beide Entwicklungen miteinander einhergehen, wenn eine von ihnen nicht stark genug ist. Killingsworth beurteilt die Lage pessimistisch; zum Teil stützt er sich dabei auf seine düsteren Einschätzungen des Output-Anstiegs in den automatisierten Industrien:

Sieht man sich das weitgefächerte Angebot an Konsumgütern an, dann stellt man fest, daß unsere Konsumgesellschaft bei der Befriedigung der Bedürfnisse der großen Mehrheit der Verbraucher höchst effektive Arbeit geleistet hat. Ungefähr 99,5 Prozent der Haushalte, die an das Elektrizitätsnetz angeschlossen sind, verfügen über elektrische Kühlschränke; 93 Prozent haben Fernsehgeräte; in 83 Prozent von ihnen stehen elektrische Waschmaschinen; und es gibt bei uns mehr Radios als Haushalte. Die einzige scharf steigende Umsatzkurve im Bereich der langlebigen Konsumgüter ist derzeit die der elektrischen Büchsenöffner. Auch die Industrien, die elektrische Zahnbürsten und elektrische Haarbürsten herstellen, treten in eine Phase raschen Wachstums. Das Anwachsen der Beschäftigtenziffer in diesen ›neuen‹ Industrien wird das Absinken der Beschäftigtenzahlen in den älteren, größeren Konsumgüterindustrien nicht wettmachen können[8].

Angenommen, Killingsworths Behauptung ist stichhaltig und die Märkte für langlebige Konsumgüter sind abgesättigt. Macht das etwas aus? Der staatliche und privatwirtschaftliche Bedarf an Wissenschaftlern, Ingenieuren, Mathematikern, Programmierern, Designern und anderen gut ausgebildeten Fachkräften ist wesentlich gestiegen. Darüber hinaus finden stetig steigende Zahlen und Prozentsätze an Männern und Frauen Anstellungen im öffentlichen Dienst, in den Regierungsstellen und Behörden des Bundes, der Staaten und der Gemeinden. Ersetzung und Freisetzung sind ein Phänomen, das man immer antreffen kann. Einige Sektoren einer dynamischen Wirtschaft werden immer rascher wachsen als andere. Man kann erwarten und davon ausgehen, daß sich die Struktur von Angebot und Nachfrage in einer freien Wirtschaft verändert.

Warum sollten wir uns also wegen des Beschäftigungsgrades heute mehr Sorgen machen als vor fünfzig Jahren? Einer der Gründe hängt mit der Geschwindigkeit des Ablösungs- und Umwandlungsprozesses zusammen. Zwar hat es ein Jahrhundert gedauert, bis die Dampfmaschine so weit entwickelt und verbreitet war, daß sie wirtschaftlich wurde, doch bei der elektrischen Energie dauerte dieser Prozeß nur fünfzig Jahre, und heute ändern sich die Verhältnisse sogar noch rascher. Vor gerade einem Jahrzehnt haben Banken die ersten automatischen Buchführungs- und Kontenführungssysteme installiert, doch besitzt heute die Hälfte aller amerikanischen Banken solche Anlagen oder ist dabei, sie zu erwerben. Kundige Leute meinten Anfang der fünfziger Jahre, im gesamten Land könnten im Laufe der nächsten dreißig bis vierzig Jahre gewinnbringend nicht mehr als zehn oder fünfzehn große Computer betrieben werden; im Frühjahr 1966 waren annähernd 27 000 Computer installiert und in Betrieb, und eine Schätzung lautet, daß 1970 45 000 dieser Anlagen in Gebrauch sein werden.

Es gibt noch einen weiteren beunruhigenden Unterschied zwischen der Vergangenheit und der Gegenwart. In früheren Jahren fanden freigesetzte und entlassene Arbeiter häufig Arbeit, die nicht mehr handwerkliche Fähigkeiten oder Ausbildung erforderte als die Arbeit, die sie verloren hatten. Vielfach erforderten die neuen Verfahren — wie im Falle der Neuerungen in der Textilproduktion während des neunzehnten Jahrhunderts — weit weniger Ausbildung und handwerkliches Geschick als ältere Handwerkstechniken. Nur selten sind die heutigen Opfer des technischen Fortschritts in einer ähnlich glücklichen Lage. Fast überall auf den Arbeitsmärkten ist die Nachfrage nach gutausgebildeten Kräften gestiegen und die nach ungelernten oder wenig qualifizierten Kräften zurückgegangen. Die Auswirkung, die dies auf die Beschäftigungsstatistik hat, lassen sich an den unterschiedlichen Geschicken von College-Graduierten, Hochschulabsolventen und vorzeitigen Schulabgängern ablesen.

Schulbildung und Arbeitslosigkeit im April 1950 und im März 1962
(Männer über 18 Jahre)

Durchlaufene Schuljahre	Arbeitslosigkeitsraten 1950	1962	Entwicklung 1950—62
0—7	8,4 %	9,2 %	+ 9,5 %
8	6,6 %	7,6 %	+ 13,6 %
9—11	6,9 %	7,8 %	+ 13,0 %
12	4,6 %	4,8 %	+ 4,3 %
13—15	4,1 %	4,0 %	− 2,4 %
16 und mehr	2,2 %	1,4 %	− 36,4 %
Alle Gruppen	6,2 %	6,0 %	− 3,2 %

Quelle: Stanley Lebergott, a. a. O., S. 61.

In den Jahren 1950 und 1962 war die Gesamtarbeitslosigkeit ungefähr gleich hoch, doch die Gruppenverteilung dieser Arbeitslosigkeit weicht erheblich voneinander ab. Die Arbeitslosigkeitsraten von Männern und Frauen, die nur die Grundschule oder eine weiterführende Schule besuchten, stiegen, während die von Leuten mit

Collegeausbildung oder Collegeabschluß fielen. Die Rate von nur 1,4 Prozent bei Collegeabsolventen weist auf einen Mangel an qualifizierten Kräften hin, wenn man davon ausgeht, daß bei Vollbeschäftigung eine durch Fluktuation bedingte Arbeitslosigkeitsrate von 2,5 bis 3 Prozent durchaus normal ist. Killingsworth erklärt den Anstieg der Arbeitslosigkeit in den vergangenen Jahrzehnten mit der Geschwindigkeit des technischen Fortschritts, mit der höheren Qualifikation, die die Arbeitsplätze erfordern, und mit dem Fehlen dieser Qualifikation auf seiten der Arbeitslosen; auch sagt er weitere Arbeitslosigkeitsprobleme für die kommenden Jahre voraus. Die wahrscheinlich beste Lösung dürfte in gesteigerten kommunalen Investitionen in das Schulwesen und in Umschulungsprogramme zu sehen sein. Das Problem nimmt noch schärfere Formen an, wenn die Gesamtnachfrage nachläßt oder stagniert, doch selbst wenn sie steigt, wird die Arbeitslosigkeit beängstigend hoch bleiben.

Diese Argumentation wird für die Behauptung angeführt, daß die Automation bereits einen beträchtlichen Anstieg der Arbeitslosigkeit bewirkt hat. Einer der Hauptgegner dieser Auffassung ist Walter W. Heller, der unter Kennedy und während des ersten Johnson-Jahres Vorsitzender des Council of Economic Advisers war. Er trat voll und überzeugend für die These vom Primat der Gesamtnachfrage ein und spielte eine wichtige Rolle, als es darum ging, Präsident Kennedy für eine umfangreiche Steuersenkung zu gewinnen. Er hat geäußert, daß sich ›4 Prozent Arbeitslosigkeit eindeutig durch nachfrageorientierte Maßnahmen erreichen lassen[9]‹. (Die Arbeitslosigkeitsrate lag, wohlgemerkt, damals höher; d. Ü.) Er schrieb dies Anfang 1964 und nannte drei Gründe, weshalb er die Anregung der Gesamtnachfrage für die vorrangige wirtschaftspolitische Maßnahme hielt. Der erste lautet, daß die amerikanische Wirtschaft bis 1957 bei einem generell zufriedenstellenden Beschäftigungsgrad normal funktionierte. Der zweite Grund war die Existenz von arbeitslosen Menschen und unausgelasteten Produktionskapazitäten. Diese ungenutzten Ressourcen waren Beweis genug dafür, daß die Konsum- und Investitionsaufwendungen unzureichend waren. Und drittens widerlegte das Fehlen von lohn- und preisinflationären Tendenzen aus der Wirtschaftsstruktur abgeleitete Argumente, denn um solche Argumente zu belegen, hätte es starke Engpässe geben müssen, die durch Mangel an spezialisierten Fachkräften hätten verursacht sein müssen. Solche Engpässe werden normalerweise von Inflation begleitet. Heller meinte über die wirtschaftliche Entwicklung Amerikas in den fünfziger Jahren, daß der Beschäftigungsgrad vor 1957 hoch war, weil die Marktnachfrage groß war. Er war *seit 1957* durchgängig unbefriedigend, weil die Marktnachfrage just zu einem Zeitpunkt zu stagnieren begann, als große Zahlen junger Menschen neu auf den Arbeitsmarkt kamen.

Heller hat das Vorhandensein von strukturell bedingter Arbeitslosigkeit durchaus nicht bestritten; er war sich darüber klar, daß sich auf dem Arbeitsmarkt das Angebot und die Nachfrage an Qualifikationen nicht deckten und daß infolgedessen die Notwendigkeit bestand, Umschulungsprogramme zu schaffen. Die relevante Frage war vielmehr, ob die strukturelle Arbeitslosigkeit gestiegen war oder nicht: der Kernpunkt der Kontroverse über die Auswirkungen der Automation auf die Beschäftigung. Anhand von Daten, die denen Killingsworths ähneln, gab Heller bereitwillig zu, daß Neger, ungeschulte und unqualifizierte Kräfte sowie die jungen Leute in höherem Grade unter Arbeitslosigkeit zu leiden haben als es während Rezessionen der Fall war. Gleichermaßen aber traf es auch zu, daß der Beschäftigungsgrad dieser Gruppen in Expansionsphasen stärker anstieg. Die Arbeitslosigkeit stieg in diesen anfälligen Gruppen während der Rezession 1960—61 stark an, sie ging aber noch stärker während der anschließenden wirtschaftlichen Erholung 1961—62 zurück:

Entwicklung der Arbeitslosigkeitsraten
nach ausgewählten Gruppen und Gebieten

	1960—61	1961—62
Insgesamt	+ 1,1 %	— 1,1 %
Nichtweiße	+ 1,6 %	— 1,9 %
Handwerker und Mechaniker	+ 1,6 %	— 2,1 %
Nicht agrarische Arbeiter	+ 2,0 %	— 2,1 %
Fabrikarbeiter	+ 1,5 %	— 1,9 %
Bergleute	+ 2,1 %	— 3,0 %
Michigan	+ 3,4 %	— 3,4 %
Whelling, West Virginia	+ 6,9 %	— 7,8 %

Quelle: Walter H. Heller, ›Employment and Manpower‹, in Lebergott, a. a. O., S. 76.

Demzufolge litten oder prosperierten die fünf Gruppen wesentlich, die für zeitweilige Entlassung und Arbeitslosigkeit am anfälligsten sind — je nachdem, ob die Gesamtnachfrage stieg oder fiel. Der daraus zu ziehende Schluß liegt klar auf der Hand: ein starker steuerlicher Anreiz, etwa eine größere Steuersenkung oder eine erhebliche Steigerung der Bundesausgaben, würde die Aussichten auf Arbeit auch der unqualifizierten Kräfte verbessern. Heller schreibt dazu:

Wir ziehen nicht den Schluß, ... daß eine Senkung der strukturellen Arbeitslosigkeit stattgefunden habe. Aber wir ziehen auch nicht den Schluß, daß die in diesem Jahr ungewöhnlich hohe Arbeitslosenrate der Teenager oder die ziemlich niedrigen Raten unter männlichen Erwachsenen einen nachteiligen Strukturwandel belegen. In einigen Bereichen des Arbeitsmarktes hat sich das Ungleichgewicht gemildert; in anderen hat es sich verschärft. Doch weist dies nicht darauf hin, daß die Gesamtrate der strukturellen Arbeitslosigkeit beachtlich gestiegen wäre[10].

Und noch ein wichtiges Kriterium ist zu beachten: Wenn die Automation wirklich zu einem bedeutenden Faktor geworden sein sollte, dann müßte die Pro-Kopf-Produktivität ungewöhnliche Wachstumsraten aufweisen. Die Daten, die vom Council of Economic Advisers ermittelt worden sind, zeigen dagegen, daß bisher in der Tat noch nichts Außergewöhnliches eingetreten ist:

Jährliche Entwicklung des Output pro Arbeiterstunde
in der Privatwirtschaft
(1919—1963)

Zeitraum	Gesamte Privat- wirtschaft	Land- wirtschaft	Nichtlandwirtschaftl. Sektoren		
			Ins- gesamt	Industrie	Dienst- leistungen etc.
1919—47	2,2 %	1,4 %	2,0 %	3,0 %	—
1947—63	3,2 %	6,1 %	2,6 %	2,7 %	2,5 %
1947—50	4,5 %	8,8 %	3,7 %	4,3 %	3,4 %
1950—60	2,7 %	5,4 %	2,1 %	2,0 %	2,2 %
1960—63	3,5 %	5,5 %	3,2 %	3,7 %	2,9 %
1960—61	3,3 %	5,9 %	2,9 %	2,6 %	3,1 %
1961—62	3,9 %	3,4 %	3,8 %	5,4 %	2,9 %
1962—63	3,5 %	7,4 %	3,0 %	3,1 %	2,8 %

Quelle: Walter H. Heller, ›Employment and Manpower‹, in Lebergott, a. a. O., S. 84.

Wenn die Automation den Produktionsprozeß bereits erheblich verändert hätte, dann müßte sich dies in den Raten des Produkts pro Arbeiterstunde niedergeschlagen haben: dann wären sie ungewöhnlich rasch gestiegen; dies ist nicht der Fall. Zwar trifft es zu, daß die Produktivitätsanstiege seit 1947 den Durchschnitt der Jahre 1919—47 übertreffen, doch liegt dieser Durchschnitt infolge der Flaute der dreißiger Jahre außergewöhnlich niedrig; daher kann man aus diesem Vergleich keine gesicherten Schlüsse ziehen. Tatsächlich hat sich die Produktivität seit 1947 nicht rascher entwickelt als in früheren wirtschaftlich normalen Perioden. In manchen Zeitabschnitten, etwa 1947 bis 1950, ist der Anstieg hoch gewesen; in anderen, insbesondere 1950 bis 1960, war er niedrig. Die sechziger Jahre weichen insofern nicht von früheren Jahren ab. Und über den gesamten Zeitraum gesehen erfolgten die höchsten Anstiege der Produktivität pro Arbeiterstunde nicht in den Büros, in denen Computer installiert waren, und nicht in den Fabriken, in denen Servomechanismen an die Stelle von Maschinenbedienern getreten sind; der höchste Anstieg erfolgte vielmehr in der Landwirtschaft, wo die Produktivität seit 1947 doppelt so rasch zugenommen hat wie in der übrigen Wirtschaft.

Es ist noch eine dritte Erklärung für die hohe Arbeitslosigkeitsrate der letzten Jahre angeführt worden: Professor Yale Brozen sieht die Ursachen des Problems in ›einer unzureichenden Abstimmung der Preis- und Lohnraten, die nicht hinreicht, um externe Faktoren zu kompensieren[11]‹. Brozen, der ein führender Vertreter der Chicagoer Schule der freien Marktwirtschaft ist, vertritt die Auffassung, daß bei Freisetzung und Entlassung von Arbeitern infolge technischer Neuerung nicht notwendig Arbeitslosigkeit die Folge ist, sofern die Preise und Löhne flexibel darauf reagieren. Arbeiter, die niedrigere Löhne bei Beibehaltung ihrer gegenwärtigen Arbeitsplätze akzeptieren, verlangsamen nach Brozen das Tempo, mit dem technische Neuerungen eingeführt werden, die wiederum Freisetzungen und Entlassungen mit sich bringen. Arbeiter, die niedrigere Löhne in anderen Berufen hinnehmen, vermeiden ebenfalls Arbeitslosigkeit. Für Brozen ergibt sich daraus, daß jedes wirksame Mindestlohngesetz Arbeitslosigkeit verursacht, indem es die Löhne über das Niveau eines sich frei einpendelnden Marktes erhebt. Ähnlich führen Gewerkschaften, die die Löhne in die Höhe treiben, unweigerlich Preissteigerungen herbei, die auf die Nachfrage und den Beschäftigungsgrad drücken. Brozen ist davon überzeugt, daß die Lohnraten sich fortwährend rascher nach oben bewegt haben als die Pro-Kopf-Produktivität. Die Folge ist ein seiner Ansicht nach vorhersagbarer Anstieg der Arbeitslosenrate gewesen, der noch durch die Weigerung des Federal Reserve Board (Bundesreservebankenamt) vor 1960 verstärkt wurde, den Geldumlauf zu vergrößern.

Die zentrale Politik, die sich aus einer solchen Diagnose der Verhältnisse ergibt, ist ein realistischeres Mindestlohngesetz (im besten Fall eine Aufhebung der gegenwärtigen Regelungen). Wenn man darüber hinaus den Gewerkschaftsforderungen nach höheren Löhnen Widerstand entgegensetzte statt sie zu ermutigen, würde der Beschäftigungsgrad steigen. Wenn man also den Kräften des freien Marktes einen angemessenen Entfaltungsspielraum ließe, wären weder Steuersenkungen noch Umschulungsprogramme notwendig.

Zu welchem Ergebnis hat diese Auseinandersetzung unter den Experten geführt? Brozens Theorie vom freien Markt geht von einer scharfen Konkurrenz unter den Unternehmern aus. Welcher analytische Wert ihr auch zukommen mag, sie scheint einer Wirtschaft unangemessen zu sein, die von riesigen Großunternehmern, nationalen Gewerkschaftsorganisationen und einer mächtigen Staatsbürokratie beherrscht wird. Somit bleibt uns die Wahl zwischen den Positionen Hellers und Killingsworths, denen der Gesamtnachfrage und der strukturbedingten Arbeitslosigkeit. Die Differenzen zwischen diesen Auffassungen sind in einigen Punkten weniger kraß als sie den Auseinandersetzungen zufolge bisweilen scheinen mögen. Wie die Vertreter der strukturellen Arbeitslosigkeit die Notwendigkeit hoher Gesamtausgaben zugeben, so räumen die Verfechter der steuerpolitischen Anreize ein, daß Umschulungsprogramme, Berufsschulung und Umsiedlung von Arbeitskräften und Industrien staatlich finanziert werden müssen.

Ein solcher Kompromiß funktioniert zumindest in Hinsicht auf die nationale Wirtschaftspolitik schlecht. Notwendigerweise konzentriert sich der diesbezügliche Streit zwischen Regierung und Kongreß auf die Verbindung (und die Finanzierung) spezifischer Politiken. Dabei sind Auswahlentscheidungen zu treffen. Ein Präsidentenprogramm, das wesentliche Steuerkürzungen in den Mittelpunkt stellt, kann nicht gleichzeitig vom Kongreß äußerst umfangreiche neue Programme im Bereich der Regionalsanierung, des Schul- und Ausbildungswesens, der Arbeitskräfteumschulung, der öffentlichen Arbeiten und der Städtesanierung fordern. Ließe man den Vertretern der strukturbedingten Arbeitslosigkeit freie Hand, dann würde nämlich gerade solchen Vorschlägen der Vorzug vor Steuersenkungen gegeben.

In der Praxis verbindet ein modernes Regierungsprogramm Steuervorteile für die breiten Massen des Volkes mit Bereitstellung von Mitteln für eine Vielfalt sozialer Zwecke; 1965 wurden in diesem Zusammenhang Unterstützungsmaßnahmen für die Appalachen, allgemeine Schulbeihilfe, die Verbesserung der medizinischen Fürsorge, Programme gegen die Armut und Mietbeihilfen verabschiedet. Dennoch sollte die Politik des ›Für-jeden-etwas‹ nicht das relative finanzielle Gewicht der beiden unterschiedlichen Verfahrensmöglichkeiten verschleiern. Es sollte klar sein, daß die Regierungen Kennedy—Johnson nach anfänglichem Liebäugeln mit vorsichtigen Strukturmaßnahmen ganz eindeutig ihre Politik auf die Anregung der Gesamtnachfrage verlegt haben, indem sie sukzessive Steuersenkungen durchführten, die sich insgesamt auf weit höhere Summen beliefen als die neuen Sozialaufwendungen.

Ist dies die angemessene Weise, um die Arbeitslosenziffern zu senken? Die stichhaltigste Antwort scheint für den gegenwärtigen Zeitpunkt ja und für spätere Zeiten nein zu sein. Für das Jahr 1965 scheint die Statistik den Verfechtern der Gesamtnachfrage-Theorie recht zu geben. Die Vertreter des Arguments von der strukturbedingten Arbeitslosigkeit haben ihre Kernbehauptung, daß die Automation bereits verstärkte Arbeitslosigkeit verursacht habe, nicht belegen können; auch haben sie nicht belegen können, daß in letzter Zeit ungewöhnlich hohe Anstiege der Produktivitätsrate zu verzeichnen seien. Zweifellos hat der technische Fortschritt jedes Jahr zwei Millionen oder mehr Menschen freigesetzt. Aber das ist durchaus normal. Wie eh und je lautet die zentrale Frage, ob genügend Arbeitsplätze neu geschaffen werden, um die freigesetzten Arbeitskräfte zu beschäftigen und den neu auf den Arbeitsmarkt kommenden jungen Leuten Stellungen zu bieten. Auch ist bisher kein überzeugender Beleg dafür erbracht worden, daß die neu geschaffenen Arbeitsplätze sich in ihrer Beschaffenheit heute rascher ändern als in der jüngeren Vergangenheit. Daher ist es völlig richtig gewesen, daß die Regierung die Hebung der Gesamtnachfrage in den Mittelpunkt ihrer Wirtschaftspolitik gestellt hat. Das sollten selbst die Leute einsehen, die eine Anhebung der Ausgaben für den öffentlichen Wohnungsbau um 5 Milliarden Dollar einem entsprechenden Absinken des Steueraufkommens an Einkommen, Automobilen, Juwelen, Pelzen und Handtaschen vorziehen.

Doch wie lange wird diese Politik der wirtschaftlichen Lage noch angemessen sein? An diesem Punkt der Erörterung müssen selbst dem starrsten Verfechter der Gesamtnachfrage-Hypothese zumindest leichte Zweifel kommen. Vielleicht haben die Propheten der Automation ihre These nur etwas verfrüht vorgetragen. Denn ist es nicht wahrscheinlich, daß sie auf lange Sicht mit ihren Auffassungen über die Möglichkeiten von Computern, automatischen Produktionsanlagen und der Koppelung beider recht haben? Man sollte Killingsworths Argument, daß der technische Wandel und Fortschritt immer rascher wird, nicht allzu leichtfertig abtun. Wenn die Computer auch noch nicht zu den Ergebnissen geführt haben, die sich anhand ihrer zahlenmäßigen Verbreitung erwarten lassen, so dürfte die Erklärung eher in Kinderkrankheiten als in mangelnder Leistungsfähigkeit dieser Anlagen zu sehen sein. Außerdem sind die möglichen Kosteneinsparungen durch automatisierte Produktionsanlagen nur in einer kleinen Anzahl von Fabriken in einer noch geringeren Anzahl von Industriezweigen voll erzielt worden. Es kann durchaus sein, daß wir eher am Anfang als mitten in einer großen und tiefgreifenden Transformation der Arbeitserfahrung und der Struktur der Arbeitsmärkte stehen: am Anfang einer Transformation, die weitreichendere Konsequenzen hat als die Einführung der Dampfmaschine oder der Elektrizität.

Man muß sich dabei vor Augen führen, daß etwa siebzig Jahre, nachdem Watt die Dampfmaschine konstruierte, die meisten Engländer immer noch in Berufen arbeiteten, die von der Revolution der Antriebskraft kaum berührt worden waren. Etwa in der Mitte der Regierungszeit Viktorias war der größte Gewerbezweig Englands die Landwirtschaft und der zweitgrößte der Staatsdienst. Der dritte große Gewerbezweig war der der Baumwoll-Textilindustrie, wo die industrielle Revolution am vollständigsten durchgeführt worden war; doch dicht auf ihn folgte an Beschäftigtenzahl das Bauhandwerk. In ihm waren mehr männliche Arbeitskräfte beschäftigt als in der Baumwoll-Textilindustrie. Auch stellte die englische Wirtschaft um 1830 immer noch vielen ungelernten Kräften Arbeitsplätze bereit; sie beschäftigte immer noch Hunderttausende Handwerker, die mit traditionellen Werkzeugen altbekannte Materialien verarbeiteten. Obwohl er beispiellos schnell vonstatten ging, entwickelte sich der technische Fortschritt damals relativ langsam; infolgedessen konnte sich das Arbeitskräftepotential in seiner großen Mehrheit durch normales Ausscheiden aus dem Arbeitsprozeß an die neuen Bedingungen anpassen. In der modernen Welt geht der technische Fortschritt rascher voran. Es ist nicht übertrieben, wenn man annimmt, daß sich die Computer-Technologie mit der gleichen Geschwindigkeit ausbreiten wird wie die Dampfmaschine. Darin ist der Hauptgrund für die Erwartung zu sehen, daß die Automation *in der Zukunft* höchst vielschichtige Beschäftigungs- und Output-Probleme verursachen wird; doch für den heutigen Tag ist damit noch nicht zu rechnen.

Die Ursache der teilweisen Stagnation während der fünfziger Jahre war also nicht die Automation. Selbst wenn sich die Regierung Eisenhower nicht Umschulungsprogrammen und der Regionalsanierung widersetzt und wenn sie nicht das Ausbildungswesen nur lau und äußerst zurückhaltend unterstützt hätte, so darf man doch fast sicher sein, daß die Arbeitslosigkeit jenes Jahrzehnts kaum wesentlich durch Strukturmaßnahmen, wie sie die Liberalen Demokraten beabsichtigten, behoben worden wäre.

Aus den rätselhaften Verhältnissen der fünfziger Jahre läßt sich ein plausibler Schluß ableiten: Die Keynes'sche Finanz- und Steuerpolitik war nachweislich noch anwendbar. Der Umstand, daß sie nicht praktiziert wurde, und der Umstand, daß unter diesen Bedingungen die Arbeitslosigkeit immer mehr zunahm, führten dazu, daß die Auffassung vom steuerpolitischen Anreiz der Gesamtnachfrage in den sechziger Jahren immer mehr Anhänger fand. Vielleicht ist noch eine weitere Feststellung zulässig: Wirtschaftler, die allzu voreilig die Bekehrung der Politiker zur gegenwärtigen Wirtschaftstheorie gefeiert hatten, hätten über das Auftreten ideologischer Atavismen, die bisweilen die Wirtschaftspolitik der Ära Eisenhower beeinflußten und sie bisweilen sogar fast völlig prägten, erschauern müssen.

Die fünfziger Jahre waren und sind für heutige Auffassungen immer noch ein beunruhigendes Jahrzehnt. Die Regierung Eisenhower hat sich in vielen Punkten faktisch des untätigen Zusehens schuldig gemacht; aber für die zu Anfang dieses Kapitels gestellte Streitfrage — die nach der Notwendigkeit, Anreize für die Wirtschaftätigkeit zu schaffen — ergibt sich auch nach längerer Erörterung keine eindeutige Antwort. Hat die Doktrin derjenigen, die von Stagnation sprechen, letztlich doch etwas für sich? Ihre Demographie hat sich als falsch erwiesen. Zu eigenartigen Zeitpunkten stießen sie an ihre Grenzen. Der technische Fortschritt hat sich nicht verlangsamt. Und dennoch kam es in den fünfziger Jahren zu Erscheinungen, die in beunruhigender Weise an die dreißiger Jahre erinnern. Warum sollte der Privatkapitalismus nicht genug Ausgabenanreize und Druck auf das Ausgabenverhalten der Bevölkerung hervorbringen, um jedermann beschäftigen zu können? Warum sollte die Bundesregierung genötigt sein, die Gesamtnachfrage zu stimulieren? Gab es noch andere Irrtümer in der privaten und staatlichen Politik, die die Ausgabentätigkeit hemmten? Das nächste Kapitel wird zeigen, daß es Leute gab, die fest davon überzeugt waren, daß eine neue Art Preisverhalten die Gesamtnachfrage und die Gesamtbeschäftigung nachteilig beeinflußten.

KAPITEL 10

Klassische und moderne Inflation

In der unkomplizierten Welt der *General Theory* ergibt sich Inflation aus Vollbeschäftigung. Bis die Ressourcen voll ausgelastet sind, haben Anstiege der von der Wirtschaft und den Verbrauchern getätigten Ausgaben die Wirkung, den Output und die Einkommen zu steigern, die Preise dabei aber unberührt zu lassen. Während eines Großteils der fünfziger Jahre hat sich dagegen erwiesen, daß Arbeitslosigkeit und Inflation durchaus nebeneinander bestehen können. Für dieses Phänomen mußte eine eindeutige Erklärung gefunden werden, insbesondere da es die Wirtschaftspolitik enorm komplizierte. Man konnte schwerlich zu einem Zeitpunkt, zu dem bereits erhebliche Arbeitslosigkeit bestand, raten, die Zinssätze anzuheben, und man konnte andererseits kaum empfehlen, die Bundesregierung solle ihre Defizite vergrößern, da bereits eine Inflation eingetreten war.

Erlebten wir eine neue Art von Inflation? Die klassische Art Inflation wird durch einen Nachfrageüberhang hervorgerufen. Sie tritt dann auf, wenn zuviel Geld im Umlauf ist, dem zu wenig Güter gegenüberstehen, oder, was dasselbe ist, wenn bei einem gegebenen Preisniveau die Produktion an Konsum- und Kapitalgütern (Investitionsgütern) hinter die Summe der für Ausgaben verfügbaren Einkommen zurückfällt. Klassische Inflation tritt mit Wahrscheinlichkeit während oder nach Kriegen auf, die den normalen Produktionsfluß für den zivilen Bedarf unterbrechen. Sie blüht unter schwachen oder nicht haushälterischen Regierungen, die Papiergeld drucken, statt ihre Ausgaben zu kürzen oder ihr Steueraufkommen zu vergrößern. Das klassische Gegenmittel gegen klassische Inflation sind Sparmaßnahmen, Maßhalten. Haushälterisch denkende Politiker setzen die verschwenderischen von der Macht ab. Wenn sie erst einmal im Amt sind, führen sie eine Währungsreform durch und sorgen dafür, daß die Zentralbanken die Zinssätze anheben. Die öffentlichen Ausgaben werden stark gekürzt und die Steuern angehoben. Zweifellos treffen derartige Maßnahmen die gewöhnlichen Arbeiter hart, ganz zu schweigen von den Leuten, die große Mengen der alten Währung besitzen; aber wenn das Fieber einmal kuriert ist, wird die wirtschaftliche Erholung *auf einer standfesten Grundlage* möglich.

Unglücklicherweise wich die amerikanische Inflation der fünfziger Jahre auf beunruhigende Weise von diesem altehrwürdigen Modellfall ab. Die Preise stiegen tatsächlich während des gesamten Jahrzehnts und insbesonders in den Jahren 1955 bis 1960, doch ließ sich kaum ausmachen, durch was diese seltsame Preisentwicklung bedingt war. In dieser Zeit stiegen die Staatsausgaben nur mäßig — für kurze Zeit sanken sie sogar. Unter William McChesney Martins umsichtiger Führung gelang es den Währungsbehörden überdies, den Geldumlauf *langsamer* anwachsen zu lassen als das Bruttosozialprodukt stieg. Nach allen bekannten Regeln hätte das Preisniveau sinken müssen. Die Erklärung durch Nachfrageüberhang paßte nicht auf eine Friedenswirtschaft, die durch mäßige Verteidigungsausgaben, hohe Zinssätze, eine konservative Finanz- und Steuerpolitik und beträchtliche Überschüsse an Menschen, Materialien und Produktionskapazitäten gekennzeichnet war.

Zwangsläufig rückte der neue Typus Inflation sofort in den Mittelpunkt des Interesses; er wurde mit dem Namen ›Kostendruck-Inflation‹ belegt. Die Analyse setzte an der institutionellen Organisation der amerikanischen Industrie an. In den meisten größeren herstellenden Industrien herrschte in beträchtlichem Umfang Kapital- und Machtkonzentration. In der Stahl-, der Aluminium-, der chemischen, der Automobil- und der Autoreifenindustrie kontrollieren die drei oder vier größten Unternehmen die Produktion ihrer Branche. Es wäre widersinnig, wenn man erwarten wollte, daß drei oder vier Giganten in der gleichen Weise miteinander konkurrieren würden wie mehrere hundert oder tausend kleine Unter-

nehmer. Die Goliaths stehen zueinander in vielschichtiger wechsel-
seitiger Abhängigkeit (und auch Rivalität)*, und sie neigen dazu,
Preisbestimmungsentscheidungen zu institutionalisieren statt sie
dem freien Spiel des Marktes zu überlassen.

Eine verbreitete Form, die diese Institutionalisierung angenommen
hat, ist die der Preisregulierung, die allgemein unter dem Begriff
›Preisführerschaft‹ bekannt ist. Wo sich Preisführerschaft eingebür-
gert hat, gibt der Preisführer — in der Stahlbranche U.S. Steel, in
der Automobilbranche General Motors — einen Preiskatalog bekannt, dem sich die anderen Gesellschaften und Firmen anschließen.
Vorherige Absprachen und Kartelle, die nach dem Sherman Antitrust Act verboten sind, sind dadurch überflüssig; die Regeln werden von allen Spielern anerkannt und befolgt. Preisübereinkünfte
schließen aber andere Formen der Rivalität nicht aus; der Wettbewerb verlagert sich — etwa bei Autos und Zigaretten — zumindest tendenziell auf Qualität, Service, Verpackung, Stil etc.

Preisführer und Preisfolger können sich in dem Punkt einig sein,
daß sie ein hohes Preisniveau, das selbst auf Kosten von Über-
schußkapazitäten hohe Profite bringt, niedrigeren Preisen vorziehen, die vielleicht etwas mehr Profit, dafür aber auch viel mehr
Verwaltungsarbeit mit sich bringen. Man hat geschätzt, daß U.S.
Steel sich um die Festsetzung von Preisen bemüht, die es der Firma
ermöglichen, selbst dann noch ohne Verlust abzuschließen, wenn die
Kapazitäten nur zu 33 Prozent ausgelastet sind. Preisführer können die Preise zuweilen in dem Wunsch anheben, die Gewinnspanne
pro Einheit zu vergrößern, wenn die Nachfrage schleppend ist oder
zurückgeht. Und die Preisführer neigen insbesondere dann zu solchen Maßnahmen, wenn sie überzeugt sind, daß die Nachfrage-
elastizität in ihrem Markt gering ist**.

Insgesamt gesehen, hängen regulierte Preise von der Marktmacht der Preisführer und ihrer großen Branchenkollegen ab; sie hängen nicht ab von der Intensität der Nachfrage nach dem Produkt und vom Volumen des Geldumlaufs. Wenn ein Material — etwa der Stahl — vorrangige Bedeutung hat, dann dehnen sich die Preisänderungen auch auf die zahlreichen Verwender dieses Materials aus: auf Automobilhersteller, Baufirmen, Gerätehersteller und Verpackungsmittelfirmen.

Die Bedeutung einer Inflation regulierter Preise mißt sich an dem Ausmaß, in dem die Preisführer ihre Marktmacht einsetzen, um die Preise zu Zeiten anzuheben, in denen die Nachfrage nach ihren Produkten schwach genug ist, um niedrige Kapazitätsauslastungsraten zu verursachen. Wie die Stahlindustrie in diesem Zusammenhang operiert hat, ist aus den Berechnungen von Gardiner Means ersichtlich, in denen die Entwicklung der Stahlpreise und die anderer Preise zwischen 1953 und 1959 verglichen wird:

Stahl- und sonstige Großhandels-Preisindizes
(1953 = 100)

Jahr	Index der Preise für Fertigstahl	Index der Großhandels-preise	Index der Preise für Metalle und Metallwaren	Index der Großhandels-preise ohne Metalle und Metallwaren
1953	100,0	100,0	100,0	100,0
1954	104,3	100,2	101,1	99,8
1955	109,2	100,5	105,9	97,8
1956	118,4	103,8	114,2	98,5
1957	129,7	106,8	118,9	100,5
1958	134,2	108,3	120,4	102,0
1959	136,1	108,5	121,6	101,5

Quelle: Abgeleitet aus Gardiner C. Means, *Pricing Power and the Public Interest,* Harper & Row, New York, 1962, S. 113.

einen Umsatzanstieg von mehr als einem Prozent nach sich zieht. Sie ist unelastisch, wenn eine einprozentige Preissenkung weniger als ein Prozent Umsatzsteigerung bedingt. Wenn eine Industrie meint, die Nachfrage nach ihrem Produkt sei unelastisch, dann wird sie auch davon überzeugt sein, daß Preisanhebungen — infolge der Inelastizität — die Gesamteinnahmen (Umsatz) steigern werden; denn eine einprozentige *Preissteigerung* muß demnach zu einem Absinken der Umsatzeinnahmen um weniger als ein Prozent führen.

Die Auswertung dieser Tabelle ist überaus aufschlußreich. Die Großhandelspreise, außer denjenigen für Metalle und Metallwaren, waren nahezu stabil. Metalle und Metallwaren stiegen im Preis um 21,6 Prozent und die Fertigstahlpreise sogar um 36,1 Prozent. Der Großhandelspreisindex (einschließlich Metalle und Metallwaren) stieg durch das atypische Verhalten der Metall- und und insbesondere der Stahlpreise um 8,5 Punkte.

Wie konnte es passieren, daß die Stahlpreise in diesem Zeitraum so stark anzogen, wenn doch die Nachfrage nach diesem Metall mäßig war? Nach der Aufrechnung der Industrie waren höhere Löhne und Sozialleistungen die Ursache. Als U.S. Steel für den 1. Juli 1957 eine weitere starke Preiserhöhung bekanntgab, rechtfertigte das Unternehmen seinen Schritt mit ›Anstiegen der Löhne und Sozialleistungen, die in einem mit den United Steelworkers of America im letzten Sommer getroffenen Tarifvertrag zugesichert wurden; der auf drei Jahre lautende Vertrag tritt am Montag, dem 1. Juli, in Kraft.[1]‹ Die Firma war über das Maß ihres sozialen Verantwortungsbewußtseins nachgerade verblüfft, denn sie war davon überzeugt, daß die genannten Lohnsteigerungen einen noch höheren Preisaufschlag gerechtfertigt hätten. Überhaupt lieferten die Lohnkosten das Argument, auf das sich die Stahlindustrie meistens verlegte.

Mit diesem Argument konnte man natürlich den Wissenschaftler, der sich am eingehendsten mit der Stahlindustrie beschäftigte, nicht überzeugen. Gardiner Means stellte gestiegene Lohnkosten mit nur etwas mehr als einem Sechstel des Preisanstiegs in Rechnung; er ging dabei — völlig zu recht — davon aus, daß die Arbeitsproduktivität während der fünfziger Jahre rasch genug gestiegen war, um den Anstieg der Stundenlöhne, Prämien und Sozialleistungen größtenteils abfangen zu können. Ein Teil des Preisanstiegs war auch durch höhere Rohmaterialkosten verursacht, die den Stahlherstellern entstanden. Allerdings war mehr als die Hälfte des Preisanstiegs schlichtweg auf die erhöhten Gewinnspannen zurückzuführen, die die Gesellschaften durch gezielte Ausübung ihrer Machtposition am Markt in einer Zeit schwacher Nachfrage nach ihren Produkten herauswirtschafteten[2].

Es mag sehr verwundern, wie es einem Industriezweig möglich sein konnte, die Preise für seine Produkte bei mäßiger Inlandsnachfrage, nachlassenden Exportmärkten und zunehmender Konkurrenz durch ausländische Stahlhersteller stetig und in unverhohlenem Maße steigen zu lassen. Die Antwort darauf ist teilweise in dem außerordentlichen Entgegenkommen der mit dem Big Business sympathisierenden Regierung zu sehen, zu deren Politik es gehörte, sich kaum in die Angelegenheiten ihrer Förderer und Freunde einzumischen. Da das Preiswettrennen der Industrie durch das Insistieren Kennedys und Johnsons auf Lohn-Preis-Leitlinien offenkundig beendet worden ist, lohnt es, dieses Amateurdrama näher zu beschreiben.

Das Schauspiel wiederholte sich bei jedem der vier großen Stahlstreiks der fünfziger Jahre, die die gesamte Branche erfaßten; zum letztenmal wurde es bei der viermonatigen Arbeitsniederlegung im Jahre 1959 aufgeführt. Die Abfolge der Ereignisse bei den einzelnen Streiks unterschied sich kaum. Während der Verhandlungen vor den Streiks warnten Spitzenmanager der Gesellschaften, eine größere Tarifanhebung auf dem Schlichtungswege hätte unweigerlich Preisanstiege, den Verlust von Exportmärkten und allgemeine Inflation zur Folge. Patriotisch gelobten die Unternehmensvertreter, sich den selbstsüchtigen und ungebührlichen Forderungen der Stahlarbeitergewerkschaft zu widersetzen. Die Gewerkschaftsführer dagegen pochten auf die Lebenshaltungskosten und die hohen Unternehmerprofite. Otis Brubaker, der damalige Forschungsleiter der United Steelworkers, versicherte vor einem Kongreßausschuß, daß die ›führende Gesellschaft der Branche, die United States Steel Corporation, die die Stahlpreiserhöhung von 1957 ausgelöst hat, ... eine Preissenkung von sechs Dollar pro Tonne statt einer Preiserhöhung um sechs Dollar pro Tonne hätte durchführen können; sie hätte die Lohnsteigerungen vom Juli 1957 ohne weiteres verkraften und 1957 immer noch größere Nettogewinne nach Steuern machen können, als es sie je in der Geschichte der Firma gegeben hat.[3]‹

Je weiter die streitenden Parteien die Auseinandersetzung verbal eskalierten, desto mehr steigerte sich die Besorgnis der Öffentlichkeit; die Zeitungen warnten vor den inflationären Konsequenzen einer größeren Tarifanhebung, und die Vermittlungs- und Schlichtungsversuche wurden intensiviert. Die Schlichtungsversuche schlugen meistens fehl, und nach harten, heftigen Verhandlungen, die bis zum Stichtag, für den der Streik angesetzt war, um null Uhr andauerten, zog die Gewerkschaft gewöhnlich ihre Mitglieder aus den Walzwerken zurück. In der Folge lasteten sich die Parteien gegenseitig die Schuld an und hielten starr an ihren Positionen fest. Tage, Wochen und sogar Monate vergingen, und ungeheuer teure Produktionsanlagen für Stahl hatten nurmehr Schrottwert. Schließlich mäßigte die Gewerkschaft ihre Forderungen etwas, und die Stahlfirma machte ihr ›letztes Angebot‹; die Branche fügte sich ›widerstrebend‹ der nationalen Notwendigkeit und handelte einen Vertrag mit der Gewerkschaft aus, dessen Bedingungen sie mit steter Regelmäßigkeit als inflationär bezeichnete. Dann hob die Branche unter lauten Bedauernsbekundungen — es sei unumgänglich — die Stahlpreise so weit, daß sie nicht nur die neuentstandenen Lohnkosten und Sozialaufwendungen deckten, sondern darüber hinaus noch den Profit der Unternehmen vergrößerten. Roger Blough, der damalige Vorstandsvorsitzende von U.S. Steel, faßte dies Vorgehen einmal folgendermaßen zusammen: ›In unseren letzten Tarifverhandlungen im vergangenen Jahr haben wir nach fünfwöchigem Streik einen Tarifvertrag unterzeichnet. Durch diesen Tarifvertrag ist unsere letzte Preiserhöhung unumgänglich geworden.[4]‹

Es bestand also eine stillschweigende Interessengemeinschaft zwischen U.S. Steel und den United Steelworkers, solange die Stahlunternehmen in der Lage waren, Lohnsteigerungen zuzustimmen und dabei gleichzeitig ihre Gewinnspannen zu vergrößern. Während der fünfziger Jahre und vielleicht auch später noch nahmen die amerikanischen Großunternehmen der Stahlbranche den Verlust wichtiger Märkte an ausländische Hersteller und das Vordringen von Beton, Aluminium und Kunststoff gelassen hin, solange sie dabei die Vorteile von hohen Preisen und geringem Arbeitsaufwand hatten. Zwar hielt die Regierung Eisenhower die beiden streitenden Parteien — Unternehmer und Gewerkschaften — wiederholt an, sich auf nichtinflationäre Lösungen zu einigen, doch glaubten weder die Unternehmen noch die Gewerkschaften, daß die Besorgnis der Regierung hinreiche, um über Ermahnungen hinaus zur Tat zu schreiten. In diesem Punkt sollten sie recht behalten.

Das Ausmaß und die Dauer jener Inflation infolge von Preisregulierung oder Kostendruck ist immer noch ein umstrittener Punkt. Ganz sicher ist diese Art Inflation während der fünfziger Jahre aufgetreten und hat die Währungs- und Steuerpolitik erschwert. Um es klar vorab zu sagen, dieser Typus von Inflation hat den einfachen, am Text haftenden Keynesianismus zu einer einfältigen Auffassung werden lassen. Nach der Keynes'schen Inflationsanalyse sind — bei dem von ihm untersuchten Typus ist die Arbeitslosigkeitsrate groß — sowohl die Zinssätze wie die Steuerpolitik angemessene Gegenmittel. Durch Ankauf von Staatspapieren auf dem freien Markt steigern die Bundesreservebehörden den Bargeldumlauf und senken die Zinssätze. Niedrigere Zinssätze verstärken — verglichen mit der bestehenden Grenzrentabilität des Kapitals — die Investitionstätigkeit der Unternehmen. Der Multiplikatoreffekt verstärkter Unternehmerinvestitionen erhöht das Volkseinkommen um einen Betrag, der größer ist als der Anstieg der Investitionssumme. Es kann aber auch sein, daß Kapitalnehmer auf Veränderungen der Zinssätze nicht reagieren. In diesem Fall haben währungspolitische Maßnahmen kaum eine Wirkung; eine intelligente Politik wird sich dann auf steuerliche Maßnahmen verlegen. Die Erfahrung lehrt, daß die Verbraucher zwischen 92 und 94 Prozent eines Einkommensanstieges, der sich aus Steuersenkungen ergibt, für Konsumausgaben aufwenden. Oder wenn der finanzpolitische Anreiz in Form verstärkter öffentlicher Ausgaben ausgeübt wird, vergrößert der Strom von Geldern zu Vertragspartnern des Staates, Staatsbediensteten und Empfängern von Transferzahlungen (etwa Umschulungsbeihilfen, Mietbeihilfen, Ausgleichszahlungen, medizinische Unterstützung, Alterspensionen etc.) die Einkommen und hat somit annähernd die gleiche Wirkung wie umfangreiche Steuersenkungen.

In der unkomplizierten Welt der Keynes'schen Theorie entwickeln sich diese Prozesse ohne Preissteigerungen, bis Vollbeschäftigung erreicht ist. Die Keynes'sche Theorie setzt stillschweigend voraus und vertraut darauf, daß die Wettbewerbswirtschaft in ihrem Einpendelungsprozeß nicht durch größere Preis- und Lohnfestsetzer oder durch Engpässe behindert wird, wie sie sich aus Mangel an strategisch wichtigen Materialien bzw. Fachkräften ergeben. Wo solche Engpässe aber faktisch bestehen, tendieren die an sie anknüpfenden Lohn- und Preissteigerungen dazu, sich auszubreiten. Da Keynes angenommen hat, daß mit wachsender Produktion relativ sinkende Kapitalerträge einhergehen, hat er anscheinend auch erwartet, daß die Reallöhne — nicht die Lohnsummen — im Zuge der Wirtschaftsexpansion zurückgehen.

Ist die Macht über Preis- und Lohnfestsetzung in wenigen Händen konzentriert, dann muß man die Keynes'sche Theorie um wesentliche Punkte erweitern, die über sie hinausweisen. Starke Gewerkschaften sind in dieser Hinsicht eine Gefahr. Sie können Lohnerhöhungen durchsetzen, die sich nachteilig auf den Beschäftigungsgrad auswirken. Die Lohnerhöhungen wiederum können teilweise als Grund und teilweise als Entschuldigung dafür dienen, daß Preisführer die Preise anheben. Solche Preise wiederum können das Wachstum der Produktion und der Umsätze beeinträchtigen. Wo ein derartiges Wirtschaftsverhalten praktiziert wird, muß die wirtschaftliche Expansion ins Stocken kommen, lange bevor die Arbeitslosigkeit völlig beseitigt ist und lange bevor brachliegende Produktionskapazitäten ausgelastet sind. Unter solchen Bedingungen können die Löhne und Preise rasch genug anziehen, um inmitten andauernder Arbeitslosigkeit eine Inflation hervorzurufen; dann verliert die Finanzpolitik einen Großteil ihrer Möglichkeiten. Wenn der Haupteffekt von Steuersenkungen oder gesteigerten Staatsausgaben in der Ermutigung höherer Gewerkschaftsforderungen und der Erwartung größerer Gewinnspannen auf Unternehmerseite besteht, dann ist nur eine kleine oder sogar gar keine Besserung der Beschäftigungslage zu erwarten.

Einige Keynesianer, unter ihnen Professor A. P. Lerner von der Michigan State University, haben auf diese Weise die Ereignisse der fünfziger Jahre gedeutet. Lerner schreibt:

Versuche, durch expansionäre währungs- und steuerpolitische ›Unterstützungsmaßnahmen‹ den Beschäftigungsgrad zu steigern, haben zu Preiserhöhungen oder Inflation geführt, noch ehe die Arbeitslosigkeit behoben war. Versuche, die Inflation durch restriktive währungs- und finanzpolitische ›Unterstützungsmaßnahmen‹ zu beheben, führten zu einem Anwachsen der Arbeitslosigkeit, noch ehe der Preisanstieg gebremst war. Die

Keynesianische Theorie schien nach expansionären und restriktiven währungs- und finanzpolitischen Maßnahmen zugleich zu verlangen, um die Arbeitslosigkeit und die Inflation, die nebeneinander bestanden, beseitigen zu können[5].

Den unglückseligen Politikern der damaligen Zeit mag man verzeihen, daß sie zwischen Maßnahmen hin und her schwankten, die einerseits darauf angelegt waren, die Wirtschaftslage auszugleichen, und die andererseits darauf angelegt waren, die Wirtschaft anzuregen; auf der einen Seite wurden diese Politiker von den Arbeitslosen und ihren Vertretern bedrängt, auf der anderen Seite wurden sie von den altbekannten Gegnern der Inflation, von den Bankiers und Leitartiklern, unter Beschuß genommen. Während der fünfziger Jahre konnte man oftmals nicht eindeutig feststellen, ob die größere Gefahr nun in einer Rezession oder in einer Inflation zu sehen war; dies war besonders dann der Fall, wenn beide gleichzeitig drohten. So gesehen, hätte selbst eine liberale, von der Wirksamkeit und Tunlichkeit moderner Wirtschaftspolitik überzeugte Regierung ihre Schwierigkeiten gehabt. Eine Regierung aber, die der Steuer- und Finanzpolitik mißtrauisch gegenüberstand und die sich andererseits weigerte, die Art Lohn- und Preispolitik zu betreiben, die die Kostendruck-Inflation eindämmen könnte, hatte nur sehr wenig Aussicht auf Erfolg.

Haben diese Entwicklungen der Keynesianischen Politik der öffentlichen Hand ihre Gültigkeit genommen? Es sprechen gute Gründe dafür, daß dies nicht der Fall ist. So wichtig die Stahlbranche, die Automobilbranche und andere konzentrierte Industriezweige sein mögen, sie machen noch nicht einmal die gesamte herstellende Industrie aus, etwa die Bekleidungsindustrie, das Druckgewerbe, die Möbelindustrie und die Backwarenindustrie sind weniger konzentriert und mehr dem normalen Druck des Preiswettbewerbs unterworfen. Und wichtiger noch, die herstellende Industrie verliert an Bedeutung und Anteil in bezug auf die gesamte Wirtschaftstätigkeit. Solange man nicht behauptet und davon ausgeht, daß das, was in der Stahlbranche und anderen obligatorischen Industrien passiert, für den Rest der Wirtschaft Auswirkungen von gleicher Tragweite hat, mindert wirtschaftliche Machtkonzentration zwar die Wirksamkeit der Finanz- und Steuerpolitik, aber sie zerstört sie nicht.

Selbst in den konzentrierten Industriezweigen sind die Möglichkeiten der Preiskontrolle und Preisregulierung begrenzt. A. P. Lerner schreibt dazu: ›Wenn die Nachfrage das Angebot weit übersteigt, haben die Preiskontrolleure Schwierigkeiten, ein Steigen der Preise zu verhindern, da sich Schwarzmärkte ausbilden ... Wenn das Angebot die Nachfrage weit übersteigt, kann es sich unter Umständen für die Preiskontrolleure als unmöglich erweisen, mörderischen Wettbewerb zu verhindern.⁶‹ Die Firmen, die die Möglichkeit haben, Preisregulierung und Preiskontrolle auszuüben, werden letztlich vom Grad der Nachfrage nach ihren Produkten beeinflußt. Daher sind zur Abstützung der Finanz- und Steuerpolitik Maßnahmen notwendig, die die Preiskontrolleure veranlassen, ihre Preise auf eine Weise zu regulieren, die rascher und genauer auf die jeweilige Verfassung des Marktes reagiert.

An dieser Stelle ist es notwendig, einige Punkte aus der Diskussion der sechziger Jahre vorwegzunehmen und die Einkommenspolitik der Regierungen Kennedy und Johnson, die sich um Festsetzung von Lohn- und Preisniveaus bemühten, zu erläutern. Zu Beginn der Amtszeit Präsident Kennedys war es nicht klar, ob er vorhatte, über Eisenhowers Versuche, die Inflation unter Kontrolle zu bringen, hinauszugehen. Die erste Erklärung über Lohn-Preis-Leitlinien in *The Economic Report of the President* ließ sich sowohl als Ausblick auf eine modifizierte Fortführung der Eisenhower-Politik als auch als Andeutung schärferer Maßnahmen für die Zukunft verstehen. Wie üblich, kam die Auseinandersetzung in der Stahlindustrie zum Ausbruch.

Im Herbst und Winter 1961 einigten sich die United Steelworkers und die Stahlindustrie auf außerordentlich gemäßigte Tarifvereinbarungen, die ein Ende der Inflationstendenzen dieser Branche zu versprechen schienen. Da die Zugeständnisse an die Gewerkschaft sich auf Sozialleistungen beschränkten, von denen viele erst nach einem Jahr in Kraft treten sollten, entstanden der Industrie nur geringe zusätzliche Kosten. Auch waren die Vereinbarungen — im Gegensatz zu den vorangegangenen — nicht durch Streik erkämpft worden, sondern durch langwierige persönliche Einflußnahmen Arbeitsminister Arthur Goldbergs auf seine ehemaligen Gewerkschaftsgenossen zustande gekommen. Sowohl Präsident Kennedy als auch Minister Goldberg werteten die Vereinbarungen als persönliche Verpflichtung Roger Bloughs, daß die Stahlbranche Preisdisziplin üben würde, sofern sich die Stahlarbeiter mit gemäßigten, nichtinflationären Zuschlägen zufriedengaben. Der Vertrag, der daraufhin unterzeichnet wurde, entsprach nach Meinung vieler Beobachter genau Roger Bloughs Erwartungen.

Was dann geschah, erforderte den Einsatz des gesamten Einflusses und der Macht des Präsidentenamtes. Am 10. April 1962, kurz nachdem das letzte Stahlunternehmen den Tarifvertrag unterzeichnet hatte, trat der Aufsichtsrat von U.S. Steel in New York zusammen und hob die Stahlpreise der Gesellschaft um durchschnittlich 3,5 Prozent, also etwa sechs Dollar pro Tonne. *Nachdem* diese Entscheidung getroffen war, vereinbarte Blough für den späten Nachmittag kurzfristig ein Treffen mit dem Präsidenten, bei dem er seinem Gastgeber eine vierseitige hektographierte Erklärung zu dem Schritt des Konzerns übergab. Während der angestrengten abendlichen Diskussion mit seinen Beratern[*], die diesem diplomatischen Manöver Bloughs folgte, tat der Präsident eine Äußerung, die später in der Geschäftswelt die Runde machte: ›Mein Vater hat mir gesagt, alle Geschäftsbonzen seien Hurensöhne; bis jetzt habe ich das leider nicht geglaubt.‹[**]‹ Bei diesem Kriegsrat herrschte eine pessimistische und verärgerte Stimmung. Der Präsident war über die ›Schurkerei‹ der Stahlbranche äußerst aufgebracht, hatte aber zugleich wenig Hoffnung, die Preissteigerung rückgängig machen zu können.

Trotz des Risikos, eine Niederlage zu erleiden, entschloß sich der Präsident an jenem Abend, allen Einfluß seines hohen Amtes zu mobilisieren und zu versuchen, U.S. Steel zum Nachgeben zu zwingen. Es stellte sich bald heraus, daß er über beträchtliche Macht verfügte. Während der nächsten beiden Tage kündigte die Regierung Anti-Trust-Maßnahmen und eine große Untersuchung an, vergab Verteidigungsaufträge neu, deutete eine für die Stahlbranche ungünstige Gesetzgebung an, gab Senator Kefauver, der

---

[*]   Unter ihnen Minister Goldberg, Walter Heller, Robert Kennedy und Theodore Sorensen.

[**]   Zitiert bei Hobart Rowens, *The Free Enterprisers*. Auf den folgenden Seiten stütze ich mich auf Rowens lebendige Schilderung der damaligen Ereignisse. In Sorensens Buch *Kennedy* heißt es ›Stahlbonzen‹ statt ›Geschäftsbonzen‹.

nur darauf wartete, freie Hand und trat in Einzelverhandlungen mit den kleineren Stahlunternehmen ein. Eine Zeitlang war der Ausgang der Auseinandersetzung ungewiß; am Tag nach der Ankündigung der Preiserhöhung, am Mittwoch, dem 11. April, folgten die größeren Stahlkonzerne — Bethlehem, Republic, Youngstown und Jones and Laughlin — pflichtschuldigst ihrem Führer U.S. Steel. Am Mittwochabend hatten nur fünf kleinere Unternehmen, die 14 Prozent der Branchenkapazität kontrollierten, nicht ihre Preise heraufgesetzt.

Zum Glück für die Regierung befand sich unter den Vertretern der kleineren Konzerne einer, der beabsichtigte, eine eigene Linie zu verfolgen. Dieser Mann war Joseph L. Bock, der Vorstandsvorsitzende von Inland Steel; bereits vor den genannten Ereignissen hatte er aus seiner für die Branche nachgerade ketzerischen Sympathie für Regierungsinterventionen in Lohn- und Preisfragen kein Hehl gemacht. Nach Bocks Meinung bewies ein Kräftemessen, bei dem die stärkere Seite gewinnt, gar nichts. Seiner Ansicht nach mußte jede Seite ihre Interessen vertreten, aber keine von ihnen durfte dabei die nationalen Erfordernisse aus den Augen verlieren. Wer sonst könnte diese Erfordernisse artikulieren, wenn nicht die Regierung? Bock, der offenkundig ein Einzelgänger war, vertraute auf seinen Instinkt und ließ sich durch die konzentrierte Telefonkampagne des Weißen Hauses überzeugen. Am Freitag erklärte er über Telefon aus Japan, wo er sich gerade aufhielt: ›Wir hatten den Eindruck, es sei nicht im nationalen Interesse, zum gegenwärtigen Zeitpunkt die Preise zu erhöhen. Und wir hatten sehr stark diesen Eindruck.[8]‹

Merklich durch die Konkurrenz Inlands auf einigen seiner Märkte bedrängt, nahm dann der Bethlehem-Konzern seine Preiserhöhung zurück. Das war zuviel für U.S. Steel; die Firma zog nach und senkte ebenfalls ihre Preise. Daraufhin folgte die gesamte Parade der Gesellschaften, die erst mit ihrem Anführer die Preisleiter hinaufgeklettert war, mürrisch nach. Die Lehre aus diesen Ereignissen faßte Präsident Kennedy Ende 1962 in einem Fernsehinterview folgendermaßen zusammen:

Zwar meine ich, man sollte alte Geschichten nicht wieder aufwärmen, doch glaube ich, wir wären in eine schlimme Lage geraten, wenn ich nicht unter

Aufwendung all meines Einflusses eine Senkung der Preise durchzusetzen versucht hätte; denn es ging nicht zuletzt um Vertrauenswürdigkeit ... Wenn ich nicht, nachdem ich vorher die Gewerkschaft aufgefordert hatte, den nichtinflationären Tarifvertrag anzuerkennen, versucht hätte, die Unternehmen zur Preisstabilität anzuhalten, dann hätte die Gewerkschaft — meiner Ansicht nach zu recht — annehmen können, sie sei in die Irre geführt worden. Meiner Meinung nach hätte ein Festhalten an der Preiserhöhung den gesamten Vertrag zwischen Gewerkschaft und Unternehmern gefährden können, ... hätte es unmöglich machen können, in Zukunft bei Auseinandersetzungen zwischen Arbeitnehmern und Arbeitgebern überhaupt noch irgendeinen Einfluß auszuüben. Deshalb bedaure ich unseren Eingriff nicht. Tatsache ist, daß wir Erfolg hatten ...

Wenn ich zurückblicke, dann meine ich, daß ich es heute nicht anders machen würde. Es hat einfach keinen Sinn, erst einen Mordskrach zu schlagen und dann keinen Erfolg zu haben. Es hat keinen Sinn, den Einfluß des Präsidentenamtes in die Waagschale zu werfen und dann abgeschlagen zu werden ... Bei dem Problem, das ich an jenem Dienstagabend hatte, mußten wir meiner Ansicht nach alles daransetzen, um die Sache rückgängig zu machen[9].

Roger Blough zog aus dem Vorfall einen ganz anderen Schluß. Er erklärte, das Vorgehen des Präsidenten sei dadurch motiviert gewesen, daß er, der Präsident, das Wohlwollen der Gewerkschaften wiederherstellen wollte, deren Vorschlag der 35-Stunden-Woche er sich kurze Zeit zuvor widersetzt hatte. Blough sagte: ›Ich glaube er und Minister Goldberg sind der Meinung gewesen, eine Erhöhung der Stahlpreise ... wäre von den Gewerkschaften als Beweis dafür gewertet worden, daß die Politik der Regierung gegen ihre Interessen gerichtet sei.[10]‹

Für die Wirtschaftswissenschaftler, deren Interesse es ist, Inflationen unter Kontrolle zu bringen, bestand die Lehre dieser Auseinandersetzung darin, daß eine entschlossen handelnde Regierung durchaus in der Lage ist, einer widerspenstigen Industrie ihre Preispolitik aufzuzwingen. In diesem Fall richtete sich die gesamte Macht des Staates auf ein Ziel, das in den Gesetzen nicht vorgesehen ist: auf die staatliche bzw. öffentliche Bestimmung privater Preise. Die Motive und Verhaltensweisen der an der Auseinandersetzung beteiligten Parteien verbleichen bis zur Unbedeutendheit, wenn man sie mit der Demonstration relativer Macht vergleicht, die hier stattgefunden hat. Die Folgen waren beachtlich. Eisenhowers Ermahnungen waren nichts anderes als bloßes gutes Zureden, da weder die Unternehmer noch die Gewerkschaften glaubten, daß die Regierung wagte oder beabsichtigte, ihre Auffassungen durchzusetzen. Die Regierung Eisenhower verzärtelte die Unternehmer, sie machte ihnen ein angenehmes Leben, und ihr gehörten Unternehmer an; aber es gelang ihr einfach nicht, auf die Unternehmer Einfluß zu nehmen. Die Regierung Kennedy berief nur wenige Unternehmer in staatliche Ämter und noch weniger in gesellschaftliche Vorrangstellungen. Dies scheint zu beweisen, daß politische Macht wichtiger ist als gesellschaftliches Einfühlungsvermögen.

Dieser Abstecher in die Zeitgeschichte bestärkt uns in einem Punkt: Aus der Existenz von Preiskontrolle und Preisregulierung abzuleiten, daß die Keynes'sche Politik der öffentlichen Hand veraltet sei, ist falsch. Nach dem Material, das uns bisher vorliegt, muß die Keynes'sche Politik der öffentlichen Hand um das Moment der Lohn- und Preispolitik erweitert werden; geschieht dies, dann gehört sie noch lange nicht zu den veralteten Lehrauffassungen.

Es stellen aber auch die staatliche Kontrolle und der staatliche Eingriff in wichtige Preisfestsetzungsentscheidungen sowohl in Hinsicht auf Gesetz und Politik wie in Hinsicht auf die Wirtschaftswissenschaften ein besonderes Problem dar. Seit mehr als einem dreiviertel Jahrhundert bemüht sich die Politik der öffentlichen Hand bereits, mit diesem Problem fertig zu werden. Legislativ gesehen, war der Sherman Antitrust Act der erste Versuch, in Amerika die Mißbilligung von Monopolen, die sich bereits in der Rechtspraxis ausdrückte, zu verankern und auszudehnen. Mit diesem Gesetz schloß sich der Kongreß der wachsenden Besorgnis der Öffentlichkeit über die Trust-Entwicklung der siebziger und achtziger Jahre des letzten Jahrhunderts an. Vor nicht allzu langer Zeit schrieb William Letwin, der die Geschichte dieses Gesetzes durchleuchtet hat, über die amerikanische Wirtschaftsverfassung: ›Die amerikanische Wirtschaft folgte immer zwei Grundsätzen: 1. Die Regierung sollte in Wirtschaftsangelegenheiten eine beschränkte Rolle spielen, und 2. die private Wirtschaftstätigkeit sollte weitgehend durch den freien Wettbewerb geregelt und kontrolliert werden.[11]‹ In seinen unzweideutigen Bestimmungen zur Beschränkung des Handels und von Versuchen, Märkte zu monopolisieren, brachte der Sherman

Antitrust Act das Fallrecht in den Gesetzesapparat ein. Die gängige Rechtsprechung wertete Preisfestsetzungen in den meisten Fällen, wenn nicht sogar immer, als Verschwörung. Doch mit der verwickelten Geschichte der Antitrust-Politik brauchen wir uns hier nicht länger aufzuhalten. Auf jeden Fall spricht die Verabschiedung des Clayton Antitrust Act und des Federal Trade Commission Act während der ersten Amtszeit Wilsons dafür, daß die Öffentlichkeit und die Regierung über die wachsende Konzentration wirtschaftlicher Macht besorgt waren; ferner mußte man sich damals darüber klar geworden sein, daß der Sherman Act zur Kontrolle der Tendenz der Unternehmen, durch Zusammenschluß und Wachstum groß zu werden, nicht hinreichte.

Während ihrer gesamten Geschichte ist die Ausübung des Antitrust-Rechts durch die Weigerung des Kongresses, genügend Geldmittel für die Anstellung von Juristen bereitzustellen, durch die Neigung des Obersten Bundesgerichts, Großunternehmen und Konzerne mit Samthandschuhen anzufassen, und durch Rätselraten in der Exekutive, wen man denn nun eigentlich wegen Antitrust-Vergehens anklagen sollte, behindert worden. Wann, stellt sich die knifflige Frage, ist überhaupt ein Monopol gegeben? Man dürfte wohl kaum ein einzelnes Unternehmen finden, das volle hundert Prozent der Produktion einer Branche oder Industrie kontrolliert. Wenn auch die Konzentration von Realkapital und Produktion beträchtlich ist*, so gehören doch in den meisten Fällen jeder Branche drei, vier, ein halbes oder gar ein ganzes Dutzend große Produktionseinheiten und mindestens eine ganze Anzahl kleinerer Firmen an. Welche zahlenmäßige und größenmäßige Verteilung erbringt den De-facto-Beweis für monopolistisches Verhalten? Und welches wirtschaftliche Verhaltensspektrum soll man als monopolistisch definieren?

---

* Im Jahre 1962 repräsentierten die zwanzig größten Konzerne der herstellenden Industrie ein Vermögen von 73,8 Milliarden Dollar und damit ein Viertel des Gesamtvermögens dieser Industrie. Die fünfzig größten Unternehmen dieser Branche kontrollierten 36 Prozent des Gesamtvermögens, die hundert größten 46 Prozent und die tausend größten fast 75 Prozent des Gesamtkapitals der herstellenden Industrie. Die verbleibenden 419 000 Unternehmen der Branche teilen sich in das restliche Viertel. Siehe Estes Kefauver, *In a Few Hands: Monopoly Power in America*, Pantheon, New York, 1965, S. 189.

Die Schwierigkeit einer solchen Unterscheidung mag dazu beitragen, die Ungereimtheiten in der Praxis des Justizministeriums und der Gerichte zu erklären.

Trotzdem sind die Antitrust-Gesetze alles andere als ein Fetzen Papier. Die Ereignisse der letzten Jahre haben die altüberkommenen Zweifel an der Wirksamkeit dieser Gesetze gemindert; zahlreiche Unternehmer könnten sicherlich durch ihre Aufgebrachtheit lebhaftes Zeugnis von der Rolle des Justizministeriums ablegen. Zum Beispiel hat das Antitrust-Ressort die geplante Verschmelzung von Bethlehem Steel und Youngstown Sheet and Tube mit der Begründung unterbunden, daß eine Vereinigung der beiden Konzerne den Wettbewerb in der Stahlbranche abschwächen würde. Sie hat die Filmgesellschaften gezwungen, sich entweder auf Produktion oder auf Verleih zu verlegen. Am sensationellsten war im Jahre 1961 ein Fall in Philadelphia, in dem Richter J. Cullen Ganey über eine Gruppe Direktoren von Elektrogeräteunternehmen Gefängnisstrafen verhängte. Die Gruppe von 21 unter einer Decke steckender Unternehmen — darunter General Electric, Westinghouse und Allis Chalmers hatte zugegeben, daß sie Angebote von Turbinen, Schaltvorrichtungen und anderen schweren elektrischen Ausrüstungsgegenständen an die Regierung systematisch untereinander absprachen. Zwar beliefen sich die Strafen auf nur 30 Tage und bei guter Führung auf nur eine Woche, doch kommt es nicht oft vor, daß ein Vizepräsident von General Electric, von sechs weiteren untergeordneten Bossen ganz zu schweigen, zu einer Kriminalstrafe verurteilt wird[12]. Die 825 000 Dollar Geldstrafe, die gleichzeitig mit den Gefängnisstrafen verhängt wurden, juckten die Unternehmen nicht, aber die Schadenersatzklagen, die gleich darauf von übervorteilten Kunden gestellt wurden, kosteten die Verschwörer Millionen.

Möglicherweise sind die Unternehmer dieser und anderer Industrien nach dem Elektro-Prozeß zurückhaltender in der Vereinbarung von Preisabsprachen, die den Wettbewerb beschränken, gewesen; denn heimliche Preisübereinkünfte hat das Oberste Bundesgericht immer äußerst konsequent verfolgt und geahndet. Der Aldyston-Pipe-Prozeß im Jahre 1899, der Trenton-Pottery-Prozeß im Jahre 1927 und der Madison-Oil-Prozeß im Jahre 1940 sind drei der Fälle, in denen das Oberste Bundesgericht eindeutig seine Auffassung dargelegt hat, daß keinerlei wirtschaftliche Notwendigkeit, kein bereits abgeschafftes Gesetz und auch nicht Altruismus gegenüber Konkurrenten, die in Bedrängnis geraten sind, heimliche Preisabsprachen rechtfertigen könne.

Wie dem auch sei, offene Preisabsprachen sind in jedem Fall ein Zeichen dafür, daß legalere Mittel zeitweilig versagen. Gewöhnliche Preisführerschaft ist an die Stelle von erstickendem Preiswettbewerb getreten. Es hat einmal jemand gesagt, ›ein mit Blut unterzeichneter Vertrag, eine mit Tinte signierte Vereinbarung, eine Übereinkunft ohne schriftliche Fixierung, ein durch Winke oder leichtes Kopfnicken aufeinander abgestimmtes gemeinsames Vorgehen oder gemeinsames Handeln ohne unmittelbare Kommunikation mögen unterschiedliche Formen von Kollusion sein, doch sind die Unterschiede unerheblich, wenn die Ergebnisse die gleichen sind[13]‹. Geminderter oder abgeschwächter Preiswettbewerb ergibt sich, wohlgemerkt, nicht aus besonderer Verderbtheit der Direktoren und Chefs konzentrierter Industrien, sondern aus der inneren Logik der Oligopols. In Industrien, in denen einige wenige Unternehmen eine beherrschende Position innehaben, weiß jede dieser Firmen genau, daß die von ihr festgesetzten Preise die Umsätze und Profite anderer Unternehmen beeinflussen.

Die bisher praktizierten Antitrust-Maßnahmen haben diese Problematik des Oligopols nicht lösen können. Doch scheint die hinter den Maßnahmen stehende Konzeption eine in sich konsequente Lösung anzubieten. Wenn wir im Sinne von Bundesrichter Brandeis die Kleinen schätzen und den Großen mißtrauen, ergibt sich als eindeutiger Schluß, daß wir die Großunternehmensriesen zerschlagen, Konzernentflechtung betreiben müssen. Ausgehend von den Kriterien der Größe und der wirtschaftlichen Funktion könnte das Justizministerium große Konzerne in mehrere Teile spalten, etwa in der Weise, in der ein Beschluß des Obersten Bundesgerichts 1911 Standard Oil in mehrere Nachfolgeorganisationen aufteilte. Die einzelnen Automobilfabriken von General Motors könnten gut fünf kleinere Unternehmen abgeben, von denen jedes groß genug wäre, um alle technischen Vorteile der Größe voll ausnutzen zu können. Ford könnte nach dem gleichen Prinzip in drei kleinere

Automobilunternehmen aufgeteilt werden. In anderen Industrien sind ähnliche Teilungen durchführbar. Der große Vorteil der Fragmentierung besteht im Anstieg der Zahl der Konkurrenten und in der damit einhergehenden Minderung der Macht eines jeden von ihnen, die Preise aller zu beeinflussen.

Inwieweit ist ein solcher Vorschlag vernünftig? Von der Technik her gesehen würde wohl kaum etwas verlorengehen, wenn auch die Antwort für verschiedene Industrien unterschiedlich lauten muß. Unsere größten Unternehmen haben die Firmengröße längst überschritten, die nötig ist, um die Produktionskostenrate auf ihren niedrigsten Stand zu bringen. Wenn sich Autos am technisch wirtschaftlichsten bei einem Jahresausstoß von 500 000 Einheiten herstellen lassen, besteht keinerlei zwingender produktionstechnischer Grund, die Produktionskapazität von General Motors auf einem Stand von fünf Millionen oder mehr Einheiten zu halten. Aus diesem Grund lassen die beträchtliche Dezentralisation von Entscheidungsbefugnis und die in diesem Unternehmen[14] seit langem übliche Autonomie der Manager darauf schließen, daß die größten Konzerne vorzugeben gezwungen sind, sie seien Konföderationen kleinerer Firmen, wenn sie nicht an ihren eigenen Bürokratien ersticken wollen. Die Vorteile, die die großen Konzerne profitabel machen, liegen mehr im Bereich der Finanzierung, der Werbung, des Marketing und der Politik als im Bereich der Technik. Die zweifelhafte ›Gemeinnützigkeit‹ oder eher Nachteiligkeit der Werbung und die berechtigten Zweifel hinsichtlich der konstruktiven Eigenschaften des politischen Einflusses der Automobilindustrie legen nahe, daß sich eventuell gesellschaftlicher Nutzen aus einer Minderung der Größe von Konzernen ergeben könnte.

Dieser gesellschaftliche Nutzen ist vielfältiger Art. Die Auswahlmöglichkeiten der Verbraucher könnten durch eine Zunahme des Wettbewerbs, der Konkurrenz vervielfacht werden. Wenn die Macht der großen Konzerne gemindert würde, könnte dadurch dem Anwachsen der Gewerkschafts- und Regierungsapparate und -funktionen, die historisch parallel zum Anwachsen der Großunternehmen verlief, ebenfalls Einhalt geboten werden; oder diese Apparate könnten sogar kleiner werden. Daher steht die Aufspaltung und Entflechtung der Großkonzerne in engem Einklang mit jener amerikanischen Tradition, die aller Konzentration von Macht, sei sie nun privat oder staatlich, mißtraut.

Doch ist es andererseits wahrscheinlicher, daß es nur sehr wenige Amerikaner gibt, denen die genannte Tradition so viel bedeutet, daß sie eine Reorganisation der Industrie des Landes unterstützen. Das Großunternehmen beherrscht die Phantasie der Amerikaner, wobei noch eine andere traditionelle Vorstellung mit hineinspielt: die Vorliebe für Größe. Das Großunternehmen hat durchzusetzen vermocht, daß die Amerikaner es mit wirtschaftlichem Fortschritt und steigendem Lebensstandard identifizieren. Seit der Depression hat die Industrie ihre Auffassung höchst einleuchtend erzählt, so daß ihre ernstzunehmenden und scharfen Kritiker kaum eine Chance haben, Gehör zu finden. Darüber hinaus findet die von der Industrie vertretene Darstellung der Lage noch dadurch leicht Glauben, daß die Öffentlichkeit ein übertriebenes Vertrauen in die Leistungsfähigkeit großangelgter Unternehmungen setzt. In dieser Welt der großen Einheiten hat daher der Vorschlag, zu kleineren Einheiten zurückzukehren, einen Anflug des Utopischen, wenn nicht sogar des Unamerikanischen. Die Wahrscheinlichkeit spricht demgemäß dafür, daß die Antitrust-Bestimmungen gegen offene Preisabsprachen auch weiterhin voll angewandt werden, daß man geplante Unternehmensverschmelzungen weniger aufmerksam verfolgen wird und daß man kaum die extremen Mittel der Enteignung und Konzernentflechtung beschwören wird.

Die geschichtliche Parallele zu den Antitrust-Maßnahmen war und ist das Gemeinnützigkeitskonzept, die Auffassung, daß es gewisse Belange und Bereiche gebe, die ihrer Natur nach von öffentlichem Interesse sind und die daher der Öffentlichkeit zugänglich und überall vorhanden sein müssen. Die am besten abgrenzbare Kategorie von Unternehmen, die Gemeinnützigkeitsbestimmungen unterliegen, ist das natürliche Monopol. Telefonnetze, die Elektrizitäts-, Gas- und Wasserversorgung und einige Zweige des Transportwesens sind durch natürliches Monopol gekennzeichnet, denn in diesen Bereichen würde Wettbewerb eine auffällige Verschwendung von Ressourcen mit sich bringen. Die Vorstellung mehrerer Consolidated Edisons (Elektrizitätsgesellschaft), die nach dem Konkurrenzprinzip die Straßen New Yorks aufwühlten, um ihre Netze zu verlegen, oder die Vorstellung mehrerer Telefongesellschaften, die nebeneinander ihre Einrichtungen einbauten — diese Vorstellungen dürften hinreichen, um die Schrecken anzudeuten, die eine Rivalität unter öffentlichen Versorgungsbetrieben heraufbeschwören würde.

Seit der Einsetzung der Interstate Commerce Commission im Jahre 1877 ist aber auch allen Beteiligten klar, daß man einen öffentlichen Versorgungsbetrieb nur dann mit einem lokalen Monopol betrauen kann, wenn er der Überwachung durch eine entsprechende Behörde unterliegt, die über die Tarife und die Qualität der Dienstleistungen wacht. Zwar haben die Ausführungsbestimmungen und -grundsätze immer gefordert, der Monopolist solle sich zum Ausgleich für seine gesicherte Marktlage mit niedrigeren Profiten zufriedengeben, doch die Ausführungspraxis läßt profunde Zweifel darüber aufkommen, ob sich das Gemeinnützigkeitskonzept auch auf Großkonzerne der herstellenden Industrie ausdehnen ließe. Festlegungen angemessener Ertragsraten aus Investitionen haben unweigerlich zu langwierigen Prozessen und zu zweifelhaften Ergebnissen geführt. Und die Gemeinnützigkeitskommissionen, die von den einzelnen Bundesstaaten eingesetzt wurden, waren vielfach schwach und korrupt.

Eine Ausdehnung der Gemeinnützigkeitsbestimmungen auf andere Industrien und auf Großkonzerne würde die Schwierigkeiten, die ihre Durchsetzung ohnehin schon bereitet, vervielfachen. Wir wollen diese These durch ein Beispiel illustrieren. Wenn die Gültigkeit der Gemeinnützigkeitsbestimmungen, die für öffentliche Versorgungsbetriebe gelten, auf die Stahlindustrie ausgedehnt würde, und wenn dekretiert würde, daß alle größeren Einheiten nicht mehr als einen prozentual an ihren Investitionen ausgerichteten Ertrag erwirtschaften dürften, dann müßten für die einzelnen Gesellschaften *unterschiedliche* Preise festgesetzt werden, da sich die Firmen in ihrer Leistungsfähigkeit und Produktion unterscheiden. Da sich die Produktzusammensetzung im Laufe der Zeit ändert, stünde außerdem jede Kommission bei der Festsetzung von Preisen für eine erhebliche Vielfalt von Produkten vor unüberwindlichen Schwierigkeiten.

Wenn also weder Antitrust-Maßnahmen noch eine simple Ausdehnung der Gemeinnützigkeitsbestimmungen geraten scheinen, muß eindeutig eine gewisse schöpferische Klugheit die gewünschte Lösung bringen. Da das Oligopol offenkundig eine stabile Organisationsform ist und die Antitrust-Gesetze wenig ausrichten können, um Preiswettbewerbe zu erzwingen, dürften sich theoretische Wunschvorstellungen und mögliche Praxis am besten durch eine Mischung aus ständiger Überwachung, Nachforschungen und staatlich festgelegten Leistungs- und Qualitätsnormen sowie entsprechendem staatlichem Druck zur Deckung bringen lassen; dadurch wären sicherlich bessere Ergebnisse zu erzielen als durch die bisherige Praxis, die durch Untätigkeit, Anklagen und nur gelegentliche Verurteilungen gekennzeichnet ist. Eine kluge Praxis setzt an der Erkenntnis an, daß Lohn- und Preisentscheidungen in einer kleinen Anzahl zentraler Industrien Belange des öffentlichen Interesses sind, weil die Industrien selbst groß sind und weil sie Beispiele für andere setzen.

Vielleicht ist ein neuer institutioneller Apparat erforderlich, der auf die Überwachung von Industrien wie etwa der Auto- oder der Stahlbranche ausgelegt ist. Eine Lohn- und Preisbehörde, die zur Untersuchung von Lohn- und Preisentscheidungen bestimmter Industrien ermächtigt ist, könnte das öffentliche Interesse repräsentieren, könnte als institutionalisierter Vertreter des Präsidenten fungieren und Beurteilungskriterien erarbeiten. Die Entscheidungen einer solchen Behörde sollten aber den Charakter von Ratschlägen haben und nicht den von gesetzlichen Vorschriften, solange sich aus den Ermittlungsdaten eindeutige und verbindliche Kriterien noch nicht ableiten lassen.

Das Instrument, das zeitweilig am besten funktioniert hat, waren die Lohn- und Preis-Leitlinien. Sie wurden erstmals unter Kennedy vorgeschlagen; sie zwingen die Gewerkschaften dazu, ihre Forderungen am durchschnittlichen jährlichen Produktivitätsanstieg auszurichten. Dies gilt selbst dann, wenn eine bestimmte Industrie einen höheren als den nationalen Durchschnitt des Produktivitätsanstiegs erzielt hat. Eine Preis-Leitlinie weist die Unternehmer an, an bestehenden Preisen festzuhalten, wenn die Produktivität ihrer Unternehmen dem nationalen Anstieg entspricht; sie gestattet Preiserhöhungen, wenn die Produktivität darunter liegt, und sie ordnet Preissenkungen an, wenn die Unternehmen einen über dem Durchschnitt liegenden Zuwachs zu verzeichnen haben.

In mehrfacher Hinsicht sind die Richtlinien ein Kompromiß. Sie lassen die bestehende Verteilung von Einkommen zwischen Lohnarbeit und Kapital unberührt, indem sie schlichtweg die Gewinne aus gesteigerter Produktivität zwischen den ›Sozialpartnern‹ teilen. Die Waffen, die dem Präsidenten zur Verfügung stehen, sind seine Überzeugungskraft und unausgesprochene Machtandrohungen — sie wurden durch die Kennedy-Blough-Auseinandersetzung wesentlich glaubwürdiger — sowie die Publizität, die der Präsident und seine Berater den Empfehlungen des Council of Economic Advisers bei bestimmten Auseinandersetzungen schaffen können.

Die Leitlinien haben sich aber durchaus nicht in allen Fällen durchsetzen lassen. Der Tarifvertrag, den die United Automobile Workers und die Unternehmen im Jahre 1964 schlossen, setzte eine Lohnerhöhung um 4,9 Prozent fest, wohingegen die Lohn-Leitlinien nur 3,2 Prozent empfahlen. Ihrerseits wiederum versäumten die Automobilhersteller, deren spektakulärer Produktivitätsanstieg enorme Profite abwarf, ihre Produktpreise gemäß den Vorschriften zu senken.

Trotzdem hat sich mit Hilfe der Leitlinien genügend Druck auf Verhandlungen und Preisentscheidungen ausüben lassen, um die Inflation einzudämmen und einen Rückfall in die Kostendruck-Inflation der fünfziger Jahre zu verhindern. Unterstützt durch diese relative Preisstabilität hatten die beiden demokratischen Präsidenten der sechziger Jahre bessere Möglichkeiten, die flaue Wirtschaftslage durch währungs- und steuerpolitische Maßnahmen zu bekämpfen. Wie die anderen großen Industrienationen auch, mußten die Vereinigten Staaten in den sechziger Jahren eine Einkommenspolitik formulieren. Inwieweit diese Politik zu einer gesetzlichen Kontrolle der Lohn- und Preisentscheidungen in den Schlüsselindustrien ausgedehnt wird, hängt von dem Erfolg ab, den das gegenwärtige Instrument zeitigt.

KAPITEL 11

Der Triumph einer Idee

Inwieweit hat die Keynesianische Finanzpolitik ältere Auffassungen von der Politik der öffentlichen Hand abgelöst? Untersucht man als Keynes-Anhänger in bezug auf diese Fragestellung die politische Praxis Großbritanniens und der Vereinigten Staaten in der Nachkriegszeit, so ergibt sich kein allzu optimistisch stimmendes Bild. Im Falle der britischen Politik steht die folgende Tatsache im Vordergrund: jeder Premierminister hat in der Nachkriegszeit große Anstrengungen darauf verwendet, einen sehr hohen Beschäftigungsgrad aufrechtzuerhalten. Obwohl sich das Fehlschlagen einer Politik in England immer rasch zu einer politischen Katastrophe ausweitet, reagierten sowohl konservative als auch Labour-Regierungen auf die periodisch wiederkehrenden Zahlungsbilanzkrisen mit Maßnahmen, die in peinlicher Weise an die vorsintflutlichen Einsichten des Finanzministeriums und der Bank von England erinnerten. Zuweilen hatte es den Anschein, als würde die britische Politik ganz im Sinne Lord Normans formuliert, der immer wieder die Notwendigkeit betont hatte, daß Arbeitslosigkeit und Rezession in dem Ausmaße herbeigeführt werden müsse, wie es angeblich zum Ausgleich einer negativen Handelsbilanz erforderlich sei.

Zum Glück aber hat es keine nach-Keynesianische britische Regierung gewagt, eine Arbeitslosigkeit größeren Ausmaßes herbeizuführen oder eine stärkere Rezession einzuleiten. Gleichermaßen liegt etwas beklemmend Althergebrachtes in den ›Hü-Hott‹-Maßnahmen der konservativen Finanzminister zwischen 1951 und 1964, durch die ein Ansteigen der inländischen Zinssätze, starke Rückgänge der öffentlichen Ausgaben und höhere Steuern auf Konsumgüter heraufbeschworen wurden; all dies in der Absicht, die Importe zu drosseln, die Exporte auszuweiten und auf diese Weise das Pfund zu stützen. Die Labour Party übte während dieser Jahre harte Kritik an dieser Politik, deren Auswirkungen auf ein stabiles wirtschaftliches Wachstum, auf das Investitionsvolumen der Unternehmen und auf Produktivitätssteigerungen sie als verhängnisvoll ansah.

Diese Haltung hatte für die Labour Party bedauerliche Konsequenzen, denn als im Oktober 1964 eine Labour-Regierung unter der Führung eines erfahrenen Volkswirtes ihr Amt antrat, ähnelte die nun ihrerseits betriebene Politik dem konservativen Modell weit mehr, als sie sich von ihm unterschied. Am Tage nach ihrem Amtsantritt hätten Harold Wilson und seine Regierungsmannschaft das Pfund abwerten und die Schuld dafür der dreizehnjährigen Mißwirtschaft unter den Tories anlasten können; sie unterließen dies jedoch. Ebenso hätte die Regierung die Höhe der Schutzzölle auf ein tatsächlich wirksames Niveau anheben können; statt dessen erhöhte sie hinhaltenderweise die bestehenden Abgaben um 15 Prozent. Der Zuschlag war hoch genug, um die führenden Handelspartner gegen England aufzubringen, reichte aber nicht annähernd hin, um den hohen Importüberschuß auszugleichen. Keynes würde sicherlich beide Schritte gutgeheißen haben, und zwar nicht, weil Abwertung und Zollschutz an sich wünschenswert wären, sondern weil beides der Regierung die Hände freigemacht hätte. Sie hätte dann viel leichter jene Maßnahmen im Innern treffen können, die ihr für die Reform und die Wiederbelebung der flauen Wirtschaft wesentlich schienen, einer Wirtschaft zudem, die ohnedies schon durch viele Unzulänglichkeiten in ihrer Entwicklung gehemmt war und deren Neugestaltung viel zu viele Hindernisse im Wege standen.

Der Premierminister kam jedoch wie alle seine konservativen Vorgänger zu dem Schluß, daß er um jeden Preis den gegenwärtigen Kurs des Pfundes halten müsse. Dieser Preis ist für eine Labour-Regierung höher als für eine konservative Administration, denn aus psychologischen Gründen mißtrauen internationale Bankleute und Finanzpolitiker von vornherein der Zuverlässigkeit ›radikaler‹ Politiker, wenn es sich um finanzielle Angelegenheiten handelt.

Wie sich zeigen sollte, mußte die britische Regierung, um internationale Unterstützung für ihre Währung zu bekommen, in Kauf nehmen, daß der Diskontsatz bis zur kritischen Höhe von 7 Prozent stieg, daß Wohlfahrtsprogramme gekürzt werden mußten, daß beim Erwerb von Eigenheimen die Laufzeiten der Hypotheken verkürzt wurden, daß beim Autokauf mit ungünstigen Teilzahlungsbedingungen zu rechnen war, daß sich die Kreditlasten für Investoren vergrößerten und daß die Verabschiedung sozialistischer Gesetzentwürfe — von der Verstaatlichung der Stahlindustrie bis zur Anhebung der Altersrenten — verschoben werden mußte. Als selbst diese Maßnahmen nicht die gewünschte Wirkung hatten, kürzte die Labour-Regierung im Sommer 1965 die Regierungsausgaben noch weiter.

Derartige Reaktionen auf wirtschaftliche Schwierigkeiten decken sich kaum mit dem, was die Keynes'sche Theorie in erster Linie fordert. Unablässig hatte Keynes betont, daß der inländischen Expansion gegenüber den Erfordernissen der Zahlungsbilanz die Priorität zuzuweisen sei. Als patriotischer Engländer wollte er sein Land aus der Abhängigkeit vom Gold und von ausländischen Bankleuten, die die Hauptmasse des Goldvorrates kontrollierten, befreit sehen. Diese Leitlinie im Keynes'schen Denken läßt sich bis zu seinen Schriften aus den zwanziger Jahren verfolgen — bis zum *Tract on Monetary Reform* und den *Essays in Persuasion*. Aus Keynesianischer Perspektive gesehen, ist es daher um so betrüblicher, daß es sogar eine linksgerichtete britische Regierung zuließ, daß die Schwäche ihrer Position im internationalen Handel und die Unsicherheit ihres Währungskurses das Ausmaß ihrer Schutzmaßnahmen, ihre Außenpolitik und vor allem ihre inländische Währungs-, Finanz- und Sozialpolitik bestimmte. In den Jahren 1964 und 1965 hätte sich die Skepsis, die Keynes gegenüber der Labour Party in bezug auf ihre Eignung zur Regierungspartei immer gehegt hatte, angesichts dieses qualvollen Schauspiels sicherlich noch vergrößert. ›Die niedrige Wachstumsrate der britischen Wirtschaft ist jenen Kreisen anzulasten, die die Höhe der Zinssätze künstlich über ihrem natürlichen Niveau halten[1]‹, meinte Sir Roy Harrod, und Keynes hätte sich diesem Urteil seines alten Freundes gewiß angeschlossen. Während seines ganzen Lebens befürwortete Keynes niedrige Zinssätze, selbst wenn dies eine mäßige Inflation zur Folge gehabt haben würde.

Mit einigem Recht läßt sich aus Keynesianischer Sicht noch folgendes zur britischen Handelskrise anmerken: Hätten die Engländer und vor allem die Amerikaner in Bretton Woods den Vorschlag von Keynes, eine Internationale Clearing Union zu gründen, befolgt, so hätten die beträchtlichen Liquiditätsschwierigkeiten, an denen sowohl Großbritannien als auch die Vereinigten Staaten in den letzten zehn Jahren laborierten, vermieden werden können. Wie die jüngsten Ereignisse einmal mehr bewiesen haben, kann jede der bedeutenden Handelsnationen selbst bei Keynesianischer Wirtschaftspolitik aufgrund von Export-Import-Schwankungen in Schwierigkeiten kommen, solange die internationalen Zahlungsmittel nicht weitaus flexibler als bisher werden und sich nicht wesentlich stärker den Erfordernissen des expandierenden Welthandels anpassen.

Es bestand eine gewisse Hoffnung, daß sich in dieser Hinsicht eine Entwicklung im Sinne der Keynesianer anbahnte. Die im Jahre 1965 von amerikanischen, französischen und britischen Finanzpolitikern aufgenommenen Gespräche hätten durchaus dazu führen können, daß neben dem Gold eine künstliche Ersatzwährung als internationales Zahlungsmittel geschaffen worden wäre. Hätten diese Verhandlungen tatsächlich eine solche Ersatzwährung zum Ergebnis gehabt, dann würde die Möglichkeit bestanden haben, daß Großbritannien endgültig die periodisch wiederkehrenden Krisen überwindet, die seine wirtschaftliche Leistungskraft in der gesamten Nachkriegszeit stark beeinträchtigt haben. Auch die USA hätten in diesem Fall ein schnelles Wirtschaftswachstum und einen hohen Beschäftigungsgrad erzielen können, ohne damit wie bisher nachteilige Rückwirkungen von außen befürchten zu müssen. Indessen haben in Großbritannien die Anhänger der älteren Auffassungen auch heute noch einen gewissen Einfluß. Zwar ist ihre Macht so weit zurückgegangen, daß sie es nicht mehr wagen können, eine Rezession größeren Umfangs einzuleiten, was sie früher als die ›zufälligen‹ Nebenwirkungen einer repressiven Wirtschaftspolitik ansehen konnten. Dennoch kommt es noch vor, daß sie sich durchsetzen können — wie seinerzeit im Oktober 1964.

Abgesehen von ihrer jüngsten Entwicklungsphase war die Nachkriegspolitik der öffentlichen Hand auch in den Vereinigten Staaten keineswegs durchgängig vom Keynesianischen Denken beeinflußt. Zugunsten der Nachkriegsregierungen läßt sich anführen, daß sie inländische Zinssteigerungen und allgemeine Rezessionen ernsterer Natur trotz der anhaltenden, von wiederholt aufgetretenen Zahlungsbilanzdefiziten verursachten Goldabflüsse zu verhindern wußten. Aus Furcht vor nachteiligen Rückwirkungen auf die Wirtschaftsbeziehungen zum Ausland zögerten jedoch die Präsidenten Eisenhower und — im ersten Abschnitt seiner Amtsführung — auch Kennedy und deren Beraterstäbe, dem Kongreß eine Steuer- und Finanzpolitik zu empfehlen, die aufgrund ihres expansiven Charakters geeignet gewesen wäre, die Arbeitslosenquote herabzudrücken und das Ausmaß brachliegender Produktionskapazitäten zu verringern. Überhaupt war die Beschäftigungspolitik der wunde Punkt in der Wirtschaftsführung der Nachkriegszeit. Wenn 1965 aufgrund der Steuersenkungen in den Jahren 1964 und 1965 eine sinkende Arbeitslosenquote erzielt werden konnte, so zeigt dieser Erfolg, daß während der fünfziger und Anfang der sechziger Jahre das Instrument Steuerpolitik viel zu lasch, mit viel zu wenig Nachdruck gehandhabt wurde. Wenn die Arbeitslosenquote von fünf bis sieben Prozent, wie sie für die fünfziger Jahre typisch war, auf eine volkswirtschaftlich angemessenere und weniger schädliche Rate im Bereich zwischen 2,5 und drei Prozent hätte fallen sollen — dies war selbst 1965 noch nicht erreicht —, wäre ein entschlosseneres Vorgehen notwendig gewesen.

Auch in bezug auf die ökonomische Expansion zeigen sich in der amerikanischen Wirtschaftspolitik, abgesehen von der allerjüngsten Zeit, strukturelle Fehler. Über die Politik der fünfziger Jahre läßt sich kaum etwas Positives sagen; dagegen kommt den sechziger Jahren eine besondere Bedeutung in der Geschichte der amerikanischen Wirtschaftspolitik zu: In diesen Jahren war die Keynesianische Ökonomie im engeren und weiteren Sinne die Grundlage, auf die zwei Präsidenten ihre finanzpolitischen Empfehlungen an den Kongreß gründeten. In diesem Jahrzehnt fand eine esoterische Theorie Eingang in die politische Praxis in der Form, daß die jährlichen Steuermehreinnahmen zu einem Teil für Steuersenkungen und zum anderen Teil für soziale Vorhaben bereitgestellt wurden. Daß gleichzeitig mit der ökonomischen Expansion die traditionelle Gegnerschaft zwischen Regierungen der Demokratischen Partei und der Geschäftswelt ihr Ende fand, war für die Unternehmer möglicherweise noch erstaunlicher. Tatsächlich war eine geschickt im Keynesianischen Sinne geführte Steuerpolitik in der Lage, die Märkte zu vergrößern und die Profite zu steigern — eine Erkenntnis, die innerhalb der Unternehmerschaft unerwartete Wirkungen hatte. Keynesianische Unterstützungsmaßnahmen zur Lösung von ökonomischen Problemen — während der dreißiger und vierziger Jahre noch allein von Reformern und Radikalen befürwortet — wurden immer mehr von den einflußreichen Wirtschaftsgruppen als die hauptsächlichen fiskalpolitischen Steuerungsmittel akzeptiert.

Auch diese Entwicklung ist erst jüngsten Datums. Noch vor zehn Jahren hätte wahrscheinlich keine einzige Wirtschaftszeitschrift einen Artikel angenommen, der sich lobend über eine Steuersenkung ausspricht, aufgrund derer ein ohnedies schon unausgeglichener Haushalt noch weiter defizitär wird, und der gleichzeitig die Grundsätze einer solchen Politik ohne Vorbehalte gutheißt. Nun aber finden sich selbst in der angesehenen *Business Week* Stellungnahmen wie die folgende: ›Man kann die Steuersenkung von 1964 nicht als eine einmalige Maßnahme sehen, mit der die Wachstumsprobleme der Nation ein für allemal gelöst sind. Vielmehr besteht die Lehre, die uns das Jahr 1964 erteilt hat, darin, daß ein ausgewogenes Wirtschaftswachstum über einen längeren Zeitraum die ausdauernde und entschlossene Anwendung einer solchen Steuerpolitik verlangt.[2]‹

Ohne die Aufnahme Keynes'scher Ideen in die Politik der öffentlichen Hand läßt sich das Programm der Great Society ebensowenig denken wie der Erfolg, den Präsident Johnson erzielen konnte, als er sich um eine breite öffentliche Basis für dieses weitgesteckte Programm seiner Regierung bemühte. Schon ab 1961 und während der kurzen Amtszeit Kennedys begann sich diese Entwicklung abzuzeichnen. Zur Zeit der Machtübernahme hegte John F. Kennedy noch Zweifel darüber, ob sich mit defizitärer Haushaltspolitik eine expansive Wirtschaftsentwicklung ankurbeln ließe.

Dementsprechend verhielt er sich in steuer- und geldpolitischen Angelegenheiten zunächst abwartend und experimentierend. Was er in dieser Hinsicht als erstes dem Kongreß empfahl, stützte sich weitgehend auf das Minimalprogramm, das in einem Katalog der vordringlichsten Aufgaben von Samuelson dargelegt worden war, einem in der Zeit zwischen der Novemberwahl und der Amtseinführung verfaßten Papier, in dem weder von Steuersenkungen noch von besonderen Steigerungen bei den Ausgaben der öffentlichen Hand die Rede war. Die erste Ausgabenerhöhung, die die Zustimmung des Präsidenten fand, betraf den militärischen Sektor, und im Sommer 1961, als die Berlin-Krise bedrohliche Ausmaße annahm, trug sich der Präsident eine Zeitlang sogar mit dem Gedanken an eine Steuer*erhöhung*. Mit dieser sollten Mittel für eine Reihe größerer Militärprojekte beschafft werden, und gleichzeitig sollte dem Wunsch jener Amerikaner entsprochen werden, die es unter dem Eindruck der Antrittsrede des Präsidenten danach drängte, etwas für ihr Vaterland zu tun.

Kennedys Hinwendung zu einer modernen, Keynesianischen Anschauungsweise hatte nach Ansicht seiner politischen Freunde ihre Ursache darin, daß ihm deutlich zu werden begann, wie enttäuschend die Wirtschaft auf Einzelmaßnahmen wie die von 1961, also auf Umschulung von Arbeitskräften, Regionalsanierung, Anhebung der Arbeitslosenunterstützung und sogar auf das Gesetz zur Stundung von Investitionssteuern reagierte. In Hinblick auf die Wirtschaftsführung war das Bemerkenswerte während der ersten zwölf Monate der Kennedy-Regierung weniger der Entwurf einer neuen Politik, sondern vielmehr die Auseinandersetzungen besonders zwischen den Befürwortern steuerlicher Anreize und den Anhängern einer vorsichtigen Linie. Die letzteren, die der Vorsitzende des Federal Reserve Board, William McChesney Martin, gelegentlich unterstützt von Finanzminister C. Douglas Dillon, anführte, wiesen auf die Inflationsgefahr und die Risiken durch einen weiteren Goldabfluß nach Europa hin.

Die Anhänger einer expansionistischen Politik zerfielen in zwei Gruppen. Die von Galbraith geführte Gruppe setzte sich mit Nachdruck für eine wesentliche Anhebung der Ausgaben der öffentlichen Hand ein. Für Galbraith war dies das Gebot der Stunde, denn die öffentlichen Ausgaben würden nicht nur der Wirtschaft Anreize geben, sondern auch die desolate Situation der öffentlichen Dienste verbessern und darüber hinaus das vorhandene gesellschaftliche Ungleichgewicht zwischen öffentlichen und privaten Ausgaben beheben. Theoretisch läßt sich eine stagnierende Wirtschaft jedoch genausogut durch Steuersenkungen wie durch erweiterte Sozialprogramme oder auch Militärausgaben ankurbeln. Teils aus technisch-administrativen Gründen, teils wegen der besseren Durchführbarkeit in politischer Hinsicht trat deshalb die zweite Gruppe der Expansionisten, die im Council of Economic Advisers organisiert war, immer energischer dafür ein, daß fiskalpolitischen Maßnahmen gegenüber Ausgabensteigerungen der Vorzug zu geben sei. Dafür sprach einerseits, daß die stimulierende Wirkung von Steuerkürzungen viel rascher eintritt, als dies bei neu zu erstellenden Ausgabenprogrammen, die immer erst eine Anlaufzeit brauchen, der Fall sein kann. Andererseits ging man von der Annahme aus, daß der Kongreß einer Steuersenkung viel eher zustimmen würde als zusätzlichen Regierungsausgaben, selbst wenn beides die gleichen Auswirkungen für den Haushalt haben sollte.

Während diese Kontroverse unter seinen Mitarbeitern fortgesetzt wurde, ließ der Präsident in der Öffentlichkeit immer deutlicher seine wachsende Einsicht in die ökonomische Problematik erkennen. Am deutlichsten zeigte sich dies in der bereits erwähnten Rede, die er anläßlich der Verleihung der Ehrendoktorwürde durch die Yale University im Juni 1962 hielt. Die meiste Aufmerksamkeit erregten dabei die Angriffe des Präsidenten gegen ökonomische ›Vorurteile‹, die seiner Meinung nach den Kongreß in seiner Handlungsfreiheit beschnitten und in der Öffentlichkeit Verwirrung stifteten. Im Verlauf seiner Ausführungen brachte Kennedy eine bis dahin bei ihm unbekannte Abneigung gegen ausgeglichene Haushalte zum Ausdruck. ›Es besteht immer noch das Vorurteil‹, betonte er, ›daß staatliche Defizite eine Inflation bewirken und Haushaltsüberschüsse sie verhindern.‹ Um zu zeigen, wie falsch dieses Vorurteil ist, führte der Präsident Beispiele aus der jüngsten Vergangenheit an: ›In der Zeit nach dem Weltkrieg haben selbst größere Haushaltsüberschüsse eine inflationäre Tendenz nicht verhindern können; dagegen wirkten sich die anhaltenden Defizite der letzten

Jahre nicht nachteilig auf unser stabiles Preisgefüge aus.‹ Den Sinngehalt seiner Ausführungen faßte Kennedy schließlich in der Feststellung zusammen, ›daß es natürlich Situationen gibt, in denen Defizite schädlich sein können. Das gleiche gilt auch für Überschüsse. Um aber eine Situation unvoreingenommen einschätzen zu können, braucht man ganz einfach eine aufgeklärtere Anschauungsweise als diejenige, die sich in der alten, gedankenlos vorgebrachten Klischeevorstellung ausdrückt, daß Defizite automatisch eine Inflation hervorrufen.[3]‹

In seinem Bemühen, der Öffentlichkeit seinen Standpunkt nahezubringen, hob der Präsident in angemessener Form den Begriff des staatlichen Haushaltsplans (auf den sich seine Erläuterungen konzentrierten) von zwei Begriffsbildungen ab, die in erster Linie für den Volkswirt interessant sind, nämlich von der Bilanz der öffentlichen Geldmittel und dem ökonomisch-wirkungstheoretischen Haushaltskonzept*. Gleichzeitig wies er nachdrücklich auf die wirkliche Bedeutung der Staatsschuld hin: ›In bezug auf die Staatsschulden unseres Landes bestehen Vorurteile. Es wird weithin angenommen, daß diese Schuld mit einem gefährlichen Tempo anwachse. Tatsächlich aber ist sie seit dem Zweiten Weltkrieg sowohl pro Kopf der Bevölkerung als auch in Anteilen am Bruttosozialprodukt ganz erheblich gesunken.[4]‹ Offenbar hielt es der Präsident nicht für angebracht, in seinen energischen Stellungnahmen zu diesem Problem auf die alte Lehrbuchweisheit einzugehen, daß das Ausmaß der öffentlichen Verschuldung von geringer Bedeutung ist, wenn sie auf das Inland beschränkt bleibt, denn dann läuft sie auf nichts anderes hinaus als auf eine Reihe von Einkommensumverteilungen zwischen Bürgern, die alle derselben politischen Gerichtsbarkeit unterstehen. — In der Tat belastet die Staatsschuld die

---

* Der erste Begriff umfaßt alle Transaktionen der Regierung, die sich auf den Geldmittelfluß in der Volkswirtschaft auswirken, eingeschlossen den Kauf und Verkauf von Staatsbesitz, die Transaktionen der Sozialversicherung, der staatlichen Pensionskasse und der Treuhandfonds für den Straßenbau. Das zweite Konzept ist ein noch feinerer Indikator für den jeweiligen Trend der volkswirtschaftlichen Entwicklung; die Profite und einige Steuerarten werden von ihm nicht nur auf der Basis ihrer momentanen Wertgröße, sondern mehr auf der Basis ihrer längerfristigen Wachstumseigenschaften berücksichtigt.

Gemeinschaft niemals in der Weise wie private Schulden das Individuum.

Es war unverkennbar, in welche Richtung die Vorstellungen Kennedys zielten, zumal es dem Vorsitzenden des Council of Economic Advisers, Walter Heller, im Dezember 1962 gelungen war, ihn von der Richtigkeit eines erst kurz zuvor aufgestellten Leitsatzes zur stimulierenden Steuerpolitik zu überzeugen. Inhaltlich besagte der Leitsatz Hellers, daß das amerikanische Steuersystem dadurch, daß es progressiv besteuert, zunächst einen Ausgleich des Staatshaushaltes und dann Überschüsse bewirkte, längst bevor die ökonomische Expansion einen zufriedenstellenden Anstieg des Produktionsvolumens und des Beschäftigungsgrades hervorgerufen hatte. Indem sich die Überschüsse anzuhäufen begannen, wirkten sie sich unweigerlich als Hemmschuh für eine weitere Expansion aus, denn auf diese Weise entzog die Regierung der Volkswirtschaft immer mehr Geldmittel, während gleichzeitig das Volumen der Mittel, die sie an die Volkswirtschaft abgab, stagnierte. Nachdem sich der Präsident diese Analyse zu eigen gemacht und zur Steuerung der von da an expandierenden Geschäftsentwicklung in der politischen Praxis angesetzt hatte, ging er daran, in einer Phase des konjunkturellen Aufschwungs Steuerkürzungen größeren Ausmaßes vorzubereiten; dies war eine kühne politische Maßnahme zu einer Zeit, in der sich die Anhänger der alten ökonomischen Anschauungsweise auf Steuer- und Zinserhöhungen einstellten.

Dieser Plan hatte für die Öffentlichkeit und den Kongreß etwas Ungewohntes und Zweifelhaftes. Deshalb nahm der Präsident, dem dieser Umstand nicht verborgen bleiben konnte, alle sich ihm bietenden Gelegenheiten wahr, um bis zum Zusammentritt des Kongresses im Januar 1963 das Gesetzesvorhaben bei all denen zu propagieren, die noch nicht zu einer modernen Wirtschaftsauffassung gefunden hatten, was ja auch für ihn selbst bis kurz zuvor der Fall gewesen war. Im Dezember hielt er vor dem Economic Club in New York, einer vorwiegend konservativen Unternehmergruppe, eine längere Rede, in der er sich zur Hellerschen Doktrin bekannte: ›In Wirklichkeit haben wir gar keine Wahl zwischen Steuerkürzungen . . . und der Verhinderung größerer Haushaltsdefizite.‹ Nein, unabhängig davon, welche politische Partei die Regierungsgewalt ausübt, ›kann eine *durch restriktive Steuersätze gehemmte* Volkswirtschaft niemals genügend Steuergelder erbringen, um unseren Haushalt auszugleichen. Genausowenig kann sie genügend Arbeitsplätze schaffen oder genügende Profite erwirtschaften.‹ Nicht die ›wild entschlossenen Ausgabenpolitiker‹ trügen die Schuld an den Defiziten, sondern ›das langsame Wirtschaftswachstum und die periodischen Rezessionen‹. Der Finanzminister unter Präsident Eisenhower, George Humphrey, war der Überzeugung gewesen, daß große Defizite eine so scharfe Rezession verursachen mußten, daß ›einem die Haare zu Berge stehen‹. Kennedy dagegen sah die Gefahr genau im Gegenteil: ›Jede neuerliche Rezession würde Defizite schaffen, die alle Rekorde brechen.⁵‹ Damit hatte der Präsident etwas gesagt, was seine bis dahin gelassen der Rede folgenden Zuhörer in Bewegung brachte. Die Defizite, so erklärte ihnen ihr Gast, entstünden wegen *zu hoher* und nicht wegen *zu niedriger* Steuern. Der Präsident der Vereinigten Staaten tat in diesen Jahren alles, was er konnte, um den Unterschied zwischen öffentlichen Finanzen und Staatshaushalt deutlich zu machen.

Mit dieser Rede ließ John F. Kennedy durchblicken, daß das Kernstück seines Gesetzgebungsprogrammes für 1963 eine stimulierende Steuerkürzung sein würde. Das Steuergesetz von 1964, das im folgenden Jahr weitgehend den Plänen des Präsidenten Gesetzeskraft verlieh, genießt bereits heute sowohl unter konservativen als auch unter modernen Fiskalpolitikern einen legendären Ruf.

Aus dem Blickwinkel der ersten der genannten beiden Gruppen bedeutete das Gesetz eine weitere Gefahr für die Finanzmoral, auf die sich ihrer Meinung nach das öffentliche Ansehen und die internationale Glaubwürdigkeit einer Regierung gründen. Nur etwa ein Jahr später vertrat Exminister Humphrey in scharfer Form diesen Standpunkt und bezweifelte die Möglichkeit, ›daß man durch Geldausgeben reich werden könne‹. Viele Kongreßmitglieder befürchteten ernsthaft, daß die Ausgabenpolitik bis zum ›Bankrott‹ oder sogar zur ›Zerstörung‹ der Wirtschaft führen würde. Der Journalist Theodore White berichtete, ›daß Dutzende von Kongreßabgeordneten und Senatoren, Demokraten wie Republikaner, eine panische Angst davor hatten, daß der unausgeglichene Haushalt den Dollar, die Lebensersparnisse, die Versicherungsverträge und überhaupt das zivilisierte Leben aller Amerikaner zerstören könnte[6]‹. Trotz der Gewißheit, daß alle diese Befürchtungen aus der Luft gegriffen waren, hatte der Präsident Mühe, diese Flut von Emotionen zu besänftigen.

Im Gegensatz dazu betrachteten die modernen Finanzpolitiker das Steuergesetz als Test dafür, ob ein junger, dynamischer, geistig beweglicher Präsident in der Lage ist, einem konservativen Kongreß und einer ängstlichen Öffentlichkeit (die beide offensichtlich mehr über die Höhe der Staatsschuld als über das langsame Wirtschaftswachtstum und die hohe Arbeitslosigkeit besorgt waren) wenigstens einige der fiskalpolitischen Erkenntnisse des zwanzigsten Jahrhunderts nahezubringen. Nicht alle diese modernen Fiskalpolitiker gaben von Anfang an den Steuerkürzungen vor den Ausgabensteigerungen den Vorrang. Nun aber waren Steuerkürzungen Teil der Regierungspolitik, somit das einzige tunliche Mittel, der Wirtschaft Anreize zu geben, und gleichzeitig das Hauptinstrument, mit dem der Öffentlichkeit die Finanzpolitik als das gezeigt werden kann, was sie wirklich ist: eine wichtige, moderne Methode zur Wirtschaftslenkung, die ebensowenig Ausdruck einer Ideologie ist wie der Bohrer des Zahnarztes.

In der Form, in welcher der Gesetzentwurf — der eigentliche Grund für die ganze Aufregung — vom Weißen Haus dem Kongreß vorgelegt wurde, war er eine Kombination von Steuersenkungen und Steuerreformmaßnahmen und damit der Versuch, gleichzeitig die Vorstellungen Walter Hellers zum Abbau des abträglichen Besteuerungssystems und diejenigen Reformziele durchzusetzen, die vor allem von Finanzminister Dillon, dem Stellvertretenden Minister Stanley Surrey, dem Bevollmächtigten des Internal Revenue Service (staatliche Finanzverwaltung), Mortimer Caplin, und last not least dem Vorsitzenden des House Ways and Means Committee (Steuerbewilligungsausschuß des Repräsentantenhauses), Wilbur Mills, vertreten worden waren. Die endgültige Formulierung und die Terminplanung des Gesetzgebungswerkes wurden von der Ausdauer, dem persönlichen Einfluß und der Geschicklichkeit Wilbur Mills' entscheidend geprägt. Da Mills als Kongreßabgeordneter langdauernde Hearings über die Steuerreform geleitet hatte, und da er sich öffentlich zur grundlegenden Reform des gesamten

Steuersystems bekannt hatte, könnte es nicht ausbleiben, daß der vom Präsidenten vorgelegte Gesetzentwurf von Mills im Sinne seiner allseits bekannten Vorstellungen modifiziert wurde. Dies führte dazu, daß anfangs der Aspekt der Steuerreform stark in den Vordergrund der Beratungen trat und daß durch den Streit zwischen den ökonomischen Neandertalern und den Advokaten des zwanzigsten Jahrhunderts, der sich an diesem Teilbereich entzündete, die Klarheit, die den politischen Gesamtinhalt des Gesetzentwurfes auszeichnete, in gewissem Maße beeinträchtigt wurde.

In bezug auf Steuerkürzungen sah der Gesetzentwurf des Präsidenten drei größere Änderungen vor. Eine davon bestand in einer Senkung der Sätze für die Einkommensteuer von bisher 20 bis 91 Prozent auf 14 bis 65 Prozent. Obwohl wahrscheinlich niemand, dessen Einkommen so hoch war, daß es mit dem Höchstsatz hätte besteuert werden müssen, die 91 Prozent Steuern auch wirklich abführte, sahen dennoch konservative Amerikaner allein in der Existenz solch hoher Sätze einen Übelstand. Von noch größerer Bedeutung war der Umstand, daß durch Steuerhinterziehung beträchtliche Mittel verlorengingen und daß eine Menge geistiger Energie, die die kniffligen Machenschaften des Steuerbetrugs erforderten, verschwendet wurde. Eine zweite Änderung sah vor, die Sätze für die Körperschaftssteuer von 52 auf 47 Prozent zu kürzen. Damit verwandelte sich die Rolle des Internal Revenue Service von der eines Seniorpartners an den Profiten der Unternehmen in die eines Juniorpartners. Eine dritte Änderung sollte besonders den Kleinunternehmen helfen. Die Körperschaftssteuer auf die ersten 25 000 Dollar Profit wurde von 30 auf 22 Prozent herabgesetzt. Darüber hinaus schlug die Regierung eine Reihe komplizierter Revisionen bei der steuerlichen Veranlagung von Kapitalgewinnen vor, deren Auswirkungen auf die Höhe des öffentlichen Steueraufkommens nicht vorauszusehen waren. Die Kürzungen der Steuersätze sollten über einen Zeitraum von 24 Monaten in Kraft bleiben und würden sich auf 13,6 Milliarden Dollar — davon 11 Milliarden für individuelle und 2,6 Milliarden für korporative Steuerzahler — belaufen haben.

Ebenso einschneidend, aber noch viel komplizierter war der zweite Teil des Gesetzentwurfes, der aus einer Reihe von Reformen bestand, die auf eine größere Gleichheit innerhalb des Steuersystems abzielten und die eine Einnahmensteigerung von 3,4 Milliarden Dollar bewirkt hätten. Bei Berücksichtigung auch dieser Mittel konnte somit bei einem Bruttosozialprodukt wie dem von 1963 mit einer Nettokürzung des Steueraufkommens von 10,2 Milliarden Dollar gerechnet werden. Was den Inhalt der Reformen anbetrifft, waren sie keineswegs oberflächlich. Im Gegenteil, sie waren Ausdruck des ausgereiften Denkens von Experten der Steuergesetzgebung, Juraprofessoren und Regierungsbeamten. Eines der Hauptziele der Reformer bestand in der Festigung des Steuerfundamentes, das nach jahrzehntelanger Bearbeitung durch Interessengruppen bedenklich morsch geworden war. Als zweite Neuerung sollten Richtlinien erarbeitet werden, aufgrund derer eine möglichst gleichartige Behandlung aller ähnlich gelagerten Fälle sichergestellt war. Drittens schließlich sollten einige der Schlupflöcher im bisherigen Steuergesetz, die aufgrund des Lobbyismus in der Vergangenheit entstanden waren, beseitigt werden. Schon in dieser summarischen Aufzählung lassen die Reformziele erkennen, daß sie eine große Zahl von Einzelinteressen tangierten, deren Widerstand die Auseinandersetzungen im Kongreß nicht gerade zu vereinfachen versprach.

Eine der Debatten befaßte sich mit dem Plan, die abzugsberechtigten Steuerbeträge für Zinslasten, Aufwendungen für den Krankheitsfall und Spenden zu wohltätigen Zwecken auf höchstens fünf Prozent zu beschränken. Dieses Vorhaben ging zu Lasten der Familien mit mittleren und höheren Einkommen und traf besonders hart solche mit Hausbesitz, die hohe (aber abzugsberechtigte) Vermögenssteuern und Hypothekenzinsen zu zahlen hatten. Ebenso hatten die finanziell privilegierten Kreise allen Grund zur Aufregung, denn die Regierung beabsichtigte, die Gewinne, die aufgrund von Verkaufsrechten auf Aktien erzielt wurden, mit den gewöhnlichen Sätzen der Einkommen- bzw. Körperschaftssteuer zu belegen, anstatt wie bisher mit den bequemen 25 Prozent, die auf Kapitalgewinnen lagen. Dabei war gerade diese Gewinnmöglichkeit die einträglichste Sondervergünstigung der Regierung gewesen. Die Reform stellte also eine bedeutende Einnahmequelle der Unternehmen in Frage. Ein Angriff auf die stehenden Privilegien folgte auf den anderen; so plante man, die Steuerstundung bzw. -freiheit für Dividenden, die Eisenhower den Aktionären eingeräumt hatte, fortfallen zu lassen. Einer der mutigsten Vorstöße richtete sich gegen einige der einträglichsten Sonderrechte für Besitzer von Ölquellen. Wenigstens ansatzweise sollte hier durch Verschärfung der bis dahin außerordentlich großzügigen Richtlinien zur Bemessung der Wertminderung des Bodens, durch strengere Vorschriften zur Überwachung der Dachgesellschaften und durch viele kleine Änderungen des Besteuerungsschlüssels die öffentlichen Kontrollmöglichkeiten gefestigt werden.

Alles in allem erhöhten diese Maßnahmen die Staatseinkünfte, indem sie einschneidend in besondere Privilegien der Reichen eingriffen. Dagegen bedeuteten einige der restlichen Reformen für die Staatskasse Mehrkosten, wenn auch von vergleichsweise geringer Höhe. Es erschien aber dennoch gerechtfertigt, liberalisierte Maßnahmen zur Angleichung der Löhne, geringfügig angehobene Kinderfreisätze für arbeitende Mütter und eine ansatzweise Verbesserung der Altenfürsorge in die Planung einzubeziehen, und zwar sowohl wegen des damit erzielbaren höheren Maßes an Gleichheit als auch wegen der großen Anstrengungen, mit denen sich die Experten um eine gesetzliche Verankerung solcher sozialer Maßnahmen schon seit langer Zeit bemühten. Allein die Tatsache, daß die Regierung all diese Vorstöße unternahm, war erstaunlich, angesichts des Umstandes, daß ein Texaner Vizepräsident war, und in Anbetracht der starken Delegationen aus Texas und Kalifornien im Kongreß, selbst wenn noch die Möglichkeit bestand, daß die auffälligsten Sünder gegen das Steuergesetz, die Ölgesellschaften, mit einem blauen Auge davonkamen.

Wirklich unparteiische Kenner der amerikanischen Steuerverhältnisse hielten die Reformen für wohldurchdacht und gut vorbereitet. Falls sie Gesetzeskraft erlangten, ließen sie eine gerechtere und vernünftigere Steuerpraxis erwarten. Vor allem Persönlichkeiten mit liberaler Auffassung von der Steuergesetzgebung befürworteten das Programm des Präsidenten. Wenn auch die niedrigeren Sätze für die Einkommen- und die Körperschaftssteuer ein Trostpflaster für die Reichen darstellte, das alte Steuersystem hatte für jeden viel zu viele Schlupflöcher, als daß er sich wirklich an die

Tabellensätze der Einkommensteuer hätte halten müssen. Was der neuen Maßnahme ihre Bedeutung verlieh, war die Zielsetzung, die steuerlichen Freiräume abzuschaffen und die Hintertürchen zu schließen. Obwohl es radikale Gemüter gab, die das Regierungsprogramm als allzu ängstlich ablehnten, stimmten die Gemäßigten darin überein, daß dies der gerechteste Steuersatzentwurf war, der seit einer Generation von einem Präsidenten eingebracht worden war.

Nun mußte jedoch noch der Kongreß dazu gebracht werden, daß er den Gesetzentwurf ohne verwässernde Änderungen annahm. Selbst ein Präsident, der die parlamentarische Arbeit meisterhaft beherrscht, hat Schwierigkeiten, ein Steuergesetz im Kongreß durchzubringen; diese politische wie ökonomische Kunstübung erfordert starke Nerven. Nach Präsident Kennedys Einschätzung des politischen Machtgefüges von 1963 schien es ihm zur Durchsetzung der Steuerkürzungen das beste, die Kräfte derer zu gewinnen, die die Reform den Kürzungen vorzogen. Entsprechend sollten zur Absicherung der Reformen die Anhänger der Steuerkürzungen dazu gebracht werden, sich für den gesamten Entwurf einzusetzen.

Nichtsdestoweniger waren sich der Präsident und sein Beraterstab für Wirtschaftsfragen darüber klar, daß das Gebot der Stunde die Steuerkürzung war. Die Aussichten über die wirtschaftliche Weiterentwicklung setzten die Prioritäten. Im Januar des Jahres 1963 befanden sich die Vereinigten Staaten nun schon im dritten Jahr einer stetigen expansiven Geschäftsentwicklung. Nach den Erfahrungen der Vergangenheit würde der Boom nicht mehr lange anhalten. Falls Walter Hellers Doktrin von der Bremswirkung der Steuern richtig war, wirkten sich die hohen Steuereinnahmen schon jetzt nachteilig auf die Dauer des Booms aus. Deshalb konnte es äußerst wichtig werden, daß der Kongreß der Steuerkürzung schnell zustimmte*.

---

* Obwohl der Kongreß ein volles Jahr brauchte, um den Gesetzentwurf der Regierung zu verabschieden, wird die Analyse des Beraterstabes durch den auch dann noch anhaltenden Boom nicht widerlegt. Es kann als ziemlich sicher gelten, daß die Erwartung der bevorstehenden Verabschiedung durch den Kongreß bei Verbrauchern und Unternehmern die Zuversicht über die weitere Geschäftsentwicklung hob, die Investitionen verstärkte und die Ratenkäufe durch die Endverbraucher ansteigen ließ.

Bezüglich der Zeitfrage trat der Präsident fest und nachdrücklich auf. Nach seiner Meinung war der oberste Grundsatz beim Vorgehen im Kongreß die Forderung, daß das ›gesamte Steueränderungsprogramm‹ in der Form eines ›einzigen, umfassenden Gesetzes‹ unverzüglich verabschiedet werden sollte. Deshalb versprach die Präambel der Regierung zu dem Gesetzentwurf in vertraut gehobener Form eine Vergrößerung des Volkseinkommens, ein schnelleres Wirtschaftswachstum, ein Sinken der Arbeitslosigkeit, eine Verbesserung der Zahlungsbilanz, einen höheren Lebensstandard und ein Anwachsen der Investitionen. Die Absicht dabei war klar. Umso mehr versetzt es in Erstaunen, mit welcher Genauigkeit die Regierung die Ergebnisse ihres Lieblingsprogramms vorausgesagt hatte.

Die rhetorischen Ankündigungen wurden durch eine Reihe von sehr sachlichen Kalkulationen unterstützt. Nach den Schätzungen des *Economic Report of the President* von 1963 (des Wirtschaftsberichts des Präsidenten) sollte sich die Kluft zwischen einer Vollbeschäftigung und dem Stand von Beschäftigung und Produktion von 1963 stark verringern. Wenn die vorhandenen Anlagen und Ausrüstungen wirklich in der Lage waren, Güter im Werte von 30 bis 40 Milliarden Dollar mehr zu produzieren als 1963, wenn der kombinierte Wert von Multiplikator und Akzelerator mit 3 richtig angesetzt war, und wenn schließlich die Nettoabnahme des Steueraufkommens annähernd der Schätzung der Regierung von 10 Milliarden Dollar entsprach, dann war es durchaus möglich, daß ein rasches Handeln des Kongresses mit einem Anstieg des Bruttosozialproduktes um 30 Milliarden Dollar zu Buche schlagen würde, was möglicherweise gerade ausreichen könnte, die Schlacken in der Wirtschaft zu beseitigen und in die Nähe der Vollbeschäftigung zu kommen. Soweit die Keynesianische Argumentation des Beraterstabes für Wirtschaftsfragen.

Selbst einer so überzeugenden Logik gab der Kongreß nicht ohne weiteres nach. Es dauerte bis zum Februar 1964 — fast drei Monate nach der Ermordung seines großen Initiators —, bis das Steuergesetz endlich in Kraft trat. Die verwickelten Auseinandersetzungen wollten kein Ende nehmen, und die zu Anfang von Präsident Kennedy gehegte Hoffnung, die Mitläufer und die Reformanhänger zu einem großen Block zusammenschweißen zu können, erfüllte sich aufgrund der Uneinigkeit nicht. Schließlich war der Präsident sogar bereit, fast vollständig auf den Reformenteil zu verzichten, eine Konzession, die alterfahrene Steuerreformer wie Senator Paul Douglas aus Illinois auf den Plan brachte. In einer langen, erbitterten Rede, die er im August 1963 vor dem Senat hielt, warf Douglas dem Präsidenten vor, daß er für 1961 ›ein umfassendes Programm zur Steuerreform‹ versprochen habe, daß er es 1962 verschoben habe, daß er es 1963 schließlich vorgelegt habe, und daß er nun übereilt von dem Reformziel abrücke, ›nur damit die Steuerkürzung rasch verabschiedet wird‹. Im Verlauf seiner Ausführungen erkannte Senator Douglas jedoch selbst, daß es die Furcht vor einer Rezession war, die den meisten Druck auf die Regierung ausübte.

Der Vorrang antirezessiver Maßnahmen wurde zum Teil sogar von liberalen Kreisen akzeptiert, deren Hauptanliegen eine gerechte Reform war. Obwohl die National Planning Association (die nationale Vereinigung für Planung) und das Committee for Economic Development (der Ausschuß für Wirtschaftsentwicklung), zwei gemäßigte Institutionen, das ursprüngliche Vorhaben, also gleichzeitig Reform und Kürzungen, vertrat, betrieb die American Federation of Labour — Congress of Industrial Organizations (die AFL — CIO, der Dachverband der amerikanischen Gewerkschaften) eine rasche Verabschiedung der Steuerkürzung und eine Verschiebung der Reform auf das folgende Jahr, denn sie fürchtete eine steigende Arbeitslosigkeit mehr, als sie eine Neufassung der Steuergesetzgebung befürwortete. Bei den Anhängern einer Steueränderung in der Unternehmerschaft gab es verständlicherweise nur wenig Begeisterung für die Abschaffung der Schlupflöcher im Steuersystem. Das von der Regierung berufene, hoch gepriesene Business Committee for Tax Reduction (dem Unternehmerausschuß für die Steuersenkung), dessen Vorstand auch Henry Ford II angehörte, trat aufrichtig für Steuerkürzungen ein und wandte sich gleichzeitig in schärfster Form gegen den Abbau der Steuerprivilegien, die die Anhängerschaft des Ausschusses — im wahrsten Sinne des Wortes — für wertvoll hielten.

Vielleicht war es unvermeidlich, daß derjenige, der am meisten zur

Verhinderung der Reformen beitrug, schließlich der Präsident selber war. Kennedy hatte niemals seinen eigenen Standpunkt verschleiert. Erst in seiner Rede vor dem Economic Club im Dezember 1962, dann in seiner Botschaft an den Kongreß zur Steuerfrage und schließlich noch deutlicher in der Rede, die er im Februar 1963 bei der Washingtoner Zusammenkunft des American Bankers Forum gehalten hatte, immer hatte Präsident Kennedy sowohl sein Interesse für eine Steuerreform als auch den Vorrang betont, den er der Steuerermäßigung zumaß. Aufmerksamen Zuhörern war klar, daß der Präsident, wenn auch widerstrebend, auch in eine Steuersenkung allein einwilligen würde, wenn das das Äußerste sein sollte, was ihm der Kongreß zugestehen würde. Möglicherweise hätte er mehr von der Steuerreform durchsetzen können, wenn er nicht von Anfang an so offen gewesen wäre.

Aber das ist nur eine Vermutung. Der Ausgang des Ringens war die ganze Zeit über ungewiß, und als Praktiker der Bündnispolitik bewegt man sich auf einem unsicheren Gelände. Wenn den Reichen mehr der Verlust ihrer Privilegien als mögliche Senkungen der Steuersätze im Kopf herumschwirrt, wenn die Armen über den großen Anteil am Reichtum, der der Unternehmerschaft zufließt, nachzudenken beginnen, wenn schließlich alle Einzelinteressen anfangen, die eigenen Ziele über das gemeinsame Anliegen einer fortdauernden Prosperität zu stellen, dann zerfällt auch das am geschicktesten ausgeklügelte Bündnis. Jede Gruppe konzentriert sich auf das, was sie *nicht* will; niemand spricht von dem, was er im stillen auch befürwortet.

In dieser Situation wurde die Aussicht, daß das gesamte Gesetzesvorhaben zu Fall kommen könnte, immer bedrohlicher, zumal große Teile der Öffentlichkeit eine erstaunliche Interesselosigkeit, ja sogar Feindseligkeit gegenüber Steuerermäßigungen an den Tag legten. Walter Heller war nicht der einzige, den das Ausmaß der puritanischen Abneigung gegen einen freizügig Geld ausgebenden, hoch verschuldeten Staat in Erstaunen setzte. Offensichtlich gab es eine Menge Amerikaner, denen mehr an einem ausgeglichenen Haushalt, einem Abbau der öffentlichen Schulden und einer Kürzung der Regierungsausgaben als an einer Verbesserung der eigenen finanziellen Situation lag. Nach einer Harris-Umfrage vom

1. September 1963 wurde eine sofortige Steuerermäßigung zwar von 63 Prozent der Bevölkerung gutgeheißen, aber dennoch hielten 36 Prozent einen vorherigen Ausgleich des Haushalts für wichtiger (und lehnten damit in direkter Form das dem Regierungsprogramm zugrunde liegende Expansionsprinzip ab); 23 Prozent hatten überhaupt keine Meinung über diesen Fragenkomplex. Hier lag zum ersten Mal die Situation vor, daß eine ganze Menge Leute den Nikolaus nicht hereinlassen wollte.

Zu allem Übel hatten die Vertreter der älteren Linie wichtige Posten im Kongreß inne. So war Senator Harry F. Byrd, der Vorsitzende des Finanzausschusses, zu dessen Aufgaben die Ausarbeitung der Steuervorschriften gehörte, ein eindeutiger Verfechter des Etatausgleichs; er hielt Privatinitiative für gut und Regierungsausgaben für Verschwendung. Auch Wilbur Mills nahm trotz seiner maßvolleren und in dieser Angelegenheit wesentlich flexibleren Einstellung einen alles andere als echt Keynesianischen Standpunkt ein. Er war der konservativen Auffassung, daß ›die Funktion der Steuern darin besteht, die Staatseinkünfte zu sichern . . . Ich stimme mit den Ökonomen nicht darin überein, daß die Besteuerung ein Instrument der Lenkung der Wirtschaft sei[7].‹ Hätte sich Mills tatsächlich in diesem Sinne verhalten, wäre der Gesetzentwurf der Regierung beim Steuerbewilligungsausschuß des Repräsentantenhauses hängengeblieben.

Der Präsident tat schließlich ein übriges, um den kopfscheuen Kongreß zu beruhigen. Er, der selbst erst verspätet die Furcht vor dem Defizit verloren hatte, reagierte auf die politischen Angriffe gegen ihn immer mehr mit der Versicherung, daß die Staatsausgaben eingeschränkt würden. Verschiedentlich war er nicht weit davon entfernt, eine Ausgabenhöchstgrenze für alle Regierungsprogramme mit Ausnahme der Verteidigung und der Raumfahrt zuzusagen. Für die Vorhaben der sozialen Wohlfahrt wurden ›fiskalpolitische Umsicht‹ und ›ökonomische Notwendigkeit‹ die bestimmenden Leitlinien.

Während der Kongreß seine endlosen Beratungen fortsetzte, sandte der Präsident am 19. August 1963 ein im Sinne dieser Taktik äußerst versöhnlich gehaltenes Schreiben an den Vorsitzenden Mills. Darin bestand der Präsident nur auf den allernotwendigsten Maßnahmen zur fiskalpolitischen Stimulierung und gab zwischen den Zeilen in gewissem Maße durchaus jenen ökonomischen Vorurteilen nach, die er erst kürzlich in der Öffentlichkeit angeprangert hatte. Er begann mit einem Bekenntnis zur Disziplin in Haushaltsangelegenheiten: ›Unser langfristiges Ziel bleibt ein ausgeglichener Haushalt im Rahmen einer ausgeglichenen, vollbeschäftigten Volkswirtschaft.‹ Obwohl Steuerkürzungen im Augenblick wesentlich seien, um das Volkseinkommen zu erhöhen, ›müssen sie einhergehen mit einer noch strafferen Disziplin bei den staatlichen Ausgaben, die sich auf Projekte mit wirklich nationaler Bedeutung zu beschränken haben‹. Der Präsident versprach, daß dann, ›wenn sich die Steuersenkungen voll auswirken und sich die Volkswirtschaft der Vollbeschäftigung nähert, ein wesentlicher Teil der gestiegenen Steuereinkünfte zum Abbau der zunächst aufgrund der niedrigeren Steuersätze entstandenen, aber vorübergehenden Defizite verwendet werden wird[8]‹. Kennedy schloß mit der Zusicherung, daß im Falle der Verabschiedung des Steueränderungsprogramms durch den Kongreß sein nächster Haushaltsplan ein kleineres Defizit als das für 1964 mit 9,2 Milliarden Dollar angesetzte einplanen würde.

Der vorsichtige Versuch des Präsidenten, sich mit der Gegenposition zu verständigen, die abnehmende Unterstützung für seine Reformpläne und das wachsende Verlangen nach einer Entscheidung im Kongreß, all dies begann darauf hinzuwirken, daß sich die Gegensätze zwischen den verschiedenen Lagern und zwischen Regierung und Kongreß ausglichen. Die Pläne zur Steuerreform wurden fast vollständig fallengelassen. Die Steuerfreiheiten, die Privilegien und Schlupflöcher, an denen den Geschäftsführern, Hausbesitzern, Ölsuchern, Bodenspekulanten, Leitern von Wohltätigkeitsorganisationen, Stiftungen und Universitäten so viel gelegen war, blieben erhalten. Sogar die Verfahren der Kostenberechnung, mit denen tagtäglich Reichtümer gescheffelt wurden, blieben praktisch unberührt. Die Steuerermäßigungen selbst brachten zwar allen Steuerzahlern etwas ein, besonders aber den Gruppen mit mittleren und höheren Einkommen, ohne daß deren hohe Gewinne wenigstens teilweise durch einen Abbau von Steuerprivilegien ausgeglichen worden wären.

Das Steuergesetz von 1964 war die möglicherweise unbeabsichtigte, jedenfalls aber in ihren Auswirkungen die konsequente Fortsetzung der Politik einer Regierung, der irgendwie der Ruf anhaftete, sie sei gegen die Unternehmerschaft eingestellt, eine Auffassung, die sich allein darauf gründete, daß der Präsident in seiner Lebhaftigkeit die meisten Geschäftsleute als schwerfällige Gesprächspartner abgestempelt hatte. Bei den politischen Verhältnissen in den Vereinigten Staaten ist es fraglich, ob eine Regierung der Republikaner mit ihrer traditionellen Bindung an die Unternehmerinteressen und der entsprechenden Kompromißbereitschaft gegenüber anderen Gruppen so viel für die Unternehmerschaft hätte tun können, wie es die Kennedy-Regierung mit Investitionssteuerstundung, liberalisierten Wertminderungsrichtlinien, gesenkten Sätzen für die Körperschaftssteuer und verminderter Progression bei der Einkommensteuer de facto bewerkstelligt hat. In seinem Bemühen, das Verhältnis zu den Konservativen zu entspannen, ging der Präsident sogar noch weiter, als er die Überprüfung der Staatsausgaben und die Begrenzung seiner Forderungen für neue soziale Wohlfahrtsprogramme zusagte. Dies war der Preis, um den jene, die an älteren Auffassungen festhielten, seine moderne Fiskalpolitik akzeptierten.

Das Gesetz, das schließlich erlassen wurde, unterschied sich sehr stark von dem Gesetzentwurf, den Präsident Kennedy dem Kongreß vorgelegt hatte. Als was kann man das neue Gesetz fairerweise bezeichnen? Machte es die Tatsache, daß es in einer Zeit der ökonomischen Expansion und eines Defizits im Staatshaushalt herauskam und gleichzeitig eine der bedeutendsten Steuersenkungen in der amerikanischen Geschichte darstellte, wirklich zu ›einem historischen Ereignis in der Politik der öffentlichen Hand der Vereinigten Staaten‹, als das es die *Business Week* erklärte? Hatten die Zeitschriften recht, die es als den ›Triumph einer Idee‹ bezeichneten? Zeichnete ›Keynes selber ... als der geistige Vater der Steuerkürzung?[9]‹

Trotz aller Einwände der Steuerreformer und trotz des Bedauerns der Parteigänger einer Ausgabenpolitik kommt man schwerlich umhin, alle drei Fragen mit ja zu beantworten. Obwohl das neue Programm in der Form, die es schließlich annahm, den etablierten

Interessen entgegenkam, hat es einem neuen wirtschaftspolitischen Prinzip zum Durchbruch verholfen, was in der Geschichte nicht häufig vorzukommen pflegt. Abgesehen von der nachhaltigen Wirkung, die dieser Sieg noch für lange Zeit haben wird, sorgten schon bald die anhaltende Expansion der Wirtschaft während der Jahre 1964 und 1965, das stetige Sinken der Arbeitslosigkeit und das erfreuliche Ansteigen der Verkäufe und der Profite für eine Unterstützung der neuen Zielsetzungen und rechtfertigten gleichzeitig die im Juni 1965 verfügte Senkung der Verbrauchssteuern. Soweit dies überhaupt möglich ist, läßt sich die Voraussage machen, daß keine amerikanische Regierung mehr hilflos einer Entwicklung zur Arbeitslosigkeit, einer Rezession oder einem Zurückbleiben des Wirtschaftswachstums gegenüberstehen wird. Eine in der Weise rationale Fiskalpolitik, wie sie sich in der Verwendung des Steuerinstrumentariums als stabilisierender Kraft und in dem furchtlosen Hinnehmen von Defiziten ausdrückt, mag eine sehr späte Errungenschaft sein; nichtsdestoweniger ist sie von unschätzbarem Wert, auch wenn die Doktrin, die den Eingriff der öffentlichen Hand in das ökonomische Geschehen gutheißt, schon vor einer Generation entstand.

In der Ruhe, die auf die allseitige Zustimmung zur neuen Fiskalpolitik gefolgt ist, läßt sich vollends erkennen, daß die Keynesianische Ökonomie weder konservativ noch liberal oder gar radikal ist. Die Methoden der wirtschaftlichen Stimulierung und Stabilisierung sind lediglich neutrale Werkzeuge der Administration, mit denen sich das Volkseinkommen mehr oder weniger gleichmäßig verteilen läßt, mit denen bei den Auseinandersetzungen zwischen Gewerkschaften und Unternehmern die Position der einen oder der anderen Seite verbessert werden kann, und die dazu taugen, die volkswirtschaftliche Bedeutung der öffentlichen Hand anzuheben oder zurücktreten zu lassen. Die persönliche Entwicklung von Keynes und die Tatsache, daß zunächst auch Liberale und Radikale seiner Doktrin anhingen, haben diesen wichtigen Tatbestand verschleiern können. Für die Neutralität des Keynes'schen Denkansatzes läßt sich anführen, daß zwei Präsidenten und zwei Kongresse der Vereinigten Staaten sich für eine Stimulierung der Wirtschaft nicht durch verstärktes direktes Eingreifen der öffentlichen Hand, sondern durch Anregen einer größeren Privatinitiative entschieden haben. In der Tat vermindert jede Steuersenkung den Anteil der öffentlichen Hand am Volkseinkommen und erhöht entsprechend die relative Bedeutung der Privatwirtschaft. Indessen liegt jeder Steuerkürzung die Auffassung zugrunde, daß Geldmittel, die der privaten Hand zur freien Verfügung überlassen werden, in größerem Maße Wohlstand erzeugen als dies der Fall wäre, wenn die öffentlichen Ausgaben um den gleichen Betrag erhöht würden. Ganz bestimmt drückt sich in dem Verhalten der Präsidenten Kennedy und Johnson eine in Amerika gern gehegte Vorstellung aus, wenn sie der Fähigkeit der Unternehmer, die richtigen Güter in den richtigen Mengen zu produzieren und diese unter die richtigen Leute zu verteilen, großes Vertrauen entgegenbrachten.

Während des Wahlkampfes 1964 — wie auch bei anderen Gelegenheiten — traten solche Auffassungen in den Hintergrund. Barry Goldwater führte seinen Wahlkampf auf eine Art, die man als vorkeynesianisch bezeichnen muß und die weder ihm selbst Vorteile brachte, noch zur Erleuchtung der Öffentlichkeit beitrug. Unter anderem forderte er einen Abbau der öffentlichen Ausgaben, weitere Steuerkürzungen und einen Haushaltsplan, der nur in außergewöhnlichen Situationen, worunter er Rezessionen nicht zählte, unausgeglichen abschließen sollte. Er wandte sich gegen die ›Monopole‹ der Gewerkschaften und gegen fiskalpolitische Maßnahmen der Regierung zur Stabilisierung. Dies alles paßte nur zu gut zum Abstimmungsverhalten eines Senats, der dem Reciprocal Trade Agreements Act (das Gesetz über gegenseitige Handelsvereinbarungen), dem Gesetz über Handelserweiterungen von Kennedy, den Preissubventionen in der Landwirtschaft, den Maßnahmen zur sozialen Sicherheit, dem Medicare-Programm zur Reform des Gesundheitswesens, den Bestimmungen über Mindestlöhne und all den anderen ›Eingriffen‹ in den freien Markt, die die Feinde der Freiheit (Republikaner ebenso wie Demokraten) dem Lande aufgezwungen hatten, Widerstand entgegengesetzt hatte. Unter solchen Umständen gab es für Präsident Johnson keinen politischen Grund, ein detailliertes ökonomisches Programm vorzulegen oder über die eigentlichen Probleme zu diskutieren, denen er und seine Wähler zu dem Zeitpunkt gegenüberstanden.

Für die Amerikaner der Keynesianischen Ära ist die Fragestellung, ob die Methoden der modernen Fiskalpolitik angewandt werden sollen oder nicht, gegenstandslos geworden. Für die Einsichtigen ist dieser Streit längst beigelegt. Zu der Zeit, als er entschieden wurde, bestanden viele Möglichkeiten des Vorgehens, deren enger Zusammenhang mit sozialen Wertvorstellungen eine bestimmte Auswahl schwerer machten, als es in einer Situation der Fall ist, wo lediglich zwischen Prosperität und Depression, Wachstum und Stagnation, Fortschritt und Rückschritt zu wählen ist. In der Kontroverse innerhalb der Regierung Kennedy um die richtigen Wege zur Stimulierung der amerikanischen Wirtschaft hatten sich die möglichen Vorgehensweisen angedeutet. Wenn ein Präsident und ein Kongreß darin übereinstimmen, daß steuerliche Anreize erforderlich seien, *in welcher Form* sollten dann diese Anreize gegeben werden? Die in der Praxis zu treffende Entscheidung, die wichtige Frage nach dem sozialen Wert und die fortwährende politische Auseinandersetzung, all dies hat zur Grundlage oder geht aus von einer der beiden gleichberechtigten Konzeptvorstellungen in bezug auf ökonomische Expansion: dem liberalen Konzept des zwanzigsten Jahrhunderts und dessen konservativem, ebenfalls zeitgemäßem Gegenstück.

Bezüglich seiner ökonomischen Anschauungsweise ist der moderne Konservative längst nicht mehr ausschließlich ein Verfechter des ausgeglichenen Haushalts; er ist auch durchaus bereit, eine mangelhafte Gesamtnachfrage so anzuerkennen, wie sie sich zeigt. Er dürfte wohl auch die neuerdings weitverbreitete Auffassung teilen, daß das Kränkeln der Wirtschaft in den fünfziger und Anfang der sechziger Jahre die Folge unzureichender Privatinvestitionen und einer Besteuerungsstruktur war, aufgrund derer die während des Aufschwungs erwirtschafteten Mittel zu schnell und in zu starkem Maße den Konsumenten und den Unternehmern entzogen worden waren. In Anbetracht solcher Kausalzusammenhänge neigt der konservative Expansionist dazu, für eine Umgestaltung des Besteuerungssystems einzutreten und periodische steuerliche Anreize in der Form von zusätzlichen Steuersenkungen zu befürworten. Was größere Aufwendungen für die soziale Wohlfahrt anbetrifft, verhält er sich eher zurückhaltend; gegenüber einer Ausweitung des staatlichen Einflusses ist er gar mißtrauisch. Nichtsdestoweniger lernt er die Regierung mehr und mehr als einen für den wirtschaftlichen Aufschwung unentbehrlichen Partner schätzen.

Wie schon an vielen Stellen angedeutet, besaß die Zielsetzung des Gesetzgebungsprogramms und der Regierungsmaßnahmen zweier Präsidenten aus dem Demokratischen Lager durchaus ein Mindestmaß an Übereinstimmung mit dem, was von den modernen Konservativen in ökonomischer Hinsicht erwartet wurde. Jede der bereits erwähnten Maßnahmen, die liberalisierten Wertminderungsbestimmungen, die Investitionssteuerstundung, die niedrigeren Sätze für die Körperschaftssteuer, die verminderte Progression bei der Einkommensteuer und die Revision der Verbrauchssteuer war ein direkter oder indirekter Versuch, das Vertrauen der Unternehmerschaft zu heben, die Privatinvestitionen zu vergrößern und die Bedeutung der privatwirtschaftlichen Produktion zu unterstreichen. Die Art und Weise, mit der Kennedy und Johnson die mit der Lohn- und Preiskontrolle betrauten Bundesbehörden und das Kabinett personell besetzten, und auch die Entscheidung, die Nachrichtensatelliten der Kontrolle durch private Körperschaften zu überlassen, sind weitere Beispiele für die Besorgtheit um die Gefühle und Wünsche der Unternehmerschaft. Es ist keine boshafte, sondern eine schlicht zutreffende Feststellung, wenn man die Einstellung moderner Unternehmer als eine Form von kommerziellem Keynesianismus bezeichnet; vernünftigerweise muß man es geradezu begrüßen, wenn intelligente Geschäftsleute erkennen, daß die privaten Aktivitäten auch von einer Regierung unterstützt werden können, die sowohl für die Unternehmerinteressen als auch für einen hohen Beschäftigungsgrad eintritt. Mit dem kommerziellen Keynesianismus hat sich die Unternehmerschaft ein gewaltiges Stück über den engen Rahmen der älteren Auffassungen hinausbewegt.

Aber auch die gegenwärtige Opposition hat ihre wohlbegründeten Zielvorstellungen. Ihr müssen die liberalen Expansionisten zugerechnet werden, deren Anschauungsweise stark von Galbraiths, Harringtons und von Charles Killingworths Analysen über die Arbeitslosigkeit profiliert wurde. Diese Gruppe ist nicht der Meinung, daß der kommerzielle Keynesianismus in der Lage ist, mit den ökonomischen Anforderungen des nächsten Jahrzehnts in angemessener Form fertig zu werden, was sie damit begründet, daß eine Expansionspolitik allein nicht die Voraussetzungen für eine entscheidende Veränderung in der nationalen Arbeitskräftestruktur schaffen kann.

Für die liberalen Expansionisten ist vor allem das langsame Anwachsen von Output und Beschäftigungsziffern in der verarbeitenden Industrie Grund zu größter Besorgnis. Die Entwicklung geht dahin, daß ungelernte und angelernte Arbeiter, immer mehr sogar Fachpersonal, durch Computer und Servomechanismen verdrängt werden. Die Bildungsanforderungen an den Arbeitnehmer, der an einer langfristigen Anstellung interessiert ist, steigen so rapide, daß viele der gegenwärtig Arbeitslosen in einer wenig hoffnungsvollen Lage sind. Die Unsicherheiten und Gefahren, die auf dem neuen Arbeitsmarkt mit seiner immer ausschließlicheren Nachfrage nach ausgebildeten und dynamischen Kräften drohen, sind so groß, daß selbst strikte Verfechter der Steuersenkungspolitik dieses Mittel nicht mehr als die erschöpfende Antwort auf das Problem der Arbeitslosigkeit ansehen können. In einer Erklärung über den Stand der Armut im Jahre 1964 hat Walter Heller dies überzeugend zum Ausdruck gebracht: ›Offene Türen nützen denjenigen nichts, die nicht laufen können — den Millionen Menschen nämlich, die sich im Teufelskreis der Armut befinden, aus dem sie wegen Analphabetismus, mangelhafter Ausbildung, Rassendiskriminierung, zerrüttetem Elternhaus und schlechter Gesundheit nicht ausbrechen können. Diese Zustände bleiben unberührt von der Prosperität und dem Wachstum der Wirtschaft[10].‹ In dieser Hinsicht bleiben die warnenden Stimmen bei ihrer Auffassung, daß gefährliche Veränderungen der Produktions- und Beschäftigtenstruktur bevorstünden, die in ihrem Ausmaß größer und in ihren Auswirkungen verheerender als die der Industriellen Revolution des neunzehnten Jahrhunderts sein werden. So jedenfalls lautet die Prognose der Unterzeichner des Manifests des Ad Hoc Committee on the Triple Revolution (des Manifestes des Ad-hoc-Ausschusses für die dreifache Revolution), unter ihnen Michael Harrington und Gunnar Myrdal. Selbst nach den vorsichtigeren Analysen von Charles Killingsworth sind in der Zukunft erhebliche größere Anstrengungen vonnöten als ein bloßes Anheben der Gesamtnachfrage durch Steuerkürzungen.

Zweifellos verlangen die anhaltende Armut, die strukturelle Arbeitslosigkeit und die drohende Gefahr für die Arbeitsplätze im Zuge der Automation dringend nach besonderen Interventionsmaßnahmen der öffentlichen Hand. Nach Meinung der Galbraithianer gilt das gleiche auch für den Tatbestand, daß die Amerikaner viel zu viele Ressourcen der privaten Nutzung überlassen und viel zu wenige für gemeinnützige Vorhaben aufwenden. Was die Galbraithianer mit Sorge erfüllt, ist zum Beispiel die Tatsache, daß es in den Vereinigten Staaten eine ganze Anzahl von Ortschaften wie Perry County in Kentucky gibt, wo die Lehrer mit einem wöchentlichen Gehalt von 74,42 Dollar anfangen; in der Hauptstadt Washington gibt es eine Grundschule — es handelt sich um die Ludlow Elementary School —, wo auf 260 Schüler ein einziges Waschbecken kommt; im General Hospital (im Zentralkrankenhaus) ebenfalls in Washington müssen mittellose Patienten drei bis sechs Stunden auf einen Arzt warten, selbst wenn es sich um ernstere Fälle handelt; sogar im reichen New York haben jahrzehntelange Experimente mit öffentlicher Wohnraumbeschaffung nicht zum Verschwinden der Elendsviertel Harlems geführt. Die liberalen Expansionisten sind davon überzeugt, daß die amerikanischen Schulen, Wohnhäuser, Krankenhäuser und sozialen Dienste so lange nicht die hohe Qualität der Automobile, der Kosmetika und der Waschmittel erreichen werden, wie nicht größere Mittel der privaten Verfügung entzogen und für die viel wichtigeren öffentlichen Vorhaben aufgewendet werden. Für die politische Praxis hätte dies zur Folge, daß die wirtschaftlich aktive Rolle der Regierung sowohl in Konjunkturphasen als auch während einer Rezession immer stärker an Bedeutung gewinnen müsse.

Deshalb ziehen die liberalen Expansionisten eine Ausgabenpolitik den Steuersenkungen vor, gleichgültig, ob sie in ihrer Argumentation das Hauptgewicht auf die Armut, die strukturelle Arbeitslosigkeit oder die Zustände bei den öffentlichen Diensten legen. Dies genau ist der Punkt, wo sich ihre Ansichten über praktische fiskalpolitische Methoden von denen der konservativen Expansionisten scheiden. Denn in dem Maße, wie es nach jeder Steuersenkung schwieriger wird, größere Ausgabeposten bewilligt zu bekommen, müssen die liberalen Expansionisten automatisch zu Gegnern der Steuerkürzung werden und verstärkt für höhere Aufwendungen zur Städtesanierung, regionalen Entwicklungsförderung, Berufsausbildung, Arbeitskräfteumschulung, Errichtung von Erholungszentren, Erziehungsbeihilfen und Beschaffung billiger Wohnungen mit staatlicher Hilfe eintreten. Die liberalen Expansionisten sind also deswegen gegen Steuerkürzungen, weil diese unweigerlich den nach ihrer Meinung wichtigeren Maßnahmen in den Weg treten, mit denen vor allem den arbeitslosen jungen Leuten, den Opfern einer Schulbildung unter Bedingungen der Rassentrennung, denen, die aus technologischen Gründen von ihrem Arbeitsplatz verdrängt wurden, und denen, die in elenden Behausungen leben müssen, geholfen werden kann.

Die Kunst, demokratische Politik zu machen, besteht oft darin, die strittigen Punkte zu verschleiern, also scharf umrissene Erklärungen, wie sie Intellektuelle gern verwenden, zu vermeiden. Es wäre naiv, wenn man von einem Präsidenten, dem es um den Erfolg seiner Sache geht, erwarten würde, daß er sein Programm in klaren ideologischen Begriffen darlegt. Deshalb ist es voreilig, über einen führenden Politiker, der sich noch im Amt befindet, ein abschließendes Urteil zu fällen. Bei der Niederschrift dieser Arbeit hatte Lyndon Johnson seit anderthalb Jahren das Amt des Präsidenten inne. Die endgültige Schwerpunktsetzung in seinem Programm und dessen Realisierungsgrad wird von vielen Faktoren abhängen, die zum Teil vom Präsidenten nicht beeinflußt werden können. Die Vordringlichkeit der Außenpolitik, die Notwendigkeit eines Ausbaus der Verteidigungsstärke, die Stimmungslage im Kongreß und der Verlauf der wirtschaftlichen Entwicklung, dies alles sind wichtige Variablen, die die Taktik des Präsidenten in bezug auf ökonomische Entscheidungen beeinflussen werden. Im Augenblick läßt sich die Entwicklung nur provisorisch abschätzen, zumal das Gesetz von 1965, das die Grundlage des Great-Society-Programms bildet, hinreichend viele unterschiedliche Akzente setzt, aufgrund derer sich während der nächsten drei oder möglicherweise sieben Jahre der Regierung Johnson eine Reihe völlig verschiedener Konsequenzen ergeben können. Dennoch ist es sinnvoll, das ungewöhnlich vielgestaltige Programm Johnsons, wie es sich bislang abzeichnet, unter dem Gesichtswinkel des liberalen und des konservativen Expansionismus zu untersuchen.

Zunächst läßt sich erkennen, daß die Politik des Präsidenten häufig auf Initiativen Kennedys, Trumans oder sogar Roosevelts zurückgeht. Besonders zahlreich sind die Ansatzpunkte, die die Regierung Johnson mit der Administration Kennedys gemeinsam hat. So machte sich Präsident Johnson die auf Kennedy zurückgehende Steuersenkungspolitik mit Eifer zu eigen. Auch der ›Feldzug gegen die Armut‹ war schon von der Kennedy-Mannschaft konzipiert worden, bevor ihn Präsident Johnson zum Programm, das nun mit seiner Regierung identifiziert wird, erhob. Hatte Präsident Kennedy den Kongreß gedrängt, das sogenannte *medicare*-Programm, das das Gesundheitswesen reformieren sollte, und ein Programm zur Bildungsförderung gesetzlich zu verankern, so gelang es nun Johnson, gestützt auf die große Mehrheit der Demokraten, diese Maßnahmen im Kongreß durchzusetzen. Schließlich wurde auch der Gedanke der Leitlinien für Löhne und Preise, der zuerst in *The Economic Reports* (den Wirtschaftsberichten) des von Heller geführten Beraterstabes für Wirtschaftsfragen erschien, von Johnson-Leuten unter Gardner Ackley lediglich aufgegriffen.

Die beiden demokratischen Präsidenten unterscheiden sich mehr im Stil als im Inhalt ihrer Gesetzesvorhaben. Daß dennoch Johnson das Vertrauen der Unternehmer gewinnen konnte, liegt zum einen an dem sichtbaren Erfolg der Fiskalpolitik und zum anderen an der scheinbaren ›Feindseligkeit‹ Kennedys bzw. dem offensichtlichen Verständnis Johnsons für die Unternehmer und ihre Probleme. Über die tragikomischen Beziehungen Kennedys zur Unternehmerschaft wurde schon berichtet. Zwar gab es in den Monaten vor dem Mord an dem Präsidenten Anzeichen, die eine Aussöhnung zwischen ihm und den Unternehmern erwarten ließen, dennoch ist es zweifelhaft, ob sich in diesem Verhältnis auch nur ein Zustand aufrichtiger Höflichkeit herausgebildet hätte. Eine enge Zusammenarbeit schien jedenfalls in weiter Ferne zu liegen. Die Empfindungen beider Seiten gegenüber der anderen lassen sich trefflich am Beispiel eines Ausspruchs Kennedys illustrieren, an den sich Theodore Sorensen erinnert. Kennedy meinte nach einer Rede vor dem Business Council (dem Rat der Unternehmer) sarkastisch, daß dies das einzige Auditorium sei, das es beim Eintreten des Präsidenten der Vereinigten Staaten nicht von den Sitzen risse[11].

Die Herkunft Johnsons, seine Erfahrung und sein Temperament haben in seinem Falle ganz andere Gefühle erzeugt. Wie jeder erfolgreiche Politiker aus Texas mußte sich Johnson, zunächst als Kongreßabgeordneter, dann als Senator, den bedeutenden Wirtschaftsinteressen seiner Region anpassen. Obwohl er, von Franklin Roosevelt persönlich protegiert, als Verfechter des New Deal in den Kongreß kam und konsequenterweise durchweg für die Maßnahmen dieser Politik stimmte, setzte er sich gleichzeitig dafür ein, daß den Ölinteressen seines Bundesstaates die bestehenden Steuervorteile erhalten blieben. Darüber hinaus war er auch — mit seiner Frau als Partner — persönlich an einem Unternehmen einer zu dieser Zeit noch sehr spekulativen Industrie beteiligt: dem Fernsehen. Er konnte also aufgrund persönlicher Erfahrungen die finanziellen und steuerlichen Schwierigkeiten des Unternehmers ganz konkret und direkt nachempfinden. Deshalb wußte er auch, welche Einstellung die Unternehmer den Kontrollbehörden und der staatlichen Bürokratie allgemein gegenüber haben. Das Fingerspitzengefühl, das Johnson in Gesprächen und beim gesellschaftlichen Umgang mit Unternehmern an den Tag legt, verdankt er seiner früheren Tätigkeit. Die angeführten Einzelheiten aus der Karriere des gegenwärtigen Präsidenten können, in Anbetracht der großen symbolischen Bedeutung seines Amtes, erhebliche Konsequenzen haben.

Eine davon ist die beispiellose Zustimmung, die Johnson innerhalb der Unternehmerschaft fand. Man muß schon weit zurückgehen, bis man in einem derart konservativen Organ wie dem *Monthly News Letter* etwas so Wohlwollendes wie die Beurteilung findet, die die Zeitschrift dem Kongreßprogramm von 1965 dieses Demokratischen Präsidenten angedeihen läßt: ›Diese Berichte und Botschaften an den Kongreß zeigen deutlich eine Entwicklung an, die zu einer ausgeprägten unternehmerfreundlichen Haltung mit wachsendem Nachdruck auf dem freien Spiel der Kräfte und dem freien Wettbewerb bei der Verteilung der Ressourcen hinführt.[12]‹

Die Berichte und Botschaften, auf die sich die Verfasser dieser Lobrede beziehen, waren Teile des Great-Society-Programms. An ihnen läßt sich ausgezeichnet analysieren, wie das Expansionsprogramm dieses tatkräftigen Präsidenten qualitativ beschaffen ist. Dies um so mehr, weil 1965 der Kongreß fast vollständig unter der Kontrolle der obersten Exekutive stand, was in diesem Ausmaße seit 1933 nicht mehr der Fall gewesen war. Präsident Johnson nutzte diese günstigen Umstände voll aus und brachte eine ungewöhnliche Vielfalt an Gesetzesplänen — von einem Programm zur Verschönerung der Autobahnen bis zur Reform der Einwanderungsbestimmungen — durch den Kongreß. Insgesamt betrachtet, ist das bisherige Gesetzgebungsprogramm ein eindrucksvoller Auftakt und keinesfalls schon das letzte Wort des Präsidenten.

Kommen wir zu den Einzelheiten des Programms. Die wichtigeren Gesetzesvorhaben werden im Haushaltsplanentwurf und in *The Economic Report of the President* (dem Wirtschaftsbericht des Präsidenten) angekündigt. Im letzten der beiden Dokumente legt Johnson zunächst Rechenschaft über die in den vergangenen zwölf Monaten erzielten Erfolge ab. Demzufolge war 1964 ein Jahr der ökonomischen Expansion, in dem die Zahl der Beschäftigten um anderthalb Millionen anstieg; das Bruttosozialprodukt vergrößerte sich von 584 Milliarden Dollar auf 622 Milliarden Dollar; die Profite der Unternehmen setzten die seit vier Jahren andauernde Aufwärtsentwicklung fort; das Durchschnittseinkommen (nach Steuerabzug) erreichte 2 288 Dollar im Jahr und lag damit um 17,5 Prozent über dem Stand von vor vier Jahren. Jede andere Regierung hätte außerdem mit Stolz auf ein weiteres Charakteristikum ihrer Verwaltungstätigkeit hingewiesen: die Preisstabilität, mit der die ökonomische Expansion einherging.

Bei der Aufzählung der Ursachen, denen diese Entwicklung zu verdanken ist, begann der *Economic Report* taktvoll mit den ›Unternehmern, Arbeitern, Investoren, Farmern und Verbrauchern‹, die durch ihre Investitionen, ihre Geldausgaben und ihre landwirtschaftliche Tätigkeit gemeinsam das Wirtschaftswachstum gefördert haben. Dann erst folgte als letzte Ursache für den Aufschwung ›die Politik der Regierung, aufgrund derer ein stetiges, aber nichtinflationäres Wachstum der Märkte aufrechterhalten werden konnte[13]‹. Der Präsident äußerte in diesem Zusammenhang die Überzeugung,

›daß das Jahr 1964 als das ‚Jahr der Steuerkürzung' in unsere ökonomische und politische Geschichte eingehen wird.[14]‹

Der attraktive Bericht zur Wirtschaftsentwicklung veranlaßte Präsident Johnson zu der fast keynesianisch zu nennenden Feststellung, daß ›gezielte Ausgaben, stimulierende Steuersenkungen und eine systematische Regierungsarbeit die drei Waffen sind, die — wirksam geführt — unsere Gesellschaft von den Kosten und den Auswirkungen einer Verschwendung von Ressourcen freimachen können[15]‹. Wie der Präsident die ersten beiden dieser drei Waffen handhaben wollte, ging sogleich aus seinen konkreten Gesetzesvorschlägen hervor.

Die ›stimulierenden Steuersenkungen‹ schlossen den Rest derjenigen Ermäßigungen ein, die noch unter die Steuerpläne von 1964 fielen; dabei handelte es sich um etwa drei Milliarden Dollar an Einkommensteuervergünstigungen und eine weitere Milliarde Dollar an Körperschaftssteuerermäßigungen. Daneben wurden einige Verbrauchssteuern wesentlich gesenkt und eine Reihe weiterer ganz gestrichen. Insgesamt bildeten diese Steueränderungen die Fortsetzung der stimulierenden Fiskalpolitik, wie sie 1964 mit dem Tax Reduction Act (dem Gesetz zur Steuersenkung) begonnen worden war.

Die Liste der ›gezielten Ausgaben[16]‹ erwies sich als eine interessante Zusammenstellung. Neben verschiedenen Fortführungen älterer Programme wie der Sozialversicherung und dem Feldzug gegen die Armut enthielt sie auch Pläne zur Anfangsfinanzierung einiger neuer Programme. Die letzteren bildeten eine bunte Mischung: Erziehungsbeihilfe, Entwicklungsförderung des Appalachengebietes, Errichtung regionaler Krankenhauszentren, Mietbeihilfen und bessere medizinische Versorgung der Alten. Aber trotz der Tatsache, daß so viele der Programme neu waren (wenn nicht als Plan, so doch als Gesetzentwurf), beliefen sich die dafür zusätzlich geforderten Mittel nur auf eine bescheidene Gesamtsumme. Überhaupt stand in fiskalpolitischer Hinsicht das Programm der Steuerkürzungen und Sozialausgaben unter einem Zwang: dem Versprechen des Präsidenten, daß beides aus öffentlichen Mitteln, die aufgrund des normalen Wachstums der expandierenden Wirtschaft anfielen, finanziert werde. In beiden Fällen handelte es sich um Vergünstigungen, deren Realisierung voraussetzte, daß die wachsende Wirtschaft einen Überschuß an Steuermitteln erzeugte, der unter die Bürger verteilt werden konnte.

Die Urheber dieses Gesetzentwurfes verzichteten ausdrücklich darauf, eine Umverteilung des gesellschaftlichen Produkts mit dem Ziel in Angriff zu nehmen, den Anteil der öffentlichen Hand und damit deren Einfluß zu erhöhen. In beiden Haushaltsplänen, die bisher unter Johnson erstellt wurden, vermied es der Präsident, die Hundert-Milliarden-Grenze zu überschreiten; er bekundete damit, wie vordringlich wichtig es ihm war, die staatlichen Eingriffe in die Wirtschaftstätigkeit in Grenzen zu halten. Wahrscheinlich hätte der Präsident in beiden Haushaltsplanentwürfen noch größere steuerliche Anreize empfohlen, wenn ihn nicht die Furcht vor der Höhe der dafür zu veranschlagenden Mittel davon abgehalten hätte. In dieser Besorgnis kam das Bestreben des Präsidenten zum Ausdruck, den Rahmen seiner Politik so abzustecken, daß auch die Unternehmerschaft, deren Unterstützung er gewonnen hatte, ihr zustimmen konnte. Es zeigte sich, daß die stillschweigende Beschränkung der Ausgaben für die soziale Wohlfahrt den staatlichen Eingriff in die Wirtschaft in Grenzen hielt, die die Unternehmerschaft noch hinzunehmen bereit war.

Auch in der Folgezeit legte der Präsident stärkeres Gewicht auf Steuersenkungen als auf die Steigerung der Staatsausgaben. Schon 1965, im Jahr nach der großen Steuerkürzung, bot der Präsident neue Vergünstigungen an und stellte andeutungsweise für die Zukunft weitere Senkungen der Einkommensteuer in Aussicht. Erst die Eskalation des Vietnamkrieges gab den Diskussionen innerhalb der Regierung eine neue Richtung und schuf Situationen, in denen sogar eine Erhöhung der Steuerabgaben nicht mehr völlig ausgeschlossen werden konnte. Aber obgleich die Ergebnisse der politischen Arbeit des Kongresses 1965 im Vergleich mit denen der vorangegangenen Perioden alarmierend wirken mußten, bleibt festzustellen, daß die Ausgabensteigerungen für bereits laufende und die Mittelzuweisung für neue Programme sich dennoch auf weniger beliefen, als die Kürzungen der Einkommen-, Körperschafts- und Verbrauchssteuern ausmachten.

Vom Standpunkt der liberalen Expansionisten aus gesehen war schon dies eine sehr ungünstige Entwicklung. Mit noch viel größerer Sorge mußte sie aber die Art und Weise erfüllen, wie sich die Steuervergünstigungen auf die Bevölkerung verteilten und mit der die Ausgaben der öffentlichen Hand getätigt wurden. Denn wie beim Steuersegen von 1964 entfiel ein großer Teil der Ermäßigungen des Jahres 1965 auf erfolgreiche Gesellschaften und reiche Individuen. Die geringeren Sätze bei der Körperschaftssteuer schufen zusätzliche Dividenden und Kapitalgewinne, die in erster Linie den Investoren mit höheren Einkommen zuflossen. Derselben Gruppe fiel auch ein sehr großer Anteil der Gewinnmöglichkeiten zu, die die zusätzlichen Kürzungen der Einkommensteuer eröffneten. Selbst ein Teil der Verbrauchssteuerermäßigungen konnte von den Unternehmen, deren Ertragslage ohnedies schon bei einem zufriedenstellenden Stand angelangt war, in der Form von Extraprofiten angeeignet werden.

Ebenso warf auch die Art, mit die die staatlichen Ausgabeprogramme angelegt waren, eine ganze Reihe von Fragen darüber auf, wer denn neben denen, für die die Unterstützung vorgesehen war, als der eigentliche Nutznießer der Wohlfahrtsmaßnahmen angesehen werden konnte. Manchmal schien es, als würde der Inhalt der Programme mindestens ebenso von den Interessen bestimmter Unternehmergruppen wie von den tatsächlichen Bedürfnissen der vorgeblich Unterstützten geprägt. Zwar ist es nicht zu bestreiten, daß die Mietbeihilfen, die das Hauptstück der 1965 erlassenen Maßnahme zur Behebung der Wohnungsnot darstellten, einer Anzahl Familien, die nicht die Voraussetzungen für anderweitige Hilfe erfüllten, tatsächlich geholfen hatten, aus den Elendsvierteln herauszukommen und in angenehmere Gegenden zu ziehen; die Integration wurde dadurch, wenn auch nur in sehr bescheidenem Maße, gefördert. Auf der anderen Seite war aber den lokalen Verwaltungsbehörden längst bekannt, daß sich die finanziellen Beihilfen, die aufgrund der Maßnahme gewährt wurden, den Bauherren und Hausbesitzern zugute kamen, denen es aufgrund dieser Zahlungen möglich war, die Kostenstruktur im Bauwesen und die Wohnungsmieten aufrechtzuerhalten. Mit anderen Worten: durch die Mietbeihilfen wird ein Industriezweig subventioniert, von dem man sagt, daß er sowohl in technologischer Hinsicht als auch was seine sozialen Praktiken anbelangt, rückständig ist.

Nicht viel anders steht es mit dem Förderungsprogramm für das Gebiet der Appalachen. Wer das bewegende Buch von Harry Candil (*Die Nacht bricht über Cumberlands herein*) gelesen hat, kann keinen Zweifel mehr darüber hegen, daß die meisten Bewohner des Appalachengebietes in tiefster Armut leben und daß öffentliche Hilfsmaßnahmen für diesen Raum, der mit seinen Schwierigkeiten offensichtlich aus eigener Kraft nicht mehr fertigwerden kann, in jedem Fall angezeigt sind. Um so mehr muß es einen stutzig machen, daß der aufwendigste Teil der Regierungsmaßnahmen in einem größeren Straßenbauprogramm besteht. Langfristig gesehen, dürfte sich dies sicherlich günstig auswirken, denn wenn die geeigneten Gegenden durch neue Verkehrswege erschlossen werden, kann dies den Tourismus fördern, die innere Mobilität der Arbeitskräfte erhöhen und die Ansiedlung von Industriebetrieben herbeiführen. Was aber den kürzeren Zeitraum der nächsten Jahre anbetrifft, so drängt sich die Vermutung geradezu auf, daß die eigentlichen Nutznießer der Arbeiten die Straßenbauunternehmer sind. Denn durch die Bauarbeiten wird die lokale Arbeitslosigkeit in der nächsten Zeit nur geringfügig abnehmen; die Straßenbautechnik ist so hochentwickelt und verwendet derart teueres Gerät, daß ein Großteil der beschäftigten Arbeiter aus anderen, strukturell weniger schwachen Gebieten herbeigeschafft werden muß.

Noch nicht einmal das Programm gegen die Armut ist vollständig frei von der Tendenz, einen guten Teil der zu vergebenden Geschenkmittel denen zukommen zu lassen, die es gar nicht nötig haben. Die großen Unterschiede bei den Beamtengehältern in den zuständigen Behörden haben wiederholt die sarkastische Frage aufkommen lassen, wer denn eigentlich der Unterstützungsbedürftige sei. Abgesehen von der psychologischen Bedeutung solcher Zustände mag dies, was die Erfüllung der Vorschriften nach dem Buchstaben angeht, vergleichsweise geringfügige Auswirkungen haben. Dennoch wurde mit Recht darauf hingewiesen, daß höhere Löhne die Sozialarbeit in stärkerem Maße auch für fähigere und ideenreichere Charaktere attraktiv machen könnten, wodurch vermieden würde, daß dieses Feld weiterhin in erster Linie den Verwaltungsbürokraten überlassen bleibt.

In noch bedenklicherem Licht erscheinen die Zielsetzungen und

Durchführungspraktiken des Feldzugs gegen die Armut, wenn man das Verhalten größerer Gesellschaften wie Litton, Philco und International Telephone & Telegraph betrachtet, die das Geschäft mit der Armut als günstige Gelegenheit zur Durchsetzung kommerzieller Interessen auffassen. Diese und andere Firmen haben mit den Behörden Verträge abgeschlossen, aufgrund derer sie sich verpflichten, arbeitslosen Jugendlichen in Ausbildungslagern neue Arbeitsmöglichkeiten zu erschließen. ›Wir beteiligen uns aus zwei Gründen am Feldzug gegen die Armut. Zum einen ist es uns um den Dienst an der Gemeinschaft zu tun, und zum anderen nehmen wir unsere Geschäftsinteressen wahr‹, sagte ein Manager von Litton, und es läßt sich vernünftigerweise an dieser Einstellung nichts aussetzen. Es stellt sich aber ernsthaft die Frage, ob solche Schulungsprogramme von Privatunternehmen in verantwortlicher Weise durchgeführt werden können. Wird die Ausbildung nicht so aussehen, daß mit öffentlichen Mitteln Arbeitskräfte für Tätigkeiten lediglich angelernt werden, die in den Vertragsfirmen nur geringe Zukunftsaussichten haben? Können die Vorstellungen der Unternehmen von den Ausbildungszielen in jedem Fall oder wenigstens überwiegend mit den Interessen der Auszubildenden oder der Gemeinschaft übereinstimmen? Ist sichergestellt, daß die Beschränkungen, die auch dem aufrichtigsten Privatunternehmer wegen seiner Geschäftsinteressen auferlegt sind, soziale Veränderungen, wie sie das Programm gegen die Armut in besonders visionären Augenblicken verspricht, wirklich nicht verhindern? Wieder muß man sich fragen, ob das Regierungsprogramm, absichtlich oder unabsichtlich, auch hier den Etablierten nicht genausoviele Vergünstigungen einräumt, wie es bei den Armen, den Ausgestoßenen und den Hoffnungslosen Zukunftsaussichten erweckt.

Unter den beschriebenen Umständen kann es nicht verwundern, daß die Regierungspläne zur Behebung von Armut, Wohnungsnot und regionaler Unterentwicklung auf wachsende Unterstützung in Unternehmerkreisen stoßen. Bis jetzt sind die angeforderten Mittel jedoch noch so gering, daß sie allein aus dem gewachsenen Steueraufkommen, das nicht für Steuersenkungen aufgebracht wird, gedeckt werden können. Die Programme sind so angelegt, daß sie den bestehenden Geschäftstätigkeiten und Interessen entgegenkommen. In dieser Hinsicht muß der Generation der intellektuellen führenden Geschäftsleute zugute gehalten werden, daß sie die günstigen Auswirkungen der aktiven Fiskalpolitik und der maßvollen Pläne zur Verbesserung der sozialen Wohlfahrt auf die Geschäftsentwicklung durchaus erkannt haben. Manchen Unternehmern ist es vielleicht sogar noch höher anzurechnen, daß sie sich insofern mit ihren Angestellten identifizieren konnten, als sie ein gemeinsames Interesse an höheren Löhnen und dauernder Beschäftigung entdeckt haben.

In Anbetracht all dieser Tatsachen muß das Regierungsprogramm zur sozialen Problematik in einem Rahmen gesehen werden, der von der Unternehmerschaft und nicht von Gewerkschaftsführern oder liberalen Intellektuellen abgesteckt wird. In einigen Fällen ist dies ein enger Rahmen. Im Jahre 1965 zum Beispiel erhob die AFL—CIO die Aufhebung des Abschnittes 14 (b) des Taft-Hartley-Gesetzes, nach dem die Einzelstaaten gewerkschaftlich ausgehandelte Werkstarifverträge für ungesetzlich erklären können, zum obersten politischen Ziel. Der Kongreß jedoch, der zu der Zeit schon eine Reihe von Gesetzentwürfen zum Great-Society-Programm anstandslos angenommen hatte, lehnte die vom Präsidenten vorgeschlagene Streichung des Abschnitts 14 (b) schroff ab und bestätigte zu Beginn der Sitzungsperiode 1966 dessen Rechtmäßigkeit. Er widersetzte sich auch einer Anhebung der Mindestlöhne und einer Ausdehnung des Versicherungsschutzes für umherziehende Landarbeiter und andere sozial ungesicherte Gruppen, was den starken Widerwillen einflußreicher Unternehmerkreise gegen eine Veränderung des bestehenden Gleichgewichts zwischen Arbeiterschaft und Wirtschaft bezeugt.

Eines der deutlichsten Illustrationsbeispiele für die eingeschränkten Möglichkeiten der Regierung bildet die schon erwähnte Knappheit an billigen Wohnungen. Dies ist ein enormes Problem, dessen Ausmaße Präsident Johnson folgendermaßen umriß: ›Noch in diesem Jahrhundert ... wird sich die städtische Bevölkerung und die Ausdehnung der Städte verdoppeln, und wir werden deshalb in unseren Städten noch einmal so viel zu bauen haben wie seit der Zeit, als die ersten Siedler dieses Land betraten, gebaut wurde.‹ Der Präsident stellte weiter fest, daß die Städte bereits überbevölkert sind, daß es in den Vereinigten Staaten ›über neun Millionen meist städtische Wohnungen gibt, die heruntergekommen sind oder verfallen‹, und daß ›viele amerikanische Großstädte eines größeren Eingriffs bedürfen, wenn sie vor dem Verfall bewahrt werden sollen‹. Wenn Johnson schließlich erklärte, daß ›die Alten, die Armen und die Diskriminierten immer mehr in großstädtischen Gettos hausen müssen[17]‹, so trifft dies den Kern der Sache in einem Maße, daß die meisten Kenner der Verhältnisse — ganz zu schweigen von den unglücklichen Großstadtbewohnern selbst — dem nur beipflichten können.

Hier zeigt sich aufs deutlichste die Kluft zwischen dem Erkennen eines riesigen Problems und den Möglichkeiten zu seiner Behebung, die in dem von Wirtschaftsinteressen geprägten Rahmen zu Gebote stehen. So versagt das Wohnungsgesetz von 1965, trotz vieler löblicher Ansätze wie der neueingeführten Mietbeihilfen, in zwei entscheidenden Punkten. Die im Rahmen des Mietbeihilfeprogramms verteilten Mittel sind sehr klein, und die großen Städte, nach allgemeiner Übereinstimmung der Brennpunkt des Problems, können in den Jahren von 1965 bis 1967 nur geringe Zuschüsse erwarten. New York zum Beispiel kann jährlich nur mit 3500 billigen Wohnungen rechnen. Nach Hortense Gabel von der Mietaufsichtsbehörde beliefen sich die staatlichen Mittel, die für alle Wohnungsprogramme in New York 1965 zusammengenommen aufgewendet wurden, auf weniger als im Jahre 1961, also vier Jahre zuvor.

Niemand bezweifelt, daß eine Verbesserung der Wohnungssituation und die Beseitigung der Elendsviertel außerordentlich schwierige Aufgaben sind, die durch die Nachwirkungen früherer Fehler und bestehende Vorurteile noch erschwert werden. Wenn jedoch Erfolge erzielt werden sollen, muß ein riesiges, aufwendiges und koordiniertes Programm zur städtischen Erneuerung und zur staatlichen Wohnungsbeschaffung in Angriff genommen werden — dessen Gelingen den Willen zum Kampf gegen das unbekümmerte Verhalten der kommerziellen, gewerkschaftlichen und politischen Interessengruppen zur Voraussetzung hat. Die Fehler in der Vergangenheit bestanden zum Teil darin, daß das Programm zu einer Anzahl von Hilfsleistungen für Leute, die sich Luxushäuser bauten, Bodenspekulanten und Unternehmensgründer pervertiert wurde; zu einem anderen Teil sind sie darin zu sehen, daß örtliche Behörden fragwürdige Entscheidungen trafen, wie zum Beispiel die, dem berechtigten Verlangen großer Universitäten wie Chicago und Columbia eher zu entsprechen als der ebenso legitimen (und viel dringlicheren) Wohnungsnot der in elenden Verhältnissen hausenden Einwohner; schließlich — und vor allem — war es grundfalsch, daß beim sozialen Wohnungsbau die Aspekte des Bedarfs, der Vermischung gesellschaftlicher Schichten, des Standorts und der Attraktivität der Wohnungen niemals gebührend berücksichtigt wurden. Dies hat in New York dazu geführt, daß nach einem Boom im privaten Wohnungsbau, der eine Generation lang anhielt, immer noch keine erträgliche Gegend existiert, wo, abgesehen von wenigen Ausnahmen, Neger und Puertorikaner hinziehen könnten. So unerfreulich diese Meisterleistung ist, Chicago, Philadelphia, Los Angeles, Saint Louis und Detroit kommen ohne Schwierigkeiten an sie heran.

Das Programm der Regierung ist, gemessen am tatsächlich Notwendigen, winzig und hat noch bescheidenere Zielsetzungen, als sie Senator Robert A. Taft vor zwei Jahrzehnten für eine kleinere Bevölkerung und einen ärmeren Staat angestrebt hatte. Dies ist jedoch insofern nicht verwunderlich, als eine Administration, die bei ihren Maßnahmen um eine allseitige Zustimmung bemüht ist, die bestehenden Interessen berücksichtigen muß, und unter solchen Umständen die Mittel, die zur Behebung der Not eingesetzt werden, die Neigung haben, sich bei den einzelnen Gruppen, die das Bestreben nach gegenseitigem Ausgleich verbindet, je nach deren Möglichkeiten der Einflußnahme anzusammeln. Die tatsächlichen wenn auch sehr beschränkten Vorteile aus den gegenwärtigen Programmen zur Linderung der ärgsten Wohnungsnot ziehen das Baugewerbe und auch Familien mit mittleren Einkommen; gleichzeitig steigen die Gewinne der Banken und die Einnahmen der Stadtverwaltungen aus der Grundsteuer, während die Masse der in elenden Umständen lebenden Slumbewohner in ihrer Misere verbleibt. Diese Beurteilung der gegenwärtigen Situation ist weniger eine moralische Feststellung als vielmehr das Resultat der Einsicht, daß im Wohnungswesen die etablierten Interessen in Widerspruch zu sozialen Zielvorstellungen stehen.

Auch das *medicare*-Programm, mit dem eine dreißig Jahre alte Anregung erfolgreich in die Tat umgesetzt wurde, hat seine konservativen, berechnenden Seiten. Dieses umfassende Gesetzeswerk ist der erste bedeutende Fortschritt in der Sozialversicherung seit der Verabschiedung des Social Security Act (des Gesetzes zur Sozialversicherung) im Jahre 1935. Unter anderem gewährt es eine wirksamere Altersfürsorge, verbessert das Kinderheilwesen und sieht größere Mittelzuweisungen für die damit zusammenhängenden Programme vor. Die grundlegenden Neuerungen beziehen sich indessen auf die Krankenfürsorge. Nach den neuen Bestimmungen haben die Sozialversicherten automatisch Anspruch auf Erstattung der Aufenthaltskosten bei stationärer Behandlung im Krankenhaus, auf Vergütung der Auslagen während der Rekonvaleszenz, auf Stillgeld und auf kostenfreie Hausbesuche eines Arztes. Darüber hinaus bietet eine freiwillige Zusatzversicherung die Übernahme der Hauptkosten bei internistischer Behandlung und chirurgischen Eingriffen in Kliniken, zu Hause und in der Arztpraxis.

Im Jahre 1967, wenn das *medicare*-Programm zum erstenmal über ein volles Jahr in Kraft gewesen sein wird, werden seine Kosten auf ungefähr sechs Milliarden Dollar veranschlagt — 2,2 Milliarden Dollar für die Grundversicherung, eine Milliarde Dollar für die Zusatzversicherung, 2,3 Milliarden Dollar für verbesserte Sozialversicherungsleistungen für die Alten und fünfhundert Millionen Dollar für die Ausweitung der bestehenden öffentlichen Beihilfeprogramme. Die neue Maßnahme ist, besonders wenn man sie am bisherigen Ausgabevolumen für die soziale Wohlfahrt mißt, großzügig zu nennen. Sie ist in hohem Maße begrüßenswert, insofern sie die Angst vorm Krankwerden mindert und besonders für die alten Menschen einen Fortschritt in Hinblick auf ein würdiges Leben darstellt. Das große Verdienst, das dem gesamten Programm zukommt, wird auch nicht durch die lange Dauer, die es bis zu seiner Verwirklichung brauchte, geschmälert.

Jedoch enthält auch dieses Gesetzgebungswerk gewisse Vorbehalte in bezug auf die gewährten Vergünstigungen und deren altersmäßige Verteilung. Dies gilt zum Beispiel für die freiwillige Zusatzversicherung, deren Prämie pro Monat und versicherter Person auf drei Dollar festgesetzt ist, wobei allerdings bei steigenden Behandlungskosten eine Anhebung dieses Satzes vorgesehen ist. Falls sich die Höhe der Prämien wie die für die Versicherung des Blauen Kreuzes in der Nachkriegszeit entwickelt, ist für die Zukunft mit einem raschen Ansteigen der vergleichsweise niedrigen Anfangssätze zu rechnen, was besonders die alten Menschen treffen würde. Noch schwerwiegender dürfte die Tatsache sein, daß andere Teile des Programms überwiegend durch Mehreinkünfte bei Lohnsteuerabgaben finanziert werden sollen, wobei vorgesehen ist, daß die letzteren sowohl für den Arbeitgeber als auch für den Arbeitnehmer im Laufe der nächsten fünfzehn Jahre um 5,5 Prozent ansteigen. Dies wird für viele ein harter Schlag sein, zumal in Kürze nicht mehr nur die ersten 4800 Dollar, sondern die ersten 6600 Dollar des Lohnes steuerpflichtig werden.

Dieses Angewiesensein der sozialen Maßnahmen auf Lohnsteuerabgaben muß sich in bedenklicher Weise auswirken. Denn wenn es auch, fiskalisch gesehen, gleichbedeutend ist, welche Steuerabgabe die ökonomische Expansion beeinträchtigt, so müssen diese Abgaben vom Standpunkt der sozialen Gerechtigkeit als ungleich und rückschrittlich bezeichnet werden. Ihrer Struktur nach führt die Lohnsteueränderung nämlich dazu, daß Löhne über 6600 Dollar im Jahr stärker im Bereich der kleinen Steuersätze verbleiben als die niedrigen Löhne oder die Einkünfte aus persönlichem Eigentum. Zusammen mit den neuen Senkungen der Einkommen- und Körperschaftssteuersätze sowie dem Abbau der Progression bei diesen Steuerarten bildet die Anhebung der Lohnsteuer eine Veränderung in Richtung auf eine verstärkt ungleiche Verteilung der Nettoeinkommen. Darüber hinaus wird es aufgrund der Festlegung, daß die Leistungen der Sozialversicherung allein durch die Lohnabzüge getragen werden sollen, außerordentlich schwierig werden, den Krankenschutz auf andere Altersgruppen gleichmäßig auszuweiten. Ein weiteres Ansteigen der Lohnsteuerabgaben kann durchaus die Opposition der Lohnabhängigen herausfordern, für die diese Abzüge eine schwere Belastung sind.

Was sich in den Vereinigten Staaten in Übereinstimmung mit den Interessen der einflußreichsten Wirtschaftsgruppen erreichen läßt, ist durchaus beachtlich. Eine große Anzahl von Gesetzen aus dem Jahre 1965 hat erwiesen, daß maßvolle soziale Verbesserungen innerhalb der Grenzen, die die Dominanz der Unternehmerschaft in der die Regierung darstellenden Interessenkoalition setzt, möglich sind. Kurz, der konservative Expansionismus ist tatsächlich in der Lage, die amerikanische Gesellschaft für die meisten Amerikaner erträglich zu machen. Dennoch sind die Grenzen dieser wirtschaftspolitischen Konzeption so eng, ist ihre Tendenz, die Reichen zu begünstigen, so ausgeprägt, und deren Abneigung gegenüber größerer Aktivität der öffentlichen Hand so stark, daß es eines energischeren Regierungskurses, der Intervention im liberalen Sinne, bedarf, um eine Erwerbsgesellschaft — selbst wenn sie so aufgeschlossen ist wie die amerikanische — in eine Große Gesellschaft zu verwandeln und um von der Keynesianischen Fiskalpolitik zu einer rationalen Gesellschaft zu gelangen, wie sie den Keynesianern vorschwebt.

Nachwort

Neben vielen anderen Rollen, die Keynes im englischen Gesellschaftsleben spielte, war er auch Schatzmeister der Camargo Ballet Society. Es wird erzählt, daß man ihm einmal eine heikle Streitfrage über die Reihenfolge der Namen im Programm unterbreitete — die alte Geschichte von einer Schauspielerin, die darauf insistierte, daß ihr Name an erster Stelle zu erscheinen hätte. Man fragte Keynes, ob es angezeigt sei, den Streit durch Losen zu schlichten. Die Antwort von Keynes bezeugte, daß er sich in der Symptomatik der bei Künstlern zu erwartenden Temperamentsausbrüche auskannte: ›Das wird schon in Ordnung gehen; nur verständigen Sie vorher den Ambulanzwagen.‹

Keynes war davon überzeugt, daß die Kunst der Menschenführung gleichermaßen bei Künstlergruppen und größeren Gemeinschaften von Menschen eine Angelegenheit für Fachleute sei. Eines der Leitmotive, von denen der Werdegang seines Denkens geprägt war, lief auf die Ansicht hinaus, daß eine Wirtschaftspolitik, die es den Hauptbeteiligten am ökonomischen Geschehen gestattet, ihre Finanzangelegenheiten selbständig zu regeln, einer Aufforderung zum Selbstmord gleichkomme. Schon in seiner Schrift *Economic Consequences of the Peace* erkannte Keynes umrißhaft die Zweifelhaftigkeit der viktorianischen und nachviktorianischen, vom *Laissez-faire* geprägten Wirtschaftsordnung, in die Keynes hineingeboren wurde. Spätere Ereignisse gaben diesem Denkansatz immer mehr Gestalt. Die unglücklichen Versuche Englands in den zwanziger Jahren, zum Goldstandard der Vorkriegszeit zurückzukehren, und die katastrophale Weltwirtschaftskrise waren für Keynes deutliche Zeichen für die Notwendigkeit einer einsichtigeren Politik der öffentlichen Hand und einer bewußten Lenkung des ökonomischen Geschehens.

Seine *General Theory of Employment, Interest and Money* war in der Tat eine Suche nach rationaleren Methoden der Wirtschaftspolitik. Die in der heutigen Zeit zur politischen Praxis gewordene Keynesianische Wirtschaftslehre zeigt in ihrem Grundgehalt Wege auf, mit denen eine denkende und tatkräftige Regierung die Wirtschaftszyklen kontrollieren und das durch soziale Unsicherheit bewirkte Elend mindern kann. Wenn man Keynes eine Ideologie nachsagen kann, dann bestand diese in der dem Humanismus Lockes, Humes und Mills verpflichteten Überzeugung, daß eine Einsicht in die Natur des menschlichen Zusammenlebens unabdingbar und auch möglich ist.

Eine gute Gesellschaft läßt dem Individuum die freie Entscheidung. Wenn Keynes sich damit beschäftigte, wie die Konjunkturzyklen zu kontrollieren seien, und wie man den Lebensstandard des Durchschnittsbürgers heben kann, so tat er dies nicht nur deswegen, weil die Prosperität der Depression, die Beschäftigung der Nichtausnutzung von Ressourcen vorzuziehen ist, sondern auch weil ›niemand ein Heiliger, ein Liebender oder ein Dichter sein kann, wenn er nicht wenigstens bis vor kurzem etwas zu essen gehabt hat‹, wie Philip Wicksteed, ebenfalls ein kluger Engländer, früher einmal bemerkte[1]. Insofern für Keynes die Gesellschaft für den Menschen da war, fanden solche Methoden der sozialen Auseinandersetzung seine Bewunderung, die am besten geeignet waren, die Werte des individuellen Handelns zu erhalten, besonders wenn sie die Folgen von Fehlentscheidungen lindern halfen. Keynes war ein viel zu scharfsinniger Denker, als daß er den Paternalismus als eine zwangsläufige Entwicklung hätte hinnehmen können. Die Kompliziertheit des Charakters von Keynes drückt sich nicht zuletzt darin aus, daß er als Verfechter des staatlichen Eingriffs ein ausgesprochener Individualist war. Nur wenige Konservative haben diesen inneren Zusammenhang so überzeugend wie er ausdrücken können:

Vor allem aber ist der Individualismus, wenn er von seinen Mängeln und Mißbräuchen gereinigt werden kann, die beste Gewähr der persönlichen Freiheit, in dem Sinne, daß er im Vergleich zu anderen Systemen das Feld für die Ausübung der persönlichen Auswahl stark erweitert. Er ist auch die beste Gewähr für die Vielseitigkeit des Lebens, die gerade aus diesem weiten Feld der persönlichen Auswahl hervorgeht, und deren Verlust der größte aller Verluste des gleichgearteten totalen Staates ist. Denn diese Vielseitigkeit bewahrt die Überlieferung, welche die sichersten und erfolgreichsten Entscheidungen der früheren Generationen einschließen; sie färbt die Gegenwart mit der Abwechslung ihrer Phantasie[2].

In diesem Sinne reinigt die Keynesianische Wirtschaftslehre den Individualismus von seinen ›Mängeln und Mißbräuchen‹ und wird in diesem Sinne zur Verfechterin der ›individuellen Entscheidungsfreiheit‹, der ›Vielfalt des Lebens‹ und der Werte der Tradition. In seiner Doppelnatur als Realist und Optimist würde sich Keynes schwerlich darüber gewundert haben, in welcher Weise Engländer und Amerikaner auch in der Keynes-Ära einige ihrer Entscheidungen getroffen haben.

Anhang

Zeittafel

1883 5. Juni: Geburt von John Maynard Keynes im Haus Nr. 6, Harvey Road, Cambridge.
Sein Vater John Neville Keynes war als Erzieher, Gelehrter und Administrator tätig und leistete mit seinem Buch *The Scope and Method of Political Economics* (1891) einen Beitrag zur Grundlegung der Methode in der Nationalökonomie. Seine Mutter Florence gehörte zu den ersten Studentinnen des Newnham College/Cambridge, war eine Zeitlang Bürgermeisterin von Cambridge und zeichnete sich als Pionierin in der Sozialfürsorge aus.

1892 Keynes besucht St. Faith's Preparatory School.

1897 Keynes gewinnt ein Stipendium zum Besuch von Eton College. Im Gesellschafts- und Debattierklub Pop entwickelt sich seine rednerische Fähigkeit.

1902 Stipendiat in King's College/Cambridge mit Hauptfach Mathematik.
Aufnahme in die Geheimgesellschaft der »Apostel«. Zu den Mitgliedern zählten damals der Biograph und Essayist Lytton Strachey und der Philosoph G. E. Moore, Verfasser der *Principia ethica*. Beide hatten einen nachhaltigen Einfluß auf Keynes' geistige Entwicklung.

1905 Nach Abschluß seines Studiums kehrt Keynes nach Cambridge zurück, um Nationalökonomie bei Alfred Marshall und A. C. Pigou zu studieren.

1906 Die Arbeit an der Abhandlung über die Wahrscheinlichkeitstheorie begonnen. Aufnahmeprüfung für den Staatsdienst. Keynes erhält einen Posten im India Office.

1908   5. Juni: Keynes verläßt das India Office und kehrt nach Cambridge
        zurück.
        Durch seinen Freund Lytton Strachey findet Keynes Aufnahme in
        den Bloomsbury-Kreis. Der Kreis traf sich in den Wohnungen der
        beiden Töchter des Gelehrten Leslie Stephen. Die eine Tochter
        war die Malerin Vanessa Bell, die andere die berühmte Schrift-
        stellerin Virginia Woolf. Mehr als eine Diskussionsgruppe zollte die
        Gesellschaft allen Musen ihren Tribut. Für den Individualisten und
        Rebellen Keynes war dieser Klub der Individualisten ein zweites
        Zuhause, bis er 1925 heiratete.

1909   Keynes zum Fellow von King's College gewählt. Mit zeitweiligen
        Unterbrechungen wird er bis an sein Lebensende als Hochschul-
        lehrer tätig sein.

1911   Keynes Redakteur des *Economic Journal.*

1913   Keynes in die königliche Kommission für das Indische Währungs-
        und Finanzwesen berufen.
        Sein erstes Buch *Indian Currency and Finance* erscheint bei Mac-
        millan. Macmillan wird Keynes' Verleger.

1914   Eintritt in das Schatzamt.
        Das *Economic Journal* publiziert Keynes' Artikel *War and the
        Financial System, August 1914,* der das Problem der Kriegsfinanzen
        behandelt.
        Als Vertreter des Schatzkanzlers verhandelt Keynes mit den Ver-
        bündeten Großbritanniens über Kredite. Dem erst Neunund-
        zwanzigjährigen wird eine bedeutende politische Aufgabe anver-
        traut.
        In London zieht Keynes mehrmals um, weil er häufig Feste für
        seinen großen Bekanntenkreis veranstaltet und geräumige Zimmer
        für seine Bücher- und Gemäldesammlung braucht.

1915   Vertrauter Umgang mit Reginald Mc Kenna, dem Nachfolger von
        David Lloyd George im Schatzkanzleramt.

1916   Keynes mietet das Landhaus Charleston bei Leves in Sussex. In
        London wohnt er noch in 46 Gordon Squire.

1917   Der Unternehmer O. T. Falk gründet die »Dienstag-Gesellschaft«
        für wirtschaftlich Interessierte. Keynes figuriert als das brillanteste
        Mitglied.
        Keynes reist häufig nach Paris und in die Vereinigten Staaten, um
        mit den Alliierten über finanzielle Fragen zu beraten.

1919 Pariser Friedenskonferenz. Keynes wird damit beauftragt, das Schatzamt bei den Verhandlungen über Finanzfragen zu vertreten. Aus Protest verläßt er Paris und nimmt Abschied vom Staatsdienst.
Dezember: *The Economic Consequences of the Peace.*
Die wirtschaftlichen Folgen des Friedensvertrages. München und Leipzig, 1920 bei Duncker und Humblot. Der Verlag Duncker und Humblot wird Keynes' Hauptwerke publizieren. Durch seine Verurteilung des Versailler Vertrags gewinnt Keynes die Akklamation der britischen Öffentlichkeit. Der ethisch bewußte und großmütig denkende Sproß der Viktorianischen Ära attackiert die politischen Führer der Alliierten wegen ihrer unvernünftigen und moralisch verantwortungslosen Behandlung des besiegten Deutschland.
Keynes hält einmal in der Woche eine Vorlesung in King's College. Er wird mit £ 100 im Jahr honoriert.
August: Keynes beginnt seine Karriere als Spekulant mit Geld, das er von Verwandten geliehen hat. Er handelt in Devisen. Dabei wird er von seinem Freund O. T. Falk unterstützt.
September: Aufnahme in den Vorstand der National Mutual Life Insurance Company.

1920 Die amerikanische Ausgabe der *Folgen des Friedensvertrages* erscheint bei Harcourt Brace & Co. In den USA wird das Buch ein großer Erfolg: »spannender als ein Kriminalroman«.
Während Keynes Anfang des Jahres große Erfolge als Spekulant buchen konnte, verliert er durch die zunehmende Deflation £ 13.125. Er läßt sich Autoren-Honorare vorschießen.

1921 Keynes spekuliert am Rohstoffmarkt. Er wird Unternehmensberater, gründet mit Falk die Firma Investment Trust und avanciert zum Aufsichtsratsvorsitzenden der National Mutual Insuance Co.
In den *Commercial Supplements* des *Manchester Guardian* schreibt Keynes Artikel über den Wiederaufbau in Europa. Die Lizenzrechte für die Artikel verkauft er an ausländische Verlage.
A Treatise on Probability. In diesem Buch vertritt Keynes die Ansicht, daß der Wahrscheinlichkeitsbegriff intuitiv ist und deshalb der Definition nicht bedarf.

1922 *A Revision of the Treaty.* In seinem zweiten Buch über den Versailler Vertrag widersetzt sich Keynes der Abwertung und verficht eine Rückkehr zum Goldstandard.
Der später berühmt gewordene Nationalökonom Sir Roy Harrod, Keynes' nachmaliger Biograph, wird in den Political Economy Club der Keynesianer in King's College aufgenommen.

1923   Keynes schreibt für die liberale Zeitung *The Nation*.
Tract on Monetary Reform.
Ein Traktat über Währungsreform. Keynes spricht sich für eine Reform des Währungssystems aus. Sich der Gefahren einer unstabilen Währung bewußt, plädiert er für eine flexible Handhabung der Goldwährung und für Preisstabilität. Kredite sollen staatlich überwacht werden.

1924   Vortrag *The End of Laissez-Faire*. Erst 1926 im Druck erschienen. Auch im gleichen Jahr: *Das Ende des Laissez-faire*. Keynes zieht gegen antiquierte liberale Ideen zu Felde.

1925   Pamphlet *The Economic Consequences of Mr. Churchill*. (Die wirtschaftlichen Folgen Mr. Churchills). Keynes kritisiert die Politik der Berater Churchills im Schatzamt. Winston Churchill hatte damals das Amt des Schatzkanzlers inne.
4. August: Keynes verheiratet sich mit der russischen Ballerina Lydia Lopokova, die beim Diaghilev-Ballett gewesen war. Sie findet herzliche Aufnahme in den Bloomsbury-Kreis. Die Neuvermählten beziehen das Haus Tilton in der Nähe von Charleston. Keynes kauft sich eine Farm und läßt sie von einem Pächter verwalten.

1926   Keynes leitet als »First Bursar« die Finanzverwaltung von King's College.
In einem Vortrag mit dem Titel *Am I a Liberal*? greift Keynes die von der Labour Party vertretene Theorie des Klassenkampfes an und wendet sich zugleich gegen die Lehren des Altliberalismus.

1929   Pamphlet *Can Lloyd George Do It?*, ein Wahlaufruf für den Kandidaten der Liberalen.

1930   *A Treatise on Money*.
Vom Gelde. 1932. Eine nach damaligen Maßstäben erschöpfende Behandlung der Probleme der Geldtheorie.
Keynes tritt dem Indischen Währungsausschuß und dem Macmillan-Ausschuß für Finanzen und Industrie bei. Der Macmillan-Ausschuß erhält den Auftrag, das Bank-, Finanz- und Kreditwesen zu untersuchen. Der daraus entstehende Bericht, der »British Currency Report«, stammt hauptsächlich von Keynes. Er meint, daß Währung im Hinblick auf Stabilität der Produktion und Vollbeschäftigung reguliert werden soll.
Juli: Keynes wird in den Vorstand des Committee of the Economic Advisory Council berufen.
Richard F. Kahn wird Keynes' vertrauter Berater und Mitarbeiter.

1931   Eintritt in die Redaktion von *The Nation and the New Statesman*. Vorträge in den Vereinigten Staaten über Arbeitslosigkeit. *Unemployment as a World Problem*.
Essays in Persuasion. Für ein großes Publikum geschrieben, enthält die Aufsatzsammlung Artikel und Aufsätze über aktuelle wirtschaftliche Probleme.

1933   *Essays in Biography*. Unter den behandelten Persönlichkeiten finden sich Wilson, Clemenceau und Lloyd George.

1934   5. Juni: Keynes wird zum Dr. jur. h. c. der Columbia Universität in New York ernannt.

1936   *The General Theory of Employment, Interest and Money.*
Allgemeine Theorie der Beschäftigung, des Zinses und des Geldes.
Keynes geht den Ursachen der Arbeitslosigkeit nach und entwickelt ein Instrumentarium, um sie zu beseitigen.
Keynes gründet ein Theater in Cambridge, das »Arts Theatre«.

1937   Wegen einer schweren Herzerkrankung muß sich Keynes eine Zeitlang zurückziehen. Er kann seine vielfältige Tätigkeit nur in beschränktem Maße wieder aufnehmen.

1939   Keynes verfaßt drei Artikel über die Finanzierung des Krieges, die in der Londoner *Times* erscheinen.

1940   *How to Pay for the War*. Keynes' Vorschläge zur Kriegsfinanzierung. Er setzt darin die Richtlinien für den Einsatz der britischen Ressourcen und die Gestaltung der Finanzpolitik.
Keynes wird Berater des Schatzamtes.

1941   Keynes verhandelt mit dem amerikanischen Schatzamt über gemeinsame Maßnahmen zur Verbesserung der wirtschaftlichen Lage der Alliierten.
Er wird an den Court of the Bank of England berufen und zum Mitglied des Kuratoriums der National Gallery ernannt.

1942   Ehrendoktor der Universität von Manchester.
Keynes wird als Lord Keynes of Tilton in den Adelsstand erhoben.
Vorsitzender eines Ausschusses für die Förderung der Musik und der Kunst, später als der Arts Council of Britain bekannt geworden.

1943   Arbeit am Internationalen Währungsfonds.

1944 Konferenz der Alliierten in Bretton Woods/New Hampshire. Henry Morgenthau führt den Vorsitz. Keynes macht Vorschläge zur Errichtung eines Internationalen Clearingverbandes und zur Schaffung einer internationalen Bank und Währung. Die Konferenz beschäftigt sich mit dem Problem der Wiederaufnahme normaler Handelsbeziehungen und trifft Vorkehrungen für den Ausgleich von Schulden, die während des Krieges entstanden sind. Der von der Konferenz angenommene White-Plan beinhaltet nur einzelne Punkte des Entwurfes von Keynes.

1945 Keynes führt die Verhandlungen mit den USA über eine Anleihe für Großbritannien.

1946 Über die Durchführung der Beschlüsse von Bretton-Woods ist Keynes zutiefst enttäuscht, da seine Mitarbeit an der Weltwährungsreform die Kulmination seines Lebenswerkes darstellte.
21. April: Er stirbt an den Folgen eines schweren Herzanfalls.

Quellenanhang

KAPITEL 1

[1] J. M. Keynes, *Die wirtschaftlichen Folgen des Friedensvertrages*, München und Leipzig 1920, S. 13 f.
[2] Hermann Ausubel, *In Hard Times*, New York 1960, S. 29
[3] Ebd., S. 32
[4] Zitiert ebd., S. 32
[5] E. M. Forster, *Marianne Thornton*, New York 1956, S. 324 f.
[6] E. A. G. Robinson ›John Maynard Keynes‹, in Robert Lekachman (Hrsg.), *Keynes' General Theory: Reports on Three Decades*, New York 1964, S. 18
[7] Zitiert bei Sir Roy Harrod, *The Life of John Maynard Keynes*, New York 1951, S. 11
[8] Ebd., S. 1
[9] Zitiert bei Robinson, a. a. O., S. 19
[10] Zitiert ebd., S. 20
[11] Ebd., S. 21
[12] Zitiert ebd., S. 23
[13] Zitiert bei Harrod, a. a. O., S. 107
[14] Zitiert ebd.
[15] Zitiert bei Robinson, a. a. O., S. 23
[16] Siehe J. M. Keynes, ›My Eearly Beliefs‹, *Two Memoirs*, New York 1949, S. 82
[17] Ebd., S. 83
[18] Ebd., S. 101
[19] Ebd.
[21] Zitiert bei Robinson, a. a. O., S. 25
[22] David Garnett, *The Golden Echo*, New York 1954, S. 270 f.
[23] Siehe Robinson, a. a. O., S. 29 f.
[24] Garnett, a. a. O., S. 271

KAPITEL 2

[1] E. A. G. Robinson, ›John Maynard Keynes‹, in Robert Lekachman (Hrsg.), *Keynes' General Theory: Reports of Three Decades*, New York 1964, S. 33
[2] Sir Roy Harrod, *The Life of John Maynard Keynes*, New York 1951, S. 253

[3] J. M. Keynes, *Die wirtschaftlichen Folgen des Friedensvertrages,* München und Leipzig 1920, S. 50

[4] Ebd., S. 30 f.

[5] Ebd., S. 31 f.

[6] Zitiert bei Robinson, a. a. O., S. 35

[7] J. A. Schumpeter, *Ten Great Economists from Marx to Keynes,* London 1952, S. 266

[8] Siehe Etienne Mantoux, *The Carthaginian Peace, or the Economic Consequences of Mr. Keynes,* New York 1952

[9] Hinsichtlich der Chronologie siehe Robinson, a. a. O., S. 38 f.

[10] Ebd., S. 41 f.

[11] Ebd., S. 42

[12] George Wansbrough, zitiert ebd., S. 43

[13] Zitiert bei Harrod, a. a. O., S. 365

[14] J. M. Keynes, a. a. O., S. 192

[15] J. M. Keynes, *Essays in Persuasion,* London 1931, S. 123

[16] Die einleitenden Seiten von William E. Leuchtenburg, *Franklin D. Roosevelt and the New Deal, 1932—1940,* New York 1963, enthalten eine Lese aus Roosevelts Wahlkampfäußerungen zur Finanzpolitik, siehe dort insbesondere S. 10 f

[17] Keynes, *Essays in Persuasion,* S. 121

[18] Ebd., S. 121 f.

[19] Ebd., S. 128

[20] Committee on Finance and Industry, *Report,* H. M. Stationery Office, London, Juni 1931, Command Paper 3897, S. 1

[21] Committee on Finance and Industry, *Minutes of Evidence,* H. M. Stationery Office, London, Juni 1931, Bd. I, 216; zitiert bei Harrod, a. a. O., S. 418

[22] Aus: Committee on Finance and Industry, *Report,* I, 419, zitiert bei Harrod, a. a. O., S. 417

[23] Committee on Finance and Industry, I, 421, *Report,* zitiert ebd., S. 202 f.

[24] Keynes, *Essays in Persuasion,* S. 248 f.

[25] Ebd., S. 300

[26] J. M. Keynes, *Das Ende des Laissez-faire,* München und Leipzig 1926, S. 34

[27] Ebd., S. 40

[28] Ebd., S. 31

[29] Ebd., S. 32

[30] Ebd., S. 33

[31] Ebd., S. 36

[32] Ebd., S. 37

[33] Ebd., S. 37

[34] J. M. Keynes, *Essays in Persuasion,* S. 324

[35] Ebd., S. 329

[36] Ebd., S. 373

[37] Clive Bell, *Old Friends,* London 1956, S. 45

[38] Ebd., S. 50

[39] J. M. Keynes, *Essays in Biography,* London 1933, S. 83

[40] Schumpeter, a. a. O., S. 274

[41] Ebd.

[42] Siehe Harrod, a. a. O., S. 518 ff.

[43] Zitiert bei Robinson, a. a. O., S. 64

[44] Ebd., S. 46

[45] J. M. Keynes, *The Means of Prosperity,* London 1933, S. 5

[46] J. M. Keynes, *Allgemeine Theorie der Beschäftigung, des Zinses und des Geldes,* München und Leipzig 1936, S. 324

[47] Robinson, a. a. O., S. 61

KAPITEL 3

1 Committee on Finance and Industry, *Minutes of Evidence,* H. M. Stationery Office, London 1931, II, 48
2 Ebd., Bd. I, S. 339
3 Ebd., S. 212 f.
4 Ebd., Bd. II, S. 21
5 J. M. Keynes, *Die wirtschaftlichen Folgen des Friedensvertrages,* München und Leipzig 1920, S. 13
6 J. M. Keynes, *Ein Traktat über Währungsreform,* München und Leipzig 1924, S. VI
7 Ebd., S. V
8 Ebd., S. 17
9 Ebd., S. 40
10 Ebd., S. 83
11 Ebd., S. 171
12 Ebd., S. 177
13 Sir Roy Harrod, *The Life of John Maynard Keynes,* New York 1951, S. 344
14 E. A. G. Robinson, ›John Maynard Keynes‹, in Robert Lekachman (Hrsg.), *Keynes' General Theory:* *Reports of Three Decades,* New York 1964, S. 50
15 J. M. Keynes, Einführung in Hubert Henderson, *Supply and Demand,* New York 1922, S. V
16 D. H. Robertson, *Banking Policy and the Price Level,* New York 1949, S. 5
17 J. M. Keynes, *Vom Gelde,* Erster Hauptteil, München und Leipzig 1932, S. 140
18 Ebd., S. 141
19 Ebd., S. 142
20 Ebd., S. 143
21 J. M. Keynes, a. a. O., Zweiter Hauptteil, S. 4 f.
22 R. F. Kahn, ›The Relation of Home Investment to Unemployment, in *The Economic Journal,* Dezember 1931, S. 173 ff.
23 J. M. Keynes, *The Means to Prosperity,* London 1933, S. 9
24 Ebd., S. 10
25 Ebd., S. 10 f.
26 Ebd., S. 11
27 Ebd., S. 15 f.
28 Ebd., S. 16

KAPITEL 4

1 F. B. Garver and A. H. Hansen, *Principles of Economics,* revidierte Auflage, Boston 1937, S. 488
2 Ebd., S. 189
3 Ebd.
4 Ebd., S. 5
5 Paul A. Samuelson, *Volkswirtschaftslehre,* Köln 1952, S. 18
6 Ebd., S. 18
7 Zitiert bei J. M. Keynes, *Allgemeine Theorie der* *Beschäftigung, des Zinses und des Geldes,* München und Leipzig 1936, S. 16
8 Ebd., S. 16
9 Ebd., S. 17
10 Ebd., S. 5
11 Ebd., S. 5
12 Interview mit Harold Wilson in *The Observer,* London, 9. Juni 1963
13 Keynes, a. a. O., S. 13
14 Ebd., S. 22

[15] Ebd., S. 93
[16] Ebd., S. 83
[17] Ebd., S. 125
[18] Ebd., S. 126
[19] Ebd., S. 136
[20] Ebd., S. 137

[21] Ebd., S. 138
[22] Ebd., S. 110
[23] Ebd., S. 111
[24] Ebd., S. 102
[25] Ebd., S. 217

KAPITEL 5

[1] Zitiert bei William E. Leuchtenburg, *Franklin D. Roosevelt and the New Deal, 1932—1940,* New York 1963, S. 11
[2] Marriner Eccles, *Beckoning Frontiers: Public and Personal Recollections,* hrsg. von Sidney Hyman, New York 1951, S. 95
[3] Siehe John M. Blum, *Years of Crisis, 1928—1938,* Bd. I von *From the Morgenthau Diaries,* Boston 1959, S. 408
[4] Zitiert ebd., S. 403
[5] Frances Perkins, *The Roosevelt I Knew,* New York 1964, S. 225
[6] Zitiert ebd., S. 225
[7] Zitiert ebd., S. 226
[8] Blum, a. a. O., S. 140
[9] Ebd., S. 280
[10] Zitiert bei Leuchtenburg, a. a. O., S. 244 f.
[11] Paul A. Samuelson, ›The General Theory‹, in Robert Lekachman (Hrsg.), *Keynes' General Theory: Reports of Three Decades,* New York 1964, S. 315
[12] Ebd., S. 316
[13] Alvin H. Hansen, Besprechung von J. M. Keynes's *The General Theory of Employment, Interest and Money,* in *The Journal of Political Economy,* Oktober 1936; abgedruckt in Seymour Harris (Hrsg.), *The New Economics,* New York 1947, S. 35

[14] Ebd., S. 36
[15] Alvin H. Hansen, *Fiscal Policy and Business Cycles,* New York 1941, S. 185
[16] Ebd., S. 262
[17] Ebd., S. 263
[18] Alvin H. Hansen, ›Economic Progress and Declining Population‹, in American Economic Association, *Readings in Business Cycle Theory,* Philadelphia 1944, S. 367
[19] Ebd., S. 374
[20] Ebd., S. 377
[21] Ebd., S. 367
[22] Ebd., S. 377
[23] Ebd., S. 378
[24] Ebd.
[25] Ebd., S. 380
[26] Ebd., S. 370
[27] Ebd., S. 381 f.
[28] Ebd., S. 382
[29] Ebd., S. 383
[30] Ebd., S. 384
[31] James MacGregor Burns, *Roosevelt: The Lion and the Fox,* New York 1956, S. 331
[32] Sir Roy Harrod, *The Life of John Maynard Keynes,* New York 1951, S. 449
[33] Alvin H. Hansen, *Full Recovery or Stagnation,* New York 1938, S. 8
[34] Burns, a. a. O., S. 331
[35] Ebd., S. 335

36 Siehe Norman F. Keiser, *Macro-economics, Fiscal Policy, and Economic Growth*, New York 1964, S. 474 f.

37 Paul M. Sweezy, ›John Maynard Keynes‹, in Lekachman, a. a. O., S. 304

38 Hansen, *Fiscal Policy and Business Cycles*, S. 84

39 E. C. Brown, ›Fiscal Policy in the Thirties: A Reappraisal‹, *American Economic Review*, Dezember 1956, S. 864

40 J. M. Keynes, *The General Theory of Employment, Interest and Money*, New York 1936, S. 129

KAPITEL 6

1 E. A. G. Robinson, ›John Maynard Keynes‹, in Robert Lekachman (Hrsg.), *Keynes' General Theory: Reports of Three Decades*, New York 1964, S. 67

2 J. M. Keynes, *How to Pay for the War*, New York 1940, S. 2

3 Ebd., S. 3

4 Zitiert bei Robinson, a. a. O., S. 69 f.

5 Zitiert ebd., S. 70

6 Keynes, a. a. O., S. III

7 Norman F. Keiser, *Macroeconomics, Fiscal Policy and Economic Growth*, New York 1964, S. 482

8 Sir Roy Harrod, *The Life of John Maynard Keynes*, New York 1951, S. 509

9 Zitiert ebd., S. 509

10 Siehe Paul A. Samuelson, ›The Modern Scene‹, in Ralph E. Freeman (Hrsg.), *Postwar Economic Trends in the United States*, Cambridge 1960, S. 45 f.

11 Richard Gilbert u. a. (Sieben Wirtschaftswissenschaftler der Universitäten Harvard und Tufts), *An Economic Program for American Democracy*, New York 1938

12 Ebd., S. 15

13 Ebd., S. 24

14 Ebd., S. 45

15 Ebd., S. 47

16 Ebd., S. 48

17 Zu diesem Thema siehe Stephen Kemp Bailey, *Congress Makes a Law*, New York 1964, S. 9f.

18 Zitiert ebd., S. 27

19 ›Charter for America‹, Nachtrag, *The New Republic*, 19. April 1943, S. 525

20 Ebd., S. 529

21 Ebd., S. 535

22 Ebd., S. 538 Kursivierung durch Autor

23 *The New Republic*, 26. Juli 1943, S. 104

24 Oscar Gass in *The New Republic*, 16. Oktober 1944, S. 418

25 Beardsley Ruml in *The New Republic*, 28. Februar 1944, S. 265

26 Paul Samuelson in *The New Republic*, 11. September 1944, S. 297

27 Ebd., S. 298

28 Paul Samuelson in *The New Republic*, 18. September 1944, S. 333

29 *The New Republic*, 6. November 1944, S. 587

30 ›A Program in Brief‹, *The New Republic*, 27. November 1944, S. 723

31 Seymour Harris in *The New Republic*, 15. Januar 1945, S. 74

32 W. S. Woytinsky in *The New Republic*, 31. Juli 1944, S. 130

33 Stephen Kemp Baileys *Congress Makes a Law* ist ein außerordentlich nützlicher Abriß der Vorläufer und der Geschichte des Employment Act von 1946. Meine Ausführungen auf den folgenden Seiten fußen weitgehend auf diesem Titel.

34 Ebd., S. 74

35 Zitiert ebd., S. 137 f.

36 Ebd., S. 180 f.

37 Zitiert ebd., S. 243

38 Zitiert ebd., S. 228

39 Zitiert ebd., S. 243

40 Zitiert ebd., S. 244

41 Zitiert ebd., S. 245

42 Zitiert ebd., S. 231

KAPITEL 7

1 Zitiert bei Alvin H. Hansen, *Economic Policy and Full Employment*, New York 1947, S. 59

2 Zitiert ebd., S. 82

3 ebd., S. 92

4 J. M. Keynes, ›Proposals for an International Clearing Union‹, Rede im Oberhaus, 18. Mai 1943; zitiert bei Sir Roy Harrod, *The Life of John Maynard Keynes*, New York 1951, S. 526. Eine abgekürzte Fassung von Keynes' ursprünglichen Vorschlägen ist in Seymour Harris, *The New Economics*, New York 1947, S. 323 ff., enthalten.

5 Ebd., zitiert bei Harris, a. a. O., S. 327

6 E. A. G. Robinson, ›John Maynard Keynes‹, in Robert Lekachman (Hrsg.), *Keynes' General Theory: Reports of Three Decades*, New York 1964, S. 72

7 Zitiert bei Harris, a. a. O., S. 374 f.

8 Zitiert ebd., S. 370

9 Zitiert ebd., S. 372

10 Zitiert ebd., S. 373

11 Robinson, a. a. O., S. 76

12 Ebd., S. 79 f.

13 Siehe Sophia Cooper and Denis F. Johnston, ›Labor Force Projections‹, *Monthly Labor Review*, Februar 1965

14 *The Economic Report of the President*, U. S. Government Printing Office, Washington, D. C., Januar 1962

KAPITEL 8

1 Simon Kuznets, *Economic Growth and Structure*, New York 1965, S. 304

2 John Stuart Mill, *Principles of Political Economy*, hrsg. von J. Ashley, London 1909, S. 748

3 John F. Kennedy, *To Turn the Tide*, New York 1962, S. 81 f.

4 Rockefeller Brothers Fund, *Prospect for America*,

New York 1961, S. 329

5 Ebd., S. 260

6 Siehe Leo Marx's provokatorische Studie *The Machine in the Garden*, New York 1964

7 Harry Schwartz, *The Soviet Economy Since Stalin*, Philadelphia 1965, S. 42

8 Adam Smith, *Eine Untersuchung über das Wesen und die Ursachen des Reichtums der Nationen*, Bd. 1, Berlin 1963, S. 10 f.

9 Edward F. Dennison, *The Sources of Economic Growth in the United States and the Alternatives Before Us*, Committee for Economic Development, New York 1962

10 Hektographierte Erklärung, Joint Committee on Washington (D. C.) Metropolitan Problems, Dezember 1963, S. 17

11 Zitiert bei Seymour Harris, *The Economics of the Political Parties*, New York 1962, S. XVIII

13 Zitiert in *The New York Times*, 17. Januar 1957, S. 1

14 Siehe Neil Jacoby, ›Fiscal Policy of the Kennedy-Johnson Administration‹, *The Journal of Finance, Papers and Proceedings*, Mai 1964, S. 353 ff.

KAPITEL 9

1 Daniel Bell, Einleitung zu Sir Leon Bagrit, *The Age of Automation*, New York 1965, S. XVII f.

2 Ebd., S. XVI

3 Gerard Piel, zitiert bei Robert Theobald in einem Aufsatz in *The Commonweal*, 4. September 1964, S. 603

4 *Newsweek*, 25. Januar 1965, S. 74 f.

5 Edwin F. Shelly, Vizepräsident der U. S. Industries, Inc., Ansprache, gehalten anläßlich der 13. Jahreskonferenz des National Council on the Aging, Atlantic City, N. J., 12. Februar 1964, hektograph., S. 2

6 Arthur L. Grey and John E. Elliott (Hrsg.), *Economic Issues and Policies*, Boston 1961, S. 86

7 Siehe E. J. Hobsbawn, *Labouring Men*, London 1964, S. 6

8 Charles C. Killingsworth, ›Automation, Jobs, and Manpower‹, in Stanley Lebergott (Hrsg.), *Men Without Work*, Englewood Cliffs 1964, S 55 f.

9 Ebd., S. 58

10 Walter W. Heller, ›Employment and Manpower‹, in Lebergott, a. a. O., S. 71

11 Ebd., S. 77

12 Yale Brozen, ›Why Do We Have an Unemployment Problem?‹, in Lebergott, a. a. O., S. 94

KAPITEL 10

1 Zitiert bei Gardiner C. Means, *Pricing Power and the Public Interest*, New York 1962, S. 115
2 Ebd., S. 149 f.
3 Zitiert ebd., S. 112
4 Zitiert ebd.
5 Abba P. Lerner, ›Keynesian Economics in the Sixties‹, in Robert Lekachman (Hrsg.), *Keynes' General Theory: Reports of Three Decades*, New York 1964, S. 227
6 Ebd., S. 228 f.
7 Zitiert bei Hobart Rowen, *The Free Enterprisers*, New York 1964, S. 96
8 Zitiert ebd., S. 101 f.
9 Zitiert ebd., S. 109
10 Zitiert ebd.
11 William Letwin, *Law and Economic Policy in America*, New York 1965, S. 7
12 Siehe Robert Lekachman, ›Who Should Set Prices?‹, *The New Leader*, 13. März 1961, S. 3 f.
13 Estes Kefauver, *In a Few Hands: Monopoly Power in America*, New York 1965, S. 188 f.
14 Der aufschlußreichste Bericht über die Konzernleitung von General Motors ist Peter Druckers *The Concept of the Corporation*, Boston 1960.

KAPITEL 11

1 Sir Roy Harrod bei Robert Lekachman (Hrsg.), *Keynes' General Theory: Reports of Three Decades*, New York 1964, S. 149
2 *Business Week*, 4. Juli 1965, S. 128
3 John F. Kennedy, *The Burden and the Glory*, Allan Nevins (Hrsg.), New York 1964, S. 203 (Dt. *Glanz und Bürde*, Düsseldorf 1964, München 1966)
4 Ebd.
5 Ebd., S. 205
6 Theodore H. White, *The Making of the President, 1964*, New York 1965, S. 48
7 Zitiert ebd., S. 234
8 Charles C. Killingsworth, ›Automation, Jobs, and Manpower‹, in Stanley Lebergott (Hrsg.), *Men Without Work*, Englewood Cliffs 1964, S. 55 f.
9 ›Special Report‹, *Business Week*, 19. Februar 1966, S. 113
10 Killingsworth, a. a. O., S. 64
11 Theodore C. Sorensen, *Kennedy*, New York 1965, S. 443 ff. und S. 461 (Dt. München 1966)
12 First National City Bank, *Monthly News Letter*, Februar 1965, S. 2
13 *The Economic Report of the President*, U. S. Government Printing Office, Washington, D. C., Januar 1965, S. 5
14 Ebd.
15 Ebd., S. 9
16 *The New York Herald Tribune*, Financial Section, 25. April 1965, S. 1
17 ›Special Message on Housing‹, 9. März 1965, hektograph., S. 2 f.

NACHWORT

[1] Zitiert bei Robert Lekachman, *A History of Economic Ideas,* New York 1959, S. 261

[2] J. M. Keynes, *Allgemeine Theorie der Beschäftigung, des Zinses und des Geldes* (General Theory), Berlin 1952, S. 321 f.

Register

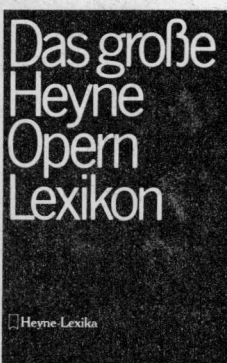

Antiquitäten

Die preiswerteste Möglichkeit für den Antiquitäten-sammler und -liebhaber, sich über Stilrichtungen, Quali-täts- und Preismerkmale eingehend zu informieren. Jeder Band dieser bemerkenswerten Taschenbuchreihe ist reichhaltig illustriert – teilweise sogar farbig.

Renate Dolz:
Antiquitäten – Möbelstilkunde
4324 / DM 4,80

Renate Dolz:
Antiquitäten – Porzellan
4340 / DM 5,80

Renate Dolz:
Antiquitäten – Zinn
4358 / DM 4,80

Renate Dolz:
Antiquitäten – Gläser
4370 / DM 3,80

Renate Dolz:
Antiquitäten – Bauernmöbel
4391 / DM 4,80

Holger Lipps:
Antiquitäten – Englische Möbel
4400 / DM 3,80

Rolf Linnenkamp:
Antiquitäten – Jugendstil
4409 / DM 4,80

Friedrich W. Doucet:
Antiquitäten – Silber
4414 / DM 4,80

Hans J. Fahrenkamp:
Antiquitäten – Teppiche
4428 / DM 5,80

Udo Knispel:
Antiquitäten – Faustfeuerwaffen
4436 / DM 4,80

Barbara Emde-Naegelsbach:
Antiquitäten – Spielzeug
4444 / DM 4,80 (Okt. '74)

HEYNE BÜCHER

Wilhelm Heyne Verlag München

Nutzen Sie den Heyne-Informationsdienst

Denn bei Heyne weiß man: Leser wollen informiert sein. Und das ist nicht einfach bei einem Programm, das jeden Monat fast 30 neue Taschenbücher bringt, die in der ganzen Welt gelesen werden. Füllen Sie einfach den untenstehenden Coupon aus. (Bitte in Blockschrift.) Ausschneiden, auf Postkarte kleben oder in Briefumschlag stecken. Und tun Sie das noch heute!*) Dann haben Sie in wenigen Tagen das neueste, ausführliche Gesamtverzeichnis der Heyne-Taschenbücher, wie Tausende treuer Freunde der Heyne-Taschenbücher. Kostenlos und unverbindlich, versteht sich.

Coupon

An den Wilhelm Heyne Verlag
8 München 2, Postfach 20 12 04

Bitte senden Sie mir kostenlos und unverbindlich das Gesamtverzeichnis der Heyne-Taschenbücher.

Name ....

Vorname ....

Postleitzahl ....

Ort ....

Straße ....

*) Es genügt auch, wenn Sie auf eine Postkarte das Stichwort »Information« schreiben.